EL SECRETO DE EDUCAR NIÑOS SEGUROS Y FELICES

Tracy Hogg
con Melinda Blau

EL SECRETO DE EDUCAR NIÑOS SEGUROS Y FELICES

El secreto de educar niños seguros y felices

Título original: *Secrets of the Baby Whisperer for Toddlers*
Autora: Tracy Hogg con Melinda Blau
Traducción: Librada Piñero
Diseño de cubierta: La Page Original
Compaginación: Marquès, S.L.

© Tracy Hogg Enterprises, Inc., 2002
Traducción publicada por acuerdo con The Ballantine Publishing Group,
una división de Random House, Inc.
© de la traducción, Librada Piñero, 2004
© de la esta edición, RBA Libros, S.A., 2004
Pérez Galdós, 36 - 08012 Barcelona
www.rbalibros.com
rba-libros@rba.es

Primera edición: mayo 2004

ISBN: 84-7871-052-3
Ref. LPP-15
Depósito legal: B. 18797 - 2004
Impreso por Novagràfik

A Sara y Sophie

ÍNDICE

Agradecimientos   11

INTRODUCCIÓN
Susurrar a los niños
El desafío de la primera infancia y cómo se aplica mi
filosofía   15

CAPÍTULO UNO
Amar al hijo que tenéis
Conciencia del carácter de vuestro hijo. Cómo la
naturaleza y el aprendizaje trabajan juntos   29

CAPÍTULO DOS
HELP al rescate: un mantra para el día a día
Una estrategia para determinar cuándo intervenir y
cuándo alentar la independencia   61

CAPÍTULO TRES
R&R (Rutinas y Rituales): facilitar el tira y afloja con el niño
La importancia de una rutina estructurada   89

CAPÍTULO CUATRO
Adiós a los pañales: un paso de gigante hacia la independencia
Aspectos relacionados con la movilidad: jugar, comer,
vestirse y hacer caca   117

CAPÍTULO CINCO
La conversación de un niño de primera infancia: mantener un
diálogo mediante el método HEA
*Hablar con vuestro hijo mientras pasa del «benguaje»
al lenguaje*   169

CAPÍTULO SEIS
El mundo real: ayudar a vuestro hijo a practicar habilidades
que le sirvan en la vida
*Utilizar los momentos cotidianos que se viven en casa
para aumentar la buena disposición social y emocional*   197

CAPÍTULO SIETE
La disciplina consciente: enseñar autocontrol a vuestro hijo
*Establecer límites a vuestro hijo y ayudarle a dominar sus
emociones*   243

CAPÍTULO OCHO
Problemas que os roban tiempo: trastornos del sueño,
dificultades de separación y demás conflictos que os hacen
perder horas al cabo del día
Solucionar problemas crónicos de comportamiento   279

CAPÍTULO NUEVE
Con el bebé somos cuatro: la familia crece
*Prepararse para la llegada de un segundo hijo; el trato
entre hermanos; cómo cuidar vuestra relación y tener
tiempo para vosotros*   319

EPÍLOGO
Pensamientos finales   365

ÍNDICE DE MATERIAS   371

AGRADECIMIENTOS

Quiero agradecer a Melinda Blau, la coautora de este libro, el trabajo duro que ha realizado y la amistad que ha nacido entre nosotras en estos dos últimos años. La extraordinaria capacidad que ha demostrado a la hora de captar mi voz en estas páginas me ha convencido de que se trata de una escritora con gran talento.

Aprecio mucho a mi marido y a mi familia por el amor y el apoyo que me han proporcionado, especialmente a mis dos hijas, Sara y Sophie, que son mi orgullo y mi alegría.

Gracias también a Gina Centrello por su lealtad y honestidad; a Maureen O'Neal, tan maravillosa editora como madre; a Kim Hovey, por trabajar duro y ofrecerme su amistad; a Marie Colman, por coordinar mi gira por la Costa Oeste; muchísimas gracias a Rachel Kina por compartir sus experiencias como madre novata y por sus esfuerzos por mejorar los derechos de los inmigrantes.

Por último, aunque no en menor medida, debo una inmensa gratitud a mis familias, que me abrieron sus corazones y sus hogares. Vosotros ya sabéis quiénes sois. Querría expresar mi agradecimiento especialmente a Dana Walden, que no sólo es una madre excelente sino también una mujer de la que me enorgullece decir que es mi amiga; y a Noni White y Bob Tzudiker, que han formando parte integrante de mi vida durante los últimos tres años y cuyos consejos han sido siempre adecuados.

TRACY HOGG
Encino, California

Quiero agradecer a Tracy Hogg su tiempo, paciencia y maravilloso sentido del humor. Es capaz de explicar historias de niños con un ojo exquisito para el detalle y un extraordinario sentido de cómo es la vida vista a setenta centímetros del suelo.

Durante la redacción de estos dos libros y la recopilación de material, he hablado con muchos padres maravillosos por teléfono, en persona y por correo electrónico. En todos los casos hemos disfrazado sus identidades e historias. Sin embargo, aprecio su generosidad y les estoy muy agradecida por dejarme mirar a hurtadillas en sus vidas. En especial, quiero expresar mi reconocimiento a Noni White y Bob Tzudiker, Susana Grant y Christopher Henrikson, Barbara Travis y Dan Rase, Libby y Jim Weeks, Owen y Jack Kugell; y una mención especial para mis sobrinas, Karen y Heidi Sonn, quienes, con la ayuda de sus esposos, Bruce Koken y Louis Tancredo, dieron a luz oportunamente (al menos para mí) a Reed y Sandor mientras se escribían estos libros. También doy las gracias a mi sobrino Jack Tantleff y a su esposa, Jennifer, que dio a luz a Jacob justo a tiempo para incluirlos en estos agradecimientos.

Ver en acción a los grupos de niños resultó tremendamente útil para retratar las sesiones de juegos descritas en este libro, ficticias pero basadas en acciones de niños reales y en sus interacciones. Mi agradecimiento también para Dana Walden y Christa Miller, quienes nos permitieron a Tracy y a mí observar a sus respectivas hijas en acción; a las madres (Natalie Matthews, Suzie Kaki, Haydee Wilkerson, Jamie Garcia y Dana Childers) y a las abuelas (Karen Verosko y Beberly Childers), quienes nos invitaron a asistir a su grupo de juegos; y a Darcy Amiel, Mandi Richardson, Shelly Grubman, Hill Harper y Sara Siegel, que participaron en una «reunión» de niños que en su día yo había conocido de bebés.

Me siento muy en deuda con el equipo creativo de Ballantine, que ha contribuido enormemente a alimentar y apoyar los dos libros: Maureen O'Neal, nuestra talentosa editora; Allison Dickens, su capaz y siempre útil ayudante; Kim Hovey, la incansable directora de publicidad; Rachel Kina, directora adjunta de derechos, que también compartió con nosotros sus experiencias como madre; y Gina Centrello, presidenta, que ha estado tras este proyecto a cada paso del camino. Vosotras sois un ejemplo de lo mejor del mundo de la edición, un cumplido que rara vez hace una escritora. En las bambalinas, Alix Krijgsman y Nancy Delia transformaron nuestro manuscrito en un libro con la ayuda de una estupenda editora autónoma, Helen Garfinkle, quien también es una de mis mejores y viejas amigas.

Finalmente, gracias a Eileen Cope y Barbara Lowenstein, mis agentes, que me tranquilizan continuamente diciendo que escribir libros puede ser una excelente aventura; a Barbara Biziou, por permitirme utilizar sus obras sobre rituales; a mis vecinos, Joan Weigele, Henry «Waterboy» Simkin, Sophie y Adam, cuya constante amabilidad ha sido tan desbordante como indispensable; a mi equipo de Northampton, es particular a Ellen Lefcourt y Sylvia Rubin, que me salvaron de la reclusión del escritor; a Carla Messina y Reggie Weintraub, que proporcionan cobijo y amor en Nueva York; a Jessie Zoernig, extraordinario masajista que ha evitado que me convirtiera en un bloque de cemento; a Lorena Sol, por hacerme buscar una palabra mejor que *plantilla*; y a mis hijos —mi hija Jennifer y su querido esposo, Peter, y a mi hijo Jeremy— cuyo orgullo por mi trabajo me hace seguir adelante.

MELINDA BLAU
Northampton, Massachussets

INTRODUCCIÓN

SUSURRAR A LOS NIÑOS

En tanto que padres, somos los primeros y principales mentores de nuestros hijos: quienes les guiarán en las lecciones y aventuras de la vida.

SANDRA BURT Y LINDA PERLIS,
Parents as Mentors

EL DESAFÍO DE LA PRIMERA INFANCIA Y CÓMO SE APLICA MI FILOSOFÍA

Ya conocéis el viejo dicho: «Ten cuidado con lo que deseas porque se puede hacer realidad». Si sois como la mayoría de padres, sospecho que os debéis de haber pasado buena parte de los primeros ocho meses de la vida de vuestro bebé deseando que las cosas fueran más fáciles. La madre rezaba para que el bebé superara una etapa de cólicos, durmiera toda la noche de un tirón y empezara a tomar alimentos sólidos. Y si el padre es como la mayoría de hombres, probablemente deseara que su hombrecito dejara pronto de ser como un borrón y empezara a parecer el hijo con el que soñaba jugar al fútbol. Ambos estabais esperando el día en que vuestro hijo diera su primer paso y dijera su primera palabra. Imaginabais ilusionados el día en que cogería la cuchara, o se pondría un calcetín o el día (por favor, Dios mío) en que se sentaría solo en el orinal.

Ahora que vuestro bebé da sus primeros pasos, vuestros deseos se han hecho realidad y apuesto a que a veces querríais volver atrás en el tiempo... Bienvenidos a la que probablemente sea la etapa más agotadora e imponente de la paternidad.

El diccionario define a un niño de primera infancia como «niño pequeño que tiene aproximadamente entre uno y tres años de edad». Otros libros marcan el inicio de esa fase de la infancia cuando el bebé empieza a andar, cuando camina con pasitos cortos e inseguros. En algunos casos, eso puede suceder a edades tan tempranas como los ocho o nueve meses. En cualquier caso, creedme, se sabe cuándo se tiene a un niño de primera infancia en brazos, independientemente de lo que digan los libros.

Aunque puede que al principio tu hijo se tambalee un poco, está realmente preparado para explorar personas, lugares y cosas (y sin ayuda, muchas gracias). También va empezando a relacionarse con su entorno social: le gusta intimar con los demás; puede dar palmas, cantar, bailar, y jugar junto a otros niños. En pocas palabras, ya es más una personita que un bebé. La curiosidad le hace abrir unos ojos como platos, está lleno de energía y no para de buscar problemas. A esta edad experimentan unos cambios de desarrollo increíbles, pero teniendo en cuenta que los cambios se producen con mucha rapidez y que se trata de una época especialmente bulliciosa, no es de extrañar que os sintáis bloqueados. Cada recipiente, cada objeto que está al alcance de vuestro hijo, cada enchufe, cada objeto deseado se convierte en caza legal. Desde su perspectiva, todo resulta nuevo y emocionante; desde la vuestra, puede parecer un asalto contra vosotros mismos, contra vuestra casa y contra todo cuanto esté a la vista.

AHORA VUESTRO BEBÉ ES UN NIÑO DE PRIMERA INFANCIA...

Al preguntar a las madres cuáles creen que han sido los cambios más significativos al pasar sus hijos de la lactancia a la primera infancia, éstas fueron las respuestas:

«Tengo menos tiempo para mí».
«Se impone más».
«No lo puedo llevar a un restaurante».
«Es más exigente».
«Resulta más fácil entender qué quiere».
«Soy esclava de sus siestas».
«Me paso el día persiguiéndola».
«No paro de decirle "no"».
«Me sorprendo de lo que puede llegar a aprender».
«Imita todo lo que hago».
«Está en todo».
«Me pone a prueba en todo momento».
«Siente curiosidad absolutamente por todo».
«Es tan... ¡persona!»

La primera infancia marca claramente el fin de la lactancia y constituye también una visita furtiva a la adolescencia. De hecho, muchos expertos ven este período como algo parecido a la adolescencia, ya que subyace en él un proceso similar de separación. Papá y mamá dejan de ser el principio y el fin del mundo de su **hijo**. De hecho, a medida que éste adquiere con rapidez nuevas habilidades físicas, cognitivas y sociales, también aprende a deciros «no» a vosotros (una habilidad de la que se servirá a gusto en la adolescencia).

Podéis estar seguros de que son buenas noticias. En efecto, gracias a la exploración y a las luchas (a menudo con vosotros), vuestro hijo empieza a ganar autoridad sobre su entorno y, lo más importante, desarrolla el sentido de sí mismo en tanto que es un ser independiente y competente. Por supuesto, vosotros queréis que vuestro hijo crezca y sea autosuficiente, aunque a veces el proceso sea exasperante. Yo lo sé, ya que lo viví con mis propias hijas que, después de todo, fueron mis primeros conejillos de indias (y mis mejores alumnos). Creo que hice un buen trabajo con ellas, y ahora tienen diecinueve y dieciséis años. Sin embargo, eso no quiere decir que fuera un camino de rosas. Creedme, criar a un niño es una empresa harto difícil que conlleva muchísima frustración y lucha, por no hablar de lágrimas y berrinches.

SUSURRAR AL BEBÉ: LA BASE DE UNOS BUENOS PADRES

Además de mi propia experiencia, he asesorado a un número incontable de padres de niños de primera infancia —a los que con frecuencia había conocido cuando eran bebés— y ahora puedo ayudaros a superar estos años difíciles, que yo delimito aproximadamente entre los ocho meses (no es por casualidad que mi anterior libro acabara en esa edad) y los dos años largos. Si habéis leído mi anterior libro, *El secreto de tener bebés tranquilos y felices*, ya conocéis mi filosofía en relación con los niños. Tanto mejor si adoptasteis una rutina estructurada desde el día en que vuestro bebé llegó a casa y si habéis utilizado alguna de mis técnicas. Es muy posible que vayáis con ventaja, puesto que ya pensáis de un modo que os ayudará en el trato con vuestro hijo.

Sin embargo, también sé que algunos de vosotros no conocéis mis ideas, que nacieron la primera vez que trabajé con niños que sufrían algún tipo de impedimento físico o emocional, y que a menudo no tenían la capacidad del lenguaje. Cuando trabajaba con niños discapacitados, tenía que observar la relación entre su comportamiento y su lenguaje corporal y dotar de sentido los sonidos aparentemente ininteligibles que pronunciaban, para comprender lo que necesitaban y querían.

Más tarde, cuando pasé a dedicarme casi exclusivamente a los bebés (incluidos los míos), descubrí que esas habilidades funcionaban del mismo modo ya a tan corta edad. Tras haber cuidado a más de cinco mil bebés, acabé desarrollando lo que una de mis clientas llamó el «susurrar a los bebés». Es algo parecido a lo que hace un susurrador de caballos, sólo que aquí hablamos de niños. En ambos casos, tratamos con criaturas con sentido común, de seres vivos que no pueden hablar pero que, sin embargo, se expresan. Para poder cuidarlos y conectar con ellos hemos de aprender su lenguaje. Por lo tanto, susurrar a los bebés significa sintonizar con ellos, observarles, escucharles y comprender lo que sucede desde la perspectiva del niño.

Aunque los niños de primera infancia están empezando a aprender el lenguaje y a expresarse mejor que los recién nacidos, se les pueden aplicar los mismos principios que a la hora de susurrar a los bebés. Para quienes no hayáis leído mi primer libro, a continuación os presento un repaso rápido de sus aspectos fundamentales. Si, por el contrario, ya lo habéis leído, lo que sigue os servirá para refrescaros la memoria.

Cada niño es un individuo. Desde el día en que nace, el bebé tiene una personalidad única, así como sus propios gustos y aversiones. Así pues, no existe ninguna estrategia que funcione con todos los niños. Tenéis que descubrir lo que le va bien a vuestro hijo. En el capítulo uno presento un auto-test que os ayudará a descubrir qué tipo de temperamento tiene. Ello os permitirá, a su vez, determinar qué tipo de estrategias parentales surtirán mejor efecto con él. No obstante, y a pesar de que los dividamos en lo que llamamos tipos, cada niño es un fenómeno único.

Todos los niños merecen respeto y deben aprender a respetar a los demás. Si cuidarais de un adulto, nunca lo tocaríais, lo cogeríais ni lo desvestiríais sin pedirle permiso y explicarle lo que vais a hacer. ¿Por qué tendría que ser de otro modo con un niño? Como cuidadores, es necesario que dibujemos alrededor de cada niño lo que yo denomino un «círculo de respeto»: una marca invisible que no podemos traspasar sin pedir permiso o explicar lo que vamos a hacer. Y, antes de entrar a ciegas en el círculo, hemos de saber quién es ese niño; hemos de tener en cuenta cómo se siente y qué desea, no limitarnos a hacer lo que nosotros queremos. Es cierto que con los niños pequeños eso puede ser difícil, ya que también les hemos de enseñar que el círculo de respeto va en ambos sentidos. A esa edad, los niños pueden ser muy exigentes y obstinados, y también tienen que aprender a respetarnos a nosotros. En estas páginas os enseñaré a respetar a vuestro hijo y a satisfacer sus necesidades sin comprometer vuestros límites.

Tomaos vuestro tiempo para observar, escuchar y dialogar con los niños, no solamente para hablarles. El proceso de conocer a vuestro hijo empieza el día en que viene al mundo. Siempre hago la misma advertencia a los padres: «Nunca penséis que vuestro hijo no os entiende; los niños siempre saben más de lo que creemos». Aunque no sepa hablar, sabe expresarse a su manera. Así pues, tenéis que aguzar vuestros sentidos y prestar mucha atención. Observando a un niño que empieza a andar empezamos a comprender su temperamento único; escuchándole, incluso antes de que desarrolle la capacidad del lenguaje hablado, podemos saber lo que quiere; y dialogando con él (conversando, no dándole una conferencia) le damos la posibilidad de expresar quién es realmente.

Todos los niños necesitan una rutina estructurada que dé a su vida previsibilidad y seguridad. Este principio, importante durante los primeros meses de vida de vuestro bebé, es crucial ahora que vuestro hijo ya da sus primeros pasos. Como padres y cuidadores, proporcionamos una lógica y seguridad mediante rituales, rutinas y reglas. Dejamos que la naturaleza de un niño y sus capacidades de crecimiento nos guíen y nos indiquen hasta dónde puede llegar y, al mismo tiempo, nos recuerden que somos nosotros, los adultos, quienes estamos al cargo. No deja de ser una paradoja que tengamos que permitir que el pequeño explore el mundo y al mismo tiempo asegurarnos de que sabe que tiene que vivir dentro de los límites seguros que hemos creado para él.

Estas directrices sencillas y prácticas proporcionan la base sobre la cual se construye una familia sólida. Los niños se desarrollan bien cuando se les escucha, se les comprende y se les trata con respeto. Prosperan cuando saben lo que se espera de ellos y lo que pueden esperar del mundo que les rodea. Al principio, su universo es pequeño: se limita a su casa, a los miembros de su familia y a alguna salida ocasional. Si ese primer entorno es seguro, relajado, positivo y previsible, si se trata de un lugar que puedan explorar y experimentar, si pueden confiar en las personas que hay en ese mundo diminuto, entonces estarán mejor preparados para asumir nuevos escenarios y conocer personas nuevas. Recordad que independientemente de lo activo, curioso, difícil y enloquecedor que vuestro hijo pueda parecer a veces, para él todo es un ensayo general para el mundo real. Pensad en vosotros como en su primer profesor de interpretación, director y público.

MI INTENCIÓN: EL CAMINO HACIA LA ARMONÍA

Sentido común, decís. Es más fácil decirlo que aplicarlo, decís, sobre todo cuando se trata de niños de primera infancia. Bueno, eso no deja de ser cierto, pero escondo en la manga unas cuantas técnicas para niños pequeños que os ayudarán a comprender qué pasa con él y que al mismo tiempo os darán una mayor sensación de competencia y autoridad.

Si bien he sazonado estas páginas con investigaciones de algunos de los expertos en desarrollo infantil más respetados, se han publicado muchos libros en los que se documentan avances científicos. No obstante, ¿de qué sirve la ciencia cuando no se sabe qué hacer? Teniendo eso en cuenta, los consejos que encontraréis en este libro os ayudarán a ver a vuestro hijo con una mirada renovada y a actuar de forma más responsable con él. Mirando el mundo desde su perspectiva, conseguiréis un mayor grado de empatía respecto a lo que ocurre en su mente y en su cuerpecito. Mediante estrategias prácticas que os ayuden a abordar los inevitables desafíos a los que os enfrentáis, tanto el pequeño como vosotros tendréis un útil arsenal de herramientas al alcance de la mano.

A continuación, he preparado una lista de objetivos más específicos. Lo que intento con ello es crear un punto de sujeción sólido para vuestra familia. Cabe destacar también que estos objetivos son perfectamente aplicables en el caso de niños de más edad, incluso de adolescentes (¡aunque es de esperar que a éstos no se les tenga que enseñar a ir solos al orinal!).

En los ejemplos de este libro encontraréis un estímulo, una enseñanza y una demostración de cómo:

- *Ver y respetar a vuestro hijo en tanto que individuo.* En lugar de clasificarle según su edad, permitidle ser quien es. Creo que los niños tienen derecho a expresar sus gustos y aversiones; y los adultos podemos validar el punto de vista de un niño, incluso cuando eso nos frustre o no estemos de acuerdo.

- *Animad a vuestro hijo a encaminarse hacia la independencia, pero sin meterle prisa.* Para ello, os ofrezco una serie de herramientas que os ayudarán a valorar si está listo o no y a enseñarle habilidades prácticas como, por ejemplo, comer, vestirse, aprender a ir solos al orinal e higiene básica. Se me ponen los pelos de punta cuando algunos padres me llaman para preguntarme: «¿Cómo puedo hacer que mi hija ande?» o «¿Qué puedo hacer para que mi hijo empiece a hablar antes?». El desarrollo es un fenómeno natural, no un cursillo. Además, presionar a los niños es faltarles al respeto. Y lo que es peor, los predispone a fallar, y a vosotros a sentiros decepcionados.

- *Aprender a sintonizar con el lenguaje verbal y no verbal de vuestro hijo.* Si bien resulta infinitamente más fácil comprender a los niños pequeños que a los recién nacidos, sus capacidades comunicativas varían mucho de uno a otro. Cuando vuestro hijo intente explicaros algo, debéis tener mucha paciencia y capacidad de aguante y, al mismo tiempo, saber cuándo hay que entrar en acción y ofrecerle ayuda.

- *Ser realistas: la primera infancia es una etapa de cambios constantes.* En ocasiones, un padre cuya hija deje de dormir de un tirón por la noche puede preguntarse: «¿Qué problema tiene?», cuando en realidad su hijita sólo está atravesando otra etapa del crecimiento y el desarrollo infantiles. Uno de los mayores retos que comporta ser padre de un niño pequeño es que justo cuando uno se acostumbra a un determinado comportamiento o grado de competencia, de repente, el niño cambia. Y lo cierto es que seguirá cambiando durante mucho tiempo.

- *Fomentar el desarrollo de vuestro hijo y la armonía familiar.* En mi primer libro hablé de mi enfoque *familiar*, en el que el pequeño pasa a formar parte de la familia en lugar de dominarla. Ese principio es aún más importante ahora. Es crucial crear un entorno feliz y seguro que permita al niño aventurarse a salir y que, al mismo tiempo, lo mantenga lejos de los peligros y no permita que sus monerías alteren el orden familiar. Pensad que vuestra casa es un ensayo general en el que vuestro hijo aprende a practicar nuevas habilidades, a memorizar su papel, a entrar y salir de forma adecuada. Vosotros sois sus directores y le tenéis que preparar para salir al escenario en el que se representará la obra de su vida.

- *Ayudar a vuestro hijo a controlar sus emociones, en especial la frustración.* Los años de primera infancia marcan una época en la que los niños avanzan a paso de gigante desde el punto de vista emocional. Cuando era bebé, las emociones de vuestro hijo se basaban en elementos físicos, como el hambre, el sueño, el frío o el calor, y los sentimientos le superaban. Sin embargo, como niño de primera infancia, su repertorio emocional se ampliará e incluirá el miedo, la alegría, el orgullo, la vergüenza, la pena, el desconcierto... emociones más complejas causadas por la conciencia cada vez mayor de sí mismo y de las situaciones sociales. Las capacidades emocionales se pueden aprender; algunos estudios han demostrado que los niños de tan sólo catorce meses pueden empezar a identificar e incluso anticipar estados de ánimo (los suyos y los de las personas que les cuidan), sentir empatía y, en cuanto empiezan a verbalizar, hablar de sentimientos. Sabemos también que las rabietas son evitables o, si no se cogen a tiempo, al menos manejables. No obstante, controlar el carácter es mucho más que limitarse a mantener las rabietas a raya. Los niños que aprenden a moderar las emociones más fuertes comen y duermen mejor que los que no lo hacen; les resulta más fácil aprender nuevas habilidades y presentan menos problemas en sus relaciones sociales. En cambio, los niños que carecen de control emocional suelen ser aquellos a quienes los demás, tanto niños como adultos, intentan evitar.

- *Desarrollar un vínculo fuerte y significativo entre el padre y el niño.* Ya sé que hoy en día no está de moda decir que la madre tiene más contacto con sus hijos que el padre, pero en la vida real es lo que suele suceder. En la mayoría de familias, al padre aún le cuesta un esfuerzo adicional ser algo más que una ayuda el sábado. Hemos de buscar maneras de que los padres estén realmente implicados y conecten con sus hijos emocionalmente, no sólo como compañero de juegos.

- *Facilitar la transformación de vuestro hijo en un ser social.* La primera infancia es una etapa en la que vuestro hijo empieza a interactuar con los demás. Al principio, su mundo estará de algún modo limitado a, tal vez, dos o tres amigos habituales, pero a medida que se vaya acercando a los años de preescolar irá desarrollando cada vez más sus habilidades sociales. Por lo tanto, necesitará ayuda para mostrar empatía, consideración por los demás, así como la capacidad de negociar y manejar los conflictos. El mejor modo de enseñar esas capacidades es mediante el ejemplo, la orientación y la repetición.

- *Controlad vuestras emociones.* Puesto que tratar con un niño pequeño es una tarea muy absorbente, debéis aprender a ser pacientes, a saber cómo y cuándo alabarle, a percataros de que consentirle no es quererle (independientemente de lo adorable que sea), a poner en acción vuestro amor (no sólo las palabras), y a saber qué hacer cuando estéis enfadados o frustrados. Además, las últimas investigaciones sobre la primera infancia revelan un aspecto crucial para ser buenos padres: el temperamento de vuestro hijo no sólo determina sus puntos fuertes y débiles, sino que influye en vuestro modo de tratarle. Si tenéis un niño que parece reservarse las rabietas para los lugares públicos, a menos que aprendáis a modificar vuestras propias reacciones, a conseguir ayuda o a salir airosos de las situaciones de estrés, es muy posible que perdáis la paciencia con facilidad y que recurráis incluso a las limitaciones físicas que, por desgracia, sólo contribuirán a empeorar el carácter de vuestro hijo.

- *Nutrir vuestras relaciones adultas.* La primera infancia priva a las madres de ocio. Debéis aprender a pasar un tiempo libre de culpa lejos de vuestro hijo y a encontrar momentos para recargar las pilas (a crearlos, ya que por lo general esas oportunidades no se presentan por sí solas). En pocas palabras, necesitáis un tiempo de calidad en la misma medida en que necesitáis dárselo a vuestro hijo.

¿Son estos objetivos demasiado pretenciosos? Yo creo que no. Cada día veo familias que los han cumplido. Es cierto que requieren tiempo, paciencia y compromiso. Además, en el caso de padres que trabajan, a veces implican elecciones duras: por ejemplo, si salir o no de la oficina un poco antes para que el niño no se tenga que ir a dormir más tarde de lo que debería.

Lo que pretendo es proporcionaros una información que os haga sentir más seguros de las decisiones que toméis como padres, así como apoyaros mientras descubrís el enfoque que mejor funciona en vuestro caso. Al final, espero que también seáis unos padres más sensibles que sintonicen con su hijo, que estén seguros de sí mismos y que le quieran.

CÓMO ESTÁ DISEÑADO ESTE LIBRO

Sé que los padres de niños de primera infancia tienen aún menos tiempo para leer que los padres de bebés, de modo que he intentado diseñar este libro de modo que se pueda leer con rapidez, y lo que es igual de importante, para que tenga sentido en cualquier punto en el que empecéis a leerlo. Las tablas, recuadros y cuestionarios os ayudarán a identificar los conceptos importantes y serán una guía visual cuando estéis demasiado ocupados para buscar detenidamente en las páginas del libro.

No obstante, yo os sugeriría que, con el fin de conocer en qué consiste mi filosofía, leyerais los capítulos uno, dos y tres antes de pasar a temas más específicos. (Doy por sentado que ya habéis leído la introducción; de no ser así, os pido que lo hagáis.) En el capítulo uno, se trata la naturaleza y la educación, que van de la mano. El cuestionario «¿Quién es tu hijo?» os ayudará a comprender la naturaleza de vuestro hijo, es decir, con qué ha venido al mundo. En el capítulo dos, os presento HELP, una estrategia global para tratar la parte más educativa. Y, en el capítulo tres, me centro en la cuestión de que *los niños aprenden por repetición*. Subrayo la importancia del R&R, que consiste en adoptar una rutina estructurada y crear rituales fiables.

En los capítulos que van del cuatro al nueve, se tratan algunos desafíos específicos que implica el hecho de ser padres de un niño de primera infancia. Podéis leerlos en el orden en que aparecen en el libro o en el que os marque el día a día de vuestro hijo.

El capítulo cuatro, «Adiós a los pañales», se centra en cómo podéis fomentar la creciente independencia de vuestro hijo, aunque sin presionarle para que haga las cosas antes de estar preparado para ello.

El capítulo cinco, «La conversación de un niño de primera infancia», trata de la comunicación, de hablar y escuchar, acciones que pueden resultar estimulantes y frustrantes cuando se trata de niños de entre dos y tres años.

El capítulo seis, «El mundo real», se centra en el importante paso del hogar a los grupos de juegos y las salidas familiares, y os ayudará a planear «ensayos de cambio», situaciones controladas que permitan al pequeño practicar habilidades sociales y experimentar nuevos comportamientos.

El capítulo siete, «La disciplina consciente», trata sobre cómo *enseñar* a vuestro hijo a comportarse. Los niños no vienen al mundo sabiendo cómo se supone que se han de comportar, ni cuáles son las reglas de interacción social. Si vosotros no enseñáis a vuestro **hijo**, podéis estar seguros de que lo hará el mundo.

En el capítulo ocho, «Problemas que os roban tiempo», me centro en los conflictos que nos hacen perder el tiempo, patrones de comportamiento crónicos e indeseables que pueden erosionar la relación padre-hijo y consumir el tiempo y las energías de toda la familia. Con frecuencia, los padres no son conscientes de los muchos modos como forman a sus hijos... hasta que las dificultades que se derivan de ellos perturban sus vidas. Esa *paternidad de circunstancias*, un fenómeno del que ya hablaba en mi primer libro, es la causa de prácticamente todos los problemas relacionados con el sueño, la comida o la disciplina. Cuando los padres no reconocen lo que sucede o no saben cómo pararlo, el problema se convierte en una contrariedad que hace perder tiempo.

Finalmente, el capítulo nueve, «Con el bebé somos cuatro», aborda el tema del crecimiento de la familia: la decisión de tener otro hijo; cómo preparar al niño y ayudarle a afrontar la nueva llegada y a tratar con sus hermanos, a la vez que protegéis vuestras relaciones adultas y salís reforzados de la situación.

En este libro, no encontraréis demasiadas directrices relacionadas con la edad, puesto que creo que lo que tenéis que hacer es *mirar a vuestro hijo*, no recurrir a un libro para aprender qué es lo más apropiado para el pequeño. Y, tanto si se trata de enseñarle a ir al servicio como de controlar las rabietas, veréis que nunca digo «Este es el modo correcto de hacerlo», ya que el mayor regalo que puedo haceros es la capacidad de descubrir *por vosotros mismos* qué es lo que funciona mejor con vuestro hijo y con vuestra familia.

Por último, me gustaría recordaros que es importante adoptar una perspectiva a largo plazo para mantener la mente clara. Del mismo modo que cuando vuestro hijo era un bebé se congeló el tiempo —aunque *parecía* que el período de lactancia no fuera a terminar nunca—, la primera infancia tampoco dura para siempre. Durante esa etapa tenéis que limitaros a quitar de su alcance todos los objetos a los que tengáis aprecio, cerrar con llave todos los armarios que contengan sustancias peligrosas y respirar profundamente: durante los próximos dieciocho meses, más o menos, vais a tener en vuestras manos a un niño de primera infancia. Con vuestros propios ojos veréis que el pequeño dará el paso de gigante que separa a un bebé completamente indefenso de un niño que habla, camina y tiene una mente propia: disfrutad de ese increíble viaje. Para cada sorprendente demostración de una nueva habilidad conquistada y cada emocionante primera vez habrá fracasos a los que enfrentarse. En resumidas cuentas, nada de lo que hayáis vivido os resultará tan estimulante y al mismo tiempo tan agotador como vivir con vuestro hijo y amarlo.

CAPÍTULO UNO

AMAR AL HIJO QUE TENÉIS

Sabio es el padre que conoce a su hijo.

WILLIAM SHAKESPEARE,
El mercader de Venecia

REVISITAR A LOS BEBÉS

Durante la redacción de este segundo libro, mi coautora y yo mantuvimos una reunión con algunos de los bebés que habían asistido a mis grupos. Los cinco pequeños alumnos que tenían entre uno y cuatro meses, la última vez que los habíamos visto, estaban ahora en el apogeo de la primera infancia. ¡Cuánto habían cambiado en un año y medio! Reconocimos sus caras algo más adultas, pero físicamente aquellas dinamos diminutas que iban entrando en mi habitación de juegos guardaban un escaso parecido con los bebés que yo había conocido, unas cositas indefensas que sabían hacer poco más que mirar las líneas onduladas del papel pintado de la pared. Aquellos niños, para los que en una época aguantar la cabeza recta o «nadar» boca abajo había sido una proeza, ahora estaban en todo. Cuando sus madres los dejaban en el suelo, gateaban, se tambaleaban o caminaban, a veces aguantándose en algo, otras por sí solos, desesperados por explorar el territorio. Con los ojos radiantes, balbuceando cosas con sentido o sin él, sus manitas llegaban aquí, allá, a todas partes.

Sobreponiéndome al impacto que suponía ver aquel milagro de crecimiento instantáneo (aquello era como una fotografía de lapso de tiempo sin los pasos intermedios), empecé a recordar a los bebés que había conocido.

Allí estaba Rachel, sentada en la falda de su madre, observando precavidamente a sus compañeros de juego, algo temerosa de aventurarse en solitario hacia ellos. Era la misma Rachel que de bebé lloraba

31

cuando se le presentaba una cara extraña y que mostraba resistencia durante la clase de masaje infantil, con lo que nos indicaba que no estaba preparada para tanta estimulación.

Betsy, una de las primeras bebés en alargar la mano y tocar a otro niño, continuaba siendo la más activa e interactiva de los niños que había allí, mostraba curiosidad por todos los muñecos e interés por los asuntos de todo el mundo. De bebé era tremendamente juguetona, de modo que no me extrañó que empezara a trepar gateando al cambiador con la habilidad de un mono y una mirada de «nada puede pararme» en la cara. (No había motivo para preocuparse: su madre, obviamente acostumbrada a las proezas atléticas de la pequeña, no le quitaba ojo y tenía la mano cerca de ella.)

Tucker, que había ido alcanzando todos los puntos de la vida de un bebé en el momento justo, estaba jugando cerca del cambiador. De vez en cuando, levantaba la vista hacia Betsy, pero las formas coloreadas de la caja de formas le resultaban más intrigantes. Tucker continuaba por buen camino: conocía los colores y era capaz de imaginar qué formas encajaban en los agujeros, tal como, según «los libros», debía hacer un niño de veinte meses.

Allen estaba en el jardín de juegos solo, apartado de los demás niños, cosa que me hizo pensar en la mirada seria que tenía a los tres meses. Ya de bebé, Allen siempre parecía pensar mucho y tenía la misma expresión preocupada que ahora, mientras intentaba meter una «carta» en el buzón de juguete.

Finalmente, no podía apartar la vista de Andrea, uno de mis bebés favoritos por ser tan amigable y adaptable. Nada perturbaba a Andrea, ni siquiera de bebé, y me di cuenta de que continuaba siendo aquella niñita resuelta mientras la veía con Betsy, que se había bajado del cambiador y ahora tiraba poderosamente del camión de Andrea. Por su parte, aquella pequeña tan serena miró a Betsy y analizó tranquilamente la situación. Sin perder un segundo, Andrea soltó el camión y se puso a jugar con una muñeca que había llamado su atención.

A pesar de que aquellos niños habían avanzado años luz respecto a como habían sido (eran seis o siete veces mayores que la última vez que les había visto), cada uno de ellos era reflejo de su yo de bebé. Su temperamento había florecido en personalidad. Habían dejado de ser bebés y se habían convertido en cinco personitas distintas.

NATURALEZA Y EDUCACIÓN: EL FRÁGIL EQUILIBRIO

La constancia de personalidad desde la lactancia y a través de la primera infancia no resulta sorprendente para personas que, como yo, han visto tantos bebés y niños. Como ya he indicado antes, *los bebés vienen al mundo con personalidades únicas*. Desde el día en que nacen, algunos son marcadamente tímidos; otros, testarudos; y otros, temerarios y propensos a una gran actividad. En la actualidad, gracias a los vídeos, los escáneres cerebrales y la nueva información sobre el código genético, ha dejado de ser sólo una corazonada: los científicos han corroborado en el laboratorio la constancia de la personalidad. Sobre todo en la última década, las investigaciones han probado que, en todo ser humano, los genes y sustancias químicas cerebrales influyen en el temperamento, en los puntos fuertes y en las debilidades, en los gustos y aversiones.

Una de las consecuencias de esas últimas investigaciones es que se ha reducido la culpa que recae sobre los padres, una tendencia psico-

---

NATURALEZA Y EDUCACIÓN

«Los estudios [de gemelos y niños adoptados] tienen implicaciones prácticas importantes. Dado que la paternidad y demás influencias del entorno pueden moderar el desarrollo de tendencias heredadas por los niños, ganan valor las iniciativas para ayudar a los padres y demás cuidadores a leer las tendencias de comportamiento de los niños y a crear un contexto de apoyo. Cuando las condiciones del entorno de un niño encajan bien con sus características personales, el resultado se refleja, por ejemplo, en las rutinas familiares, que pueden proporcionar muchas oportunidades de juegos bulliciosos para niños muy activos, o en lugares en los que se cuidan niños donde se cuenta con espacios para que los niños tímidos puedan descansar de la actividad intensa con sus compañeros. Las rutinas de cuidados seriamente diseñadas pueden incorporar valiosos mecanismos que amortigüen el desarrollo de problemas de comportamiento en niños con vulnerabilidades heredadas, proporcionando la oportunidad de elegir, de obtener calor relacional, una rutina estructurada y otros apoyos.»

En: National Research Council e Institute of Medicine, *From Neurons to Neighborhoods: The Science of Early Childhood Development*, Committee on Integrating the Science of Early Childhood Development. Jack P. Shonkoff y Deborah A. Phillips, eds. Board on Children, Youth, and Families, Commission of Behavioral and Social Sciences and Education (Washington, DC, National Academy Press), 2000.

---

lógica en su momento muy de moda. No obstante, seamos cautos y no nos decantemos completamente en la otra dirección. Es decir, no nos permitamos pensar que los padres no influimos en absoluto. Lo hacemos. De lo contrario, queridos, ¿por qué iba a compartir *mis* ideas sobre cómo ser los mejores padres posibles?

En efecto, el pensamiento más usual acerca del debate entre naturaleza y educación describe el fenómeno como un proceso dinámico en curso. No se trata de naturaleza *contra* educación, sino de naturaleza *mediante* educación, según una reciente revisión de la investigación. Los científicos han llegado a estas conclusiones analizando innumerables estudios sobre gemelos idénticos y sobre niños adoptados cuya biología difiere de la de sus padres. En ambos casos, se demuestra la complejidad de interacción entre naturaleza y educación.

Los gemelos, por ejemplo, que tienen la misma configuración genética y las mismas influencias de los progenitores, no necesariamente nacen iguales. Y cuando los científicos investigan a los niños adoptados de padres biológicos alcohólicos o con algún tipo de enfermedad mental, descubren que en determinados casos un entorno educativo (creado por sus padres adoptivos) proporciona inmunidad contra la predisposición genética. Sin embargo, hay otros casos en los que incluso los mejores padres no pueden superar la herencia.

Lo fundamental es que nadie sabe exactamente cómo funcionan la naturaleza y la educación, aunque sí sabemos que actúan *juntas*, y que se influyen entre sí.

Así pues, hemos de respetar al niño que nos ha dado la naturaleza y, al mismo tiempo, proporcionarle todo el apoyo que necesite. Es cierto que se trata de un frágil equilibrio, sobre todo para los padres de niños entre los 8 y los 26 meses, pero a continuación presentamos una serie de ideas que conviene tener en cuenta.

En primer lugar, tenéis que comprender y aceptar a vuestro hijo. El punto de partida para ser unos buenos padres es conocer a vuestro hijo. En mi primer libro, explicaba que los niños que conozco suelen entrar en alguno de estos cinco tipos de temperamento: angelito, de manual, susceptible, movido y gruñón. En los próximos apartados de este capítulo veremos cómo se traducen esos tipos en la primera infancia y encontraréis un cuestionario (*ver páginas 38-43*) que os ayudará a determinar qué tipo de niño tenéis. ¿Qué talentos tiene?

¿Qué cosas le suponen un problema? ¿Necesita una dosis extra de ánimos o de autocontrol? ¿Se lanza voluntariamente a situaciones nuevas? ¿Lo hace temerariamente? ¿O no se lanza? Debéis observar a vuestro hijo con imparcialidad y responder sinceramente a ese tipo de preguntas.

Si basáis vuestras respuestas en quién es vuestro hijo, no en quién querríais que fuera, le estaréis proporcionando lo que considero que todo padre debe a su hijo: respeto. La idea es que miréis a vuestro hijo, le améis por quién es y adaptéis vuestras ideas y vuestro comportamiento para hacer lo que más le convenga.

Pensadlo: ni se os pasaría por la cabeza pedir a un adulto que odia los deportes que os acompañara a un partido de rugby, y probablemente no pediríais a un invidente que os acompañara en una excursión de observación ornitológica. Del mismo modo, si conocéis el carácter de vuestro hijo, sus puntos fuertes y sus debilidades, podréis determinar mejor no sólo lo que le va bien, sino lo que le gusta. Seréis capaces de guiarle y de proporcionarle un entorno que le resulte apropiado, así como las estrategias que necesite para hacer frente a las desafiantes demandas de la infancia.

Stephen Suomi y un equipo de investigadores del National Institute of Child Health and Human Development reprodujeron un grupo de macacos de la India para que fueran «impulsivos». En los monos, como en los humanos, la falta de control y la asunción de riesgos se asocia a un nivel bajo de serotonina, una sustancia química del cerebro que inhibe el carácter impulsivo. Al parecer, un gen que transporta la serotonina y que se encuentra también en los humanos evita que ésta se metabolice de forma eficaz. Suomi descubrió que cuando los monos que carecían de ese gen eran criados por madres normales tendían a meterse en problemas y acababan en lo más bajo de la jerarquía social. Sin embargo, cuando se hacen cargo de ellos madres excepcionalmente educativas, su futuro es mucho más brillante: los monos no sólo aprenden a evitar situaciones estresantes o a obtener ayuda para afrontarlas (lo cual, como es de esperar, mejora su estatus social en la colonia), sino que la educación extra hace que el metabolismo serotonino funcione a un ritmo normal. «Las experiencias tempranas pueden alterar de forma sustancial prácticamente todos los resultados —afirma Suomi—. La biología sólo proporciona un conjunto de probabilidades diferente.»

Adaptado de «A Sense of Health», *Newsweek*, otoño/invierno 2000.

Podéis ayudar a vuestro hijo a sacar el mayor partido de sí mismo. Está documentado que la biología no es una sentencia de por vida. Todos los humanos, e incluso otros animales (*ver recuadro anterior*), somos producto tanto de nuestra biología como del mundo en el que nacemos. Puede que un niño «nazca tímido» porque haya heredado un gen que le haga tener un umbral bajo de aceptación ante lo que no le resulte familiar, pero sus padres le pueden ayudar a sentirse seguro y enseñarle estrategias para superar su timidez. Otro niño puede ser un «arriesgado nato» debido a sus niveles de serotonina, pero sus padres pueden enseñarle a controlar sus impulsos. En resumen, si comprendéis el temperamento de vuestro hijo, os será posible planificar con antelación.

Dejando las necesidades de vuestro hijo a un lado, también debéis ser responsables de vuestros actos. En esta etapa de la vida de vuestro hijo, vosotros sois los primeros entrenadores y directores, y lo que hagáis por él le marcará tanto como su código genético. En mi primer libro, recordaba a los padres que con cada uno de sus actos están enseñando a su bebé lo que puede esperar, tanto de ellos como del mundo. Consideremos el caso de un niño que se pasa el día quejándose. Cuando le conozco no me parece que lo haga con premeditación ni maldad: sólo hace lo que le han enseñado a hacer sus padres.

¿Cómo ha pasado? Cada vez que el pequeño se quejaba, paraban su conversación de adultos y lo cogían en brazos o se ponían a jugar con él. Mamá y papá creían que reaccionaban con entusiasmo, pero no se daban cuenta de la lección que estaba aprendiendo su hijo: «Ya lo entiendo. Quejarme es un modo seguro de captar la atención de mis padres». Este fenómeno, que yo denomino *educación accidental* (*más información en las páginas 272-273 y en el capítulo ocho*), puede iniciarse en la lactancia y continuar en la infancia, a menos que los padres sean conscientes del impacto que su propio comportamiento tiene sobre el carácter de su hijo. Y, creedme, las consecuencias son cada vez más serias, ya que en la primera infancia los niños son unos grandes expertos en manipular a sus padres.

Vuestra perspectiva sobre la naturaleza de vuestro hijo puede determinar lo bien que os llevéis con él. Por supuesto, unos niños son más difíciles que otros, y es también un hecho constatado que la personalidad de un niño puede influir en las acciones y reacciones de sus padres. A la mayoría de personas, les resulta más fácil tener un temperamento más calmado con un niño dócil y cooperador que con uno más impetuoso y exigente. No obstante, la perspectiva lo es todo. Una madre puede reaccionar ante su impetuosa hija diciendo «Es incorregible», mientras que otra puede ver esa naturaleza como una característica positiva y decir que su hija tiene claro lo que quiere. Para esta última madre, resultará mucho más sencillo ayudar a su hija a canalizar sus tendencias agresivas hacia aplicaciones más apropiadas, como por ejemplo el liderazgo. Del mismo modo, un padre puede estar muy preocupado al darse cuenta de que su hijo es «tímido», mientras que otro ve la misma reticencia como un rasgo positivo, ya que el pequeño sopesa cuidadosamente cada situación. Es probable que el segundo padre tenga paciencia y no presione a su hijo, que es lo que posiblemente haría el primero, una estrategia que no haría más que agravar la timidez del pequeño (*ejemplos en las páginas 54-56 y 355-357*).

¿QUIÉN ES VUESTRO HIJO?

De algún modo, el temperamento es una consideración aún mayor en la primera infancia, ya que el niño realmente está formando su personalidad; además, es una época en la que diariamente se presentan nuevos desafíos para vuestro hijo. El temperamento determina la capacidad del pequeño para manejar tareas y circunstancias que no le resultan familiares: sus «primeras veces». Puede que ya hayáis determinado qué tipo de bebé era vuestro hijo: angelito, de manual, susceptible, movido o gruñón. Si es así, el siguiente cuestionario no hará más que confirmar vuestra apreciación, lo cual significa que empezasteis a sintonizar con vuestro hijo pronto, y que no os habéis estado engañando acerca de su personalidad.

Tomad dos folios y, padre y madre por separado, responded al cuestionario que aparece más abajo. Si eres un padre solo o una madre soltera, pide ayuda a otra persona que cuide del pequeño, a los abuelos o a una buena amiga que conozca bien a tu hijo. De este modo, tendrás al menos otro par de ojos y podrás comparar las notas. No hay dos personas que vean al mismo niño exactamente del mismo modo, como tampoco ningún niño actúa igual ante dos personas diferentes.

Aquí no hay respuestas buenas ni malas: se trata de un ejercicio para constatar hechos, de modo que no discutáis si respondéis de forma diferente. Sencillamente, debéis permitiros tener una perspectiva más amplia. El objetivo es ayudaros a comprender la forma de ser de vuestro hijo.

Puede que cuestionéis el resultado, como hicieron muchos padres al leer *Bebés tranquilos y felices*, que decían: «Creo que mi hijo es un cruce entre dos tipos de bebé». Eso está bien; si se da ese caso, podéis utilizar la información adecuada a ambos tipos. Sin embargo, mi experiencia me indica que suele haber un aspecto dominante. Veamos mi caso, por ejemplo. Yo era una bebé susceptible, una niña bastante reticente y tímida, y me he convertido en una adulta también susceptible, si bien hay días en los que actúo como una persona gruñona, y otros, como una persona movida, aunque por naturaleza soy susceptible.

Tened en cuenta que se trata tan sólo de un ejercicio para ayudaros a sintonizar y a observar mejor las inclinaciones naturales de vuestro hijo. Creedme cuando os digo que *vosotros*, junto con los demás elementos que configuran su entorno, modelaréis a vuestro hijo; de hecho, esta es la época en la que cada encuentro es una aventura y, con frecuencia, una prueba. La idea es que este cuestionario os permita haceros una idea de los rasgos de comportamiento más significativos de vuestro hijo: su grado de actividad, de distracción, de intensidad, de adaptación, de extroversión o introversión, cómo se enfrenta a lo desconocido, cómo reacciona ante su entorno. Fijaos en que las preguntas os piden que tengáis en cuenta no sólo lo que el niño hace ahora, sino también lo que hacía de bebé. Marcad las respuestas que reflejen el comportamiento más típico del niño, su modo *habitual* de actuar y reaccionar.

¿QUIÉN ES VUESTRO HIJO?

1. Cuando era bebé, mi hijo:
   A. rara vez lloraba.
   B. lloraba sólo cuando tenía hambre, estaba cansado o sobreestimulado.
   C. a menudo lloraba sin motivo aparente.
   D. lloraba muy fuerte y, si no iba a atenderle, el llanto se convertía enseguida en rabia.

E. lloraba con enfado, normalmente cuando nos desviábamos de nuestra rutina habitual o de lo que esperaba.

2. Cuando se despierta por la mañana, mi bebé:
   A. rara vez llora: juega en la cunita hasta que voy a buscarle.
   B. hace gorgoritos y mira alrededor hasta que se aburre.
   C. necesita que le prestemos atención inmediata; de lo contrario, se pone a llorar.
   D. grita para que lo vaya a buscar.
   E. gimotea para que sepa que se ha despertado.

3. Recuerdo que la primera vez que le di un baño, mi hijo:
   A. estaba como pez en el agua.
   B. se sorprendió un poco por la sensación, pero le gustó casi al instante.
   C. estaba muy sensible: se agitaba un poco y parecía tener miedo.
   D. estaba furioso: daba golpes incesantemente y salpicaba.
   E. se disgustó mucho y lloró todo el rato.

4. El lenguaje corporal de mi hijo es:
   A. casi siempre relajado, incluso cuando era un bebé.
   B. relajado la mayoría del tiempo, incluso cuando era un bebé.
   C. tenso y reacciona mucho ante los estímulos externos.
   D. brusco: cuando era un bebé agitaba bruscamente los brazos y las piernas.
   E. rígido: cuando era un bebé solía tener los brazos y las piernas tensos.

5. Cuando hice el paso de alimentos líquidos a sólidos, mi hijo:
   A. no tuvo ningún problema.
   B. se adaptó bastante bien, ya que le di tiempo para acostumbrarse a cada nuevo sabor y textura.
   C. hacía una mueca o le temblaba el labio, como diciendo: «¿Pero esto qué es?».
   D. se lanzó de cabeza, como si se hubiera pasado la vida comiendo alimentos sólidos.
   E. agarraba la cuchara e insistía en sostenerla él solo.

6. Cuando está haciendo algo y se le interrumpe, mi hijo:
   A. para fácilmente.
 / B. a veces llora, pero se le puede persuadir para que haga otra cosa.
   C. antes de recuperarse, llora durante varios minutos.
   D. protesta, da golpes y se tira al suelo.
   E. llora como si le hubieran roto el corazón.

7. Mi hijo demuestra el enfado:
   A. lloriqueando, pero es de fácil consolar y distraer.
 / B. con signos obvios (puños cerrados, muecas o lloros), y para superarlo necesita que le tranquilicen.
   C. como si fuera el fin del mundo.
   D. perdiendo el control, y a menudo con tendencia a tirar cosas.
   E. con agresividad, y a menudo con tendencia a dar empujones.

8. En situaciones de contacto social con otros niños, por ejemplo jugando, mi hijo:
 / A. se muestra feliz y activamente implicado.
   B. se implica, pero de vez en cuando se altera con otros niños.
   C. se queja o llora con facilidad, sobre todo cuando otro niño le quita su juguete.
   D. corretea por todas partes y se implica en todo.
   E. no quiere implicarse, se queda por los alrededores.

9. A la hora de la siesta o de dormir, la frase que mejor describe a mi hijo es:
   A. no le despierta ni un bombardeo.
 / B. antes de dormirse está inquieto, pero responde bien a las palmaditas y palabras tranquilizadoras.
   C. los ruidos de la casa o de la calle le molestan fácilmente.
   D. en la cama se le ha de mimar: tiene miedo de perderse algo.
   E. para dormir debe haber un silencio absoluto; de lo contrario, se pone a llorar desconsoladamente.

10. Cuando se le lleva a una casa nueva o a un escenario que no le resulta familiar, mi hijo:
 / A. se adapta fácilmente, sonríe y se entretiene rápidamente.

    B. necesita un poco de tiempo para adaptarse; sonríe, pero se da la vuelta rápidamente.

    C. se relaja fácilmente, se esconde detrás de nosotros o se esconde en las faldas de la madre/el padre.

    D. se lanza de cabeza, aunque no sabe demasiado bien qué hacer.

    E. tiende a resistirse y enfadarse, o puede que se vaya solo.

11. Si mi hijo está entretenido con un juguete determinado y otro niño quiere jugar con él:

    A. se da cuenta de ello, pero continúa centrado en lo que está haciendo.

    B. le cuesta mantener la concentración cuando el otro niño ha captado su atención.

    C. se preocupa y llora con facilidad.

    D. quiere inmediatamente cualquier cosa con la que esté jugando el otro niño.

    E. prefiere jugar solo y a menudo llora si los demás niños invaden su espacio.

12. Cuando salgo de la habitación, mi hijo:

    A. al principio se muestra preocupado, pero acaba jugando.

    B. puede mostrarse preocupado pero, por lo general, no le importa, a menos que esté cansado o enfermo.

    C. llora inmediatamente y se siente abandonado.

    D. viene volando detrás de mí.

    E. llora desconsoladamente y levanta las manitas.

13. Cuando regresamos a casa después de haber salido, mi bebé:

    A. se acomoda inmediatamente, con facilidad.

    B. tarda unos minutos en aclimatarse.

    C. tiende a ponerse muy nervioso.

    D. a menudo se sobreestimula y cuesta tranquilizarle.

    E. se enfada y se comporta lamentablemente.

14. Lo más destacable de mi bebé es:

    A. lo increíblemente bien educado y fácil de tratar que es.

    B. que se va desarrollando con precisión según los estándares, como los libros decían que haría.

C. su susceptibilidad ante todo.

D. su agresividad.

E. el mal humor que puede llegar a tener.

15. Cuando vamos a una reunión familiar en la que hay adultos y/o niños que conoce, mi hijo:

    A. sopesa la situación, pero por lo general entra bien en la sucesión de las cosas.

/ B. necesita un momento para adaptarse a la situación, sobre todo si hay mucha gente.

    C. actúa con timidez, se queda a nuestro lado, cuando no sobre nuestro regazo, y puede incluso llegar a llorar.

    D. salta al centro de la movida, con los otros niños.

    E. se une al grupo cuando está preparado para hacerlo, a menos que le empuje a hacerlo, mostrándose entonces reacio.

16. En un restaurante, mi hijo:

/ A. se porta muy bien.

    B. puede quedarse sentado en la mesa una media hora.

    C. se asusta con facilidad si el lugar está lleno de gente que grita, o si le hablan extraños.

    D. no quiere sentarse en la mesa más de diez minutos, a menos que esté comiendo.

    E. puede quedarse sentado en la mesa unos quince o veinte minutos, pero tiene que levantarse cuando ha acabado de comer.

17. La frase que mejor describe a mi bebé es que:

    A. uno apenas se da cuenta de que hay un niño en la casa.

/ B. es fácil de manejar y predecir.

    C. es un niño muy delicado.

    D. está en todo: cuando está fuera de la cuna o del parque, no le puedo quitar la vista de encima.

    E. es muy serio: parece como si se refrenara y ponderara mucho las cosas.

18. La frase que mejor describe la comunicación entre mi hijo y yo, desde que era un bebé, es:

    A. siempre me hace saber exactamente lo que necesita.

B. la mayoría de las veces es fácil interpretar sus señales.

C. llora a menudo, lo cual me confunde.

D. impone sus gustos y aversiones muy claramente, físicamente, y a menudo con gritos.

E. suele atraer mi atención con un llanto fuerte y enfadado.

19. Cuando le cambio el pañal o le visto, mi hijo:

A. suele mostrarse cooperativo.

B. a veces necesita otra distracción para quedarse quieto.

C. se molesta y algunas veces llora, sobre todo si intento ir deprisa.

D. se resiste, porque odia estar estirado o sentado sin poder moverse.

E. si tardo demasiado, se molesta.

20. El tipo de actividad o juguete que más le gusta a mi hijo es:

A. casi cualquier cosa que le dé algún resultado, como un juego de construcción.

B. un juguete apropiado para su edad.

C. actividades de tareas únicas que no sean demasiado ruidosas ni estimulantes.

D. cualquier cosa que pueda aporrear o que produzca un sonido fuerte.

E. prácticamente cualquier cosa, siempre que nadie se entrometa.

Para puntuar el cuestionario que acabas de hacer, escribe A, B, C, D o E en un trozo de papel, cuenta las veces que has respondido cada letra y apúntalo; cada una de ellas corresponde a un tipo de bebé:

A = bebé angelito

B = bebé de manual

C = bebé susceptible

D = bebé movido

E = bebé gruñón

¡HOLA, HIJO!

Cuando tengáis el resultado del cuestionario sobre vuestro pequeño, probablemente veáis que hay una o dos letras que aparecen con más frecuencia. Cuando leáis las descripciones que aparecen a continuación, recordad que estamos hablando de un modo de ser en nuestro mundo, no de un mal día ni de un tipo de comportamiento relacionado con una etapa del desarrollo en particular, como pueda ser la salida de los dientes.

Es posible que vuestro hijito sea la viva imagen de uno de estos tipos, o puede que le veáis reflejado en más de uno de estos retratos en miniatura. Aseguraos de leer las cinco descripciones. Aunque una no encaje con vuestro hijo, leer todos los tipos os puede ayudar a comprender a los demás niños, a los parientes o a los compañeros de juego que forman parte del círculo social de vuestro hijo. He ejemplificado cada perfil con los bebés que os he presentado al principio del capítulo, que encajan casi perfectamente.

Angelito. El bebé que se portaba muy bien se convierte en un niño angelito. Por lo general, muy sociable, inmediatamente se siente a gusto en un grupo y se adapta a la mayoría de situaciones. Suele desarrollar la capacidad de lenguaje antes que sus compañeros o, al menos, es más claro al dar a conocer sus necesidades. Cuando quiere algo que no puede tener, resulta bastante fácil de distraer antes de que las sensaciones negativas aumenten. Y cuando realmente está fuera de sus casillas, no cuesta demasiado calmarle antes de que le dé una rabieta. Cuando juega, aguanta mucho realizando una sola tarea. Se trata de un niño de trato fácil y muy manejable. Por ejemplo, Andrea, a la que conocimos al principio de este capítulo, viaja mucho con sus padres y sigue su ritmo sin que eso le suponga un esfuerzo. Incluso con los cambios de horario, Andrea se adapta sin problemas. En una ocasión, cuando su madre quiso cambiarle la hora de la siesta porque le suponía un problema, le llevó sólo dos días acostumbrarse al nuevo horario. Andrea pasó una etapa de impaciencia con los cambios de pañal, un hecho común en los niños entre 8 y 26 meses, pero bastaba con darle su colgante para que se distrajera.

De manual. Como en la lactancia, este niño llega a las fases de desarrollo justo cuando se supone que debe hacerlo. Se podría decir que lo hace todo siguiendo un manual. Suele ser agradable en situaciones sociales, aunque al principio puede mostrarse tímido con los extraños. Está más cómodo en su propio ambiente, pero si se planifican bien las salidas y se le da tiempo y preparación suficientes, no tendrá demasiados problemas para adaptarse a un entorno nuevo. Se trata de un niño que ama la rutina y al que le gusta saber qué va a continuación. Tucker es ese tipo de niño. Hasta el momento, ha sido bastante fácil de cuidar, predecible y afable. Su madre continúa sorprendida de lo puntual que es, incluso en lo que se refiere a las fases no muy bienvenidas de la primera infancia. A los ocho meses, empezó a sentir necesidad de separación; a los nueve, le salió el primer dientecito; al año, ya caminaba.

Susceptible. De acuerdo con su naturaleza de bebé, este pequeño es sensible y típicamente lento a la hora de adaptarse a situaciones nuevas. Le gusta encontrarse en un mundo ordenado y conocido. Odia que le interrumpan cuando está absorto en algo; por ejemplo, si está jugando con un juguete o con un rompecabezas y se le pide que deje de jugar, se molesta y puede incluso llegar a llorar. Es el niño al que a menudo se etiqueta como «tímido», ya que la gente no asume que se trata de su carácter. Os garantizo que un niño susceptible no se sentirá cómodo en reuniones sociales, sobre todo si se siente presionado, y probablemente tenga dificultad para compartir. Rachel encaja a la perfección en este perfil. Si la gente intenta forzarla a hacer cosas, se crea un gran problema. Anne, su madre, lo pasó fatal cuando quiso llevarla a una clase de madres e hijos a la que asistían algunas amigas suyas. Rachel ya conocía a algunos de los niños del grupo, pero aun así tardó tres semanas en bajarse de las rodillas de su madre, lo cual hizo que Anne se cuestionara su decisión. ¿Qué debía hacer: sacarla de casa conmigo, esperando que se aclimatase al grupo, o dejarla en casa y que se aislase? Escogió la primera opción, pero fue una lucha constante que después se repetía ante cualquier nueva situación. No obstante, si no se le presiona, el niño susceptible puede madurar y convertirse en un pensador serio y sensible, un niño que sopesa cuidadosamente las situaciones y a quien le gusta ponderar los problemas.

Gruñón. La personalidad atolondrada que marcó los primeros meses de vida de este niño tiene continuidad en la primera infancia. Es obstinado y necesita que las cosas se hagas *a su manera*. Si os imponéis antes de que él esté preparado para que lo cojan, preparaos para una pataleta. Su madre puede intentar enseñarle a hacer una cosa, pero él le apartará la mano. Dado que lo que más le gusta es su propia compañía, es muy bueno en los juegos independientes. Sin embargo, puede que le falte el aguante necesario para aprender o completar una tarea y, por lo tanto, se frustre fácilmente. Cuando está molesto, es propenso a llorar como si se acabara el mundo. Puesto que a este niño le suele costar expresarse, puede morder o empujar. A todos los padres que quieren obligar a sus hijos a venir conmigo les digo: «No les obliguéis a venir. No les hagáis hacer nada. Dejad que me conozcan según su horario, no según el vuestro». Esto es especialmente importante con los niños gruñones. Cuanto más les forcéis, más cabezotas serán. Y ni se os ocurra pedirles que actúen para mostrar lo bien que saben hacer algo, como hicieron los padres de Allen. Aquel niñito era dulcísimo... siempre que le dejaran escoger sus actividades. Sin embargo, cuando alguien le decía que mostrara algo que sabía hacer, el niño fruncía el entrecejo. (De hecho, no me gusta que a ningún niño le hagan actuar; *ver cuadro de la página 120*). Al mismo tiempo, los niños gruñones son como viejos: suelen ser agudos, ingeniosos y creativos, y a veces incluso sabios, ya que actúan como si ya hubieran vivido las situaciones con anterioridad.

Movido. Se trata de nuestro niño más activo: es muy físico, a menudo voluntarioso, y puede ser propenso a templar los berrinches. Es muy sociable, curioso y señala los objetos y los alcanza para él mismo y para sus compañeros. Este niño es un aventurero consumado: se atreve con cualquier cosa y es muy decidido. Cuando consigue algo, demuestra un gran sentido de logro. Asimismo, necesita tener unos vínculos muy claros, de modo que no actúa como una apisonadora, arrollando a cualquier persona o cosa que se interponga en su camino. Cuando empieza a llorar, este tipo de niño tiene resistencia y aguante, de modo que os queda mucho camino por delante si no tenéis una buena rutina nocturna. También es un observador perspicaz de las personas que le cuidan. Betsy, que trepó sola al cambiador de mi estudio, a todas horas ponía a prueba a Randy, su madre. Betsy se empeñaba en algo (en tocar un enchufe que le habían dicho que no tocara, por ejemplo) y, entonces, cuando iba hacia él, no dejaba de mirar a Randy, para calibrar su reacción. Como la mayoría de niños movidos, Betsy sabe lo que quiere. Si está con su madre y su padre intenta llevársela, le empujará. Sin embargo, si se sabe cómo guiarle y se le proporciona una válvula de escape para esa energía, un niño movido se puede convertir en un líder, hábil en cualquier área que le interese.

¿NATURALEZA O PRIMERA INFANCIA?

La constante de la primera infancia es el cambio. Como no paran de crecer, explorar y probar, los niños que se encuentran entre los 8 y los 26 meses se transforman prácticamente cada día. Puede que el vuestro se muestre cooperador en un momento y obstinado al siguiente. A veces, vestirlo no supone problema alguno, y otras se convierte en una batalla campal. Puede devorar la comida el viernes y estar desganado el sábado. En esa época de pruebas, puede que penséis que la personalidad de vuestro hijo ha cambiado, pero lo que ocurre es que el pequeño se encuentra en el proceso de otro gran salto de desarrollo. El mejor modo de controlar esos arrebatos es no haciendo una montaña de todo eso. Vuestro hijo no está retrocediendo ni cambiando a peor; todo forma parte de su crecimiento.

Probablemente, hayáis reconocido a vuestro hijo en las descripciones que acabamos de presentar, o quizá sea un cruce entre dos tipos. En cualquier caso, esta información ha de servir para guiaros e iluminaros, no para alarmaros. Después de todo, cada tipo presenta unas ventajas y unos desafíos. Además, es menos importante descifrar a qué etiqueta pertenece el niño que saber qué podéis esperar de él y cómo tenéis que tratarle teniendo en cuenta su carácter. De hecho, etiquetar no es una buena idea. Todos los humanos tenemos muchas caras, y los niños, al igual que los adultos, son más que un solo aspecto de su carácter.

Por ejemplo, un niño tímido puede ser también serio, sensible, tener inclinaciones musicales, etc. Pero si pensamos en él sólo como tímido (y lo que es peor, si siempre atribuimos su comportamiento a la timidez), le veremos como una figura estática, no un niño completo, dinámico y que respira. No permitiremos que ese niño sea una persona tridimensional auténtica.

Recordad también que cuando se le dice a alguien que es una determinada cosa, no tarda en convertirse en esa cosa. Yo misma tengo un hermano al que cuando era niño calificaban de «antisocial». Ahora miro atrás y veo que seguramente se trataba de un niño gruñón. Con todo, él era mucho más que esa etiqueta: era curioso, inventivo, creativo. Ahora que es adulto, continúa siendo curioso, inventivo y creativo; y le sigue encantando estar solo. Podías pasar el día buscándole, con la esperanza de pasar más tiempo con él del que él deseaba; pero si en lugar de eso aceptabas que prefería su propio espacio (sin tomártelo como algo personal y recordando que tenía esa forma de ser desde que había nacido), él estaba bien. De hecho, lo más probable era que él se acercara a ti antes de intentar presionarle para que pasara más tiempo contigo.

A buen seguro que no os gustará todo lo que veáis en vuestro hijo. Incluso puede que secretamente deseéis haber tenido otro tipo de hijo. No importa, debéis enfrentaros a la realidad y ampliar la perspectiva. Vuestro trabajo como padres consiste en estructurar el entorno para que se minimicen los escollos y se maximicen las virtudes naturales de vuestro hijo.

ACEPTAR LA NATURALEZA DEL NIÑO AL QUE AMÁIS

Saber el tipo de niño que tenéis no es suficiente: también es importante *aceptar* lo que sabéis. Lamentablemente, cada día conozco a padres que no comprenden quiénes son sus hijos. Esas madres y padres no parecen apreciar lo que en el fondo ven o saben sobre sus propios hijos. Puede que tengan un hijo dulce y dócil, que a otros padres les encantaría tener, y aún se preguntan: «¿No debería relacionarse más con los otros niños?». O puede que su hijo esté en el suelo llorando porque no le dejan comerse otra galleta, y digan: «No lo entiendo: nunca antes había hecho esto». En lugar de aceptar, esos padres niegan. Excusan a su hijo o cuestionan constantemente su naturaleza. Sin darse cuenta, lo que le están diciendo a su hijo es: «No me gusta quién eres, y voy a cambiarte».

Por supuesto, los padres no quieren negar a sus hijos, pero lo cierto es que ocurre. Tanto ven color de rosa a un niño difícil como les pasa desapercibido el niño maravilloso que tienen. ¿Por qué? He conseguido aislar varios motivos y he pedido a algunos padres que expliquen lo que parece ser que ocurre.

El pánico escénico: Amelia. No puedo creer que haya tantísimas mujeres jóvenes que tengan pánico escénico ante la maternidad. Empieza en

48

las primeras fases del embarazo, cuando leen todos los libros que les caen en las manos, con la esperanza de encontrar en ellos el consejo «adecuado» para tratar a los niños. El problema es que en ningún libro (incluido el que tenéis entre las manos) el consejo está hecho a la medida de *vuestro* hijo. Puede que estéis utilizando una técnica concreta tal y como se aconseja, pero que vuestro hijo no reaccione como cabía esperar, de modo que llegáis a la conclusión de que habéis hecho algo mal, y sentirse mal con uno mismo no lleva a una buena paternidad.

SIGNOS DE NEGACIÓN

Los padres que tienen problemas para aceptar a sus hijos por lo que son tienden a hacer un determinado tipo de afirmaciones. Prestad atención a lo que realmente queréis decir si os oís diciendo...

- «Es una etapa: ya le pasará.» ¿Es una realidad o un deseo? Puede que tengáis que continuar esperando.
- «Vamos, no ha pasado nada.» ¿Estáis intentando camelar a vuestro hijo para que no tenga en cuenta sus sentimientos?
- «Cuando empiece a hablar, será más fácil de tratar.» El desarrollo puede modificar el comportamiento, pero casi nunca anula el carácter.
- «No será tímida toda la vida.» Pero puede que siempre tenga problemas ante las situaciones nuevas.
- «Ojalá fuera...» o «¿Por qué no puede ser más...?» o «Antes hacía...» o «¿Cuándo hará...?» Independientemente del modo como lo completéis, puede significar que no le aceptáis como es realmente.
- «Siento que sea tan...» Cuando los padres se disculpan por su hijo, independientemente de lo que esté haciendo, le transmiten el mensaje de que no está bien ser como es. Me imagino al niño en la consulta de un psicólogo, diciendo: «Nunca me han dejado ser yo mismo».

Y lo que es más, el pánico escénico es un obstáculo para ver claramente al pequeño ser humano que tenéis delante. Tomemos el caso de Amelia, que tenía veintisiete años cuando dio a luz a Ethan, el primer nieto de ambas partes de la familia. Amelia había leído muchos libros sobre la maternidad, había participado en mesas redondas con otras madres y estaba bastante decidida a seguir el desarrollo del pequeño Ethan a través de los libros. En la época en que Ethan era lactante, Amelia me llamaba regularmente, y siempre comenzaba las preguntas diciendo: «En mi libro *Lo que hay que esperar* dice que Ethan debería...». Cada llamada ponía de manifiesto una preocupación diferente: sonreír, girarse de lado, sentarse, etc. Cuando su hijo entró en la primera infancia, las preguntas cambiaron un poco: «¿Qué puedo hacer para ayudarle a trepar mejor?» o «Tendría que empezar a comer con los dedos. ¿Qué le puedo dar para que pique?». O leía sobre una nueva teoría (por ejemplo, enseñar a los bebés el lenguaje de los signos) e inmediatamente corría a probarlo. ¿Una nueva clase para niños entre 8 y 26 meses? Estaba ansiosa por acudir a ella, e insistía en que Ethan necesitaba «desarrollar sus habilidades motoras» o «desarrollar su creatividad». ¿Salía un juguete nuevo al mercado? Lo compraba. Al parecer, nunca había días normales en la vida de aquella mamá. Siempre estaba presentando un nuevo artilugio o actividad que creía que ayudaría a Ethan a desarrollarse, que le enseñaría una nueva habilidad o le daría ventaja sobre los demás niños.

«Ethan siempre está de mal humor», me reveló Amelia cuando el pequeño tenía dieciocho meses. «Me preocupa que pueda convertirse en un niño difícil.» Tras pasar unas horas con madre e hijo, quedó claro que ella se divertía más que él con las actividades y los juguetes que insistía en ponerle delante. No le observaba ni le aceptaba por lo que era. En lugar de permitirle explorar y llevar la voz cantante, continuaba comprándole más cosas. ¡La habitación del niño parecía una juguetería!

«Ethan ha sido siempre como es», le aseguré, recordándole el ceño fruncido que tan a menudo observaba en su cara ya de bebé. «No ha cambiado. Antes era un bebé gruñón y ahora es un niño gruñón al que le gusta jugar cuando quiere y como quiere, y escoger sus propias actividades.» Expliqué a Amelia que, en su afán por ser la mejor madre del mundo (un entusiasmo que claramente rayaba el exceso de implicación), no estaba viendo al pequeño que tenía delante. Puede que inconscientemente intentara cambiar la naturaleza de Ethan. En cualquier caso, eso no iba a dar resultado: tenía que aceptar quién era su hijo.

Existe un antiguo dicho budista que reza: «El maestro aparece cuando el estudiante está preparado». Esto es, al parecer, lo que ocurrió en el caso de Amelia. Su tía favorita llevaba meses diciéndole: «Te excedes en las cosas, piensas demasiado y programas demasiado la vida de tu pobre hijo», pero Amelia confiesa que «ni siquiera sabía a qué se refería. Supongo que parte del problema era que, como todo el mundo me decía lo buena madre que era, sentía que tenía que demostrar algo».

Y cuando Amelia se relajó un poco, Ethan se volvió más manejable. No es que de repente se convirtiera en un niño rebosante de alegría, pero tampoco se resistía a todo del modo en que lo hacía antes. Amelia también cambió. Se dio cuenta de que la maternidad es un proceso, no un acontecimiento, y de que no tenía que enriquecer ni llenar cada minuto con una actividad repleta de sentido. Aprendió a reprimirse cuando Ethan estaba jugando, para permitir que le mostrara cómo le gustaba hacer las cosas *a él*, y empezó a apreciar la independencia y el dinamismo de Ethan.

El perfeccionismo: Magda. El perfeccionismo es el pánico escénico llevado al extremo, y además contribuye a oscurecer más el color de los cristales de color de rosa con que miramos las cosas. A menudo, lo veo en mujeres con treinta y tantos o cuarenta años que optan por ser madres después de una exitosa carrera en la que lo han tenido todo bajo control. Magda es un ejemplo típico de ese tipo de persona. La gente se creía que estaba chalada cuando decidió tener un hijo a los cuarenta y dos años. Parte de la ansiedad que le provocaba el querer hacerlo todo bien provenía del deseo de demostrar a los demás que había tomado la decisión correcta. Además, se había imaginado que daría a luz a un bebé tan bueno como el de su hermana, un bebé angelito que encajaría fácilmente en su ocupada agenda.

Sin embargo, Adam, el hijo de Magda, resultó ser un bebé movido y ella se vio totalmente superada por el hecho de que no parecía capaz de enfrentarse a él. Allí estaba aquella mujer que dirigía una gran empresa, ocupaba un lugar en las juntas de otras y que, además, era una chef gastronómica. Tenía tanto éxito en todos los aspectos de su vida que esperaba experimentar la misma naturalidad como madre. Cuando el pediatra diagnosticó que Adam lloraba porque tenía un cólico, Magda continuó pensando tenazmente que Adam seguía siendo un angelito y que lo superaría.

Pero mucho después de que pasara el curso natural del cólico (al menos cinco meses), Adam continuaba haciéndose fuerte y, para cuando le conocí, a los trece meses, se había convertido en un tirano revoltoso. Magda intentaba buscar excusas para su comportamiento. «No ha dormido bien la siesta... No se encuentra demasiado bien. O quizás sean los dientes...» No sólo negaba que Adam fuera un niño movido; también sentía vergüenza porque *ella* necesitaba ayuda. Cuando me llamó para pedirme consulta, aconsejada por varios amigos que habían sido clientes míos, me pidió que no dijera a nadie que iba a visitarla.

A parte de sus tendencias perfeccionistas, que la hacían dedicar más energía a intentar controlar a Adam que a escucharle y observarle, no tenía ni idea de cómo establecer unos vínculos claros para Adam. En cambio, no paraba de camelarlo, con la esperanza de que con palabras dulces o sobornos conseguiría apartarle de su comportamiento chillón. Magda también estaba muy aislada. Había regresado al trabajo enseguida, y aunque se había organizado para tener tiempo para estar con Adam, normalmente estaban ellos dos solos o con el padre, pero pocas veces con otros niños y padres. La insté a entrar en un grupo de juego para que pudiera ver cómo interactuaban otros niños. Al hablar con otras madres y estar expuesta a otros niños, a Magda se le abrió una nueva perspectiva. En lugar de aferrarse a la ilusión de que Adam cambiaría, aceptó su naturaleza y empezó a no buscar excusas por su comportamiento. También cambiaron las expectativas que tenía para el pequeño, y empezó a establecer unos vínculos y unos límites más claros, sin que ello significara perder su carácter. Además, incorporó un montón de juegos activos a la rutina diaria de Adam, lo cual proporcionaba al pequeño una vía de escape adecuada a la energía que rebosaba.

Es cierto que al principio fue duro: no resulta fácil tratar con un niño movido al que nunca le han puesto límites. Además, Magda aún quería que la gente la viera como una madre perfecta, un objetivo que ninguna mujer puede alcanzar. «La maternidad es como cualquier otra habilidad que se nos enseña a lo largo de la vida», le expliqué. «La aprendemos.» Por supuesto, en el colegio no nos enseñan a ser padres, pero indiqué a Magda que podía utilizar los recursos que tenía alrededor: unos padres a los que respetaba, talleres de padres, asesores, etc. Y lo que es más importante, necesitaba ver la disciplina como modo de enseñar y educar, no como un elemento punitivo que aplastara el ego de su hijo movido (*más sobre este tema en el capítulo siete*).

Voces dentro y fuera de la cabeza: Polly. Algunos padres no ven con claridad, porque están obsesionados por lo que, o al menos así lo creen ellos, opinan y esperan otras personas. En cierto modo, todos sucumbimos a esto. Escuchamos la opinión de nuestros padres y nos preocupamos por lo que pueden decir los vecinos y los médicos. Cuestionarse un poco las cosas es bueno, y utilizar los sabios consejos de los padres tiene sentido (siempre que a vosotros os funcionen). Pero, en ocasiones, las voces ahogan nuestra propia sabiduría interior.

Eso fue lo que le sucedió a Polly, de veintiséis años, que estaba casada con Ari, un hombre acomodado diez años mayor que ella, procedente del Oeste medio, que ya tenía dos hijos de un matrimonio anterior. Polly, que cuando se conocieron trabajaba como higienista dental, era una hija única de procedencia más humilde que la de su nueva pareja. Ahora vivía en una gran casa de Bel Air, un vecindario exclusivo de Los Ángeles. Polly me llamó un día llorando para pedirme que la ayudara con Ariel, que tenía casi quince meses. «Quería que todo le fuera bien a la pequeña, pero tengo la sensación de que no hago nada a derechas. Es tan absorbente... no sé qué puedo hacer por ella.»

Polly se sentía culpable e incompetente. Sus padres la llamaban bastante a menudo desde el Oeste medio y, como es normal, le preguntaban por su nieta. Polly veía su interés como una crítica, lo cual quizá fuera cierto o quizá no (ya que no los conozco; sólo he oído sus comentarios de segunda mano). Sin embargo, la madre de Ari vivía cerca y parecía claro que no sólo prefería a Carmen, la primera esposa de su hijo, sino que creía poco en la capacidad maternal de Polly. La suegra no hacía más que lanzar a Polly indirectas del tipo «Carmen era tan buena con los niños» o «Mis *otros* nietos nunca lloriquean». De vez en cuando, la desaprobación era menos velada: «No sé qué haces con esta criatura».

Al hablar más con Polly, me di cuenta de que también tenía interiorizada la absurda y al mismo tiempo común idea de que si un niño llora significa que no tiene una buena madre. En consecuencia, se había pasado buena parte del último año haciendo todo cuanto estaba al alcance de su mano para evitar que Ariel llorara. El resultado era que su bebé de manual se había convertido en una niña absorbente que no sabía lo que era la paciencia ni tranquilizarse en solitario. Y lo que es peor, Ariel había empezado a aprovecharse de la ansiedad de su madre y estaba aprendiendo a manipularla. Con esa nueva rutina, Ariel les quitaba los juguetes a los demás niños e incluso les pegaba para conseguir lo que quería. Éstos dejaron de quererla como compañera de juegos y las demás madres se mostraban ofendidas porque Polly no le impusiera una disciplina.

Lo primero que hice para ayudar a Polly fue hacerle reconocer que las voces de su cabeza habían evitado que viera cómo era Ariel realmente. Tenía que observar por sí misma que el comportamiento de Ariel no era necesariamente su *naturaleza,* sino el resultado de su poca habilidad para establecerle unos límites. No era una niña «mala», «rencorosa» o «testaruda»; al contrario, era una niña de manual que cooperaba bastante cuando se le marcaban unas normas. Llevó unos meses conseguirlo, pero tomar conciencia de ello ayudó a Polly a sintonizar de verdad con Ariel, y la intervención repetida ayudó a acabar con las rabietas antes de que se les escaparan de las manos (*más consejos para sobrellevar las rabietas en las páginas 271 y 311*).

Con el tiempo, Polly fue capaz incluso de confesar a su suegra que sus comentarios no le resultaban de ayuda. «Un día me comentó que Ariel parecía "más cooperadora que de costumbre" y yo le di las gracias por decirlo. Pero también me desquité: le dije que Ariel siempre había sido bastante fácil, pero que yo había necesitado un tiempo para aprender a responder a sus necesidades. Le expliqué que ahora mi hija se avenía más fácilmente a las cosas porque yo había mejorado mi modo de mirarla. Fue muy divertido, pero después de eso mi suegra empezó a ser menos crítica y a resultar de más ayuda.»

Atormentado por la infancia: Roger. Desde el momento en que nace el bebé, todo el mundo empieza a catalogar qué rasgos pertenecen a quién: «la naricita del padre», «el pelo de la madre», «el ceño del abuelo». Los padres prácticamente no pueden evitar identificarse con sus hijos; se trata de un proceso natural. He aquí el pequeño ser que surge de nuestros genes, nuestro linaje. ¿Quién podría resistirse? Los problemas surgen cuando esas conexiones superan la individualidad del niño. Vuestro hijo puede parecerse a vosotros, incluso actuar de un modo parecido a vosotros, pero es un ser humano diferente que quizás acabe siendo como vosotros, o quizás no, y que puede no reaccionar ante el mismo tipo de tácticas que vuestros padres utilizaban con vosotros. A veces, sin embargo, cuando un padre se identifica demasiado con su hijo, no entiende eso. Eso fue lo que ocurrió con Roger, el hijo de un militar de las fuerzas aéreas que creía que tenía que «endurecer» a su hijo. De niño, Roger era tremendamente tímido, pero su padre estaba decidido a «hacer de él un hombre», incluso con tres años de edad.

Treinta años después, Roger es padre de un niño susceptible, Samuel, un pequeño no muy diferente de cómo era Roger de niño. Cuando era un bebé, a Sam le asustaban los ruidos imprevistos y le desconcertaba cualquier cambio en su rutina. Roger no paraba de preguntar a Mary, su esposa: «¿Qué le pasa?» Cuando Sam tenía ocho meses, Roger decidió que ya era hora de «endurecer» a su hijo, como su padre había hecho con él. A pesar de las objeciones de Mary, Roger insistió en lanzar al niño al aire. La primera vez que lo intentó, Sam pasó tanto miedo que lloró media hora. Roger no podía permitirlo. La noche siguiente volvió a intentarlo, momento en el que Sam se abalanzó sobre él. Mary estaba furiosa. «A mí me expusieron a todo tipo de cosas y eso me hizo más fuerte», esgrimió Roger en su defensa.

Durante el año siguiente, Roger y Mary batallaron por Sam. Él creía que Mary estaba haciendo de su hijo un miedica y ella creía que Roger era mezquino e insensato. Cuando Sam tenía dos años, Mary le apuntó a clases de música. En las primeras clases, se sentaba pacientemente con Sam sobre su regazo. Cuando Roger se enteró de eso dijo: «Yo le llevaré a clase. Seguro que estará bien». Frustrado porque Sammy ni siquiera alargaba la mano hacia uno de los instrumentos, y ni hablemos de relacionarse con los demás niños, Roger recurría al estilo de su padre e insistía a su hijo para que participara. «Coge ese tambor. Ve con ellos.»

No es de extrañar que a partir de ese día Sam retrocediera muchísimo. Si Mary entraba en el parking y en el hilo musical se oía música clásica, el niño empezaba a llorar, convencido de que le iban a obligar a volver a aquel lugar espeluznante. Mary vino a mí en busca de ayuda. Al oír la situación en que se encontraba, le sugerí que incluyéramos a Roger en nuestra reunión. «Aquí tenemos a un pequeño sensible que tiene unos gustos y unas aversiones muy definidos», les dije. «Para sacar el mayor partido a su naturaleza tenéis que ser más pacientes con él, dejar que se implique en las actividades de forma que se sienta cómodo.» Roger protestó y me soltó el discurso del «a mí eso me endureció». Me explicó que tanto si se trataba de reuniones familiares como de encuentros con otros niños de la base aérea, su padre siempre le había empujado al combate. No importaba que al pequeño Roger aquellas situaciones no le resultaran cómodas o que no estuviera preparado para manejarlas. «Me hacían vivirlas», insistía.

«Puede que el sistema de tu padre te ayudara, Roger», concedí, «o puede que hayas olvidado el miedo que pasabas. En cualquier caso, lo que sí podemos ver es que a tu hijo no le funciona. Lo único que estoy diciendo es que, al menos, le deis una oportunidad y lo intentéis de otro modo. Quizás podrías comprarle a Sam un tambor para que jugara con él en casa. Si tiene ocasión de investigar a su manera y a su ritmo, no al vuestro, es probable que se vuelva más lanzado. Pero entretanto, para construir su propia autoestima, Sammy necesita que seáis pacientes y le animéis, no que le humilléis.» En favor de Roger, hay que decir que fue capaz de dar marcha atrás. Son muchos los padres que aún tienen que aprender esa lección, pero cuando lo hacen es realmente un regalo, sobre todo para sus hijos. Ofrecer a los hijos un apoyo amable sin intimidarles ni intentar endurecerles les lleva a desarrollar la voluntad de explorar y, además, les permite dominar sus capacidades.

Mal ajuste: Melissa. La idea de que algunos padres y sus hijos no encajan no es nueva. Hace unos veinte años, cuando los psicólogos empezaron a prestar atención al carácter como fenómeno innato, era del todo natural observar también la naturaleza de los padres. Existen algunas combinaciones que son pura dinamita pero, claro está, aun en los casos en que se trata de un mal emparejamiento, ¡no podemos devolver al bebé! Lo que sí se ha de hacer es ser consciente de los conflictos dañinos y potencialmente peligrosos. Melissa, por ejemplo, es una mujer movida, una productora de televisión con jornadas de dieciséis horas. Su hija, Lani, es un angelito que prácticamente no tiene tiempo muerto. Ya había trabajado con esta familia cuando nació Lani, y recordaba perfectamente que cuando Lani tenía sólo cuatro meses Melissa había empezado una campaña para conseguir que su hija fuera al parvulario «adecuado». También había decidido que Lani sería bailarina y, por Dios, ¡aquella pobre niña llevaba tutú antes de aprender a mantenerse de pie! Melissa no pensaba nada al respecto, como tampoco creía que imponer tantas tareas a una niña de dos años pudiera ser demasiado para ella. Pero aquella situación me llamó la atención en uno de mis grupos de niños de primera infancia.

«De aquí nos vamos a clase de música», anunció Melissa a las demás madres.

«¿De veras?», preguntó Kelly. «Sean sale reventado de aquí; le tengo que poner a dormir la siesta... si no quiero pasarme el resto del día con él en brazos y refunfuñando.»

«Bueno, Lani duerme un poquitín en el coche de camino a allí, y después ya está bien. Tiene mucho aguante», añadió con orgullo.

Aquel día, cuando las demás madres ya se habían marchado, me quedé un momento con Melissa. «Me habías mencionado que últimamente Lani parece estar de mal humor más a menudo. Creo que está agotada, Melissa.» Melissa parecía un poco ofendida, pero yo continué. «Cuando no está en una de las muchas clases a las que la has apuntado, está en un plató de televisión contigo. Sólo tiene dos años y, al cabo del día, apenas tiene tiempo de coger aire, no hablemos ya de mostrar interés continuado por algo.»

CÓMO VER MÁS CLARAMENTE

Puede que os hayáis reconocido en una de las historias sobre padres que tienen problemas para aceptar el temperamento de sus hijos. Si es así, a continuación presentamos una útil lista para mejorar vuestra sensibilidad y poder de observación.

Autorreflexión. Mirad quiénes sois, tanto cuando erais niños como ya de adultos. Sed conscientes de vuestro propio carácter y de las grabaciones que están en marcha en vuestra cabeza.

Uníos a un grupo para ver cómo actúan y reaccionan otros niños. Es importante que observéis la interacción entre vuestro hijo y los demás.

Recordad que merece la pena escuchar algunas voces. Hablad con otros padres a los que respetéis. Escuchad sus observaciones sobre vuestro hijo con una actitud abierta. No os lo planteéis todo como una humillación, y no os pongáis a la defensiva.

Imaginaos que se trata del hijo de otra persona: ¿qué veis _realmente_? Retroceded. Sed tan objetivos como podáis. Os haréis un gran favor tanto a vosotros mismos como a vuestro hijo.

Planead un cambio. Dad los pasos necesarios para ofrecer a vuestro hijo lo que necesita (_ver página 58_). Recordad que el cambio lleva un tiempo.

Al principio, Melissa protestó y dijo que a Lani «le gustaba» ir con ella al trabajo y que «disfrutaba» de todas las actividades a las que la apuntaba, pero entonces le sugerí otra posibilidad. «No es que esté feliz; lo que pasa es que sigue adelante porque es muy buena. Sin embargo, algunos días está visiblemente exhausta. Por eso no se encuentra del todo bien. Si no vas con cuidado, te encontrarás con una persona muy poco afable entre manos. Tu angelito parecerá más una niña gruñona.»

Sugerí a Melissa que bajara el ritmo. «Para que Lani pueda implicarse realmente y disfrute de ello, no necesita tantos grupos.» Melissa no era tonta y comprendió exactamente lo que le estaba diciendo. Y, entonces, admitió una cosa que cualquier persona movida comprenderá: a ella le gustaba una consecuencia de las muchas actividades de Lani: la actividad social, mirar a los pequeños junto a las otras madres, intercambiar ideas, comparar notas, etc. Melissa también estaba orgullosa de su hijita, que innegablemente era adorable y precoz, y le encantaba observar cómo se relacionaba con otras personas. Degustaba los incidentes divertidos que se producían en los diversos grupos y le encantaba compartir esas experiencias con sus familiares y amigos.

«Y a parte de todo, ¿no crees que todo esto es *bueno* para ella, Tracy?», me preguntó Melissa. «¿No necesita estar rodeada de niños? ¿Y no es bueno exponerla a diversas experiencias?»

«Querida, le quedan muchos años por delante para aprender de la vida», le contesté. «Y sí, necesita estar con otros niños, pero también necesita que la respetes cuando se cansa. Tú te sigues preguntando "¿Pero qué le pasa?" cuando se encuentra mal. No te gruñe para mortificarte; sólo te está diciendo: "Ya basta. ¡Como me pongas otro tamborcito delante de las narices te lo voy a tirar a la cara!"»

UN PLAN DE CAMBIO

En cada uno de los casos descritos más arriba, intenté primero que los padres tomaran conciencia de que tenían unas perspectivas limitadas, de modo que pudieran empezar a ver a su hijo (y a ellos mismos) de un modo más realista. Para algunos de ellos, resulta más fácil ser objetivo. Melissa, por ejemplo, «intenta» aminorar la marcha, como le aconsejé, y ver cuáles son las necesidades de Lani, no el reflejo de sus propios deseos, pero aún le queda mucho camino por recorrer. Las últimas noticias que tengo de ellas es que Melissa se había jactado ante otras madres de lo bien que se había portado Lani al aguantar toda una representación de *El rey León*, lo que me lleva a pensar que cuesta erradicar las viejas costumbres.

Si os veis reflejados en alguna de estas historias, si os sentís afirmando según qué cosas (*ver cuadro de página 49*), es posible que tengáis algún problema para aceptar a vuestro hijo tal y como es. Si es así, necesitáis un plan.

1. *Retroceded un paso*. Mirad a vuestro hijo y preguntaos si habéis estado ignorando o infravalorando su carácter. Pensad en cuando era un bebé. Encontraréis hilos de su personalidad que probablemente ya notasteis desde el día en que nació. En lugar de ignorarla, prestad atención a esa información.

2. *Aceptad lo que veis*. No os limitéis a arropar la idea de amar al niño que tenéis: abrazad realmente a la persona que *es* vuestro hijo.

3. *Mirad qué cosas habéis hecho que vayan en contra el carácter de vuestro hijo.* ¿Acciones, reacciones, algo que habéis dicho? Por ejemplo, ¿le dais a vuestro hijo gruñón el espacio suficiente? ¿Habláis demasiado alto u os movéis demasiado deprisa con vuestro hijo susceptible? ¿Proporcionáis actividad suficiente a vuestro hijo movido?

4. *Cambiad vuestro propio comportamiento y estructurad el entorno para satisfacer las necesidades de vuestro hijo.* Por supuesto, el cambio conlleva un tiempo. Además, no puedo daros un mapa preciso del camino, ya que vuestro hijo es único. No obstante, en el próximo capítulo os ofrezco HELP, una buena estrategia que os permitirá caminar por esa delgada línea, respetando a vuestro hijo por quién es y, al mismo tiempo, proporcionándole una estructura y unos vínculos en los que pueda crecer.

CAPÍTULO DOS

HELP AL RESCATE:
UN MANTRA PARA EL DÍA A DÍA

Busco tu perdón por todas las veces que hablé cuando debería haber escuchado; que me enfadé cuando debería haber sido paciente; que actué cuando debería haber esperado; que tuve miedo cuando debería haber estado encantado; que reprendí cuando debería haber animado; que critiqué cuando debería haber halagado; que dije no cuando debería haber dicho sí y que dije sí cuando debería haber dicho no.

MARIAN WRIGHT EDELMAN,
The Measure of Our Success

EL CUENTO DE LAS DOS MADRES

Del mismo modo que no creo que haya niños «malos» (sólo niños a los que no se ha enseñado a comportarse y relacionarse socialmente), no creo que haya madres y padres «malos». Es cierto que algunas personas que he conocido parecen mejores padres por naturaleza que otras, pero por mi experiencia (y también porque así lo indican algunas investigaciones), casi todos pueden aprender. Dicho esto, ejemplificaré este punto explicándoos la historia de dos madres que conozco.

Estamos en una sesión de juegos en grupo. Cuatro niñitos adorables, todos alrededor de los dos años, meses arriba o abajo, están correteando entre un montón de juguetes y muñecos de peluche mientras sus madres, que se conocen entre sí desde que los niños eran bebés, están sentadas en sillas y sofás dispuestos alrededor de la sala. De las cuatro, Betty y Marianne han sido consideradas siempre las «afortunadas». Tara, la hija de Betty, y David, el hijo de Marianne, eran bebés angelito que no tardaron en dormir toda la noche de un tirón, muy manejables, y ahora son niños que admiten fácilmente diversas situaciones sociales, si bien últimamente David ha empezado a quejarse mucho. El motivo se hace evidente cuando se mira a ambas madres: una está en sintonía y parece saber de forma intuitiva qué es lo mejor para su hija; la otra, en cambio, aunque bien intencionada, necesita unas cuantas indicaciones. Es probable que no tengáis problema a la hora de adivinar quién es quién.

Betty se recuesta en su asiento despreocupada mientras los niños juegan, observando atentamente, mientras que Marianne se inclina en el filo de su asiento. Si Tara aún no está lista para unirse a los demás niños, Betty deja que lo haga a su ritmo. En cambio, Marianne empuja a David para que entre en el grupo y, cuando el pequeño protesta, le dice: «Vamos, no seas así. Te *encanta* jugar con Hannah, Jimmy y Tara».

Cuando los niños empiezan a jugar, un asunto muy serio cuando se trata de niños de primera infancia, Betty deja que Tara se las arregle sola. En un momento dado, uno de los niños interfiere en el juego de Tara, pero Betty se guarda de intervenir corriendo: deja que lo resuelvan entre ellos; después de todo, no hay empujones ni golpes. En cambio, Marianne vigila en exceso: no quita los ojos de encima de David y actúa antes de que haya atisbo de problema. «No hagas eso», sale de su boca a menudo, tanto cuando el supuesto agresor es David como cuando es otro niño.

A media sesión, David se dirige a las otras madres en busca de algo que comer. Se comporta como un cachorro que sabe que tienes una recompensa en el bolsillo. Betty, que siempre lleva algo que Tara pueda mordisquear, saca una bolsita de plástico llena de zanahorias *baby*, coge una y se la da a David. Un poco avergonzada, Marianne dice: «Gracias, Betty. Esta mañana hemos salido corriendo y no me ha dado tiempo de coger ningún tentempié». Las demás madres miran a Betty intencionadamente: está claro que no es la primera vez que Marianne «se olvida».

Al cabo de aproximadamente una hora, cuando el juego empieza a decaer, Tara empieza a ponerse un poco rara. Sin dudarlo, y de un modo que no haga sentir mal a la pequeña, Betty dice: «Me voy a ir porque Tara empieza a estar cansada». Al ver que Betty coge en brazos a Tara, David levanta también los bracitos hacia su madre, un gesto que, acompañado de una queja, quiere decir claramente: «Yo también estoy cansado, mamá». Marianne reacciona agachándose e intentando camelar a David para que continúe jugando: le da otro juguete, y eso funciona durante un rato, pero minutos después David ya no puede más. Mientras intenta subir al coche de juguete, una acción que completa con facilidad cuando no está tan cansado, se cae y empieza a llorar desconsoladamente.

Esta ilustración, basada en un grupo de juegos real que he visto con mis propios ojos, resalta una diferencia importante y habitual entre dos estilos de padres. Betty observa, respeta, es sensible. Planea las contingencias y actúa con rapidez en respuesta a las necesidades de su hija. Marianne no quiere menos a David que Betty a Tara, pero necesita una guía, necesita HELP.[1]

HELP: UNA VISIÓN DE CONJUNTO

Si leísteis mi primer libro, sabréis que soy aficionada a los acrónimos, ya que ayudan a los padres a tener en cuenta algunos principios. En el ajetreo de la vida cotidiana, cuesta mucho mantenerse fiel a la manera de pensar propia; y cuando se trata de bebés y niños pequeños, resulta difícil hasta acordarse de ello. Así pues, he ideado un acrónimo que os recordará cuatro factores que contribuyen a crear y nutrir el vínculo padre/hijo, a mantener a vuestro pequeño lejos del mal camino y, al mismo tiempo, a alentar su independencia y crecimiento. Yo lo denomino HELP.

BUENAS NOTICIAS SOBRE EL APEGO

Para la mayoría de niños, la primera figura de apego es la madre, aunque cualquier persona que proporcione cuidados emocionales y físicos continuados y demuestre una inversión emocional en un niño puede convertirse también en una figura de apego. Esas personas no son intercambiables, como descubre rápidamente cualquier persona que haya perdido a su querida tata, y los estudios más recientes indican que una no quita mérito a la otra ni la socava. En otras palabras, mamá, no te preocupes. Aunque tu hijo se pase el día con su padre o con otra persona, se te echará encima en cuanto entres por la puerta y querrá que le des besitos.

El método HELP puede parecer una simplificación excesiva, pero lo cierto es que bajo esos cuatro elementos se esconde la esencia de la buena paternidad (y no sólo para niños de primera infancia, por cierto). Las últimas investigaciones sobre lo que se conoce como «unión» —el desarrollo de la confianza entre padres e hijos— indican inequívocamente que cuando los niños se sienten seguros están más dispuestos a

---

1. En inglés, ayuda. HELP es a su vez un acrónimo: H = *hold yourself back* (conteneos), E = *encourage exploration* (motivad la exploración), L = *limit* (limitad), P = *praise* (elogiad).

aventurarse en solitario, son más capaces de manejar el estrés, aprender nuevas capacidades, relacionarse con los demás y se ven lo bastante competentes para moverse en su entorno. El método HELP incorpora los principales factores que conducen a una unión segura.

Al *contenerse*, se está en posición de reunir información. Se observa, se escucha, se interioriza la situación general para determinar cómo es el pequeño, para poder anticipar así sus necesidades y comprender su modo de reaccionar ante el mundo. También le estaréis dando al pequeño el mensaje de que es competente y de que confiáis en él. Por supuesto, si os necesita, debéis acercaros a él y ofrecerle la mano, pero no hay que confundir eso con «recatarlo».

Al *motivar la exploración* estaréis demostrando a vuestro hijo que creéis en su capacidad de experimentar lo que la vida puede ofrecerle y que queréis que lo experimente, que experimente con los objetos, con la gente y, finalmente, con las ideas. Él sabrá que estáis ahí y mirará atrás apara asegurarse de que os quedáis cerca, pero al no rondarle todo el tiempo le estáis diciendo: «Está bien que te aventures tú solo y que descubras lo que hay ahí fuera».

Al *limitar*, estáis afirmando vuestro papel de mayores, manteniendo a vuestro hijo en unos límites seguros, ayudándole a realizar las elecciones adecuadas y disuadiéndole de involucrarse en situaciones que puedan resultarle física o emocionalmente dolorosas; porque vosotros, los adultos, sabéis más.

Y al *elogiar*, reforzáis el aprendizaje, el crecimiento y los comportamientos que le servirán cuando entre en el mundo e interactúe con otros niños y adultos. Las investigaciones indican que los niños a los que se elogia de forma apropiada quieren aprender y se divierten cooperando con sus padres. Se vuelven más receptivos a lo que dicen o hacen sus padres, y no es por casualidad que los padres se vuelvan aún más atentos y les eduquen más a conciencia.

A continuación, trataremos con más detalle cada uno de los componentes del método HELP.

¿POR QUÉ CONTENERSE?

Algunos padres tienen un talento innato para contenerse. A menudo se trata de personas que aprendieron a refrenarse cuando su hijo era un bebé. Sin embargo, a otros hay que enseñarles a hacerlo. Como Marianne, son padres bienintencionados que quieren lo mejor para sus hijos pero que tienden a implicarse en demasía. Incluso, y en palabras de un padre que conozco, cerniéndose sobre ellos pueden llegar a hacer sombra a sus hijos, ya que observan todos y cada uno de sus movimientos. A ese tipo de padres con frecuencia les ayuda comprender dónde radica la importancia de contenerse.

No es por echarme flores, pero los padres y madres a quienes he enseñado mi método de tratar a los bebés (y espero que también aquellos que hayan leído mi primer libro) suelen dominar este paso cuando sus hijos llegan a la primera infancia. Ese es el motivo por el que muchos continúan utilizando un método que enseño para sintonizar con el bebé y determinar lo que intenta «decir» (es un método que recuerda a los padres que paren, escuchen y observen, para así poder hacerse una idea de lo que ocurre). Teniendo en mente este método, esos padres aprendieron a contenerse en lugar de salir corriendo cada vez que el bebé lloraba; observaban y escuchaban durante un segundo o dos, y eso les hacía estar más en sintonía con la comunicación que les ofrecía su hijo. Cuando esos bebés pasaron a ser niños de primera infancia, ese entrenamiento les reportó beneficios. No sólo los hijos suelen ser mejores jugando de forma independiente, sino que los padres están también más tranquilos. Se fían de las observaciones que realizan: saben quiénes son sus pequeños, sus gustos y aversiones, lo que les hace explotar... y lo más importante: saben cuándo es el momento de intervenir.

LOS CINCO TIPOS: LA REACCIÓN ANTE LOS RESCATADORES

Todos los niños se ofenden cuando se les rescata, pero muestran su indignación de modos diferentes:

Los niños angelito o de manual, que son bastante ecuánimes, pueden no protestar cuando se mete baza en su terreno, a menos que seáis unos entrometidos crónicos, en cuyo caso se plantarán e incluso dirán: «Hace yo».

Los niños movidos pueden chillar, tener rabietas o dar golpes a las cosas.

Los niños gruñones pueden apartaros o empezar a tirar las cosas, y si eso no funciona empezarán a llorar.

Los niños susceptibles pueden no llorar, pero abandonan. La interferencia de los padres puede ahogar su curiosidad y convencerles de que no se las pueden arreglar por sí solos.

Afortunadamente, nunca es demasiado tarde para aprender a contenerse (aunque yo os sugeriría que desarrollarais esa capacidad antes de que el niño llegara al instituto...). Además, estoy segura de que no queréis arriesgaros a las consecuencias que tiene no aprenderla: cuando se interviene continuamente, se sugiere, se corrige o se intenta salvar al niño de una experiencia (a menos que sea peligrosa, claro está), se está entorpeciendo su evolución, ya que se evita que desarrolle las habilidades que necesita y se le transmite que no puede actuar sin ayuda, lo cual es un error. Es más, a veces los niños ven como un agravio que los padres intenten tomar las riendas de la situación (*ver cuadro de la página anterior*).

Claro está, algunos niños *quieren* y *necesitan* que sus padres o algún otro cuidador interactúen con ellos, pero el único modo de determinarlo es contenerse y observar los patrones de conducta de vuestro hijo. ¿Es curioso y osado por naturaleza, o se muestra cauteloso y satisfecho de sí mismo? ¿Reclama que interactúen con él o prefiere jugar solo? Observadle y lo descubriréis.

Independientemente de lo que veáis, os insto a que no os veáis como los coreógrafos de la vida de vuestro hijo. El papel de un padre es apoyar, no liderar. A continuación, presento algunas sugerencias que os ayudarán a conteneros.

Dejad que vuestro hijo lleve la voz cantante. Si está entretenido con un juguete nuevo, dejad que lo haga funcionar antes que vosotros. Si se trata de una situación o un lugar nuevos, dejad que se baje de vuestro regazo y que se suelte de vuestra mano cuando quiera. Si lo nuevo es una persona, dejad que extienda los bracitos cuando esté preparado, no cuando lo estéis vosotros. Cuando os pida ayuda, estad ahí, por supuesto, pero ofrecedle sólo la necesaria, no toméis las riendas de la situación.

Dejad que las situaciones se desdoblen de forma natural. Mientras observéis a vuestro hijo, quizás en vuestra cabeza empiecen a dibujarse posibilidades: «Estoy segura de que no le va a gustar ese juguete» o «Si ese perro se le acerca demasiado va a tener miedo»; pero no os apresuréis a sacar conclusiones o a imaginar más allá. Los gustos y los miedos de ayer pueden no ser los mismos que los de hoy.

Salid de en medio. Todo el mundo odia a los entrometidos y a los sabelotodo, y los niños pequeños no son una excepción. Naturalmente, *vosotros* sabéis que existe un modo más fácil de bajar una cosa de la estantería: sois mayores. Pero si se la bajáis, no aprenderá a resolver los problemas por sí mismo. Esa interferencia indica al niño que él no puede hacerlo, mensaje que le quedará grabado y le impactará en su modo de afrontar los nuevos desafíos que se le presenten en el futuro.

No comparéis a vuestro hijo con otros niños. Dejad que se desarrolle a su ritmo. Ya sé que eso puede resultar difícil, sobre todo cuando una madre se te sienta al lado en el parque y se pone a comparar a su hija con la tuya («Vaya, ¿Annie aún gatea?»). Vuestra hija captará vuestra ansiedad prácticamente en cuanto se apodere de vosotros. Además, poneos en su lugar: ¿cómo os sentiríais si os comparasen con un colaborador o, aún peor, con un ex colaborador? Pues a ella no le va a gustar mucho más. (*Más sobre comparaciones al inicio del capítulo cuatro*).

Recordad que no sois vuestro hijo. No proyectéis vuestros sentimientos o temores en él. Es cierto que en ocasiones la manzana no cae lejos del árbol, pero dejad que vuestro hijo evolucione sin prejuicios, una lección que Roger tuvo que aprender (*página 54*). Si os descubrís haciendo afirmaciones del tipo «A mí tampoco me gustaban los grupos muy grandes», o «Su padre también era tímido», puede que os estéis identificando demasiado con las luchas de vuestro hijo. La empatía es buena, pero el modo de expresarla es *esperar a que el niño os explique* (con palabras o acciones) qué siente. *Entonces,* podréis decir: «Sé a qué te refieres».

LA DELGADA LÍNEA QUE SEPARA EL ESTÍMULO DEL RESCATE

En ocasiones, cuando explico el método HELP a una madre, sobre todo en la parte de no interferir, se le velan los ojos y aflora la confusión. Entiendo su problema: muchos padres son como Gloria, la madre de Tricia, una pequeña de once meses. La primera vez que Gloria puso ante su hija una caja de formas, se sentó junto a ella y cogió las piezas. «¿Ves, Tricia? El cuadrado va aquí; el círculo, aquí», decía mientras iba metiendo las formas en la caja. Después volvió a empezar. Entretanto, Tricia ni siquiera había tocado su nuevo juguete. «Ahora tú», le dijo

Gloria, tomando la mano de Tricia. La madre colocó el cuadrado en la mano de su hija, la dirigió hacia el agujero cuadrado y dijo: «Suéltalo». Llegado ese punto, Tricia perdió todo interés por el juguete.

Gloria tenía problemas porque traspasaba la delgada línea que separaba el ayudar a su hija a aprender y el estorbar su curiosidad natural. Al *rescatar* a Tricia de la frustración (que hay que reconocer que la niña ni siquiera mostraba), esta madre actuaba según sus propios sentimientos. En lugar se limitarse a estimular a su hija, la rescataba, y esa actitud le quitaba la experiencia a Tricia.

En cambio, un padre que estimula, un padre que ayuda, tomaría cierta distancia y observaría durante un rato, a la espera de ver qué hace su hijo. Si viera que el pequeño (no él) empieza a frustrarse, diría: «Mira, Janey, este bloque es un cuadrado y encaja en el agujero cuadrado». Puede que Janey se las tuviera con el juego unos minutos, pero eso no tiene nada de malo: es el modo de que los niños aprendan a tener paciencia y perseverancia. Además, la mejor motivación para aprender es el éxito y la satisfacción interior que generan esos momentos. Ayudando a un niño en exceso o demasiado pronto se le arrebatan esas oportunidades.

GUÍA PARA INTERVENIR

Para ser un padre observador y respetuoso hay que tener paciencia, dar al niño oportunidades de explorar, escogiendo juguetes adecuados a su edad y guiándole hacia las actividades. Seguid el protocolo que aparece a continuación:

- Conoced el aspecto y la voz que tiene vuestro hijo cuando se siente frustrado; conteneos y observadle hasta que veáis aparecer esos signos.

- Empezad con la observación verbal: «Veo que tienes un problema».

- Preguntad siempre antes de ayudar: «¿Quieres que te eche una mano?».

- Respetad a vuestro hijo cuando diga «no» o «puedo hacerlo yo solo», aunque eso signifique dejarle salir a la calle sin abrigo. Así es como aprenden los niños.

- Recordad que vuestro hijo ya sabe más de lo que vosotros creéis; por ejemplo, cuando tiene frío, hambre, está mojado, cansado, o ya ha tenido suficiente con una actividad o lugar determinados. Intentar camelarle o convencerle de lo contrario acabará haciéndole dudar de sus propias percepciones.

«Pero ¿cómo puedo saber cuándo está tan frustrada que necesita que yo intervenga?», preguntó Gloria. «Sé lo bastante para detenerla cuando está a punto de meter los dedos en un enchufe, pero me bloqueo cuando se trata de situaciones como esta, en la que básicamente está a salvo. ¿Cómo puedo saber *cuándo*?»

Le expliqué que antes debía *preguntar* a Tricia. «Si tiene problemas para meter el cuadrado en su sitio, dile: "Está bien. Le pones mucho empeño. ¿Quieres que te ayude?" Si responde que no, respeta sus deseos. Pero si al cabo de un ratito continúa teniendo problemas y se la ve alterada, ofrécele ayuda de nuevo: "Veo que te estás frustrando. Mira... aquí; yo te ayudo". Cuando la forma finalmente entre, anímala: "¡Muy bien! ¡Lo has conseguido! ¡La has metido!"»

La regla que hay que seguir es no intervenir hasta que el niño os necesite. Conocer a vuestro hijo os proporcionará claves muy importantes.

Saber cómo se refleja la frustración en vuestro hijo. Tricia no era demasiado verbal, lo cual significaba que no podía explicar a su madre que se sentía frustrada ni pedirle ayuda directamente. Así pues, dije a Gloria: «Has de identificar cómo se refleja la frustración en tu hija. ¿Hace uno ruidito divertido? ¿Hace muecas? ¿Llora?». Cuando Tricia aprenda a hablar, a Gloria probablemente le resultará más fácil juzgar su necesidad de ayuda, ya que las emociones pasarán a formar parte de su vocabulario. Mientras tanto, la madre tendrá que fiarse de las expresiones faciales y del lenguaje corporal. (En el capítulo cinco ofrecemos más aspectos sobre cómo enseñar a los niños a expresar verbalmente el lenguaje de las emociones.)

Conocer el nivel de tolerancia de vuestro hijo. Algunos tipos de niños son más perseverantes que otros, más pacientes y, por lo tanto, muestran un grado mayor de tolerancia ante la frustración. Un niño gruñón o uno susceptible puede intentar hacer un rompecabezas una o dos veces, pero cuando no consiga acabarlo lo abandonará sin más. En cambio, los niños angelito y los movidos suelen tener más aguante. En cuanto a los niños de manual, depende de qué más pase en el entorno y del estadio de desarrollo en que se encuentre el pequeño: si está aprendiendo a caminar, por ejemplo, puede que ni tenga paciencia para los rompecabezas. Los niños susceptibles, más que los otros cuatro tipos, también tienden a perder el interés cuando los padres se inmiscuyen demasiado, motivo por el que la parte de la ecuación que consiste en contenerse resulta especialmente difícil para ellos. Tricia era una niña susceptible; así pues, Gloria podía ofrecerle ayuda, pero en cuanto Tricia perdía interés, la madre tenía que dar marcha atrás.

Saber de qué es capaz vuestro hijo desde el punto de vista del desarrollo. El conocimiento del desarrollo del niño puede resultar de especial ayuda para determinar cuándo intervenir, especialmente cuando se trata de niños de manual, que parecen hacerlo todo en la etapa evolutiva adecuada. Pero con cualquier tipo de niño, uno se ha de preguntar: «¿Está preparado mi hijo para esta actividad?» (En el capítulo cuatro hablaremos de la importancia de mantenerse en el *triángulo de aprendizaje* de vuestro hijo.) Me había percatado, por ejemplo, de que Tricia tenía problemas para dejar los objetos, lo cual es habitual en los niños de alrededor de un año o menos. El pequeño intenta lanzar o dejar caer algo, pero es como si tuviera pegamento en la palma de la mano y el objeto en cuestión se quedara «pegado». Pedir a Tricia que lo dejara caer habría estado fuera del triángulo de aprendizaje de la pequeña, y además la habría frustrado más, contribuyendo a que perdiera el interés por la caja de formas aún más rápido.

A los niños les va bien sentir un poco de frustración: amplía sus capacidades, les hace aprender a aplazar la gratificación y desarrolla la paciencia. Sin embargo, presentar el grado justo de desafío puede conducir a error: si la tarea que tenéis entre manos es apropiada a la edad del pequeño, es menos probable que intervengáis prematuramente (rescate), pero al mismo tiempo sabréis lo bastante como para actuar antes de que la frustración se convierta en lágrimas o en una rabieta. Para conseguir ese equilibrio, observad atentamente el mundo de vuestro hijo y lo que hay en él.

CREAR ENTORNOS QUE ANIMEN

Siempre recuerdo a los padres, sobre todo a aquellos que tienen la casa llena de juguetes y artilugios con botones, sirenas y silbatos, que proporcionar a los niños la oportunidad de desarrollar sus capacidades no cuesta ni un céntimo. Cuando esos padres insisten en que su intención es «maximizar el potencial de nuestro hijo» y «enriquecer su entorno», yo respondo que el aprendizaje se da en cualquier lugar, en todo lugar. Cuando los padres son responsables y creativos, todos los momentos del día suponen una oportunidad de ayudar a sus hijos a explorar y experimentar.

Me encanta conocer al otro tipo de padres, los que se dan cuenta de que el entorno de aprendizaje más rico está justo ante ellos, esperando a sus hijos. Se las arreglan para explotar las oportunidades de aprender sin recurrir a un almacén de juguetes caros. Bliss y Darren, una pareja de treinta y pocos años que viven en Los Ángeles, mantienen la simplicidad en el mundo de sus hijos. Truman y Sydney, de tres años y dieciocho meses respectivamente, tienen un montón de libros, materiales artísticos y juegos de construcción, pero también les gusta hacer juguetes con los objetos que encuentran por la casa: papel higiénico, cajas, cuencos, etc. Los pequeños también pasan mucho tiempo fuera, haciendo castillos de arena, construyendo fuertes con trozos de madera sueltos, chapoteando en los charcos, etc. En Navidad, Truman y Sydney sólo reciben dos regalos de sus padres, no los cargamentos que he visto bajo los árboles de tantas casas.

Tuve ocasión de ver los efectos de esa educación cuando Truman y Sydney vinieron a mi consulta. Al ver lo encantado que estaba Truman con unos bloques de cartulina, le pregunté si le gustaría llevárselos a casa. Inmediatamente, surgió una sonrisa en su cara. «¿De veras?», preguntó. «Gracias. Muchas gracias», dijo sinceramente.

HACER DE LA CASA UN TERRENO PARA EXPLORAR

Las ciudades de todo el mundo tienen observatorios y museos para niños mayores (por lo general, de más de cinco años), donde éstos pueden ver en movimiento los principios de la ciencia y la física. Haced lo mismo en vuestra casa. Diseñad el entorno al nivel físico e intelectual de vuestro hijo y aseguraos de que la zona es segura para los juegos independientes. Ahí van algunas sugerencias, aunque estoy segura de que también se os ocurrirán otras ideas.

- Cread diferentes zonas de juegos en la casa: rodead con cojines una alfombra; colocad una sábana sobre la mesa del comedor o sobre un escritorio y dejad que vuestro hijo gatee; plantad una tienda en el estudio.
- Estableced una zona fuera con tierra o arena, con cubiletes que sirvan de medidas y que tengan varias formas.

- Ofrecedles la oportunidad de jugar con agua en la bañera o en la pica, sin perderles de vista (*ver consejos de seguridad en la página 138*). Tened a mano botellas de plástico y tacitas medidoras. Si el día es caluroso, dad al niño cubitos de hielo para que juegue con ellos.
- Poned canciones vivas y animad a vuestro hijo a hacer música con tubos de cartón, contenedores de plástico, botes, sartenes y cucharas de madera.
- Aseguraos de que vuestro hijo tiene al menos un tiempo al día de juegos en la cuna. De ese modo, se sentirá seguro en ella y asociará la cuna con la diversión, y es más probable que quiera jugar de forma independiente por la mañana. Poned uno de sus juguetes favoritos dentro, dos o tres animales de peluche y una bolsa de tareas.

No es sólo que Truman fuera educado; resultaba obvio que estaba realmente agradecido por el regalo (una respuesta estimulante, al menos). En la actualidad, muchos niños pequeños tienen tantos juguetes que no tardan en ser inmunes a los regalos o a las novedades. Y lo que es peor, puesto que juegan sólo con artilugios que piensan por ellos, se les priva de valiosas oportunidades de crear, construir y solucionar problemas.

Los niños de primera infancia están especialmente llenos de asombro. Son pequeños científicos en vías de formación. Sus ojos y mentes están abiertos de par en par y preparados para explorar. No necesitan objetos que les estimulen. En los cumpleaños y en las vacaciones, ¿por qué creéis que los niños de primera infancia suelen ir más a por las cajas que a por los regalos que éstas contienen? Pues porque una caja puede convertirse en cualquier cosa que el niño desee, mientras que la mayoría de juguetes nuevos se han de manejar de un modo determinado. Los envases de cartón proporcionan horas de entretenimiento imaginativo. Los niños se esconden en ellos, los aplastan, y no hay modos buenos ni malos de jugar con ellos.

En la cocina, encontraréis también un almacén de cosas que casi todos los niños adoran: botes, sartenes, tacitas medidoras, cuencos de plástico, cucharas de madera, etc. Un bote de plástico (asegurado con cinta adhesiva, por favor) lleno de cereales es una pandereta; un juego de cacitos medidores, un sonajero; un cuenco de plástico puesto del revés es una batería y una cuchara de plástico es la baqueta. En lugar de tirar el cartón de los rollos de papel, dádselos a vuestro hijo. Los niños se interesan más por ese tipo juguetes porque esos objetos se pueden convertir en cualquier cosa que el niño quiera, no en lo que algún productor haya decidido.

No digo que los juguetes educativos no merezcan la pena. Muchos son maravillosos para reforzar las capacidades. Lo que digo es que en la actualidad los padres tienden a tirar la casa por la ventana (y a sentirse culpables si no se pueden permitir comprar tantos juguetes). Y es comprensible, por supuesto. Las tiendas de la esquina han sido reemplazadas por almacenes infantiles virtuales y gigantescos que acumulan todo cuanto puedan necesitar bebés y niños, y también cosas que no necesitan.

Así que cuando os centréis en HELP, reducid la escala. Tenéis al alcance de la mano los materiales necesarios para que el entorno educacional de vuestro hijo sea rico (ver *cuadro de la página 73*). Animadle a explorar las cosas cotidianas que le rodean, a observar las maravillas de la naturaleza y permitidle crecer mentalmente para considerar, crear y construir.

VIVIR CON LÍMITES

Naturalmente, también querréis ir con cuidado. Para un pequeño que se encuentra en su primera infancia, el mundo puede resultar un lugar peligroso. Aparte de los peligros que presenta el entorno, vuestro pequeñín no comprende aún las reglas de la vida, y en vuestras manos está enseñárselas. Los niños necesitan límites: no se les puede dar carta blanca porque no tienen la capacidad mental ni emocional de manejar una libertad tan amplia. También hay que marcar la diferencia entre nosotros y ellos: nosotros somos los adultos y sabemos mejor qué hay que hacer.

Ahora que vuestro hijo se mueve de forma autónoma y sus capacidades cognitivas crecen a pasos agigantados, se han de tener en cuenta varios tipos de límites.

Limitar los estímulos. Los padres de bebés han de evitar el exceso de estimulación de los pequeños, pero los padres de niños de primera infancia, también. Es fantástico que los niños se emocionen, que se muevan y escuchen música animada. Sin embargo, la capacidad que presentan los niños para asimilar estímulos varía, de modo que se ha de saber lo que el pequeño puede soportar y durante cuánto tiempo. Su carácter os proporcionará la clave. Los niños susceptibles, por ejemplo, continúan teniendo un umbral igual de bajo que cuando eran bebés. Cuando Rachel, la bebé susceptible de dos años que conocimos en el capítulo uno, entra en una habitación llena de amiguitos, incluso si están relativamente tranquilos, tiene tendencia a enterrar la cara en el regazo de su madre. O si va al parque con la niñera y hay muchos niños correteando, puede que no quiera salir del cochecito. En el caso de una niña movida, como Betsy, una vez se pone en marcha, le resulta difícil aminorar la marcha. Y cuando Allen, nuestro niño gruñón, recibe demasiados estímulos, llora como si fuera el fin del mundo, y eso no hace más que ponerlo más nervioso. Incluso en los casos de niños angelito o de manual, el exceso de cualquier cosa puede conducir a la fatiga y, con frecuencia, a las lágrimas. Una madre o un padre sabios disminuyen el ritmo de la acción o abandonan la escena antes de llegar a ese punto. Limitar la estimulación resulta particularmente importante cuando se acerca la hora de ir a dormir (*más sobre el tema en el próximo capítulo*).

Limitar la elección. Cuando trabajaba con los bebés en sus casas, tuve ocasión de observar a muchas familias en las que vivían también niños de primera infancia. Pues bien, viví divertidas escenas de desayuno parecidas a la siguiente.

El bebé Buddy acaba de comer y ahora el pequeño Mikey, de diecinueve meses, está sentado en la trona, listo para tomar sus cereales. «Cariño», dice dulcemente la madre «¿quieres bolitas de coco, aritos de chocolate, muesli o arroz tostado?» Mikey se queda sentado en la trona, superado. Empieza a decir algo, pero el problema no es que le falte vocabulario. Mikey se siente confundido: no sabe qué elegir entre tantas opciones. Intento responder con tacto cuando la madre me pregunta: «¿Qué pasa, Tracy? ¿Es que no me entiende? ¿No es bueno darles cosas entre las que elegir?».

«Claro que sí», respondo, «claro que le has de dar la posibilidad de elegir, pero a esta edad, dos opciones son más que suficientes». Además, ofrecer alternativas limitadas contribuye a que los niños sientan que tienen algún control sobre su mundo, como explicaré más adelante (*páginas 255-256*); sin embargo, demasiadas elecciones crean confusión y son contraproducentes.

Limitar los comportamientos indeseables. Un niño que tiene un berrinche cada vez que alguien le dice «no» no es, como temen algunos padres, un niño «malo». Más bien al contrario; cuando presencio una escena como esa, digo: «Pobrecito. Nadie le ha puesto límites». Los niños han de saber lo que se espera de ellos, y eso sólo se consigue cuando los padres les enseñan. Además, ayudar a los niños a vivir con límites es, sin duda, uno de los grandes regalos que unos padres pueden ofrecer a sus hijos. He dedicado todo el capítulo siete a la disciplina, a la que prefiero referirme como *educación emocional*. En él explico mi filosofía *Uno/Dos/Tres* (*páginas 264 ss.*). *Una*: cuando comienza un determinado tipo de comportamiento, como pegar o morder, intervenid de una vez. *Dos*: recuerda que si ese comportamiento indeseable se vuelve a producir, probablemente estéis ante un patrón de conducta. Y *Tres*: la tercera vez habéis dejado que la cosa vaya demasiado lejos. Lo cierto es que cuando los sentimientos de los niños quedan fuera de control en algún aspecto (gritar, llorar, chillar, euforia salvaje) les resulta difícil bajar de las nubes. Por supuesto, no siempre es fácil, pero a menudo es posible cortar de raíz una rabieta y evitar emociones emergentes si se presta atención.

Limitar cualquier cosa que no sea buena en grandes dosis. Para la mayoría de niños, la televisión y los dulces estarían en lo alto de la lista. Se han hecho numerosos estudios al respecto, y siempre se llega a la conclusión de que las grandes dosis de cualquiera de ellos tienden a excitar a los niños. Los niños susceptibles y movidos son especialmente vulnerables. También puede haber otras actividades, comidas, determinados tipos de juguetes, o lugares que tengan un efecto adverso sobre vuestro hijo. Si es así, aceptad que no le van bien determinadas circunstancias o condiciones. Respetad sus reacciones en lugar de intentar «aclimatarle».

Limitar el fracaso potencial. Aunque las capacidades de vuestro hijo crecen día a día, no intentéis presionarle. Si le dais un juguete demasiado avanzado para él, si esperáis que se siente a ver una película demasiado larga, o que coma en un restaurante elegante que no resulta cómodo para un niño, no sólo le estaréis poniendo en una situación que le va grande, sino que estaréis buscando problemas. Como explicaré mejor en el capítulo cuatro, ocurre lo mismo con los logros de desarrollo. Cuando, por ejemplo, el padre y la madre insisten en agarrar las manos de la pequeña Juanita para ayudarle a caminar, no tienen en cuenta el hecho de que la naturaleza tiene en mente una secuencia (y un horario) específicos para Juanita. ¿Por qué intentar apresurarlos? Con frecuencia, esos son los mismos padres que llaman para preguntarme qué pueden hacer si Juanita se despierta en mitad de la noche, se pone de pie en la cuna y llora porque no sabe sentarse. Quizás si hubieran dejado que la naturaleza siguiera su curso, o la hubieran enseñado a sentarse, Juanita no tendría problemas por la noche.

Limitar el propio comportamiento incivilizado. Los niños de primera infancia desarrollan sus capacidades por repetición e imitación. Durante todas las horas que pasa despierto, vuestro hijo observa, escucha y aprende de vuestro ejemplo. Por lo tanto, tenéis que prestar atención a lo que le «enseñáis» sin daros cuenta. Si decís palabras malsonantes, no os sorprendáis de que esas palabras sean las primeras en salir de la boca de vuestro hijo. Si sois maleducados, vuestro hijo aprenderá a actuar también de ese modo. Y si ponéis los pies en la mesita de la sala y coméis patatas mientras veis la televisión, os garantizo que no os resultará fácil hacer que el niño cumpla lo de «en la salita no se come» y «no se ponen los pies sobre la mesa».

Si cumplir esta lista os hace sentir como árbitros o policías todo el tiempo, es cierto que lo estáis haciendo bien. Los niños piden a gritos límites. De lo contrario, su paisaje interior y el mundo en general son demasiado espeluznantes y difíciles de manejar.

ELOGIO DEL ELOGIO

La enseñanza más positiva proviene sin duda del afecto y el elogio por un trabajo bien hecho. Un niño nunca tiene demasiado afecto. Cuando yo era pequeña, mi niñera me daba un beso sin motivo aparente y entonces yo levantaba la cabeza y le preguntaba: «¿Por qué me has dado un beso?». Ella siempre contestaba: «Porque sí», y yo me sentía la niña más querida y apreciada del mundo.

Incluso los científicos están de acuerdo en que el amor es el elemento mágico de la ecuación de la paternidad. Cuando un niño se siente querido, se siente seguro y quiere complacer a sus padres; y cuando crece, también quiere hacer el bien por el mundo.

Mientras que nunca se tiene demasiado amor, la cuestión del elogio es muy diferente. Es posible elogiar demasiado a un niño. El truco consiste en *elogiar sólo un trabajo bien hecho*. Preguntaos lo siguiente: «¿Realmente mi hijo ha hecho algo digno de elogio?». Si es que no, vuestras palabras amables no significarán absolutamente nada, y el pequeño desconectará de lo que le estéis diciendo. Recordad también que el propósito del elogio no es hacer que el niño se sienta bien, como se haría con abrazos y besos, sino reforzar un trabajo bien hecho, alabar las buenas maneras y reconocer una buena capacidad social (compartir, amabilidad, cooperación). En pocas palabras, si elogiáis a vuestro hijo, le estaréis haciendo ver que ha hecho algo bien.

Sin embargo, a veces los padres se ven cegados por su propio amor y no diferencian entre afecto y elogio. Creen sinceramente que acumular elogios refuerza la autoestima de su hijo, pero cuando hay demasiados aplausos o premios ocurre lo contrario: los niños no creen unos elogios tan exagerados.

Además, cuando las madres y los padres ilusionados elogian a sus hijos con demasiado énfasis por un triunfo menor, pueden estar reforzando una mala conducta. Por ejemplo, un día Rory se saca el calcetín. «¡Buen chico, Rory!», exclama Toni con emoción. Al día siguiente, Toni se pregunta por qué no hay manera de que Rory se deje los calcetines puestos. En este caso, al dar demasiado bombo al hecho de que Rory se quitara el calcetín, Toni le ha hecho creer que le recompensaría cada vez que lo hiciera. (No os equivoquéis: seguramente hay que aplaudir los intentos de independencia por parte de los niños, pero sin pasarse. Más sobre el tema en el capítulo cuatro.)

Otro error que los padres cometen a veces es elogiar una acción con anticipación. A este respecto, recuerdo una clase de música que presencié hace poco. Como todas las madres, Janice estaba sentada detrás de Su Lin, de once meses. De los cuatro niños que escuchaban la cinta, sólo uno, el mayor del grupo, intentaba imitar los movimientos que el profesor hacía con la mano. Los demás, incluida Su Lin, estaban sentados, atontados, con los ojos muy abiertos y las manos sobre el regazo. «¡Muy bien!», exclamó Janice cuando terminó la canción. Al oírla, Su Lin se dio la vuelta para mirar a su madre con una expresión en la cara que significaba: «¿Se puede saber de qué hablas?». Janice tenía buena intención, pero ¿qué le estaba enseñando a Su Lin? ¡A mamá le gusta que me siente y me quede quietecita!

EL ELOGIO PERFECTO

Para evitar dar a vuestro hijo cumplidos gratuitos, seguid las siguientes directrices:

- Elogiad sólo cuando el niño haga algo bueno o bien. Utilizad expresiones («Muy bien», «Bien hecho» «Adelante»); una encajada de manos («Choca esos cinco») o acciones (un abrazo, un beso, un pulgar levantado, un aplauso, etcétera).

- Elogiad los momentos cotidianos y las acciones específicas («Coges muy bien la cuchara»), no su aspecto («¡Qué guapo eres!») o su comportamiento en general («¡Qué bueno eres!»).

- Decídselo al momento («Qué educado por tu parte decir "Perdón" por haber eructado», o cuando le deja un juguete a un amigo: «Así me gusta, que compartas»).

- Elogiadle mediante agradecimientos («Gracias por limpiar la mesa y por ayudar a ponerla»).

- Elogiadle mediante recompensas («Hoy has limpiado muy bien en el grupo de juegos. Vamos a pararnos a dar de comer a los patos de camino a casa»).

- A la hora de ir a dormir, recordadle algo en concreto sobre su buen comportamiento durante el día («Hoy has tenido mucha paciencia en la zapatería» o «Ha estado muy bien que dieras las gracias a la señora del banco cuando te ha dado la piruleta»).

- Modelad el tipo de comportamiento que es digno de elogio, y comportaos vosotros también con respeto y educación.

HELP PARA CADA DÍA: LISTA

Mantened HELP en mente a lo largo del día, sobre todo cuando os encontréis en una situación difícil. Por supuesto, con un niño de primera infancia eso puede pasar varias veces al día. Pensad en HELP y preguntaos...

¿Estoy conteniéndome o estoy siempre delante de mi hijo, interfiriendo, entrometiéndome demasiado, rescatándole antes de que necesite mi ayuda? Recordad que la contención tiene el fin de observar, lo cual no significa desvincularse, rechazar o ignorar al pequeño.

¿Ánimo a mi hijo a explorar o me quedo inmóvil? Al cabo del día se presentan muchas oportunidades de explorar, y muchas de ellas pueden verse frustradas por un padre. Por ejemplo, ¿habláis por vuestro hijo cuando está jugando en silencio con otro niño? ¿Le hacéis los rompecabezas en lugar de mirar si sabe hacerlos él mismo? ¿Apiláis los bloques sin dejar que lo intente él primero? ¿Le controláis constantemente, le dirigís y le dais instrucciones?

¿Le limitamos o dejamos que las cosas lleguen demasiado lejos? Para los niños de primera infancia, no es bueno demasiado de nada. ¿Dais demasiadas oportunidades o permitís demasiados estímulos? ¿Esperáis demasiado tiempo antes de imponeros en situaciones de rabietas, agresividad u otros sentimientos fuertes? ¿Restringís actividades que no son buenas en grandes dosis, como comer dulces o ver la televisión? ¿Permitís a vuestro hijo que participe en situaciones que no son adecuadas para su edad, que podrían entrañar peligro, dolor, o sentimiento de fracaso?

¿Son nuestros elogios adecuados o exagerados? ¿Elogiamos de forma adecuada, para reforzar actos específicos de cooperación, amabilidad o comportamiento, o un trabajo bien hecho? He visto a padres que dicen: «Buen trabajo», a su hijo cuando el niño se limita a sentarse y respirar. Esos padres no sólo elogian de forma inadecuada, sino que en última instancia sus elogios, merecidos o no, no significarán nada para sus hijos.

¿SOIS UNOS PADRES HELP?

Como ya he dicho al comienzo del capítulo, algunos padres son lo que yo denomino padres HELP, es decir, que emplean el método HELP instintivamente: saben cuándo contenerse, cuándo intervenir, alentar la independencia de sus hijos, pero también imponer límites y elogiar cuando deben. Ese tipo de padres suelen ser muy tolerantes con el comportamiento de los niños de primera infancia, y no es por casualidad que tienden a tener hijos de trato fácil, independientemente de su carácter.

Los padres HELP se encuentran en el centro de la línea de la paternidad, en un extremo de la cual suele encontrarse el autoritarismo y, en el otro, la total libertad de acción. No son ni estrictos ni laxos, sino más bien un intermedio sensible, un equilibrio entre ambos. Sin embargo, hay madres y padres que tienden a cambiar de un extremo al otro: son mejores queriendo que estableciendo límites, o viceversa. A continuación, presento un sencillo cuestionario que os puede ayudar a conocer vuestros patrones de paternidad. No es precisamente científico, pero se trata de comportamientos usuales que veo en los padres. Si respondéis a estas preguntas con sinceridad, os haréis una idea de en qué punto de la línea os encontráis.

¿QUÉ TIPO DE PADRE ERES?

En cada pregunta, escoge la letra que mejor te describa. Sé tan sincero y autoreflexivo como puedas. Al final, encontrarás un baremo con las correspondencias de tus resultados.

1. Cuando mi hijo se dirige hacia algo peligroso:
   A. le dejo descubrir por sí mismo lo que puede ocurrir.
   B. le distraigo antes de que llegue a su destino.
   C. salgo corriendo inmediatamente y lo cojo en brazos.

2. Cuando mi hijo tiene un juguete nuevo, lo primero que suelo hacer es:
   A. dejarle solo; aunque se esté peleando con él, pienso: «Con el tiempo lo dominará».
   B. esperar e intervenir sólo si le veo frustrado.
   C. enseñarle a utilizarlo.

3. Cuando mi hijo tiene una rabieta en el mercado porque no le compro un caramelo:
   A. enfadado, le saco de la tienda y le digo que no le voy a volver a llevar a comprar conmigo nunca más.
   B. me mantengo firme en la cuestión del caramelo y me lo llevo del supermercado.
   C. intento razonar con él mientras llora, y si no funciona se lo acabo dando.

4. Cuando mi hijo pega a otro niño en un grupo de juegos:
   A. enfadado, le aparto del otro niño y le grito: «¡No! ¡No se pega!».
   B. le cojo la mano y le digo: «No está bien pegar a la gente».
   C. le digo: «Eso no está bien», y lo atribuyo a la fase que está pasando.

5. Cuando mi hijo rechaza una comida nueva:
   A. levanto la voz, y me frustro; a veces le obligo a sentarse hasta que se la coma.
   B. continúo ofreciéndole la misma comida a diferentes horas, instándole amablemente a probarla.
   C. puede que intente camelarle para que se la coma, pero nunca le fuerzo; asumo que no le gusta.

6. Cuando estoy enfadado por el comportamiento de mi hijo, lo más probable es que:
   A. le intimide para que actúe adecuadamente.
   B. salga de la habitación para calmarme.
   C. me trague lo que siento y le dé un abrazo.

7. Cuando mi hijo coge una rabieta de las gordas, lo primero que acostumbro a hacer es:
   A. reaccionar enfadándome e intentar reprimirle físicamente.
   B. ignorarle, y si eso no funciona, le saco de la actividad en la que esté y le digo: «No te puedes comportar así. Cuando te calmes podrás volver a jugar».
   C. intentar razonar con él; si eso no funciona, intento engatusarle dándole lo que quiere para que se ponga de mejor humor.

8. Cuando mi hijo llora porque no quiere irse a dormir:
   A. le digo que ha de hacerlo y, si es necesario, le dejo llorar.
   B. le tranquilizo y me aseguro de que tiene cubiertas sus necesidades, pero después le animo a dormir solo.
   C. finjo que me duermo con él o me lo llevo a mi cama.

9. Cuando mi hijo se muestra tímido o incluso un poco reticente ante una situación nueva:
   A. disipo sus miedos y le empujo para fortalecerle.
   B. le animo educadamente pero le dejo contenerse hasta que esté listo para adentrarse en la nueva experiencia.
   C. le dejo inmediatamente, ya que no le conviene preocuparse.

10. Mi filosofía de apoyo al niño se puede resumir diciendo que creo en:
    A. enseñar a mi hijo, convertirle en una persona que conecte con nuestra familia y con la sociedad.
    B. proporcionarle amor y límites a partes iguales, respetando sus sentimientos al tiempo que guiándole.
    C. seguir la iniciativa de mi hijo para no erradicar sus instintos e intereses naturales.

¿EN QUÉ PUNTO DE LA LÍNEA TE ENCUENTRAS?

Para puntuar el cuestionario anterior, asigna un punto por cada respuesta A, dos por cada B y tres por cada C; después, suma la puntuación. A continuación se explican los diferentes puntos que forman la línea de tipos de padres.

Si has obtenido entre 10 y 16 puntos: puedes ser lo que yo llamo un *controlador*, un padre que se acerca al lado autoritario de la línea. Los controladores son estrictos, incluso rígidos en lo referente a los estándares y no tienen problemas para establecer límites a sus hijos ni para imponer castigos a las fechorías, pero tienden a no dar a sus hijos demasiada libertad de acción. Dorrie, por ejemplo, es un as estableciendo límites a su hija Alicia desde el día en que la tuvo. Para Dorrie era importantísimo tener una hija educada y que se comportara bien en público, y la tiene. Pero Alicia, que de bebé era muy extrovertida, ahora se muestra reticente cuando se trata de probar cosas nuevas o jugar con otros niños. Siempre mira a su madre, para ver si Dorrie aprueba lo que hace. No me cabe duda de que Dorrie adora a su hija, pero a veces no tiene en cuenta que su pequeña tiene sus propios sentimientos.

Si has obtenido entre 17 y 23 puntos: probablemente seas un padre HELP que demuestra un buen equilibrio entre amor y establecimiento de límites. Tu instinto natural es consecuente con el método HELP. Lo más seguro es que seas como Sari, una madre HELP a la que conozco desde que su hijo Damian era un bebé. Sari siempre observaba atentamente a Damian, pero también le dejaba cometer sus propios errores... a menos que supusieran un peligro o que el pequeño aún no estuviera preparado para ellos. Además, Sari solucionaba los problemas de manera creativa, como ilustra la historia de «Sari, Damian y la pesada jarra de cristal» (*ver cuadro que sigue*).

Si has obtenido entre 24 y 30 puntos: probablemente seas un padre *permisivo*, un padre que hasta cierto punto deja hacer y es laxo respecto a los límites. Tienes miedo de que si interfieres demasiado tu hijo vea frustradas sus inclinaciones naturales. Puede que incluso pienses que si impones una disciplina a tu hijo te arriesgas a perder su amor. Al mismo tiempo, tiendes a ser un poco sobreprotector; puede que le rondes todo el tiempo en lugar de permitirle explorar libremente. Clarece, por ejemplo, es una madre permisiva. Cuando Elliot era un bebé, ya observaba cada uno de sus movimientos. Cuando el pequeño creció, Clarece no dejaba de controlar sus juegos: Clarece no para de hablarle, explicarle y mostrarle cosas. Es mucho mejor enseñándole que imponiéndole límites. Esta madre es realmente respetuosa con su hijo, pero se inclina demasiado en esa dirección, de modo que una persona que vea la escena se preguntaría: «¿Quién está al mando aquí?».

SARI, DAMIAN Y LA PESADA JARRA DE CRISTAL

Un día, cuando Sari estaba sirviendo zumo de naranja en una taza, Damian, que tenía dos añitos, dijo: «¡Yo hace!». Sari sabía que no le podía dar la pesada jarra de cristal, de modo que le dijo: «Esta pesa demasiado; te voy a dar una para ti». Entonces sacó del armario una jarrita de plástico, vertió algo de zumo en ella y llevó a Damian a la pica. «Aquí puedes aprender a echar zumo en la taza. Así no tenemos que preocuparnos por si lo echas fuera ni por si ensucias el suelo.» Damian quedó encantado con el compromiso y las siguientes mañanas empujaba una silla hacia la pica y decía: «Damian echa zumo». En una semana o dos le había pillado el gusto a echar zumo, tanto que podía manejar las cantidades de líquido cada vez mayores que le daba su madre. Pronto fue capaz de coger el cartón de zumo de la nevera, ir hasta la pica y verter el zumo de naranja en su jarrita de plástico sin tirar ni una gota. Como explicó a una visita que observaba sus hábitos, «Aquí es donde echamos las cosas».

No resulta sorprendente que suela recibir más llamadas solicitando ayuda por parte de padres permisivos que de padres controladores. Las madres como Clarece, que tienen problemas estableciendo límites, descubren que sus hijos necesitan más estructura y estabilidad en sus vidas. Las llamadas que recibo de ellas suelen hacer referencia a hábitos erráticos a la hora de comer, problemas para dormir o dificultades de comportamiento. Por otro lado, las madres como Dorrie, que no tienen problemas estableciendo límites, suelen tener hijos que acatan lo que ellas dicen. Además, la inflexibilidad de un padre controlador y sus rígidos estándares pueden comprometer la curiosidad y la creatividad de su hijo. Alicia, por ejemplo, no parece creer en sus propias percepciones, de modo que no para de mirar a su madre, no sólo en busca de aprobación, sino para decirle cómo debería sentirse.

¿QUÉ INFLUYE EN LOS ESTILOS DE PATERNIDAD?

Obviamente, creo (y los estudios lo confirman) que lo mejor es ser un padre HELP. Por lo general, la gente se inclina más hacia un lado de la línea que hacia el otro, por diversos motivos.

Sus padres eran así. Por mucho que repitáis «Yo nunca seré como ellos», fueron vuestros modelos. Muchos padres repiten patrones establecidos en su propia infancia. Como me dijo una madre especialmente clara: «Mi madre me quería a morir, y yo tengo la intención de hacer lo mismo con mi hijo». Hacer lo que vuestros padres hicieron en el pasado no es necesariamente malo, pero hay que asegurarse de que es lo apropiado ahora, tanto para vosotros como para vuestro hijo.

Sus padres eran justo lo contrario. Descartan todo lo que hicieron en su infancia, a veces de forma inconsciente. De nuevo, es mejor pensar lo que uno quiere y lo que funcionará mejor. Puede que vuestros padres no se equivocaran del todo. Por lo tanto, lo mejor es escoger algunas prácticas aprendidas de ellos y rechazar otras.

Tienen un tipo de hijo determinado. Por supuesto, el tipo de hijo que tenéis os influye en vuestro modo de reaccionar ante él en las diversas situaciones cotidianas. Como he señalado antes (*páginas 56-58*), vuestro propio carácter tanto puede resultar positivo como negativo para la naturaleza de vuestro hijo. Algunos niños son más de probar cosas, más obstinados, más sensibles, más agresivos que otros, y se requiere un padre muy consciente para manejarlos. Si sois demasiado rígidos o demasiado relajados para el carácter de vuestro hijo, preguntaos: «¿Es esto lo mejor para mi hijo?».

Es cierto que resulta difícil ser un padre HELP, establecer un equilibrio entre profesar amor y establecer límites, saber cuándo intervenir, cuándo contenerse, distribuir justo la cantidad adecuada de elogios en el momento preciso, saber cuándo y cómo imponer una disciplina apropiada para que los castigos sean proporcionales a los delitos (*más al respecto en el capítulo siete*). De nuevo, podéis preferir operar más cerca de uno de los extremos de la línea de paternidad. En cualquier caso, si sabéis cuál es vuestro lugar en la línea de paternidad, al menos seréis capaces de hacer elecciones *conscientes* sobre vuestro propio comportamiento, sobre cómo reaccionar y cómo tratáis a vuestro hijo. Al fin y al cabo, todo cuanto hacéis moldea a vuestro hijo.

A lo largo del libro tendréis ocasión de leer más sobre el método HELP, ya que creo que proporciona unos principios básicos sobre los que se construye la paternidad sana. Igualmente importante es la idea de mantener una rutina estructurada, que trataré en el siguiente capítulo.

CAPÍTULO TRES

R&R (RUTINAS Y RITUALES): FACILITAR EL TIRA Y AFLOJA CON EL NIÑO

> *Las gotas de lluvia hacen un agujero en la roca*
> *no por violencia, sino por caer muchas veces.*

LUCRECIA

> *Incluso los pequeños ritos de la existencia*
> *cotidiana son importantes para el alma.*

THOMAS MOORE,
Education of the Heart

¿QUÉ TIENEN DE BUENO LAS RUTINAS?

Eso fue lo que Rosalyn, una actriz de telenovela, respondió cuando le sugerí que incorporara más rutina a su día y al de Tommy. Había acudido a mí porque su hijo de un año lloraba como si se acabara el mundo siempre que su madre se marchaba de casa.

«¿Qué tiene que ver la rutina con la separación?», me preguntó sin esperar una respuesta. «Yo odio la rutina, porque día a día, todo es lo mismo», insistía con un tono monótono que decía mucho sobre su propia necesidad de variedad y estímulo. Después de todo, en su profesión cada día existía una nueva aventura.

«Sí», dije yo, «pero piensa en cómo era tu vida cuando ibas al estudio cada día. Te levantabas a la misma hora cada mañana, te duchabas, desayunabas y te ibas a trabajar. Seguro que tu guión era diferente y que se incorporaban actores nuevos a la serie, pero también estaban los de siempre, en quienes sabías que podías confiar, así como los guionistas, el director, los cámaras. Claro que cada día presentaba nuevos desafíos pero, ¿no te hacían sentir cómoda esos elementos predecibles? La verdad es que tenías una rutina estructurada, aunque puede que eligieras no verla de ese modo».

Rosalyn me miró con una expresión que decía: «¿Pero de qué demonios estás hablando, Tracy?».

Proseguí: «No tenías que arrastrarte por el suelo cada día, como han de hacer algunas actrices. Se preocupan por el próximo cheque, incluso puede que por la próxima comida. Pero tú tenías lo mejor de ambos mundos: un trabajo estable y que, con todo, ofrecía diversas y nuevas demandas cotidianas».

Asintió. «Supongo que sí», dijo sin demasiadas ganas, «pero aquí no estamos hablando de mí, sino de un niño de un año».

«A él le ocurre lo mismo. A decir verdad, en su caso es aún más importante», le expliqué. «Su día no ha de ser aburrido, pero un poco de estabilidad (y, lo que es más importante, de previsibilidad) hará que se sienta menos ansioso. De hecho, quizás te resulte más fácil de entender si lo piensas en función de tu propia carrera. Tú eras capaz de afilar tus capacidades porque no tenías que pensar en lo que vendría después. Lo que digo es que Tommy merece, y suplica, el mismo grado de comodidad. Si sabe qué esperar, se volverá más cooperador, ya que sentirá que también tiene algún control sobre su entorno.»

Conozco a muchas madres como Rosalyn, y no se dan cuenta de la importancia que tiene una rutina estructurada, o piensan que restringirá su estilo de vida. Vienen a verme con los dilemas sobre sus hijos: dificultad para dormir, para comer, o ansiedad ante la separación, como era el caso de Tommy. Lo primero que hago es ayudarles a ver las *rutinas* como *rituales* o, como yo digo, R&R.

¿QUÉ ES R&R?

Primero explicaré lo que quiere decir R&R. A lo largo de este capítulo utilizaré las palabras «ritual» y «rutina» indistintamente, porque ambas se entrelazan. Además, cada vez que repitáis un acto y lo reforcéis, estaréis practicando R&R.

Las rutinas estructuran el modo de manejar los hechos en un día cotidiano de la vida de un niño: horarios de comida, baño, hora de ir a dormir. La mayoría de nuestras rutinas diarias son lo que la experta en rituales Barbara Biziou (*ver cuadro de la página* 94) denomina «rituales inconscientes»: acostumbramos a representarlas sin pensar en su significado. Por ejemplo, un abrazo de buenos días, un gesto de adiós y un beso de buenas noches son ritos de conexión. Decís las mismas palabras siempre que dejáis a vuestro hijo en la guardería o le mostráis el pulgar del mismo modo siempre que os vais de casa: eso también son actos rituales. Y cuando recordamos repetidamente a nuestros hijos que digan «por favor» o «gracias», no sólo les estamos enseñando a ser educados, sino que reforzamos la etiqueta, un ritual social.

Esos ritos diarios ayudan al niño a entender lo que viene a continuación, lo que pueden esperar, así como lo que se espera de ellos. Su familiaridad tranquiliza a los niños al tiempo que los ratifica. Como señala Biziou: «Al utilizar rituales, nos ayudamos a nosotros mismos y a nuestros hijos a hacer que el mundo tenga sentido. Comienzan a observar incluso lo mundano (un baño o una cena familiar) como momentos sagrados de conexión y espíritu familiar». El truco que han de utilizar los padres es ser más consciente de esos momentos cotidianos y hacerlos de forma más intencionada.

R&R puede marcar los momentos cotidianos o los extraordinarios. He dedicado la primera parte de este capítulo a los rituales relacionados con nuestras rutinas diarias, y la segunda parte a los rituales que refuerzan las tradiciones familiares y nos ayudan a celebrar acontecimientos, vacaciones y otros momentos especiales. Pero antes explicaré por qué son tan importantes.

¿POR QUÉ NECESITAN LOS NIÑOS R&R?

Cuando aconsejo a las madres y padres de recién nacidos, siempre les prescribo una rutina estructurada para dar a los bebés una buena base y permitir a los padres descansar y reponerse de los rigores de la paternidad temprana.[2] Si vuestro hijo ha seguido una rutina desde el momento en que llegó del hospital, mucho mejor. Habéis hecho que su vida sea más estable y predecible. Pero ahora que ya gatea, R&R (mantener una rutina, junto con otros tipos de rituales) es incluso más importante de lo que lo era durante la lactancia.

R&R proporciona seguridad. El mundo de un niño de entre 8 y 26 meses resulta desafiante y con frecuencia incluso puede infundir miedo. El pequeño experimenta una época de su vida durante la cual la incom-

---

2. En mi primer libro, presenté el método EASY, un modo de estructurar la jornada de un bebé incluyendo *comer, actividad, dormir* y *tú*, en ese orden. Aunque no utilicéis EASY, en este momento, la jornada de vuestro hijo incorpore esa progresión natural. Y si no es así, debería serlo.

parable proporción y extensión de crecimiento de desarrollo resulta asombroso no sólo para vosotros, sino también para él. Cada día se dan montones de nuevas pruebas y adversidades. El peligro se esconde tras cada esquina. El método R&R proporciona a vuestro hijo apoyo cuando da sus primeros pasos, alentándole tanto desde el punto de vista físico como a la hora de comprender y controlar sus sentimientos y su nueva vida social.

LA ANATOMÍA DEL RITUAL

Barbara Biziou, autora de *The Joy of Ritual* y *The Joy of Family Ritual*, analiza los elementos que ha de incluir un ritual:

1. Intención. Todos los rituales, incluso aquellos que llevamos a cabo diariamente y en los que no pensamos, tienen un significado más profundo. Por ejemplo, aunque no lo digamos en voz alta, el propósito del ritual de ir a la cama es la relajación.

2. Preparación. Algunos rituales también requieren elementos, que deberían estar disponibles de antemano. Con los niños, la preparación es clave y los ingredientes con frecuencia son más simples de lo que en un principio podría pensarse; por ejemplo, una trona para comer, una toalla diferente para secarle, un libro para dormir.

3. Secuencia. Todo ritual tiene un comienzo, un desarrollo y un final.

4. Seguimiento. Cada vez que repitáis un ritual, tanto si es diariamente (rutinas diarias) como anualmente (días familiares especiales y vacaciones), reforzad su significado.

Extraído de *The Joy of Ritual* y *The Joy of Family Ritual* © Barbara Biziou, St. Martin's Griffin, 2001. Reservados todos los derechos.

R&R reduce los conflictos con el niño. Cooperar felizmente en el cambiador es cosa del pasado. Vuestro pequeño es ahora como el conejito de Duracell: quiere levantarse y continuar más y más, lo que significa que vosotros os convertís en policías de tráfico y, a veces, en carceleros. No estoy diciendo que podamos eliminar el inevitable tira y afloja de una vez por todas, sino que establecer horarios predecibles de comidas, de ir a dormir y de rutinas de juego seguro que reducirá las discusiones.

Eso ocurre porque la previsibilidad ayuda a los niños a aprender qué pueden esperar; en cambio, la falta de rutina les deja desvalidos.

Por ejemplo, recibí una llamada de Denise, que estaba preocupada porque su hijo tenía un «problema de sueño». Por la noche, bañaba a la pequeña Aggie, de un año, después le daba un masaje y a continuación le leía dos cuentos mientras le daba un biberón de leche; finalmente la ponía a dormir, momento en el que Aggie ronroneaba un poco antes de quedarse dormida. Para cuando se acababa la rutina de ir a dormir ya eran las 8 de la tarde, y Denise quería que Aggie estuviera en la cama a las 7:30, de modo que decidió eliminar los libros. Pero en lugar de irse a la cama de buena gana, como hasta entonces, Aggie lloraba. ¿Qué pasaba? Denise olvidó que los niños se basan en las rutinas, no en los horarios. Obsesionada por ahorrar esa media hora, Denise había cambiado el ritual de su hija y ahora ambas sufrían las consecuencias de ello. Le sugerí que volviera a reinstaurar las costumbres del antiguo horario y que sencillamente empezara un poco antes cada noche. «Milagrosamente», el supuesto problema de sueño de Aggie desapareció.

QUÉ DICEN LOS ESTUDIOS SOBRE LAS RUTINAS

Los niños desarrollan una conciencia cuando «la vida familiar cotidiana está caracterizada por rutinas que requieren la cooperación del pequeño en rituales como ir a la cama, leer cuentos, despertarse, comer, bañarse y demás acontecimientos predecibles y recurrentes. La presencia de esas rutinas es un modo de dar a conocer las expectativas y evitar las confrontaciones constantes. De ese modo, los niños aprenden a cooperar... en el flujo predecible de la vida diaria».

Extraído de *Neurons to Neighborhoods* (referencia completa en el cuadro de la página 33).

R&R ayuda a los niños a afrontar la separación. El motivo es que R&R permite que los niños anticipen acontecimientos que se repiten cada día. De hecho, los estudios muestran que ya a los cuatro meses los niños desarrollan expectativas. Podemos utilizar ese conocimiento para enseñar a los niños que, aunque la madre se vaya, volverá. En el caso del pequeño Tommy, por ejemplo, para disipar su ansiedad, aconsejé a

Rosalyn que hiciera de su partida un ritual, que al principio abando-nara la habitación sólo durante unos minutos. Siempre le preparaba («Mamá tiene que irse un ratito, Tommy»), y al final, cuando dejaba la habitación, decía: «Ahora mismo vuelvo, cariño» y le lanzaba un beso con la mano. Cuando Tommy fue siendo más capaz de tolerar la ausencia de su madre, le di instrucciones de alargar el tiempo que esta-ba fuera de la habitación. Al final, era capaz de marcharse de casa uti-lizando exactamente el mismo R&R. Hacer lo mismo cada vez, pro-nunciar las mismas palabras, ayudó a preparar a Tommy y le ayudó a sentirse más seguro. El pánico no desapareció inmediatamente, pero al crear rutinas de salida y de entrada («Hola Tomster, ya estoy en casa», acompañado de un gran abrazo y un beso), Tommy no tardó en darse cuenta de que, aunque su madre se fuera de casa, iba a regresar (más sobre la separación en los capítulos seis y ocho).

R&R apoya todo tipo de aprendizaje: logros físicos, control emocional y comportamiento social. Los niños aprenden por repetición e imitación. Aprender no consiste en que los padres presionen a su hijo haciendo lo mismo un día tras otro, sino que se da de forma natural y orgánica. Adoptad unos buenos modales. Antes incluso de que un niño aprenda a hablar, la rutina de su madre dice «gracias» cuando le dan un trozo de pan que roer. Con el tiempo, las palabras de la madre se sustituyen por el primer «ga» y, después, por la palabra completa «gracias». En última instancia, R&R ayuda a modelar a los niños, enseñándoles no sólo habilidades, sino también moral, valores y respeto mutuo.

R&R evita los problemas ayudando a los padres a establecer límites claros y a ser consecuentes con ellos. Los niños ponen a prueba cons-tantemente los límites que establecen sus padres, y éstos a menudo se rinden ante el estrés, lo que sólo contribuye a hacer más manipulado-res a sus hijos. R&R nos ayuda a estructurar las situaciones y a crear expectativas de antemano, en cuyo caso es menos probable que descu-bramos que tenemos entre manos a un niño de primera infancia fuera de control. Tomemos, por ejemplo, el caso de Verónica, que no quería que el pequeño Otis, de diecinueve meses, saltara sobre los muebles. «Cuando lo haga, corríjale amablemente», le sugerí. «Puedes decirle: "Otis, no puedes saltar sobre el sofá", pero muéstrale también un lugar donde pueda hacerlo, como por ejemplo un colchón viejo que coloques en su zona de juegos.» Verónica hizo justo eso, pero al día siguiente, cuando Otis empezó a saltar en la cama, tuvo que repetir la rutina. «Otis, no puedes saltar en la cama», le dijo mientras le llevaba a la zona de juegos. Al cabo de tres o cuatro veces, Otis se dio cuenta: *Ah, ya veo. Me dejan saltar aquí, pero en el sofá o en mi cama, no.*

R&R os ayuda a preparar a vuestro hijo para nuevas experiencias. En el capítulo seis hablaré sobre cómo crear *ensayos de cambios*, una serie de experiencias que fomentan gradualmente la creciente independencia del niño. La idea es presentar al pequeño nuevas experiencias primero en casa, aumentar los desafíos poco a poco, y después llevar el espectáculo a la calle. De modo que, por ejemplo, para preparar a la pequeña Gracie, de diez meses, para que se quedara sentada en un restaurante, su madre se aseguró de que Gracie fuera parte de la rutina de la cena de la familia. Se sentaba en la trona con su hermana y su hermano a la mesa y tomaba parte en el ritual diario de la cena: encender una vela, cogerse las manos y decir una oración. Al sentirse incluida de ese modo, Gracie probaba nuevas comidas, aprendió a comer y a utilizar los cubiertos y empezó a comprender qué tipo de comportamiento se esperaba en la mesa. Mantenerla sentada durante más tiempo supuso un ensayo para sus posteriores experiencias en los restaurantes que, como no es de extrañar, abordó con bastante éxito.

R&R permite a todo el mundo aminorar la marcha y convertir los momentos más mundanos en momentos de conexión. ¿Qué puede ser más especial que la hora del baño o de leer cuentos? Y si nosotros, los padres, aminoramos la marcha y llenamos esos acontecimientos intencionadamente («Voy a utilizar el momento de ir a dormir para conectar con mi hijo»), también estamos enseñándole a llenar de significado los momentos cotidianos, que fortalecen el vínculo padre/hijo y, al mismo tiempo, envía un mensaje importante al pequeño: «Te quiero. Quiero que sepas que estoy aquí por ti».

Cuando criaba a mis propias hijas, aunque permitía que ocurrieran cosas inesperadas y no era en absoluto inflexible, empleaba muchos R&R. La mayoría del tiempo seguía una rutina estructurada, incluso antes de que fueran lo bastante mayores para comprender el concepto de tiempo, de modo que siempre sabían qué iba a ser lo siguiente en venir. Por ejemplo, cuando llegaba del trabajo, sabían que les iba a dedicar mi atención exclusiva durante una hora entera, y que no íbamos a permitir que nada interfiriera en *nuestro* tiempo. No hablaba por teléfono, ni hacía tareas domésticas. Puesto que ya eran lo bastante mayores como para decir la hora, puse un despertador y entonces ellas sabían que cuando sonaba tenía que ponerme a hacer la cena y atender otras tareas de la casa. Siempre me dejaban marchar de buena gana, y a su manera me ayudaban en lo que podían, ya que el tiempo sagrado que habíamos pasado juntas les había servido de alimento.

R&R A LO LARGO DEL DÍA

Permitidme que os recuerde que, si bien casi todas las familias que conozco practican determinados tipos de R&R (un libro o un cuento antes de ir a dormir), el R&R se ha de adaptar a vuestra familia. Cuando leáis algunas de las sugerencias que aparecen más abajo, tened en cuenta el carácter de vuestro hijo, vuestro propio estilo de paternidad y las necesidades de los demás miembros de la familia. Como muestra la tabla siguiente, unos padres son mejores que otros construyendo y manteniendo rutinas. Considerad también *vuestro* horario, y sed realistas. Si no podéis cenar con vuestro hijo cada día, hacedlo al menos dos o tres veces a la semana. Además, los rituales son personales: tienen más significado cuando realmente reflejan los valores de los participantes. Y es más probable que mantengáis aquellos rituales y rutinas que mejor os hagan sentir. Así pues, mientras que algunas familias pueden bendecir la mesa, la vuestra puede no hacerlo. En algunas casas, el ritual del baño es terreno del padre; en otras, no.

INVESTIGACIÓN DE UNA RUTINA

Algunos padres lo tienen más fácil que otros cuando se trata de establecer y mantener una rutina estructurada. A continuación, presento cómo se enfrentan a este reto cada uno de los padres que he presentado en el capítulo dos. ¿Dónde os encontráis?

CONTROLADORES

Filosofía
Creen firmemente en la estructura y la rutina.

Práctica
Buenos instaurando rutinas, pero pueden hacer que sus propias necesidades sean más importantes que las del niño.

Adaptabilidad
Pueden tener problemas para adaptarse a las diferentes necesidades del niño o para hacer cambios de última hora cuando éstos son necesarios.

Posibles consecuencias
A veces se comprometen las necesidades del niño; los padres pueden frustrarse y preocuparse cuando no se cumple lo programado.

PADRES HELP

Filosofía
Saben que es importante establecer y mantener una rutina estructurada.

Práctica
Buenos instaurando rutinas que se acomodan a las necesidades del hijo, a las de los demás miembros de la familia y a las demandas de su propio día.

Adaptabilidad
Lo bastante flexibles para cambiar de rutina cuando es necesario; los cambios no les descolocan.

Posibles consecuencias
Los niños se sienten seguros; la vida es predecible; se alienta la creatividad dentro de unos límites razonables.

PERMISIVOS

Filosofía
Creen que demasiada estructura restringiría el estilo del niño y su espontaneidad.

Práctica
Creen que la estructura inhibe. Construyen su vida alrededor de su hijo; no hay dos días de la semana que sean iguales.

Adaptabilidad
En un caso extremo, cambian de reglas tan a menudo que dan un nuevo significado a la palabra «adaptable».

Posibles consecuencias
Una filosofía tan liberal se suele traducir en caos. Puesto que los padres tienen problemas para hacer lo mismo un día tras otro, el niño nunca sabe qué va a ocurrir a continuación.

A continuación, presento un pequeño viajecito a lo largo del día para mostrar las rutinas que se repiten de forma cotidiana. Aunque pueden variar a medida que el niño crezca, son los pilares principales de la vida familiar: despertar, comer, baño, salidas y entradas, limpieza, siesta y hora de ir a dormir. No ofrezco ninguna idea para solucionar problemas: este capítulo se centra en la prevención. Repitiendo estos actos, enseñando a los niños lo que esperáis de ellos, a menudo podréis *evitar* los problemas antes de que se den.

Para cada una de las siguientes rutinas diarias propongo sugerencias sobre la intención (propósito y objetivo), lo que podéis necesitar preparar, la secuencia (cómo empezar, continuar y finalizar el ritual) y, cuando sea apropiado, el seguimiento (en el caso de muchos de los rituales diarios no os tenéis que preocupar por el seguimiento). La clave es la constancia. Recordad también que sólo vosotros podéis imaginar los modos más creativos de hacer que R&R sea serio al tiempo que divertido para vuestra familia. Preparaos para pensar.

• *Despertar*. Un niño de primera infancia sólo tiene dos maneras de despertarse: contento o llorando. En la lactancia, los patrones de comportamiento al despertar venían determinados por el carácter, pero cuando los bebés se convierten en niños de primera infancia, esos patrones dependen más de lo que los padres han reforzado que de la personalidad del pequeño. De hecho, un buen R&R puede superar el carácter.

Intención: enseñar a vuestro hijo que la cama es un lugar agradable del que asomarse y tener un hijo que se despierte sonriente, ronroneando y que se entretenga jugando solo unos veinte o treinta minutos.

Preparación: aseguraos de que vuestro hijo juega en su cunita durante el día. Si se lo pasa bien en la cuna reforzará la idea de que no sólo es segura, sino que se trata de un gran lugar para jugar. Si vuestro hijo aún no se siente así, ponedlo en la cuna una o dos veces durante el día. Tened a mano sus juguetes favoritos y, al principio, quedaos a su lado, tranquilizándole con vuestra presencia. Jugad a esconderos y aparecer de golpe y a otros juegos para que la experiencia le resulte divertida. Al principio no os vayáis de la habitación. Utilizad ese tiempo para doblar ropa, estirar las sábanas y poner al día el papeleo, de modo que el pequeño sienta vuestra presencia pero que no intervengáis físicamente. Id alejándoos gradualmente y después id saliendo de la habitación cada vez durante más tiempo (*ver también página 105 sobre las salidas y las entradas*).

MI HIJO SE DESPIERTA LLORANDO: ¿QUÉ LE PASA?

Cuando un padre me dice que su hijo se despierta llorando, suelo pensar que el pequeño no se siente a gusto en su cunita. Lo que suelo preguntar es lo siguiente:

- **¿Soléis entrar corriendo en cuanto le oís?** Puede que sin querer le hayáis acostumbrado a llorar cuando no entráis lo bastante rápido.
- **¿Demuestra ansiedad (llora a todo pulmón y os abraza fuertemente cuando lo cogéis en brazos)?** Este es un signo evidente de que en la cuna tiene miedo. Dad los pasos necesarios para cambiar eso (*ver más abajo*).
- **¿Tiene períodos durante el día en los que le gusta jugar en la cuna?** De lo contrario, sería una buena idea incluirlos en vuestra rutina diaria de juegos (*ver «Preparación» en la página 100 y la historia de Leanne en la página 293*).

De principio a fin: por la mañana, intentad determinar cuánto tiempo pasa desde que vuestro hijo empieza a ronronear y a jugar hasta que se pone a llorar y entrad en la habitación *antes* de que empiece esa fase. Si tenéis un horario que cumplir, quizás tengáis que intervenir antes; y si sabéis que se le ha de cambiar el pañal, de ningún modo esperéis.

Entrad en la habitación con alegría y haced que dar la bienvenida al nuevo día sea todo un acontecimiento. Algunos padres tienen una canción de buenos días, o un saludo especial, como «Buenos días, cariño. Me alegro muuucho de verte». El ritual finaliza sacándolo de la cuna, ambos emocionados ante la idea de empezar el día.

> *Consejo: hagáis lo que hagáis, no actuéis con compasión si vuestro hijo llora por la mañana. Tomadlo en brazos, abrazadlo, pero por favor, no digáis: «Ay, ¡pobrecito!». Actuad con alegría, como si estuvierais contentos de comenzar el día. Recordad que los niños aprenden por imitación.*

- *La hora de las comidas.* Los niños de primera infancia son bastante quisquillosos, hecho que preocupa a muchos de los padres que me consultan (en el capítulo cuatro trato los temas de qué hay que dar de comer a los niños y cómo hacerlo). «Dejadlo», les digo a esos padres tan ansiosos. «Concentraos más en que la rutina de la comida sea consecuente que en hacer comer a vuestro hijo.» Os aseguro que vuestro hijo no morirá de malnutrición: muchos estudios muestran que, a pesar de lapsos de apetito ocasionales, los niños sanos se las arreglan para comer una cantidad suficiente y una selección variada de comida *si sus padres no les presionan* (ver páginas *139 ss.*).

Intención: pensad en las comidas como en un modo de enseñar a vuestro hijo lo que significa sentarse a la mesa, utilizar los cubiertos, probar nuevas comidas y, lo más importante, comer con la familia.

Preparación: servid las comidas aproximadamente a la misma hora cada día. Mientras que los bebés son pequeñas máquinas de comer, con frecuencia los niños de primera infancia son justo lo contrario. Están demasiado ocupados poniendo a prueba el mundo y abriéndose camino en él. El hambre ya no es el principio motivador que era en su momento, pero podemos ayudarles a sintonizar en esto y en otras necesidades corporales dejándoles ver que «la siguiente comida» está a la vuelta de la esquina.

Dejad que vuestro hijo participe en las cenas familiares entre los ocho y los diez meses, edad en que suelen empezar a ser capaces de sentarse y tomar alimentos sólidos. Tened una silla especial para él, un asiento elevador que podáis poner sobre una silla normal y que le eleve, o una trona. Lo importante es que, al estar en su «silla de comer», sepa que es hora de (esperemos) sentarse quietecito y comer. Si tenéis hijos mayores, hacedles comer al mismo tiempo. Sería genial que os pudierais unir a ellos menos unas cuantas noches a la semana; y si no podéis, tomad al menos un bocado. Vuestra presencia dará a la ocasión la sensación de «cena familiar».

De principio a fin: lavarse las manos es un ritual ideal previo a la comida que hace que el niño se dé cuenta de que es la hora de comer. En cuanto vuestro hijo pueda ponerse de pie solo, comprad una banqueta pequeña pero robusta sobre la que se pueda subir para alcanzar el lavabo sin ayuda. Dejad que observe cómo os laváis las manos vosotros y después dadle el jabón y animadle a intentarlo. Colgad una toallita de aseo junto al lavabo y haced que sea su toalla de manos especial.

Empezad la comida con elegancia, encendiendo velas, o sencillamente diciendo «Podéis empezar». Conversad, del mismo modo en que lo haríais en una cena con adultos. Explicad lo que habéis hecho durante el día y preguntad a vuestros hijos qué tal les ha ido el suyo. Aunque vuestro hijo pequeño no pueda responder al principio, empezará a comprender el toma y daca de la conversación. Y si tiene hermanos, aprenderá un montón de cosas sólo escuchando.

Dad por acabada la comida cuando el niño deje de comer. Muchos padres, sin duda ansiosos porque sus hijos tengan una nutrición adecuada, intentan meter a hurtadillas un último bocado en la boca de sus hijos, o le engatusan o coaccionan, aunque el pequeño gire la cabeza. Incluso peor: algunos le persiguen hasta su habitación e intentan meterle a la fuerza unas cuantas cucharadas más mientras juega (*ver la historia de Shannon, páginas 314-317*). Recordad que la intención de este ritual es enseñar a vuestro hijo las costumbres de la mesa, y mientras se come no se juega.

Acabad la comida con cualquier práctica que os parezca apropiada para vuestra familia. Algunas familias dicen una oración final o apagan las velas. Otras se conceden un momento para dar las gracias a la persona que ha preparado la comida. Un final apropiado puede ser sencillamente el acto de quitar a vuestro hijo el babero y decirle: «Se acabó la cena. ¡A limpiar!». Cuando vuestro hijo sepa caminar y llevar cosas en las manos, también podrá llevar su plato (es de esperar que irrompible) a la fregadera. También me gusta que los niños adquieran el hábito de lavarse los dientes después de las comidas. Empezad a educarles en ese sentido en cuanto introduzcáis en su dieta los alimentos sólidos.

> *Consejo: para que vuestro hijo se acostumbre a cepillarse los dientes, empezad por las encías. Envolveos el índice con un paño de felpa suave y limpio y frotadle las encías después de comer. De ese modo, cuando le salgan los dientes estará acostumbrado a esa sensación. Compradle un cepillo dental suave, de bebé. Probablemente, al principio lo chupe, pero al final aprenderá a cepillarse los dientes.*

Seguimiento: seguid el método R&R dondequiera que vayáis. Cuando llevéis a vuestro hijo a comer a otra casa, a un restaurante, o si hacéis un viaje largo, mantened lo explicado arriba tanto como podáis. De ese modo, vuestro hijo se sentirá seguro y se reforzará todo cuanto aprenda sobre las comidas. (En el capítulo seis vuelvo a hablar sobre cómo acercar a vuestro hijo al «mundo real».)

• *La hora del baño.* Del mismo modo que algunos bebés temen el baño, los niños de primera infancia acostumbran a sentir pavor ante la idea de tener que salir de la bañera. El ritual de la hora del baño puede dirigirse a evitar esa lucha.

Intención: si se trata de un baño nocturno, la intención es ayudar al niño a relajarse y prepararse para ir a dormir. Si, por el contrario, el baño es matinal, menos frecuente en las familias que conozco, el propósito es preparar al niño para el día que le espera.

Preparación: anunciad a vuestro hijo con voz muy alegre «¡Es la hora del baño!» o «¡Vamos a bañarnos!». Dejad correr el agua y meted en la bañera tazas y botellas de goma, patitos y demás juguetes flotantes. Si vuestro hijo no tiene la piel sensible, puede que queráis poner burbujas también. Si pienso en lo que les gustaba a mis hijas, recuerdo que en la bañera había más juguetes que en la caja de juguetes... Además, tened a mano un par de toallas: una para el pequeño y otra para vosotros.

> *Consejo: dejad correr siempre el agua fría y añadid después la caliente. Para evitar que vuestro hijo abra accidentalmente el grifo del agua caliente y se queme, comprad un protector que cubra el grifo del agua caliente, y si se trata de un monomando, uno que tape todo el aparato. Utilizad también una esterilla de goma para evitar los resbalones y tened cuidado de que la temperatura del agua no sea demasiado elevada.*

De principio a fin: meted a vuestro hijo en la bañera o, si es lo bastante mayor, dejad que entre solo en ella. (Por supuesto, tened mucho cuidado: las bañeras suelen ser muy resbaladizas.) A mí me gusta cantar una canción mientras baño a los niños: «Así nos lavamos los brazos, lavamos los brazos, lavamos los brazos. Así nos lavamos los brazos, antes de ir a dormir. Así nos lavamos la espalda, lavamos la espalda», etc. De este modo, el niño aprende las partes del cuerpo y a menudo desarrolla el deseo de lavarse solo.

Puesto que la mayoría de los niños de primera infancia odian que se acabe la hora del baño, no saquéis a vuestro hijo directamente de la bañera. En lugar de eso, empezad sacando los juguetes de la bañera. Después quitad el tapón, dejad que se vaya el agua y decid: «¡Uy! El agua se va por el desagüe. ¡Se acabó el baño!». Acabad con un buen apretón con una toalla suave.

> **Consejo:** *si bien puede que confiéis más en las capacidades de vuestro hijo ahora que es un niño de primera infancia, bajo ningún concepto le dejéis solo en la bañera (ver consejos de seguridad en la página 138).*

• *Entradas y salidas.* Todos los niños pasan por una etapa en la que les resulta difícil separarse de sus padres, aún cuando sólo se trate de que la madre tenga que ir a la cocina para preparar la cena. Es evidente que algunos niños se lo toman más a pecho que otros, pero también depende de los padres. Si trabajan cada día, se van de casa y regresan a horas predecibles y lo han hecho desde que el niño era un bebé, a menudo es fácil que se acostumbre a la rutina y que sepa qué esperar. Resulta un poco más difícil cuando uno de los padres o los dos se van de casa y regresan cada día a una hora diferente. También he visto a niños que parecen haberse adaptado a la ausencia de los padres y que, de repente, empiezan a tener miedo.

Intención: hacer que vuestro hijo se sienta seguro, que sepa que, aunque os marchéis, regresaréis.

Preparación: decidle a vuestro hijo que os vais a marchar. Si empezáis a hacerlo cuando vuestro hijo tiene seis meses y avanzáis gradualmente, a los ocho meses probablemente jugará solo hasta cuarenta minutos seguidos. También podéis ayudar a vuestro hijo a acostumbrarse a la idea de vuestra marcha jugando primero con él a esconderse y aparecer de golpe. Jugar a este juego contribuye a reforzar la idea de que incluso si no os puede ver, continuáis estando ahí. No obstante, no lo intentéis cuando vuestro hijo esté cansado o quejumbroso. Y si vuestro hijo al principio tiene miedo y empieza a llorar, esperad un rato, o incluso a otro día, y volved a intentarlo entonces.

Cuando lleguéis a poder dejar la habitación, aseguraos de que le dejáis en situación segura, en la cuna o en el parque, o a cargo de alguien. Cada vez que salgáis, repetid las palabras: «Voy a (la cocina/mi habitación). Si me necesitas, estoy allí». Pero regresad en seguida cuando vuestro hijo os llame, de modo que aprenda que puede confiar en vosotros. Si tenéis un intercomunicador, hablad por él mientras estéis en la otra habitación para tranquilizarle, o decidle: «Estoy en la cocina, cariño». Regresad a donde esté el pequeño y, si es necesario, tranquilizadle. Id aumentando progresivamente el tiempo de ausencia.

Cuando os vayáis de casa, tanto si es para un cuarto de hora como si es para toda la jornada, sed sinceros. No digáis «Ahora mismo vuelvo» si tenéis pensado tardar cinco horas; o lo que es peor, «Vuelvo en cinco minutos». Aunque los niños de primera infancia no tienen concepto del tiempo, si unos días antes le prometéis que le llevaréis al parque «dentro de cinco minutos», se preocupará, ya que pensará que se trata de un período de tiempo muy largo.

De principio a fin: cuando os vayáis, utilizad las mismas palabras y gestos cada vez. «Me voy a trabajar, cariñín», acompañado de un gran abrazo y un beso. También está bien decir: «Cuando regrese iremos al parque», pero tened cuidado de no prometer algo que no podáis cumplir. También es importante saber lo que tranquiliza a *vuestro* hijo. Por ejemplo, a algunos niños les ayuda ir a la ventana y decir adiós con la mano, pero otros se preocupan más porque se prolonga el proceso de la partida.

Ciertamente, la línea que separa el respeto por los sentimientos del niño («Ya sé que no quieres que me vaya...») y la afirmación de la realidad («pero mamá tiene que irse a trabajar») es muy delgada. Recordad que, a menudo, lo que preocupa a los niños no es la partida, sino el modo en que os marcháis. Si os vais y venís, estáis reforzando la ansiedad del niño porque, indirectamente, le estáis diciendo: «Si lloras volveré».

> *Consejo: para vuestra propia tranquilidad, si vuestro hijo se queda preocupado cuando os marcháis, llamad a la canguro desde el coche o cuando lleguéis al trabajo. Os aseguro que la mayoría de niños están bien en cuestión de cinco minutos después de que la madre se vaya.*

Cuando regreséis, entrad en casa diciendo las mismas palabras cada vez: «He vuelto» o «Hola cariño, ¡ya estoy en casaaa!». Saludad siempre a vuestro hijo con muchos abrazos y besos, y decid: «Ahora mamá se va a cambiar de ropa para poder jugar contigo». (Un programa de la televisión norteamericana comenzaba siempre con el presentador cambiándose los zapatos, un ritual que indicaba a los niños del público: «Esta es nuestra hora para estar juntos».) Dedicad al menos una hora a estar con él: haced que sea un tiempo especial.

A algunas madres también les gusta llamar antes de llegar, de modo que la canguro pueda decir al niño: «Mamá está de camino». La canguro también puede acercar al niño a la ventana cuando estéis llegando a casa (siempre que no viváis en Los Ángeles, donde el tráfico hace muy difícil poder fijar una hora precisa). No deja de ser interesante que muchos niños cuyos padres trabajan suelan estar al tanto de rituales no necesariamente dirigidos a ellos. En mi casa, por ejemplo, Sara sabía que, por la tarde, cuando la abuela ponía la tetera al fuego, yo estaba de camino.

> *Consejo: nunca llevéis un regalo a casa por el simple hecho de regresar. Vosotros sois el regalo.*

• *Recoger*. Dado que los niños suelen tener problemas con las transiciones, a mí me gusta incorporar rutinas de limpieza y orden a lo largo del día. En mis grupos, por ejemplo, incluso en el caso de niños de ocho meses, siempre hacíamos limpieza antes de la música, una actividad más sosegada. Además, nunca es demasiado pronto para empezar a aprender lecciones de responsabilidad y respeto.

Intención: enseñar al niño responsabilidad e inculcarle respeto por sus pertenencias y por las de los demás.

Preparación: vuestro hijo debería tener una caja, varios colgadores y, si fuera posible, algunos estantes en el armario a los que pudiera acceder *por sí mismo*.

De principio a fin: cuando vuestro hijo entre en casa, decid: «A colgar las chaquetas». Si vosotros vais al armario y colgáis la vuestra, él os seguirá. Después de jugar en su habitación, cuando es hora o de comer o de prepararse para la siesta, decid: «Es hora de ordenar». Al principio tendréis que ayudarle. En mis grupos, digo: «Estoy metiendo las cosas en la caja», y entonces ellos me imitan. Tenéis que comprender que puede que vuestro hijo se acerque a la caja e intente sacar más juguetes, pero vosotros continuad diciendo: «No, ahora estamos metiendo las cosas en la caja. Estamos recogiendo». De ese modo, aprenderá en qué consiste recoger a través de la repetición constante de ese ritual.

Seguimiento: dondequiera que vaya vuestro hijo, sea a casa de la abuela, a un grupo de trabajo, o a casa de la prima Nell, reforzad el ritual de la limpieza.

* *Las siestas y la hora de ir a la cama.* No hay nada tan delicioso como acurrucarte junto a tu hijo y leerle un cuento antes de ponerle a dormir. Después viene el momento de hacer que vuestro hijo quiera ponerse a dormir. Algunos niños necesitan más ayuda que otros; el sueño es una habilidad que los niños han de aprender (*ver página 294*), pero aunque tu hijo duerma bien y vaya a hacer la siesta y se duerma con relativa facilidad, es importante mantener unos rituales a la hora de ir a la cama. Los problemas de sueño pueden aparecer cuando vuestro hijo vaya teniendo más movilidad, especialmente entre el primero y el segundo año de edad. Los sueños pueden atormentar su descanso, así como su impaciencia. ¡Quiere ponerse de pie! En el capítulo ocho hablaré de los dilemas, pero a continuación tenéis algunas sugerencias sobre las R&R de la hora de dormir.

Intención: a la hora de la siesta y por la noche, vuestro objetivo es ayudar al niño a calmarse, a pasar de los rigores y la emoción de los juegos a un estado más relajado.

Preparación: finalizad las actividades estimulantes, como la televisión o los juegos. Quitad de en medio los juguetes (*ver el ritual de recoger*) y anunciad: «Ya es casi hora de ir a la cama». Corred las cortinas y bajad las persianas. Para ayudar a vuestro hijo a relajarse físicamente, incorporad el baño de la noche como parte del ritual nocturno, así como el masaje, si a vuestro hijo le gusta.

De principio a fin: tras tomar el baño y ponerle el pijama, decid: «Vamos a buscar un libro». Si vuestro hijo tiene entre ocho y doce meses y aún no tiene libros preferidos, elegidlo vosotros por él. Decidid de antemano cuántos libros estáis dispuestos a leer (o cuántas veces leeréis el mismo) y decídselo. Y limitaos a eso; de lo contrario, estaréis creándoos problemas (*más al respecto en el capítulo nueve*).

Además de lo dicho anteriormente, las familias tienden a amoldar este ritual a su propio gusto y al de sus hijos. Roberta y su hijita Úrsula se sientan cada noche en una mecedora con el peluche favorito de Úrsula acunado entre ellas. Roberta lee la historia, se dan abrazos y después la pequeña se desliza a su cuna. Jack, el hijo de Deb, tiene su hora de escuchar su cinta preferida acompañada de un libro de dibujos. Cuando Jack salta de las rodillas de Deb y hace ademán de querer jugar con el camión, ella le recuerda amablemente: «Nada de juguetes, Jack: es hora de ir a la cama».

Algunos niños de primera infancia también toman el pecho o un biberón antes de irse a la cama. Si eso les ayuda a relajarse, está bien, siempre que no *necesite* el biberón o el pecho para dormirse (*ver la historia de Leanne en las páginas 293 ss.*). (Además, es malo para los dientes de los niños que se lleven un biberón de leche a la cama.) A los diecinueve meses, Dudley aún quiere el biberón, y su madre se lo deja antes de meterlo en la cuna. De ese modo, tiene la familiaridad y la seguridad que le confiere el biberón pero continúa siendo capaz de dormirse sin él. Dudley también tiene otros rituales reconfortantes. Da las buenas noches a la luna y las estrellas por la ventana. Y si su padre no está en casa, da un beso a su foto.

El ritual de ir a dormir debería acabar al poner al niño en la cuna. Algunos padres pueden dejar la habitación inmediatamente; otros se quedan unos minutos y colocan una mano tranquilizadora sobre el culito de su pequeño, le cantan una nana o le frotan la espalda. Si conocéis a vuestro hijo, sabréis lo que le calma. (En el capítulo ocho aparecen consejos sobre cómo conseguir que un niño reacio a quedarse en la cama lo haga después de acabarse el ritual.)

R&R DE UNA OCASIÓN ESPECIAL

Como mencioné al principio de este libro, en una familia surgen innumerables ocasiones al cabo del día, de la semana o del año que se pueden mejorar a través de rituales conscientes. Como en caso de los rituales cotidianos, un aspecto importante es el significado personal. Lo que funciona en una familia puede carecer de sentido en otra. Además, algunas familias tienen necesidades especiales. Por ejemplo, Barbara Biziou describe en su libro el «Día de la llegada», para celebrar el día en que un niño adoptado llega a la familia. Seguro que vosotros también tenéis un montón de tradiciones significativas que son únicas de vuestra familia. A continuación, aparecen algunas de las ocasiones especiales más comunes.

- *Reunión familiar.* Tanto si se hace una vez a la semana como si es una vez al mes, es importante realizarlas periódicamente, ya que se trata de momentos en los que se pueden compartir ideas, sentimientos o simplemente divertirse. Algunos padres incorporan tradiciones de sus propias familias, otros las elaboran por sí mismos, y otros combinan lo nuevo con lo antiguo.

Intención: fomentar la cooperación, la comunicación y la conexión.

Preparación: si tenéis hijos de cuatro años o más además de un niño de primera infancia, puede que queráis convertirlo en una reunión familiar más seria, un ritual creado por Biziou que permite compartir y perdonar, así como actividades divertidas. Si sólo estáis vosotros dos y vuestro hijo, bastará con que reservéis algunas horas a la semana durante las que estéis todos juntos. Dejad que el ritual familiar de Biziou os inspire, pero adaptadlo a la escala del pequeño. Podéis incorporar varios de sus elementos incluso cuando el niño sea muy pequeño: por ejemplo, la «varita para hablar» es un buen método para que un niño de primera infancia aprenda a tener paciencia y a escuchar.

De principio a fin: empezad diciendo: «Esta es nuestra hora de estar en familia». Encended una vela para marcar el comienzo del ritual, con cuidado de no poner la llama al alcance del pequeño. Aunque no os embarquéis en una reunión familiar al completo, podéis continuar considerándolo un tiempo y un espacio «sagrados» que ni las responsabilidades ni las preocupaciones pueden invadir. No pongáis en peligro ese momento cogiendo el teléfono, realizando las tareas del hogar, o hablando sobre problemas de adultos. Es un tiempo para estar con vuestro hijo: puede consistir en comer juntos, ir al parque, o en pasar una hora o dos juntos en el salón, hablando, jugando, cantando (es de esperar que no viendo la televisión). Apagad la vela para indicar el final del ritual.

Seguimiento: si vuestro hijo es muy pequeño (supongamos que tiene un año), puede que esta idea os parezca una tontería. «No lo entenderá», insistís. Bueno, eso puede ser cierto o no. Me consta que al repetir ese ritual de unión familiar vuestro hijo no sólo entenderá su importancia, sino que lo esperará.

- *La hora del padre.* Como he dicho en la *Introducción,* aunque en la actualidad los padres se implican mucho más que en generaciones anteriores, las madres con las que hablo continúan teniendo la sensación de que a los hombres de su vida (los abuelos también) aún les queda un largo camino por recorrer. En parte, se trata de una cuestión de competencias. Algunas madres no quieren soltar las riendas, o sin darse cuenta desaniman al padre a la hora de participar (*ver cuadro en esta página*). En parte, también puede tratarse de una cuestión de disponibilidad. Si el padre se pasa el día en la oficina y la madre está en casa, no hay manera de poder compensar esa diferencia. Pero incluso en los hogares en que la madre trabaja, el padre suele ser quien «ayuda», no el compañero de paternidad. (En los casos en que el padre está en casa, se pueden cambiar los papeles, pero lo he visto en contadas ocasiones.)

PONÉRSELO DIFÍCIL AL PADRE

Muchas madres, sin darse cuenta, comprometen el bienestar de su hijo con su padre porque:

- Dicen al padre qué ha de pensar: Greta y su padre están jugando con una aspiradora de juguete y la madre dice: «Ahora no quiere jugar con eso. Lo acabamos de dejar». Es importante que el padre aprenda qué le gusta a su hija y qué no.

- Critican al padre delante del niño: «Así no se le pone la camiseta».

- Transmiten al pequeño el mensaje de que estar con el padre no es seguro. Está pasando la aspiradora mientras el padre juega con Greta, pero si ésta llora la «rescata» inmediatamente de su padre.

- Hacen que sea el malo de la película. Cuando Greta no se duerme, la madre envía al padre para que ponga orden. Cuando Greta se comporta mal, la madre le dice: «Ya verás cuando vuelva tu padre».

- Se muestran reacias a abandonar el papel de educadoras. El padre está leyendo una historia a Greta y la madre entra, coge a la niña del regazo de su padre y dice: «Se la acabo de explicar yo».

En las familias en que los niños tienen un mayor equilibrio entre el tiempo que disfrutan de ambos padres, es porque el padre hace un auténtico esfuerzo por pasar tiempo con su hijo o hijos y la madre lo apoya en ello. Puede que no ocurra cuando el pequeño nace: a veces, los padres tienen miedo de sostener en brazos a los bebés, de modo que, con frecuencia, la primera infancia es también la primera ocasión en que se sienten cómodos cuidando de sus hijos. Por ejemplo, cuando nació Quinn, Martin era un padre un tanto distante, pero ahora le encanta llevar a su hijo de año y medio al parque cada sábado por la mañana. Eso sí, es un gran seguidor de los Lakers, de modo que programa las salidas temprano para evitar que se alarguen hasta la hora del partido de baloncesto. Con todo, ese rato es una pausa para su esposa Arlene, y lo que es igual de importante, permite a Martin conocer mejor a su hijo Quinn por sí mismo, no a través de los ojos de Arlene. No deja de ser curioso que, al principio, Martin se mostrara un poco reacio a llevar a Quinn al parque en solitario. Fue haciéndolo como se inició en ese ritual semanal. A muchos padres les ocurre lo mismo.

Intención: ayudar a un niño a tener una relación independiente con su padre.

Preparación: la madre y el padre pueden tener que planear e incluso negociar, sobre todo si ambos trabajan. En cuanto al calendario, hay que allanar el camino de antemano. No obstante, una vez el padre se comprometa a una hora, nada debería interponerse en su camino.

De principio a fin: haced que el niño se percate de que se trata de un tiempo especial que pasa con su padre. Como siempre, decir las mismas palabras y hacer las mismas cosas cada vez puede ayudar a marcar el inicio del ritual. Martin, por ejemplo, dice a Quinn: «Vamos, colega, es hora de irnos», y en ese momento levanta a Quinn del suelo y se lo pone sobre los hombros. Quinn, que sólo tiene un año, sabe instintivamente que el tiempo que pasa con su padre es diferente del que pasa con su madre. A Martin le encanta cantar, de modo que de camino al parque canta a pleno pulmón una canción inventada: «Papá y Quinn, Quinn y papá, van al parque porque es sábado». Quinn no puede cantar con palabras, pero Martin dice que ya empieza a tararear la canción. Están en el parque alrededor de una hora y entonces Martin le dice «Bueno, colega, ya es hora de ir a casa. ¡A descansar!». Cuando llegan a casa, Martin pone mucho énfasis en el hecho de quitarse los zapatos; después le quita los suyos a Quinn: se ha acabado la visita al parque. Ahora toca una siesta.

Con todo, el tiempo que el niño pase con su padre no ha de ser necesariamente de juego. Es bueno que el padre también se ocupe de aspectos de la rutina cotidiana. Lo más popular entre los padres parece ser el baño de la noche. A otros hombres les encanta hacer el desayuno.

La cuestión es que cualquier cosa puede convertirse en la Hora de Papá siempre que papá tenga intención de convertirlo en un acto que se repita de forma regular.

- *Acontecimientos familiares.* Los cumpleaños, aniversarios y demás días familiares especiales son buenas razones para celebrar, pero se ha de tener cuidado con dos aspectos: no agobiar al niño con celebraciones demasiado grandes, ostentosas o inapropiadas en algún sentido, y no limitar vuestras celebraciones a acontecimientos en los que vuestro hijo sea el protagonista. En otras palabras, incluso para los niños pequeños es bueno dejar de ser el centro de atención y aprender a homenajear a otras personas.

Intención: ayudar a tu hijo a entender el significado de un acontecimiento determinado sin poner énfasis en los regalos materiales.

Preparación: unos días antes del acontecimiento, haced saber a vuestro hijo que se acerca un gran día. Tiene un conocimiento limitado del tiempo, de manera que demasiada antelación resultará decepcionante. Si la ocasión es su cumpleaños, invitad sólo a unos pocos parientes cercanos. Una buena regla a seguir es que haya un amigo por cada año del pequeño, de modo que si vuestro hijo va a cumplir dos años, invitad a dos amiguitos. Son muchos los padres que no se ciñen a esa directriz, pero intentad al menos limitar el número de niños a aquellos con los que vuestro hijo suele jugar, sus colegas de juego.

Si el acontecimiento que se quiere celebrar es el gran día de otra persona, como por ejemplo el cumpleaños de un hermano o de un abuelo, tendréis que ayudar a vuestro hijo a entender el significado de ese día especial. Animadle a hacer algo para el homenajeado: un dibujo, una tarjeta que os dicte y que firme con un garabato. Si vuestro hijo es demasiado pequeño para las manualidades, sugeridle que regale uno de sus juguetes a esa persona («Es el cumpleaños de la abuela, ¿te gustaría regalarle esta muñeca?»). Otro gran regalo para un abuelo es que enseñéis a vuestro hijo a cantar (o palmear) «Cumpleaños feliz».

De principio a fin: cuando los padres de un niño de un año organizan una barbacoa, me consta que lo hacen más por ellos que por su hijo. Las mejores fiestas de cumpleaños centradas en los niños son las cortas y poco estructuradas. Empiezan con juegos libres, y acaban con la comida, el pastel y soplando velas. Sin embargo, independientemente de la ocasión de que se trate, intentad limitar la celebración a dos horas. Sé de muchos padres que contratan a payasos y animadores de todo tipo para las fiestas de sus hijos, pero concededme un momento: los niños no necesitan animadores. Hace poco una madre me explicaba cómo había sido el cumpleaños de un niño de un año en el que el pequeño acabó llorando y se tuvo que ir de su propia fiesta. Si contratáis a un animador, al menos aseguraos de que cante canciones que los niños conozcan.

Si tenéis en cuenta que el propósito no es sólo celebrar acontecimientos, sino proporcionar a los niños la sensación de vínculo familiar y ayudarles a empezar a adquirir modales y generosidad, ese propósito guiará vuestros actos. Si la fiesta es para la pequeña Susie, aseguraos de que Susie diga «gracias» o al menos decidlo vosotros por ella cada vez que alguien le dé un regalo. Si la fiesta es de algún hermano o de otro pariente, o si es el Día de la Madre, aseguraos de que Susie haga o diga algo considerado al homenajeado.

Seguimiento: si la fiesta es en honor del niño, nunca es demasiado pronto para empezar a enseñarle cómo enviar notas de agradecimiento. Incluso si no sabe leer, escribir o expresarse verbalmente, podéis escribirle la nota, leérsela en voz alta y dejar que la «firme» con un garabato. Debería ser lo bastante corta como para que vuestro hijo la comprendiera:

Querida abuela,
Gracias por venir a mi fiesta. Me encanta la muñeca nueva.
    Gracias por traérmela.
Te quiere,

                                                            Mabel

• *Festividades.* Es maravilloso ver que en la actualidad muchas familias intentan ofrecer a sus hijos unas festividades con sentido, que vuelvan menos materialistas los tiempos que corren. Reconozcámoslo, no resulta nada fácil luchar contra el materialismo desenfrenado que impera en nuestra cultura.

Intención: celebrar las festividades poniendo más énfasis en el motivo de su celebración y menos en los regalos que se reciben en esa fecha.

Preparación: comprad un libro ilustrado en el que se explique la festividad y leédselo a vuestro hijo. Pensad en modos de hacer que vuestro hijo participe en esas fiestas de algún modo más que recibiendo regalos: decorando, confeccionando regalos para otras personas, ayudando a hacer galletas. Utilizad las fiestas de guardar para recordar a los niños que se han de desprender de los juguetes que ya no usan y darlos a los niños necesitados.

De principio a fin: pongamos por ejemplo las vacaciones de Navidad (aunque este principio es aplicable a cualquier fiesta de guardar). Tanto si celebráis la Navidad, el Hanukkah o el Kwanza, empezad el día en un lugar de adoración o con los amigos. Antes de cualquier otra festividad, tomaos un tiempo de explicación y reflexión. Cuando los niños crecen con valores espirituales, se vuelven tremendamente sensibles a las necesidades de los demás. Enseñadles también la moderación, quizás permitiéndoles abrir un solo regalo el día de la festividad. En cualquier caso, limitad el número de regalos que recibe vuestro hijo.

Seguimiento: ver el seguimiento de *Acontecimientos familiares* de la página 113. Los niños deberían escribir notas de agradecimiento por los regalos que reciban con motivo de una festividad.

R&R PARA SIEMPRE

Los padres que crean rituales y rutinas para sus hijos las describen como un ancla a la vida diaria y a sus propios valores. Esos actos y prácticas crecen con el niño, aunque éste haga avances evolutivos y se vaya independizando cada vez más. No son sólo los rituales en sí, sino el modo en que los padres piensan en ellos. R&R aporta una conciencia tanto a la vida diaria como a las ocasiones especiales que mantienen a padres e hijos en un equilibrio más constante. En los próximos capítulos trataremos otros tipos de rituales familiares, entre ellos los que marcan los cambios evolutivos (destete), facilitan las transiciones (un nuevo bebé) e incluso los que ayudan a los niños a controlar sus emociones (tiempo muerto). Si nos tomamos un tiempo para llevar a cabo esos ritos y, en consecuencia, aminoramos nuestro ajetreado ritmo de vida, los rituales no sólo nos ayudarán a conectar, sino que pueden hacer que cualquier momento sea especial.

CAPÍTULO CUATRO

ADIÓS A LOS PAÑALES:
UN PASO DE GIGANTE HACIA LA INDEPENDENCIA

Las comparaciones son odiosas.

Dicho popular del siglo XIV

Es bueno tener un fin hacia el que viajar,
pero al final lo que importa es el viaje.

URSULA K. LE GUIN

ANTES NO SIGNIFICA MEJOR

Hace poco visité por sorpresa a Linda, cuya hija Noelle, recién nacida, tenía sólo un mes. Durante mi visita, Brian, de quince meses, estaba jugando en la casa con su mejor amigo, Skylar. Naturalmente, como me encontraba en el proceso de escritura de este libro, presté especial atención a los niños (y quiso la suerte que la pequeña Noelle se durmiera durante la primera hora que estuve allí).

Mientras observábamos a los chicos, Linda me explicó que ella y Sylvia, la madre de Skylar, se habían conocido en un seminario para padres cuando estaban embarazadas y se mostraron encantadas al ver que vivían tan cerca. Como era el caso aquel día, cuando una de las dos tenía un compromiso o un recado que hacer, la otra solía quedarse con los niños. Es decir, que los pequeños habían pasado mucho tiempo juntos desde que eran bebés. En un momento de la sesión de juegos, Linda se volvió hacia mí y me explicó, casi disculpándose: «Skylar lo hace todo antes, ¿sabes? Es que es tres semanas mayor que Brian». Entonces, con voz angustiada, añadió rápidamente: «Pero Brian también progresa bien, ¿no crees?».

Desgraciadamente, me encuentro con muchos padres como Linda. En lugar de disfrutar de cada etapa *en el momento*, sopesan constantemente el progreso de su hijo, se impacientan, intentan hacer que su hijo vaya más rápido. Tienen tendencia a comparar a sus hijos con los demás. Estén en una clase de niños, en el recreo o jugando en el salón de alguien, parece como si todo fuera una competición. La madre cuyo hijo camina antes, alardea; las demás, cuyos hijos aún no andan, se sienten mal. Lo más usual es que pregunten: «¿Por qué Karen no hace eso todavía?» o, como Linda, pondrán excusas: «Es que él nació tres semanas después».

Hace poco asistí a la fiesta de cumpleaños de dos niñas de un año, Cassy y Amy, que nacieron el mismo día. Cassy gateaba con desenvoltura por los sitios mientras que Amy apenas era capaz de mantenerse erguida. Sin embargo, Amy ya nombraba los objetos y llamaba al perro por su nombre. Asimismo, sabía que el ruidoso vehículo que se acercaba por la calle era un «mión» (camión), como el «mión» de juguete que tenía en casa. Al ver a Amy, la madre de Cassy me preguntó: «¿Por qué Cassy no habla todavía?». Ella no lo sabía, pero la madre de Amy también me había preguntado: «¿Por qué Amy no camina?». Les expliqué que, cuando un niño avanza en el desarrollo físico, a menudo se rezaga de algún modo en el desarrollo del lenguaje, y viceversa.

NO PRESUMÁIS

«Mirad», dijo una madre orgullosa a sus invitados de fuera de la ciudad, «ya sabe aplaudir». Entonces, cuando el pobrecito se quedó allí sentado, la madre dijo con tono abatido: «Pues esta mañana lo ha hecho...».

Los niños no son atracciones de feria, de modo que los padres no deberían pedirles que hicieran trucos ante los abuelos o amigos. Puede que el hijo de esa orgullosa madre no haya entendido las palabras, pero seguro que ha captado su tono de voz y ha visto su cara de decepción cuando no ha respondido en el momento justo.

Los niños hacen exactamente lo que saben hacer, *cuando* pueden hacerlo. Si saben aplaudir, aplaudirán. No se refrenan a propósito. Al pedir a vuestro hijo que haga algo que haya hecho una vez, estáis sentando las bases del fracaso y el desconcierto. Y si por casualidad lo consigue hacer, quizás le aplaudáis, pero lo haréis por lo bien que hace una cosa, no por quién es.

Las comparaciones son sólo parte del problema que empieza con la primera infancia. Los padres ven los acontecimientos propios del desarrollo natural como los logros de sus hijos: «Mira, sostiene la cabeza». «¡Eh! Se da la vuelta». «Ahora ya se sabe sentar». «¡Oh! Está de pie». Esos comentarios me confunden, porque esos actos no son logros, sino el modo en que la Naturaleza dice: «Atención: tu hijo está preparado para el paso siguiente».

Es cierto que en la actualidad parte de la presión que recae sobre los padres proviene de los abuelos. Una pregunta del tipo: «¿Por qué Lucía aún no se aguanta sentada?» realizada por un padre o un suegro es suficiente para hacer entrar en barrena a algunos padres y madres. También se oyen comentarios peores, del tipo «¿No tendrías que aguantarla erguida para que aprenda a sentarse?». ¡Por Dios! Eso no implica que la pequeña Lucía es lenta, sino que la madre y el padre no hacen lo bastante.

Por supuesto, es normal que los padres y abuelos se emocionen al ver las capacidades crecientes de los niños pequeños. Y, hasta cierto punto, comparar un poco es normal e incluso deseable, siempre que se observe a los demás niños desde un punto de vista no competitivo. Lo cierto es que puede resultar muy tranquilizador ver la inmensa cantidad de patrones de comportamiento y crecimiento que existen en las etapas «normales» de desarrollo. Sin embargo, cuando los padres se vuelcan demasiado en las comparaciones o intentan acelerar el proceso «enseñando» a su hijo, cometen una gran injusticia con su hijo. En lugar de hacerle empezar con ventaja, es probable que le transmitan ansiedad.

Para acabar con los concursos y evitar que los padres empujen a los niños a hacer las cosas, hago que los grupos de juegos de los niños de primera infancia sean muy distendidos. Tengo un truco (*ver página 237*): por ejemplo, incorporo música al final de cada sesión, un modo de cierre de sesión tranquilizador y encantador; pero me aparto de todo cuanto tenga que ver con enseñar, ya que el propósito de las sesiones es la socialización, no la educación. No obstante, por lo que he oído y visto en otras clases, esto no es siempre así. En algunos grupos de niños, en lugar de enseñar a los padres a observar una señal que indique que su hijo está preparado para caminar, el instructor enseña a las madres y padres a aguantar a sus hijos de pie, supuestamente para fortalecer sus piernas y conseguir así que se pongan antes de pie.

El problema es que, si bien algunos niños empezarán a caminar (porque les toca), otros no lo harán. Creedme, queridos: los padres os podéis pasar una hora al día durante semanas enteras aguantando a vuestro hijo de pie, pero el pequeño se caerá en el momento en que le dejéis ir, a menos que ya esté listo para estar de pie. En lugar de aceptar este hecho, los padres compran entonces un artilugio diseñado para hacer que los niños caminen «antes». Sin embargo, la disposición no tiene nada que ver con la gimnasia ni con los artilugios.

Lo que ocurre acto seguido es aún más penoso. Cuando el pequeño se cae al suelo, la madre y el padre se muestran decepcionados. Los demás niños de la clase van por delante de él. ¿Y cómo creéis que se siente entonces el niño? En el mejor de los casos, confundido: «¿Por qué mis padres me ponen de pie a todas horas y se quedan tan tristes?». En los peores casos, este es el comienzo de un patrón de conducta que se alargará de por vida y que podría acabar dañando la autoestima del hijo: «No he satisfecho las expectativas de mis padres y no me quieren por lo que soy, de modo que no debo ser demasiado bueno».

La verdad es que cuando los niños tienen tres años, la mayoría hace más o menos lo mismo, independientemente de lo que sus padres hayan hecho *por* ellos (y de la ventaja con que hayan empezado). El desarrollo sigue lo que yo denomino una progresión natural, que se da automáticamente. Algunos niños se desarrollan físicamente antes que otros, mientras que los otros progresan más rápido en los aspectos mentales o emocionales. Escojan el camino que escojan, es muy probable que sigan los pasos de sus padres, ya que los patrones de desarrollo son, en gran medida, un fenómeno genético.

Eso no significa que no juguéis con vuestro hijo o que no le animéis; no significa que os neguéis a ayudarle cuando muestre interés por hacer algo nuevo. Lo que significa es que tenéis que ser guías observadores en lugar de profesores agresivos. Yo estoy a favor de hacer que los niños sean independientes, pero tenéis que darle tiempo para prepararse. Tenéis que permitir que su cuerpo y su mente tomen la delantera y no estimularla para que sobresalga.

En este capítulo, os ayudaré a juzgar qué señales buscar, cuándo intervenir y qué se puede hacer para guiar el desarrollo natural de vuestro hijo hacia su creciente independencia. Con eso cubrimos un terreno muy amplio (movilidad, jugar, comer, vestirse y aprender a hacer sus necesidades en el orinal. En los próximos dos capítulos, trataré el crecimiento cognitivo, emocional y social). Cuando leáis cada una de las secciones que aparecen más adelante, os exhorto una vez más a recordar el mantra HELP.

HELP

Conteneos: esperad a que vuestro hijo muestre signos de estar preparado antes de intervenir.

Motivad la exploración: ofreced a vuestro hijo oportunidades de acuerdo con su preparación, de modo que intente nuevos retos y amplíe su repertorio.

Limitad: manteneos dentro de su «triángulo de aprendizaje» (*ver páginas 133 ss.*), teniendo cuidado de no permitirle intentar algo que conlleve una gran frustración, un estado emocional demasiado intenso, o un peligro.

Elogiad: aplaudid el trabajo bien hecho, el dominio de una nueva habilidad, un comportamiento admirable, pero nunca os entusiasméis locamente por algo.

EL ENIGMA DEL GATEO

Se cuentan bastantes casos de niños que pasan directamente de sentarse a ponerse en pie. En la actualidad, ese caso se da cada vez más. Según los científicos, el motivo es que ahora los niños pasan menos tiempo tumbados boca abajo como consecuencia de la preocupación por el Síndrome de Muerte Súbita del Lactante (SMSL).

Antes de 1994, cuando se lanzó una campaña para que los bebés durmieran boca arriba, la mayoría de madres ponían a dormir a sus bebés boca abajo y, puesto que éstos querían ver mejor el mundo, aprendieron a darse la vuelta, un paso previo al gateo. Pero ahora que se advierte a los padres que pongan a los bebés a dormir boca arriba, los pequeños no tienen ninguna necesidad de darse la vuelta.

En sendos estudios recientes realizados en los Estados Unidos y en Inglaterra se concluye que muchos de los bebés que duermen boca arriba (un tercio de los del estudio estadounidense) no se dan la vuelta ni gatean según lo previsto, y que algunos incluso se saltan por completo la etapa del gateo. Pero no os preocupéis si vuestro hijo es uno de ellos: cuando se alcanzan los dieciocho meses, prácticamente no existen diferencias de desarrollo entre los niños que han gateado y los que no, y ambos empiezan a gatear a la misma edad. Tampoco es válida la antigua creencia de que el gateo es necesario para el desarrollo cerebral.

NIÑOS PEQUEÑOS SUELTOS: ¡OJO!

El motor de la primera infancia es la movilidad. Vuestro pequeño se mueve y quiere seguir moviéndose. Para él, todo lo demás (incluido el comer y dormir, por desgracia) impide el avance. Pero pensad en lo maravilloso del asunto: en sus primeros nueve o diez meses de vida, vuestro hijo ha pasado de ser un bebé indefenso con muy poco control sobre sus miembros a ser un niño que se escabulle por toda la casa apoyándose en lo que sea: las rodillas, el pompis o los pies. Es más, su creciente destreza física le otorga una nueva ventaja. El mundo es diferente cuando te puedes levantar, por no mencionar cuando te puedes quedar en pie. Y amigo, cuando puedes caminar sin la ayuda de nadie eres capaz de acercarte a las cosas que te gustan y de alejarte de las que te dan miedo. En otras palabras, ¡eres independiente!

Tened en cuenta que cada paso de la escala evolutiva se produce lentamente y a su debido tiempo. Después de todo, un niño no se «sienta sin más» a los ocho meses. Su cuerpo lleva meses madurando y se le han fortalecido las extremidades. Por lo general, suele llevarles dos meses pasar de sentarse precariamente a ser capaz de aguantarse erguido en la posición de sentado. El mismo principio sirve para el gateo. Desde el momento en que vuestro hijo empieza a «nadar» sobre su barriguita y agitar las piernas, está practicando los componentes que integran el gateo. Le llevará cuatro o cinco meses más hacer que todas las piezas necesarias encajen.

En la tabla de las páginas 128-130 se muestran los *logros de movilidad*, desarrollos típicos que transforman a los bebés en niños de primera infancia. Ni qué decir tiene que mientras la psicología de vuestro hijo madura, también lo hacen su sentido de él mismo y su conciencia social, así como su capacidad de manejar el estrés y la separación. No podemos pretender que las diversas áreas de desarrollo no estén interrelacionadas. Con todo, la capacidad física es un buen punto de inicio. El estado del cuerpo de vuestro hijo determina si el pequeño se puede sentar a la mesa y comer, qué tipo de juguetes puede utilizar, cómo se comporta en presencia de otros niños, etc.

Cuando leáis la tabla, tened presente que el control temprano de los músculos va por familias. Si bien cerca del 50 por ciento de los bebés caminan a los trece meses, si uno de los padres empezó a caminar tarde, lo más probable es que el progreso del hijo en esa etapa sea también más tardío que el de sus amigos. Algunos niños se ponen a la par, otros se quedan más rezagados durante unos años. A los dos años, puede que vuestro hijo no sea tan ágil como algunos de sus colegas, que pueden saltar y correr, pero cuando llegue a los tres años esas diferencias, de haberlas habido, serán mínimas.

Independientemente del grado de desarrollo individual de vuestro hijo, en el camino habrá caídas, desconcierto e incluso alguna regresión. Si se cae y se hace mucho daño hoy, es de prever que mañana se muestre algo asustadizo ante la idea de levantarse. Pero no os preocupéis: no tardará en retomar el trabajo en el que ayer suspendió. Conforme vaya adquiriendo estabilidad teniéndose sobre los pies descalzos, animadle a experimentar sobre diferentes superficies, ya que eso le ayudará a mejorar su control motor.

> *Consejo: si vuestro hijo se cae, no salgáis corriendo sin antes valorar si realmente se ha hecho daño. Vuestra ansiedad también puede herirle: le puede asustar y minar su confianza en sí mismo.*

Os habréis percatado de que no menciono las edades «típicas» en las que se supone que se han de conseguir los diversos logros. El motivo es que quiero que prestéis más atención al proceso que al resultado final. Aunque vuestro hijo vaya «tarde», probablemente sea puntual para su ritmo. Nosotros, los adultos, también debemos hacer las cosas a nuestro tiempo. Pensad cuando vais al gimnasio, por ejemplo. Para dominar una nueva máquina, los músculos, la coordinación y el cerebro deben acostumbrarse al mecanismo antes de que parezca que sabéis lo que estáis haciendo. Del mismo modo, si empezáis una nueva clase de aeróbic, al principio, los movimientos parecerán extrañísimos tanto para vuestra mente como para vuestro cuerpo. En ese punto, puede que seáis aprendices rápidos y lo captéis con facilidad o puede que necesitéis más práctica que vuestros compañeros de clase. Al cabo de doce semanas, será difícil decir quiénes tuvieron un inicio lento.

CORREO ELECTRÓNICO DE UNA MADRE SABIA

Un modo que nos permitió tratar con los «horribles doses», como algunos les han etiquetado guiados por su ineptitud, fue llamarlos «los tremendos doses». Pensé en mi hijo Morgan como si tuviera el síndrome premenstrual durante un año seguido y fui capaz de identificarme con sus rabietas, sus crisis y su mal comportamiento. Pensé en cómo me ponía yo durante el síndrome premenstrual, en lo indefensa que me sentía, en lo hormonal que soy y en los altibajos emocionales que sufro de un minuto a otro. Pensé cómo debía ser tener dos años y no tener ni idea de por qué te sientes de un modo determinado; tener alrededor a un montón de gente que se vuelve loca o se frustra por tu culpa y no poder explicar cómo te sientes o lo que realmente quieres, ¡porque no tienes ni la más remota idea de qué te haría sentirte mejor! Tengo treinta y dos años, sé por lo que estoy pasando en esos momentos y aun así tengo la sensación de que no voy a saber llevar la situación. No puedo ni hacerme una ligera idea de cómo debe sentirse un niño tan pequeño, de modo que lo que hacemos es rezar y dar a Morgan todo nuestro cariño mientras pasa por esa etapa. Le habíamos dado mucho afecto de antemano, de modo que demostrárselo en los momentos de frustración, reconducir la situación cuando estaba en peligro, razonar con él lo mejor que podíamos y apoyarnos mutuamente en el camino no era más que otra simple progresión.

Lo mismo puede aplicarse a los niños de primera infancia y las nuevas metas de desarrollo que intentan alcanzar. Si observáis atentamente, sabréis detectar las señales de que está listo y podréis estimular su progresión natural. Respetad su yo: en lugar de angustiaros o meterle prisa, intentad daros cuenta de que se encuentra justo donde debe estar. Si creéis que vuestro hijo va retrasado respecto a los demás niños de su grupo, o que incluso aunque os contengáis no parece reaccionar, comunicad vuestras preocupaciones al respecto en la próxima visita al pediatra. Un examen rutinario indicará si existe algún problema.

Un último aspecto: *los saltos de desarrollo lo echan todo a rodar.* Me conmueve recibir correos electrónicos como el que aparece en el cuadro superior: la verdad es que esa madre posee una gran actitud. A pesar de todo, con frecuencia oigo comentarios de padres que ven los cambios de los pequeños como algo negativo: «Antes dormía toda la noche. Después empezó a levantarse y ahora no sabe volver a la cama solo. ¿Qué le pasa?». No le pasa nada. Vuestro hijo se va haciendo mayor y más independiente. A veces puede confundirse, pero de vosotros depende darle las oportunidades de utilizar sus recién descubiertas capacidades (*ver el consejo que aparece a continuación*).

> *Consejo: los grandes esfuerzos por conseguir una movilidad de la que no se disponía pueden provocar alteraciones del sueño. Las extremidades de vuestro hijo están llenas de vida y movimiento, de un modo parecido a como lo están las vuestras tras un entrenamiento. Pero él no está acostumbrado a ello. Puede que vuestro hijo empiece a despertarse por la noche, a ponerse de pie en la cuna y a llamaros llorando porque aún no sepa cómo volver a sentarse. Tendréis que enseñarle... durante el día. Una tarde, ponedle en la cuna durante la hora de juegos (ya deberíais hacerlo como parte de la rutina; ver páginas 100-101). Cuando se levante, cogedle las manos, colocadlas en los barrotes de la cuna y, con vuestras manos sobre las suyas, id deslizándolas con cuidado hacia abajo. Conforme vaya bajando las manos, irá doblando las rodillas inconscientemente. Al cabo de dos o tres veces ya sabrá hacerlo solo.*

La realidad es que los niños de primera infancia pasan por varias fases. Justo cuando uno se ha acostumbrado a que su hijo sea de una manera determinada, el pequeño empieza a comportarse de otra diferente. A decir verdad, lo único que se puede esperar de la vida de un niño de esa edad es cambio. Es incontrolable y no se puede (ni se debe querer) detenerlo. Pero sí se puede cambiar de actitud al respecto. Planteaos hasta qué punto los cambios pueden sorprender y trastornar a los adultos: un trabajo nuevo, la muerte de un pariente, un divorcio, la llegada de un bebé a la familia. ¡Ahora imaginad cómo debe ser un niño de primera infancia! Apreciad tanto la naturaleza como la velocidad de los cambios que se produzcan en la vida de vuestro pequeño y, lo más importante, miradlo de forma positiva. En lugar de exclamar tristemente «¡Oh, Dios mío! Ahora es diferente», dad la bienvenida a la maravilla que supone ese cambio.

LOGROS DE MOVILIDAD

Logro	Etapas por las que pasa el niño	Consejos/comentarios
Sentarse	Si se le coloca en la posición, se sienta sin ayuda, se sujeta con los brazos, pero tiene un equilibrio limitado; postura rígida, como un robot, como un bebé Frankenstein pero sin las tiritas	Por su seguridad, colocad cojines a su alrededor
	Alcanza un juguete sin caerse	
	Rota sobre su cuerpo de un lado al otro	
	Se sienta sin la ayuda de nadie	
Gatear	«Nada» sobre la barriguita y da patadas: son movimientos que utilizará cuando gatee	
	Imagina que arqueándose conseguirá moverse	
	Utiliza los pies para empujarse, pero gatea hacia atrás	Esta etapa puede ser muy frustrante: cuando intenta alcanzar un juguete, se aleja cada vez más de él
	«Repta»: avanza serpenteando	Una vez empiece a moverse, aseguraos de que los enchufes estén protegidos y los cables fuera de su alcance; no dejéis a un niño de menos de dos años sin vigilancia (ver *cuadro de la página 132 y otros consejos de seguridad en la página 138*)
	Se levanta sobre las cuatro extremidades y se balancea	
	Finalmente consigue que brazos y piernas trabajen al unísono	Los niños que prefieren gatear a caminar pasean por la casa a cuatro patas. Si vuestro hijo se salta esta etapa, no ocurre nada malo (ver *cuadro de la página 123*)

Logro	Etapas por las que pasa el niño	Consejos/comentarios
Ponerse de pie	En la lactancia, muestra una rigidez refleja de piernas que más adelante desaparece	
	Con cuatro o cinco meses, le encanta ponerse de pie sobre vuestra falda mientras le agarráis firmemente por las axilas	
	Se levanta	Cuando sea capaz de levantarse solo, ofrecedle un dedo al que agarrarse para ganar estabilidad
Caminar agarrándose a algo	Camina cogiéndose a los muebles o a las manos de alguien	Si camina desde hace un par de meses o más y aún no se siente lo bastante seguro como para soltarse, probad a alejar los objetos a los que habitualmente se agarra, como por ejemplo la mesa y una silla. Entonces, para continuar avanzando, el pequeño tendrá que salvar ese obstáculo él solito
	Se suelta, primero de una mano	
Caminar sin ayuda	¡Mira mamá! ¡Sin manos! Camina solo sin gran confianza, pero se cae cuando se despista	Cuando vuestro hijo empiece a caminar, mantened el suelo despejado y aseguraos de que no haya cantos afilados con los que pueda golpearse la cabeza. A medida que vaya consiguiendo estabilidad, animadle a experimentar sobre diferentes tipos de superficies; así mejorará su control motor
	Va ganando dominio sobre sus músculos y puede controlar mejor esa cabeza aún demasiado grande para él; no tiene que mirarse los pies mientras camina	No le quitéis el ojo de encima en ningún momento y aseguraos, por ejemplo, de que los objetos en los que se apoye (silla, cochecito, etc.) no sean tan ligeros como para que los pueda volcar

Logro	Etapas por las que pasa el niño	Consejos/comentarios
Caminar	Al cabo de aproximadamente un mes caminando sin ayuda, tras kilómetros de práctica, puede ampliar su repertorio:	Despejad el camino, queridos. Como Pinocho, vuestro pequeñín se ha convertido en un niño (o una niña) de verdad
	Camina y lleva un juguete en la mano	Si tenéis puertas de cristal, es el momento de cubrirlas con plexiglás. Un niño que camina pero al que todavía le cuesta detenerse puede empotrarse fácilmente contra una puerta de cristal
	Camina y puede mirar hacia arriba	
	Puede alcanzar cosas que estén por encima de su cabeza mientras camina	
	Puede darse la vuelta, subir y bajar una cuesta, agacharse y retroceder con poco esfuerzo	
¡Decidlo vosotros! (correr, saltar, dar vueltas, dar patadas, bailar, trepar...)	¡Salta, da vueltas y baila! Se pasa el día corriendo, incluso juega al pilla-pilla con sus amigos	No tiene sentido de qué es seguro y qué no, de modo que hay que tener ojos en el cogote
	Se precipita por la casa e intenta entrar y subirse a todos los sitios trepando	Dadle libertad para que trepe a algunos sitios, pero dejadle claro dónde no puede subirse (el sofá, etc.). (Más sobre cómo mantenerle fuera del sofá en la página 96)

JUGAR SOLOS

Lo que los niños de primera infancia deben hacer es jugar. Jugando se aprende y se amplía la mente. Existen todo tipo de juegos: en solitario o con otros niños (*más sobre ratos de juego y grupos de juego en las páginas 234 ss.*), a cubierto o al aire libre, con juguetes o con cosas que encuentre por la casa. Jugar desarrolla la capacidad motora, mejora la mente del pequeño y le prepara para el mundo. No sólo los juguetes y las actividades deben ser adecuados para su edad, sino que también las horas de juego han de estar estructuradas para animar a vuestro hijo a divertirse en solitario y, cuando sea hora de hacer otras cosas, ayudarle a dejar de jugar.

Cuando vuestro hijo tenga unos ocho meses, debería ser capaz de jugar en solitario durante unos cuarenta minutos. Algunos niños son por naturaleza más independientes que otros; otros se pegan más a los padres. Si vuestro hijo tiene cerca de un año y continúa necesitándoos a su lado en todo momento, puede tratarse de ansiedad ante la separación (normal en los niños de primera infancia entre los ocho y los dieciocho meses). Pero también debéis preguntaros si le habéis permitido ser independiente. ¿Le lleváis a todos sitios? ¿Os sentáis siempre con él mientras juega? ¿Necesitáis a vuestro hijo más de lo que él os necesita a vosotros? Y, por lo tanto, ¿estáis transmitiéndole sin querer el mensaje de que no os fiáis de dejarle solo? (*Ver cuadro siguiente.*)

FOMENTAR LA CONFIANZA

El diccionario incluye las siguientes definiciones de «confianza»: esperanza, seguridad, fe, presunción, aliento. Cada significado de la palabra arroja luz sobre varios aspectos de la relación padre-hijo. Nosotros somos los cuidadores de nuestros hijos y debemos fomentar su confianza en nosotros para que ellos, a su vez, puedan confiar en sí mismos.

La confianza es un camino de dos sentidos. Cuando promovéis la capacidad de jugar en solitario de vuestro hijo, él se da cuenta de que confiáis en él. Pero antes debéis hacer que confíe en vosotros:

- Anticipad los cambios y pensad en ellos desde la perspectiva de vuestro hijo.
- Haced que las separaciones sean graduales.
- No carguéis a vuestro hijo con más responsabilidades de las que puede asumir.
- No pidáis a vuestro hijo que haga cosas que aún no puede lograr.

Empezad a transmitirle un mensaje diferente desde ahora mismo. Si vuestro hijo está jugando en el suelo, por ejemplo, levantaos y sentaos en el sofá y después id alejándoos de él poco a poco, de forma gradual, mientras hacéis alguna otra cosa, de modo que no os centréis exclusivamente en él. Tras unos días haciendo esto, finalmente salid de la habitación. Empezad a delimitar el tiempo en que vuestro hijo puede jugar solo, sabiendo que uno de vosotros está en la habitación de al lado. (Introducid también un objeto de seguridad si es que no tiene ya uno; *ver páginas 207-208 y 306-309.*)

Algunos padres se enfrentan al dilema opuesto: sus hijos tienen problemas para dejar de jugar con su grupo, para ir a la mesa o para prepararse para ir a dormir. Los niños han de saber delimitar la hora de juegos: darse cuenta de que algunas actividades, como los juegos, implican estimulación, imaginación, sensaciones, incluso ensuciarse; mientras que otras implican sentarse quieto, estar en silencio o abrazarse, como es el caso de las comidas o de ir a la cama. Los niños que parecen comprender esto son aquellos cuyos padres dan a los períodos de juego una estructura predecible: un inicio, un desarrollo y un final.

Inicio. Comenzad el tiempo de entretenimiento anunciando: «Es hora de jugar». Evidentemente, es probable que no podáis hacerlo siempre, ya que gran parte de la jornada de un niño de primera infancia consiste en jugar, pero tan a menudo como podáis hacedle notar que empieza la hora de juegos. Esto reproduce exactamente lo que ocurre en el mundo real (tanto en casa de otros niños como en la guardería y en preescolar), de modo que es mejor que le acostumbréis a ello.

SIGNOS DE PELIGRO POTENCIAL

No dejéis nunca sin vigilancia a un niño menor de dos años. Ponedle en la cuna o en el parque, o dejad a otro adulto a su cargo. Después de los dos años, *siempre que* sepáis que una zona es segura para los niños, que ya le habéis visto jugar en ella y sabéis que no implica riesgos peligrosos, confiad en él y dejadle solo durante períodos de tiempo cortos, ya que reafirma su confianza en sí mismo. También puede salir de la habitación en la que vosotros estéis sentados. Independientemente de lo competente y cuidadoso que sea vuestro hijo, siempre es hora de ir a ver qué ocurre cuando oigáis:

- Sólo silencio.
- Un llanto repentino.
- Mucho movimiento extraño.
- Un fuerte golpe seguido de un llanto repentino.

Desarrollo. Durante los períodos de juegos, reducid al mínimo el número de objetos de juego. Por ejemplo, cuando deis bloques a vuestro hijo, no se los deis todos de golpe desde el principio. Un niño de un año puede abarcar entre cuatro y seis; uno de dieciocho, diez para empezar; a los dos años, ya está preparado para todos los bloques porque para entonces ya puede construir una torre y derribarla después. Además, deshaceos de los juguetes con los que ya no juega.

Final. Los niños de primera infancia no tienen noción del tiempo, de modo que no os hará ningún bien (ni a vosotros ni a él) decir «Dentro de cinco minutos se acaba la hora de juegos». En lugar de eso, hacedle una advertencia verbal y visual. Cuando saquéis la caja de juguetes para recoger, decid: «Casi se ha acabado la hora de jugar». No obstante, si el pequeño está muy ensimismado en el juego, no le saquéis de él con brusquedad: quizás esté intentando imaginar si el bloque cuadrado encaja en el agujero redondo, y deberías respetar su necesidad de completar esa operación. Al mismo tiempo, recordad que los adultos sois vosotros y, por lo tanto, tenéis que establecer los límites. Si vuestro hijo continúa resistiéndose a dejar de jugar o no quiere guardar los juguetes, reconoced sus sentimientos pero mostraos firmes: «Ya sé que ahora no quieres dejar de jugar, pero es la hora de la cena». El último paso consiste en el ritual de ordenar (*ver página 107*).

> *Consejo: si sabéis que vuestro hijo tiene problemas para abandonar una actividad o para dejar de jugar, poned un reloj de alarma que indique el fin de la hora de juegos y decidle: «Cuando suene la alarma tenemos que (la actividad que tengáis que hacer después: comer, salir al parque, prepararnos para ir a dormir)». Si el «control» pertenece a un objeto, no tendréis que asumir el desagradable papel de regañar.*

EL TRIÁNGULO DE APRENDIZAJE DEL NIÑO DE PRIMERA INFANCIA

Naturalmente, jugar no es sólo una cuestión de cuándo, sino también de *a qué.* Yo siempre sugiero a los padres que se queden dentro del *triángulo de aprendizaje* de sus hijos, es decir, las tareas físicas y mentales que el niño puede manipular y de las que puede obtener placer *por sí mismo.* Las actividades y los juguetes han de ser adecuados a su edad, para que amplíen sus capacidades pero no le pidan tanto esfuerzo que acaben frustrándole o haciéndole llorar. Eso no quiere decir que no se haya de desafiar a los niños, sino que se les han de plantear unas dificultades razonables y unas oportunidades para resolver problemas que puedan manejar, así como situaciones seguras. Por supuesto, un poco de frustración es buena (es como se aprende), pero demasiadas derrotas hacen que los niños quieran abandonar. Si queréis saber qué hay dentro del triángulo de aprendizaje de vuestro hijo, mirad lo que sabe *hacer*.

Sabe sentarse. Se pondrá contentísimo si lo sentáis en el suelo de la cocina y lo dejáis explorar entre las sartenes y cazuelas, o en el jardín, examinando las briznas de hierba o las ramitas que tenga al alcance. Ahora, su destreza manual mejora notablemente y el pequeño posee una mayor coordinación manos-vista. De hecho, ha sustituido la boca por las manos como instrumentos para explorar el mundo. Puede mirar un objeto, alcanzarlo y cambiárselo de mano. Entre sus actividades favoritas está jugar a esconderse y aparecer de golpe, hacer rodar una pelota, pasar las páginas de cartón de un libro, etc. También tiene unas pincitas muy ágiles, lo que significa que es probable que encuentre en el suelo cositas que el aspirador no recogió. Le encanta utilizar los dedos como herramienta para explorar, hurgar, sentir, etc. Aunque puede coger cosas, aún no tiene tomadas las medidas para dejarlas caer. Este es el momento de empezar a poner límites con acciones, cuando no con palabras.

Sabe gatear. Vuestro hijo va ganando control sobre sus músculos. Puede señalar y gesticular, abrir y cerrar cosas, sacudir la cabeza, lanzar una pelota torpemente y poner un bloque sobre otro. Le gustan las cajas complicadas (cosas con botoncitos, esferas, palancas) y juguetes que respondan, como las cajas sorpresa, que unos meses atrás quizás le asustaran. Ahora, además de recogerlas, puede dejar caer las cosas. Puesto que tiene una mayor movilidad, es probable que le encontréis trasteando en un armario que (es de esperar) hayáis puesto a prueba de niños (sin objetos afilados, rompibles, demasiado pesados o lo bastante pequeños como para que se los trague). No obstante, tiene unos períodos de atención bastante cortos, de manera que irá cambiando de un juguete a otro, ya que está más interesado en llegar a los sitios que en hacer una cosa en concreto. Le encanta tirar al suelo la torre de bloques que le habéis construido, pero no tiene paciencia para esperar a que apiléis más de dos piezas. Jugar al escondite le ayuda a empezar a comprender la permanencia de los objetos, la idea de que sólo porque no vea algo (o a alguien) no significa que no esté ahí. Le encanta hacer ruido con las cosas y ya coordina ambas manos, de modo que puede golpear una cuchara contra una olla. Un día que haga sol le podéis sacar al jardín para que chapotee en un barreño de agua (sin alejaros de su lado para garantizar su seguridad); eso le permitirá experimentar los sonidos y las sensaciones que tanto anhela. Sin embargo, independientemente de los objetos que le deis, su movilidad y curiosidad cada vez mayores harán que parezca que sólo le interesan las cosas que le puede dañar a él o a la casa. Así pues, es el momento de asegurarse de que la casa y el jardín están a prueba de accidentes (*ver cuadro de la página 138*).

> *Consejo: tanto si vuestro hijo se dirige hacia un enchufe, una olla caliente o un objeto de valor, no os limitéis a advertirle («Pobre de ti como toques eso»); pasad a la acción. Recordad que en esta etapa las acciones pesan más que las palabras. Tenéis tres opciones: (1) distraerle («Mira, cariño, un perrito»); (2) interrumpirle (a veces basta con llamarle por su nombre); o (3) apartarle rápidamente de donde esté. Dadle una explicación sencilla: «Eso es peligroso», o «Eso quema», o «Esto es el plato de mamá, no un juguete».*

¿JUGUETES PARA NIÑOS? ¿JUGUETES PARA NIÑAS?

En mi grupo de niños de primera infancia me he percatado de que las madres de niños (menos que las madres de niñas) tienen unas ideas muy definidas sobre qué juguetes son apropiados para el sexo de sus hijos. A Robby, por ejemplo, de nueve meses de edad, le encantaban las muñecas, pero su madre, Eileen, siempre intervenía cuando el pequeño cogía una. «Esto es para las niñas, cariño.» El pobre Robby se quedaba cabizbajo. Cuando pregunté a Eileen por qué hacía eso, me explicó que su marido podía preocuparse si veía que su hijo jugaba con muñecas.

¡Pamplinas! Del mismo modo que animamos a los niños a jugar con juguetes que les enseñan nuevas habilidades y que amplían sus mentes, hemos de animarles a ir más allá de los estereotipos de género. Cuando un niño juega con una muñeca, aprende a educar. Cuando una niña juega con un camión de bomberos, aprende aspectos relacionados con la emoción y la actividad. ¿Por qué se les habría de negar ese amplio abanico de experiencias? Después de todo, cuando los niños de hoy crezcan necesitarán ser cuidadosos y capaces al mismo tiempo.

Sabe ponerse de pie y caminar agarrándose a las cosas. Vuestro hijo tiene ahora una perspectiva completamente nueva porque ve el mundo de pie y también porque sus capacidades cognitivas han mejorado. Puede ofreceros una galleta y después quitárosla de delante y echarse a reír: su primera noción de las bromas. Puede tirar cosas desde la trona sólo para ver qué ocurre y cómo reaccionáis vosotros. Le parece tremendamente entretenido ponerse de pie; además, se ve recompensado cuando lo hace, ya que entonces puede llegar a las cosas que están más altas. Vuestros objetos de valor, que hasta ahora siempre le habían parecido interesantes, son ahora accesibles para ella. Tened cuidado: de nuevo, la clave es la seguridad. Cuando vuestro hijo busque puntos de apoyo para levantarse, es muy posible que el objeto en el que se apoye se caiga y él vaya detrás. Con su creciente sensación de autonomía, es probable que si entráis en la habitación le dé una rabieta, de modo que es especialmente importante recordar el mantra HELP. Observadle, pero no intervengáis a menos que os pida que participéis o que se dirija a una situación de peligro. Ofrecedle oportunidades de explorar sus nuevas habilidades físicas. Poned música para que pueda bailar. Los mejores juguetes son aquellos resistentes a los que pueda agarrarse, con piezas que den vueltas, se abran, se cierren, es decir, los que le ofrezcan la posibilidad de hacer uso de su recién adquirida destreza. Ahora le podéis comprar un columpio, pero tened cuidado. Utilizad un asiento para niños hasta que aprenda a agarrarse bien y tenga más equilibrio.

Sabe caminar sin seguridad. Al principio, cuando el pequeño camine rápido, tendrá dificultades para detenerse. Sin embargo, cuando ya tenga más estabilidad de pie, podéis darle juguetes que pueda empujar o de los que pueda tirar. (Si se los dais antes, ese tipo de juguetes van más rápido que el niño, de modo que la mayoría de veces el pequeño acabará de cabeza en el suelo.) Cuando lleve un mes o más caminando a trompicones, levantar cosas y llevarlas de acá para allá le mantendrá ocupado y feliz, además de mejorar su equilibrio y la coordinación manos-vista. Dadle una bolsita o mochila para que meta y saque sus juguetes favoritos y los pueda llevar consigo dondequiera que vaya. Ahora muestra una clara preferencia por determinados objetos o actividades, ya que entiende mucho mejor. La codicia, entre otras ideas nuevas, el concepto de «mío»; puede ser más posesivo con sus juguetes, sobre todo en presencia de otro niño. Pero también puede convertirse en un pequeño ayudante; en el ritual de ir a dormir, por ejemplo, se le puede decir: «Elige un libro y después, a la bañera». Puede coger el pijama de los cajones inferiores, extender la toalla y meter en la bañera los juguetes que quiera. Aunque puede que abra el grifo, no os recomiendo que le animéis a hacerlo. Puede que se vea tentado a hacerlo cuando vosotros no estéis delante y se queme. Si tenéis un columpio en el jardín o los hay en el parque, tened cuidado: a veces los asientos están exactamente a la altura de su cabeza y es posible que vuestro hijo salga corriendo hacia ellos.

Sabe caminar bien, trepar, saltar y correr. Ahora ya es bastante hábil con las manos, de modo que dadle muchas oportunidades de atornillar y destornillar, construir y verter líquidos. Animadle a experimentar físicamente poniéndole un colchón de espuma sobre el que rebotar y rodar. En esta etapa también empezará a solucionar problemas: por ejemplo, si ve un juguete que está en un armario demasiado elevado, moverá un taburete para poder acceder a él. También puede ayudar en tareas sencillas, como hacer la ensalada, llevar los cubiertos o un plato (de plástico, por favor) a la mesa. Si le dais lápices gruesos, lo más probable es que garabatee en lugar de comérselos, como habría hecho en etapas anteriores. También es capaz de manipular rompecabezas de madera sencillos, de esos de piezas grandes que tienen un pequeño agarrador que facilita su manejo. Puesto que su mente se está desarrollando a la velocidad del rayo, está más seguro de sí mismo y se muestra más inquisitivo. Todo lo que parece «destructivo» o «malo» atrae su curiosidad. No deja de preguntarse: *¿Qué pasaría si... tirara esto, lo aplastara, lo rasgara, lo pisoteara? ¿Rebotaría? ¿Lo puedo desmontar? ¿Qué tiene dentro?* Es el momento de esconder el mando a distancia; de lo contrario, os encontraréis el televisor reprogramado... También es probable que vuestro hijo quiera utilizar la ranura del vídeo como buzón para enviar una tostada, por ejemplo. Mi consejo es que le deis réplicas de lo que usáis los mayores, como una aspiradora de juguete o un coche a su medida. Sin embargo, ahora ya sabe fingir, de modo que puede coger un palo y hacer como si estuviera aspirando el suelo con él, o fingir que se come un bloque como si fuera comida. También se llevará el auricular de un teléfono a la oreja y fingirá tener una conversación (aunque aún no hable y sólo balbucee). Mi nana tenía un teléfono de juguete junto al de verdad y siempre que sonaba el verdadero nos acercaba el de mentira. Era una muy buena manera de mantenernos ocupados mientras ella hablaba. Vuestro hijo continuará siendo posesivo con sus cosas, pero ahora es también un buen momento para empezar a enseñarle a establecer turnos y compartir (*ver páginas 229 ss.*). En esta etapa, los juegos con agua o con tierra son fabulosos. Sacad la bañerita que teníais guardada en el garaje o en la buhardilla y llenadla de agua o arena. Cuando vuestro hijo juegue con agua, nunca le dejéis solo. Dadle botellas, tazas y jarras para contribuir a mejorar la experiencia. Cuando juegue con arena, las tazas y las jarras le irán bien, y podéis añadir un rastrillo y una pala.

LA SEGURIDAD DEL NIÑO DE PRIMERA INFANCIA

La expresión «en todas partes» resume la primera infancia. La buena noticia es que a vuestro hijo le resulta fascinante casi todo. La mala es que a vuestro hijo le resulta fascinante casi todo, incluidos los enchufes, la ranura del vídeo, las figuritas de la abuela, las ventilaciones del aire acondicionado, los ojos de los animales, los agujeros de las cerraduras, los trocitos de porquería y el contenido del cajón de gato, por poner algunos ejemplos. Así pues, si bien no hace falta mucho para entretener a vuestro hijo, sí que hace falta mucho para mantenerle seguro. Comprad un estuche de primeros auxilios. Mirad a vuestro alrededor y utilizad el sentido común. A continuación, aparece detallado lo que tenéis que evitar y cómo hacerlo:

- Tropiezos/caídas: mantened las habitaciones razonablemente despejadas; poned topes en los cantos afilados; instalad barreras en las ventanas y en el comienzo y fin de las escaleras; poned esterillas antideslizantes en la bañera o ducha y bajo las alfombras.
- Envenenamiento: poned cierres de seguridad en los armarios que contengan medicinas o sustancias tóxicas: incluso los enjuagues bucales y los cosméticos tendrían que estar fuera de su alcance. (No se morirá por comer la comida de la mascota, pero puede que también queráis mantenerla alejada de sus manos.) Si creéis que vuestro hijo podría haber ingerido una sustancia tóxica, llamad inmediatamente al médico o al Servicio Nacional de Información Toxicológica (915 620 420). Tened siempre una botella de jarabe de Ipecac a mano, para inducir al vómito en caso de envenenamiento.
- Asfixia: quitad los móviles de la cuna; mantened fuera de su alcance las pilas de botón y cualquier otra cosa que pueda pasar por el agujero de un rollo de papel higiénico.
- Estrangulamiento: acortad las cortinas y esconded cordones y cables, o bien pegadlos a la pared, por ejemplo, con cinta adhesiva para mantenerlos en alto.

- Ahogo: nunca dejéis a un niño solo en el lavabo, y menos aún en la bañera, en una piscina de juguete o de verdad, ni en un barreño; instalad seguros antiapertura en la tapa del inodoro.
- Quemaduras: mantened las sillas, los taburetes y las escaleras alejados de la cocina y de las estufas; instalad dispositivos de seguridad en las estufas, en el grifo de la bañera (o cubridlo con una toalla); mantened los calentadores de agua a una temperatura adecuada para evitar las quemaduras accidentales.
- Descargas eléctricas: tapad todos los enchufes y aseguraos de que todas las lámparas de la casa tengan bombilla. Siempre recomiendo a los padres que hagan un cursillo de reanimación cardiorrespiratoria. En el caso de que hayáis asistido a uno que tratara exclusivamente de urgencias infantiles, necesitaréis una clase que os refresque la memoria sobre los niños de primera infancia. Los niños pequeños requieren atenciones diferentes que los bebés cuando se les ha de administrar la reanimación cardiorrespiratoria o se les ha de tratar por cualquier otra urgencia: por ejemplo, sacarles un objeto de la garganta.

DE ALIMENTARSE A COMER

Aunque la comida ocupa un lugar muy poco destacado en la lista de prioridades de vuestro hijo (puede que incluso salga corriendo cada vez que la vea), esta es la época de la vida en la que los niños dan el importantísimo paso que lleva de alimentarse a comer. Si bien antes el bebé se aferraba al pecho de la madre y lo succionaba animosamente o se agarraba al biberón, ahora ya puede comer alimentos sólidos. Agarra la cuchara cuando le dais de comer, y puesto que es capaz de coger trocitos de comida sin vuestra ayuda, muchísimas gracias, está en el camino de convertirse en un comedor independiente.

La nutrición es un aspecto relativamente sencillo durante la lactancia, cuando el pecho o el biberón proporcionan al bebé todo cuanto necesita. No obstante, a medida que va madurando, no sólo necesita alimentos sólidos para continuar creciendo, sino que también necesita aprender a comer solo. Esto se complica por el hecho de que sus preferencias alimenticias, su apetito en un momento dado y su capacidad variarán de un mes a otro, incluso puede que de un día a otro. Si a eso añadimos el hecho de que vosotros también tendréis vuestras propias manías al respecto, no sería de extrañar que el camino estuviera lleno de baches. Su puesta en práctica depende de tres factores: *la atmósfera* (vuestra actitud hacia la comida y el clima que crea en vuestro hogar), *la experiencia de comer* (el placer social y emocional —o distensión— que se produce a la hora de las comidas), y *la comida* (lo que come vuestro hijo). Más abajo describo cada uno de estos elementos: cuando los leáis, tened claro lo siguiente:

> *Vosotros* sois los que controláis el clima y la experiencia de comer, pero todo será mucho más fácil si recordáis que *vuestro hijo* controla la comida.

El clima. Los padres cuyos hijos son «buenos comedores» tienden a dejarse llevar. Crean una atmósfera divertida y distendida a la hora de las comidas. Nunca fuerzan a sus hijos a comer un alimento determinado ni insisten para que un niño que no tiene hambre continúe comiendo. Independientemente de lo delicados que sean sus hijos, esos padres saben que comer debería ser una experiencia placentera. Los modales se enseñan, pero la preferencia por las comidas *no* es algo que un niño pueda aprender; no se puede decir: «¡Tiene que aprender cómo se come la verdura!». Para crear un clima acogedor en vuestro hogar, examinad vuestra propia actitud hacia la comida. Responded a las siguientes preguntas:

¿Cómo era «comer» en vuestras respectivas familias? Cada familia presenta una actitud hacia los alimentos (una actitud marcada sobre la comida y lo que significa) y los niños se ven muy influidos por ella. En consecuencia, las ideas que se tienen sobre la comida se van pasando inconscientemente de generación en generación. Se puede experimentar gran alegría y deleite alrededor de la comida; o gran ansiedad; una actitud de abundancia o de escasez; una sensación de alivio («come sólo hasta que estés lleno») o un aura de tensión («acábate lo que tienes en el plato»).

Sed conscientes del peso de vuestro propio equipaje. Si crecisteis en una familia en la que las comidas eran tensas, incluso punitivas, inconscientemente podéis crear un clima similar en vuestro propio hogar, lo cual no contribuirá en modo alguno a que vuestro hijo disfrute de la comida. Si a vosotros os obligaban a acabaros hasta el último bocado, puede que intentéis emplear la misma estrategia con vuestro hijo; y os garantizo que esa no es manera de hacer las cosas.

¿Estáis angustiados por los hábitos alimenticios de vuestro hijo? Desde el momento en que los humanos empezaron a cazar y a buscar comida, los mayores eran responsables de poner la comida en la boca de los pequeños. Sin embargo, no podían hacer que los pequeños comieran, como tampoco podéis hacerlo vosotros. Quizás tener un hijo que no coma bien os parezca propio de unos malos padres. O puede que de niños fuerais extremadamente delgados o sufrierais algún tipo de desorden alimenticio en la adolescencia. Si trasladáis alguna de esas angustias a las comidas de vuestro hijo existe la posibilidad de que las comidas se conviertan en una batalla continua en la que el pequeño prefiera salir de la trona a comer. Cuanto más insistáis en introducir a la fuerza un nuevo alimento, o en animar a vuestro hijo a comer «sólo unos cuantos trocitos más», más sensación tendrá él de que intentáis controlarle y, creedme, ganará él. De hecho, es muy probable que las comidas se conviertan en un problema durante los siguientes años.

A pesar de que vuestro hijo lleve ahora un estilo de vida más activo, no siempre tendrá ganas de comer, ni le gustará necesariamente lo que le pongáis en el plato. Así que, en lugar de obsesionaros por la comida que se deja, miradle a él. Si se muestra alerta, activo y feliz, lo más probable es que tenga todo el alimento que necesita. Las investigaciones demuestran que incluso los bebés poseen una habilidad innata para controlar la ingestión de calorías. Varios días sin comer se suelen compensar con días de buenas comidas. También os servirá de ayuda mirar a vuestro alrededor y hablar con otros padres. Muchos niños se vuelven muy delicados comiendo a los dos o tres años y, con todo, tanto ellos como sus padres sobrevivieron y explican divertidas historias al respecto.

¿Cuáles son vuestros propios hábitos y preferencias respecto a la comida? Si no os gustan los plátanos, no os gustará dárselos a vuestro hijo. Si de pequeños erais delicados comiendo, e incluso ahora continuáis siéndolo, lo más probable es que vuestro hijo tampoco tenga un gran apetito. O si os parecéis a mí, que me gusta comer el mismo tipo de cosas durante meses, que no os sorprenda que vuestro hijo insista en alimentarse a base de Cheerios y yogur. También puede pasar que los niños sean justo lo contrario de sus padres: una de mis hijas es muy delicada comiendo, mientras que la otra no lo es. En cualquier caso, es importante que seáis conscientes de vuestra propia actitud hacia la

comida. Recuerdo haber entrado en casa un día y ver que la niñera le estaba dando de comer a Sara coles de Bruselas. A mí me vinieron arcadas, pero la niñera me lanzó una dura mirada. Sabiendo que mi reacción iba a afectar a Sara, la niñera dijo: «Tracy, ¿me puedes traer el jersey? Creo que me lo he dejado arriba». Me quedé unos minutos arriba a propósito para que Sara tuviera tiempo de acabar de comer.

¿Qué te parece que tu hijo empiece a comer solo? Algunos padres acogen bien el hecho de que su hijo pase de alimentarse a comer, pero a otros puede perturbarles. Ciertamente, muchas madres (en la mayoría de ocasiones son ellas las que dan de comer a los bebés) están ansiosas porque su hijo sea autónomo a la hora de las comidas. Ya han amamantado a su hijo y el encanto de meterle la cuchara llena de comida en la boca no tarda en desvanecerse. Sin embargo, algunas mujeres necesitan que las necesiten. Saborean la intimidad que se crea al dar de comer, de modo que inconscientemente desconectan cuando su hijo empieza a mostrar signos de que ya no quiere tomar el pecho (o el biberón), o de que quiere comer como un niño mayor.

Os insto a que repaséis vuestra actitud porque si vuestro hijo nota que no queréis dejarle comer solo, con toda seguridad, esa actitud afectará a su evolución hacia la autonomía. Además, desde el momento en que intente cogeros la cuchara de la mano mientras le estéis dando de comer, o cuando os pida una cañita para beber, lo que os está diciendo es: «Quiero hacerlo yo mismo». De vosotros depende presentarle una serie de oportunidades para mejorar sus habilidades, de modo que al final pueda alimentarse solo. Pero si sois de esos padres que se incluyen en la categoría de «no quiero dejarle marchar», tendréis que poner un poco de vuestra parte. Veamos, ¿a qué os estáis aferrando exactamente? ¿Y por qué? ¿Hay alguna área de vuestra vida (vuestra pareja o vuestro empleo, por ejemplo) que evitéis o que no os satisfaga? Miraos al espejo y preguntaos: «¿Estoy intentando hacer que mi hijo continúe dependiendo de mí porque no quiero enfrentarme a algo?».

Recordad que la vida con un niño de primera infancia está en constante cambio y evolución. En un minuto, vuestro hijo depende totalmente de vosotros y, al siguiente, no os dejará que hagáis nada por él. Esto resultaba especialmente duro en el caso de Carolyn, que se sentía rechazada por Jeb, de diez meses, el tercero de sus hijos. Mucho después de que Jeb hubiera perdido interés por tomar el pecho y empeza-

¡ALERTA CON LA ALIMENTACIÓN!

Los padres demasiado ansiosos pueden transmitir esa ansiedad a sus hijos haciendo que no coman. Eso puede significar que el niño adopte las preocupaciones de los padres sobre la comida, o que los padres le obliguen a estar demasiado tiempo en la mesa cuando el pequeño:

• Hace una bola con la comida y no mastica.
• Escupe la comida.
• Tiene arcadas o vomita.

ra a coger la cuchara solo, Carolyn continuaba dándole de comer con cuchara sobre sus rodillas porque eso le hacía sentirse más próxima a él; le recordaba cuando le daba el pecho. Pero a Jeb no le gustaba en absoluto. Se revolvía en el regazo de su madre e intentaba con todas sus fuerzas arrebatarle la cuchara a su madre. Cada comida era una batalla. Expliqué a Carolyn que por mucho que quisiera aferrarse al pasado y a aquellos momentos de tranquilidad en que daba el pecho a su hijo, no podía hacerlo. Su «bebé» ya no era un bebé, sino un niño con una mente propia y capacidades físicas más sofisticadas. En lugar de ver esa progresión natural como un rechazo, tenía que darse cuenta de que el comportamiento de Jeb no era más que su modo de pedir lo que quería: independencia. Y ella se la tenía que dar. «Tienes razón, pero me entristece mucho. Cuando a mis hijos mayores les llegó la hora de ir a la escuela, lloré, y sin embargo me alegraba de que entraran en clase sin enfadarse ni mirar atrás», reconoció.

Puedo insistir en el caso de Carolyn y de otras madres que intentan retener a sus hijos. Pero el mínimo aceptable es el siguiente: ser madre no significa asfixiar a los hijos. En muchos momentos a lo largo de la vida de los niños se nos pide que les demos el regalo no sólo de amarles, sino también de dejarles ir.

La experiencia de comer. Como he señalado en el capítulo anterior, la hora de comer R&R es de una importancia vital. Sentarse en la mesa a cenar ayuda a vuestro hijo a comprender lo que los mayores hacen a la hora de comer y lo que se espera de él. De hecho, la experiencia de comer es tan importante como lo que coma. Y cuanto más expuesto esté a la naturaleza social de comer, mejor será sentándose a comer en silencio y quietecito, comiendo solo y disfrutando de la reunión. Comer es una habilidad social, y observándoos a vosotros y a sus hermanos, si los tiene, vuestro hijo aprenderá a tener paciencia y buenos modales.

Empezad pronto a incluir a vuestro hijo. En cuanto pueda sentarse, vuestro hijo estará preparado para unirse a la familia en la mesa. Y la primera vez que os agarre la cuchara, tenéis que aprovechar para animarle a comer solo.

Cenad con él. Aunque no tengáis hambre, comed algo (verduras troceadas, una tostada) y sentaos a la mesa con él. Eso hará que la hora de la comida sea un proceso más interactivo que si simplemente os sentáis delante del niño e intentáis meterle la comida en la boca. Además, así dejará de tener él toda la atención y la presión, porque estaréis los dos haciendo lo mismo.

No pongáis todo un cuenco delante de él. A menos que queráis que acabe sobre vuestro regazo o esparcido por toda la cocina. En lugar de eso, poned trocitos de comida que pueda comer con los dedos. Poned el cuenco en vuestro plato y dadle de comer mientras intente comer él solo.

Tened a mano cuatro cucharas, dos para él y dos para vosotros. Cuando comen alimentos sólidos por primera vez, los niños muerden la cuchara y la arrancan de las manos. Dadle la primera cuchara y utilizad la segunda para llenarle la boca. Antes de que os deis cuenta, estará con una cuchara en la mano y queriendo arrebataros la otra. Ahí es donde la tercera y la cuarta cucharas os serán de utilidad.

Intentad que gran parte de su comida pueda comerse con las manos. No sólo os liberará, sino que comer solo le hará sentirse mayor. Que no os sorprenda que la mayoría de la comida vaya al suelo. Vuestro hijo está aprendiendo y, durante los primeros meses, puede que poca cosa acabe en su boca. En este punto, la prevención es importante. Comprad un babero que tenga un bolsillo en la parte inferior para recoger comida. Poned un plástico bajo el asiento o la trona. Creedme, si no os enfadáis ante el desastre, que no deja de ser parte de su nuevo mundo de alimentos sólidos, probablemente vuestro hijo pase por la fase de comer con los dedos y acabar hecho un asco más rápido que si intentáis detenerle y limpiarle continuamente. De los quince a los dieciocho meses, la mayoría de los niños son capaces de agarrar la cuchara. No intervengáis... a menos que intente meterse la cuchara por la oreja.

¿ES HORA DE BEBER A SORBITOS DE UNA TAZA? PENSAD EN «HELP»

- **Conteneos** hasta que quiera beber de vuestro vaso, taza o botella de agua.
- **Motivadle** a experimentar bebiendo solo, pero sabed que hasta que domine la habilidad de controlar la cantidad, el líquido se le escapará por los lados de la boca.
- **Limitad** el desastre poniéndole un babero de plástico o cubriéndole con un plástico. Controlad vuestra propia frustración recordando que necesita practicar. (Algunos padres dan de comer a sus hijos en pañal, pero yo no lo recomiendo. Las personas civilizadas comen vestidas, como veremos en el capítulo seis, y lo que se les enseña en casa es lo que los niños esperan encontrar en todos sitios.)
- **Elogiadle** sólo cuando consiga beber. No digáis «buen trabajo» porque levante la taza y todo el líquido caiga al suelo.

No juguéis con la comida ni la asociéis a juegos. Todo cuanto hacéis supone un ejemplo para vuestro hijo. De modo que si hacéis el avión, por ejemplo (poner comida en la cuchara y decir: «Aquí viene la comiiidaaa»), cuando más adelante vaya a comer a otras casas, o al restaurante, creerá que está bien que la comida le llegue volando. Si le dais un juguete para que se divierta durante las comidas, creerá que la hora de comer es sinónimo de hora de jugar. O si conectáis el televisor para distraerle, puede que se comporte mejor, pero no sabrá realmente lo que está comiendo y no aprenderá de la experiencia.

Animadle en sus intentos y elogiadle de forma apropiada cuando muestre buenas maneras, pero cuando no lo haga, no os lo toméis como algo personal. Recordad que vuestro hijo no ha nacido con modales

---

¡LECHE ENTERA Y NADA MÁS QUE LECHE ENTERA!

Entre el año y los dieciocho meses, tanto si el niño ha tomado leche materna como leche artificial, debéis introducir la leche entera en su dieta. Los niños deberían beber al menos 680 mililitros de leche para conseguir el aporte de vitaminas, hierro y calcio que necesitan. Durante los primeros tres días, dadle un biberón al día; dos biberones durante los siguientes tres días; y, finalmente, tres biberones. El queso, el yogur y el helado pueden sustituir a la leche entera. Las reacciones alérgicas más comunes incluyen el exceso de mocos, la diarrea y cercos oscuros bajo los ojos. Si vuestro hijo es alérgico o le queréis dar leche de soja, consultad a un nutricionista o a vuestro pediatra.

---

para estar en la mesa: está aprendiendo. Por supuesto que debéis enseñarle a decir «por favor» y «gracias», pero no seáis institutrices. Irá aprendiendo la etiqueta de la mesa básicamente por imitación.

Dejad que se levante cuando haya acabado. Siempre se sabe cuando el niño ha perdido el interés por la comida. Primero apartará la cara y cerrará los labios. Si come con las manos, puede que empiece a tirar trozos al suelo o a chafar con más vehemencia que de costumbre (hasta cierto punto es normal). Si le hacéis quedarse sentado y le seguís poniendo delante trozos de comida, os aseguro que pronto empezará a patalear para intentar salirse de la trona, o se pondrá a llorar. No dejéis que llegue tan lejos.

La comida. Como ya he señalado antes, este es el terreno de vuestro hijo. Por supuesto, tenéis que ayudarle a hacer la transición de ser alimentado a comer solo, y para ello le debéis dar la oportunidad de aprender a comer solo y de disfrutar de los mismos alimentos que el resto de la familia. Desgraciadamente, todo esto ocurre justo cuando vuestro hijo está aprendiendo que tiene un yo independiente, que puede moverse por los sitios solo y, lo más importante, que puede decir «no». Y el hecho es que podéis poner a vuestro hijo ante una comida de gourmet, pero lo que finalmente entre en su boca depende sólo de él. Puede que os sorprenda saber que los niños de primera infancia necesitan menos calorías de lo que os pensáis: de 1.000 a 1.200 al día. La mayoría de ellas provendrán de esos 455-750 mililitros de leche materna o de la leche de continuación que consuman y, después del primer año de vida y hasta los dieciocho meses, de la leche entera (*ver cuadro siguiente*), aunque introduzcáis alimentos sólidos. A continuación, se presentan otros puntos que hay que tener en cuenta.

Destetar al niño como medida preventiva. La mayoría de pediatras norteamericanos sugieren por rutina que las madres desteten al hijo a los seis meses. En lugar de mirar el calendario, yo sugiero que observéis a vuestro hijo y empecéis a darle alimentos sólidos (*ver cuadro*) más pronto que tarde. Primero de todo, si esperáis demasiado, vuestro hijo puede acostumbrarse a ingerir líquidos y puede que rechace los sólidos; entonces, acostumbrarle a masticar será mucho más difícil.

TODO SOBRE EL DESTETE

Algunos padres (y también algunos libros) confunden el término «destete». Creen que significa retirar al niño del pecho. En la actualidad, el destete es la transición entre una dieta de líquidos y una de sólidos. Seguramente, vuestro hijo estará listo para el destete cuando:

- **Tenga cinco o seis meses.** Aunque antes a los niños norteamericanos se les destetaba con tan sólo seis semanas (una práctica aún común en algunos lugares de Europa), la Academia Norteamericana de Pediatría recomienda empezar el proceso alrededor de los seis meses. Para entonces, el bebé puede sentarse y aguantar la cabeza; el reflejo protusivo de la lengua ha desaparecido; sus intestinos son capaces de digerir alimentos sólidos más complejos; y el riesgo de alergias es menor.

- **Parezca más hambriento durante el día, mame más o tome un biberón extra, y/o se despierte a media noche para comer más.** Esto indica que necesita alimentos sólidos porque no obtiene calorías suficientes de la leche materna o de la leche de continuación.

- **Muestre interés por la comida que coméis vosotros.** Puede que os observe atentamente y entonces os pida que le dejéis probar la comida, con la boca abierta o con un gesto de querer alcanzarla. O, si estáis masticando, puede que intente meteros el dedo en la boca. (En otras culturas, las madres mastican la comida y entonces se la dan a sus bebés.)

Además, el destete puede contribuir a evitar trastornos del sueño. En ocasiones, recibo llamadas de madres cuyos hijos de seis o siete meses, que normalmente duermen toda la noche de un tirón, han empezado a despertarse en mitad de la noche. Para calmarles, les dan el pecho o el biberón (yo no lo recomiendo, pero ya lo trataremos en el capítulo ocho). Si el niño sólo «pica» durante unos minutos, sospecho que se ha despertado por ansiedad o por una pesadilla, en cuyo caso busca bienestar. Ahora bien, si se toma todo un biberón, es probable que necesite más calorías.

Por descontado que los trastornos del sueño causados por un aumento de la movilidad y por miedos recién descubiertos son comunes e inevitables durante los años de primera infancia. Sin embargo, los trastornos del sueño causados por la falta de calorías se pueden evitar. Si os dais cuenta de que vuestro hijo come más a menudo durante el día, tomadlo como una señal. En lugar de darle de comer más a menudo o darle un biberón extra antes de ir a dormir, proporcionadle las calorías adicionales que necesita en forma de alimentos sólidos.

Consejo: existen muchos alimentos infantiles de gran calidad que se pueden comprar, pero si queréis cocinar vosotros, coced al vapor o hervid verduras y frutas frescas y utilizad una batidora para hacerlas papilla. Congeladlo en bandejas de cubitos, es decir, en útiles porciones de unos treinta gramos, y al día siguiente pasad los cubitos a una bolsa de plástico e id descongelándolos conforme los vayáis necesitando. No añadáis nunca sal a la dieta de un niño.

LAS ALERGIAS ALIMENTICIAS

Se estima que entre el 5 y el 8 por ciento de los bebés y niños de menos de tres años padece auténticas alergias alimenticias. Los alimentos más problemáticos suelen ser los cítricos, la clara de huevo, el cordero, las frutas del bosque, algunos quesos, la leche de vaca, el trigo, los frutos secos, los productos derivados de la soja, las zanahorias, el maíz, el pescado y el marisco. Eso no significa que no podáis darle ninguno de estos alimentos; simplemente tenéis que estar alerta por si se producen reacciones. Con frecuencia, las alergias se heredan, pero en ocasiones se sufren aunque no haya antecedentes familiares. Algunos estudios indican que aproximadamente un 20 por ciento de los niños crece sin mostrar hipersensibilidad a ningún alimento, pero esto no se debe a que sus padres les quiten la alergia dándoles más cantidad del alimento en cuestión. De hecho, cuando se responde de ese modo, ocurre todo lo contrario: la alergia a ese alimento se hace más peligrosa y, en lugar se desarrollar resistencia al alimento, el problema del niño puede alargarse de por vida.

Si se introduce sólo un nuevo alimento a la semana, resulta mucho más fácil relacionar la alergia con el alimento que la causa. Si vuestro hijo parece ser hipersensible a un nuevo alimento, dejad de dárselo inmediatamente y no lo volváis a incluir en su dieta hasta al cabo de un mes como mínimo. Si, pasado ese tiempo, continúa mostrando reacción ante él, esperad por lo menos otro año y consultad al pediatra.

Las reacciones adversas ante la comida son bastante serias. La peor de ellas es el choque anafiláctico, una reacción alérgica que afecta a varios órganos simultáneamente y que puede resultar mortal. Al principio, los síntomas suelen ser más moderados y, después, pueden empeorar con el tiempo.

- Diarrea.
- Erupciones.

- Hinchazón o abultamiento de la cara.
- Estornudos, moqueo, o demás síntomas de resfriado.
- Retortijones o síntomas de dolor estomacal.
- Vómitos.
- Ojos inquietos y llorosos.

Recordad que el destete es un proceso gradual. En las páginas 150-151 encontraréis la tabla «De los alimentos líquidos a los sólidos: una planificación de seis semanas», una sencilla rutina de destete pensada para empezarla cuando el bebé tiene seis meses. No es más que una sugerencia. Normalmente, la mayoría de los bebés que conozco digieren las peras con facilidad, de modo que ese es el primer alimento que introduzco en su dieta. No obstante, si el pediatra os sugiere comenzar por el arroz, hacedlo sin dudar.

Veréis que sólo añado un alimento por semana, y que siempre lo introduzco por la mañana (ver cuadro de alergias alimenticias). El alimento se añade en la comida del mediodía. Hacia la tercera semana, vuestro hijo comerá alimentos sólidos tres veces al día. Las semanas siguientes, aumentad tanto las cantidades como la variedad. Llevad un registro de alimentos en el que anotéis la fecha y la cantidad de cada nuevo alimento que introduzcáis. Os ayudará tanto a vosotros como al pediatra en caso de que surjan problemas. (En la página 153 aparecen mis sugerencias sobre los alimentos que se pueden introducir cada mes. Si las seguís, anotad las fechas y las cantidades al lado de cada alimento. Así tendréis vuestro propio registro de alimentos.)

Introducid pronto alimentos que se puedan comer con las manos. Las papillas están bien, pero cuando vuestro hijo empiece a ampliar su dieta y demuestre que tolera diversos alimentos, dadle lo mismo de una forma más adulta, alimentos que pueda comer solo y que requieran un poco más de trabajo que los purés. Por ejemplo, una vez veáis que puede comer peras, dadle pera pelada, ligeramente cocida y bien troceada. Ahora que posee esa pinza tan eficaz, no sólo puede coger comida, sino también llevársela a la boca. Una vez se dé cuenta de ello, estará encantado de comer solo. Queremos que se acostumbre a la textura. A pesar de no tener dientes, un niño de sólo siete meses puede masticar con las encías y tragar determinados alimentos sin peligro. También podéis darle trocitos del tamaño de un mordisco que literalmente se le deshagan en la boca.

DE LOS ALIMENTOS LÍQUIDOS A LOS SÓLIDOS: UNA PLANIFICACIÓN DE SEIS SEMANAS

Semana/Edad	7 de la mañana	9 de la mañana	11 de la mañana
1# 26 semanas (6 meses)	El bebé se despierta: pecho o biberón	4 cucharaditas de pera; acabar con pecho o biberón	Pecho o biberón
2# 27 semanas	Pecho o biberón	4 cucharaditas de boniato (o cualquier alimento nuevo); acabar con pecho o biberón	Pecho o biberón
3# 28 semanas	Pecho o biberón	4 cucharaditas de calabaza pequeña (o cualquier alimento nuevo); acabar con pecho o biberón	Pecho o biberón
4# 29 semanas	Pecho o biberón	$1/4$ de plátano (o cualquier alimento nuevo); acabar con pecho o biberón	Pecho o biberón
5# 30 semanas (7 meses)	Pecho o biberón	4 cucharaditas de puré de manzana; acabar con pecho o biberón	Pecho o biberón
6# 31 semanas	Pecho o biberón	4 cucharaditas de judía verdes, 4 cucharaditas de pera; acabar con pecho o biberón	Pecho o biberón

DE LOS ALIMENTOS LÍQUIDOS A LOS SÓLIDOS: UNA PLANIFICACIÓN DE SEIS SEMANAS

I del mediodía	4 de la tarde	8 de la tarde	Comentarios
Pecho o biberón	Pecho o biberón	Pecho o biberón	Empezad introduciendo sólo un alimento por la mañana; las peras son fáciles de digerir
4 cucharaditas de pera; acabar con pecho o biberón	Pecho o biberón	Pecho o biberón	Las peras pasan a la comida; se introduce un nuevo alimento por la mañana
4 cucharaditas de boniato; acabar con pecho o biberón	4 cucharaditas de pera	Pecho o biberón	El que antes era nuevo alimento pasa al mediodía; se dan sólidos tres veces al día
4 cucharaditas de boniato, 4 cucharaditas de calabaza pequeña; acabar con pecho o biberón	4 cucharaditas de pera; acabar con pecho o biberón	Pecho o biberón	Se aumenta la cantidad de comida al mediodía
4 cucharaditas de boniato, 4 cucharaditas de pera; acabar con pecho o biberón	4 cucharaditas de calabaza pequeña, 1/4 de plátano; acabar con pecho o biberón	Pecho o biberón	Se aumenta la cantidad de comida al mediodía y a la hora de cenar
4 cucharaditas de calabaza pequeña, 4 cucharaditas de manzana; acabar con pecho o biberón	4 cucharaditas de boniato, 1/4 de plátano; acabar con pecho o biberón	pecho o biberón	A medida que se añaden nuevos alimentos, dos de ellos se dan en cada comida; las cantidades también aumentan, en función del apetito del niño

Trocead bien pequeños los alimentos que se haya de comer con los dedos, de aproximadamente medio centímetro cuadrado, o poco más cuando se trate de alimentos muy blandos. En el caso de las verduras, como las zanahorias, el brócoli o la coliflor, así como en el de las frutas menos jugosas, como la pera y la manzana, es necesario que las cozáis antes. Las posibilidades son infinitas. La mayoría de lo que cocinéis para vuestra cena se puede transformar en comida para vuestro hijo. Ahí van algunas ideas: Cheerios, trocitos de bizcocho, la mayoría de verduras y algunas frutas (frutas del bosque maduras, plátanos, melocotones), trocitos de atún, pescado descamado y sin espinas, trocitos de queso.

> *Consejo: hasta que vuestro hijo tenga un año, por si fuera alérgico a ellos, evitad la clara de huevo, el trigo, los cítricos y los tomates. Cuando el niño tenga un año, podéis añadir a la lista de alimentos que se pueden comer con los dedos pollo picado, huevos duros o pasados por agua y frutas del bosque blandas. No obstante, hasta al menos los dieciocho meses, continuad teniendo cuidado con los frutos secos, de difícil digestión y que pueden provocar un atragantamiento, así como con el marisco, el chocolate y la miel.*

Cocinad comidas apetecibles y fáciles de preparar. Aunque los niños no discriminan en cuestión de alimentos, nunca es demasiado pronto para adentrar a un niño en el gusto de la variedad y la aventura. Yo no os recomendaría que os pasaseis la vida como esclavos de la cocina para preparar un plato que quizás acabe estampado en el suelo, pero sí que os sugiero que seáis creativos. Cortad el pan de molde haciendo formas o colocad la comida en forma de cara. Intentad dar a vuestro hijo comida saludable y una dieta equilibrada, pero nunca le forcéis a comer ni iniciéis una batalla. Si a vuestro hijo sólo le gustan uno o dos alimentos, utilizadlos para pasar a otros que no le gusten tanto. Si la compota de manzana es uno de los que le gustan, probad a poner brócoli en ella. Y si no funciona, recordad que no se va a morir por falta de variedad o por comer pocas verduras (la fruta tiene muchos de los nutrientes de la verdura).

LISTA DE INTRODUCCIÓN DE ALIMENTOS

6 meses	7 meses	8 meses	9 meses	10 meses	11 meses	Un año
manzana	melocotón	arroz salvaje	aguacate	ciruela pasa	kiwi	trigo
pera	ciruela	pan ácimo	espárragos	brócoli	patata	melón cantalupo
plátano	zanahoria	pan	calabacín	remolacha	chirivía	melón dulce
calabaza	guisante	pollo	yogur	pasta sin huevo	espinaca	naranja
boniato	judía verde	pavo	queso ricota	cordero	judía blanca	sandía
arroz	cebada		requesón	queso suave	berenjena	arándano
avena			queso cremoso		yema de huevo	frambuesa
			caldo de ternera		uva roja	fresa
						maíz
						tomate
						cebolla
						pepino
						coliflor
						lentejas
						garbanzos
						tofu
						pescado
						cerdo
						ternera
						clara de huevo

¿MI HIJO PUEDE SER VEGETARIANO?

Los padres vegetarianos suelen preguntar si está bien hacer que su hijo siga una dieta vegetariana. Sobre todo cuando se eliminan productos cotidianos como los huevos, la mayoría de las dietas vegetarianas carecen de los requisitos diarios mínimos. Además, las verduras abultan mucho, pero puede no aportar a vuestro hijo suficiente vitamina B, las calorías de las grasas, o no contener suficiente hierro, que los niños necesitan para crecer. Para ir sobre seguro, consultad al pediatra o a un especialista en nutrición.

MENÚ DE MUESTRA

Esto no es más que una guía, no una ley divina. Al elaborarla he pensado en un niño de un año, pero lo que coma vuestro hijo depende de su peso, carácter y capacidad estomacal.

Desayuno
$1/4$ - $1/2$ taza de cereales
$1/4$ - $1/2$ taza de fruta
110-170 mililitros de leche materna o de continuación

A media mañana
60-110 mililitros de zumo de fruta
verduras cocidas o queso

Comida
$1/4$ - $1/2$ taza de requesón
$1/4$ - $1/2$ taza verduras amarillas o naranjas
110-170 mililitros de leche materna o de continuación

Merienda
60-110 mililitros de zumo
4 tostaditas con queso

Cena
$1/4$ taza de ave o carne
$1/4$ - $1/2$ taza de verduras verdes
$1/4$ de pasta, arroz o patatas
$1/4$ taza de fruta
110-170 mililitros de leche materna o de continuación

Antes de ir a dormir
110-225 mililitros de leche materna o de continuación

Dejad que vuestro hijo coma en cualquier orden y combinación. ¿Quién dice que la compota de manzana va después del pollo, o que no se puede mojar el pescado en el yogur? Los niños aprenden las normas de comer sentándose a la mesa y, al final, las acaban imitando. Pero al principio, dejad que vuestro hijo coma como quiera.

Los pica-picas nutritivos también son comida. Antes de preocuparos por si vuestro hijo come suficiente, considerad lo que ingiere entre comidas. Algunos niños no pueden hacer una gran comida de una vez, sino que van «picando» a lo largo de todo el día. Eso está bien, sobre todo si le dais unos pica-picas saludables, como frutas o verduras al vapor, galletitas o trocitos de tostada (del tamaño de un mordisco) con queso fundido encima. Normalmente, los niños se inclinan por los pica-picas de carbohidratos, como las galletas, pero sólo es cuestión de cómo presentéis la comida. Si desde el principio hacéis que las comidas saludables suenen especiales y apetecibles («Mmm... mira, tengo manzanas»), vuestro hijo las esperará. Al final del día, cuando lo suméis todo, puede que os sorprenda ver que está ingiriendo más nutrientes de los que os creíais.

No tardéis en dejar que vuestro hijo ayude a preparar la comida. Cuando vuestro hijo llegue a la etapa del «yo hace», aplicad el lema de «Si no puedes vencerle, únete a él». Los niños de sólo quince meses pueden ayudar a mezclar, a partir la lechuga a trozos, a decorar las galletas, a preparar aperitivos. Es más, cocinar desarrolla habilidades motrices, y lo que es más importante, fomenta la relación del niño con la comida.

No califiquéis de «malo» ningún alimento. Ya sabéis lo que se dice sobre la fruta prohibida. Los niños cuyos padres evitan religiosamente las galletas y otros dulces a menudo ansían esos alimentos y tienden a convertirse en auténticos mendigos cuando salen de casa. Y no os penséis que vuestro hijo es demasiado pequeño para entenderlo. Creedme, si os referís a determinados alimentos como «malos», él reaccionará en contra de ello.

Nunca sobornéis ni engatuséis a un niño con comida. Con demasiada frecuencia, un padre cuyo hijo está a punto de tocar algo que no le está permitido o de enfurruñarse intenta evitar una rabieta diciendo: «Mira, toma una galleta». Ese padre, no sólo está recompensando ese comportamiento (ver capítulo siete para obtener ideas sobre cómo manejar esas situaciones), sino que el adulto está haciendo que el niño vea la comida como una permuta, no como un artículo placentero. La relación de los humanos con la comida es de por vida. Si prestamos atención a cómo y cuándo ofrecemos comida a nuestros hijos, fortaleceremos su amor por la comida y su apreciación de los buenos gustos, al tiempo que haremos posible que disfruten también de la interacción social.

VESTIRSE PARA EL ÉXITO

Mi coautora y yo consideramos la posibilidad de titular esta sección «Vestidos para matar», ya que probablemente así es como se siente uno cuando su hijo sale corriendo con la camiseta tapándole la cabeza y de repente tira al suelo una preciada reliquia de familia. A decir verdad, los días de cambiar pañales y vestirle sin problemas suelen acabarse cuando el niño descubre lo divertido que es estar en movimiento. A la mayoría de niños de primera infancia no les gusta estar tumbados en un cambiador. A algunos les cogen rabietas ante la perspectiva. A continuación, se indican algunos de los modos como los padres encaran posibles problemas:

Preparadlo todo antes. La preparación es clave. No queréis perder tiempo con esas cosas mientras el niño se retuerce. Sacad la crema para el culito, el pañal y tened las toallitas a mano.

Escoged el momento adecuado. El niño no ha de tener demasiada hambre, estar demasiado cansado ni estar jugando con mucha dedicación. Si está a punto de acabar algo en lo que está trabajando y lo cogéis y os lo lleváis, no estará nada contento.

> *Consejo: muchos padres permiten a sus hijos jugar en pijama después del desayuno, pero cuando después les quieren vestir puede haber berrinches, sobre todo si el niño estaba jugando. Cuando oye «A vestirse», en su mente ¡ya está vestido! Os recomiendo que incluyáis la tarea de vestirse como final del ritual del desayuno. El niño acaba de comer, se cepilla los dientes y se quita el pijama para ponerse ropas de juego y prepararse para el día.*

Anunciadle lo que estáis haciendo. Como sabéis, no creo en las emboscadas a los niños ni en pillarlos por sorpresa. Explicadle a vuestro hijo lo que ocurre. «Ahora vamos a vestirte» o «Ahora te voy a cambiar el pañal».

No aceleréis el proceso. Por mucho que queráis acabar pronto, ir con prisas no hará que vestir a vuestro hijo sea más rápido ni más fácil. Si tenéis un hijo susceptible, gruñón o movido y le cambiáis con prisas, estaréis buscándoos problemas. Cambiad de perspectiva; pensad que es una buena oportunidad para conectar con vuestro hijo. Después de todo, vestirse es un acto muy íntimo. Las investigaciones realizadas sugieren que los niños cuyos padres mantienen con ellos un contacto visual directo tienen menos problemas de disciplina más adelante. Pues bien, el momento de vestirle es una ocasión natural para mirarse a los ojos.

Vestirse como un juego. Hablad con vuestro hijo cuando le estéis cambiando el pañal o vistiéndolo, y explicadle lo que estáis haciendo en cada momento. Un buen modo de hacerlo divertido al tiempo que explicativo es cantando: «Así nos ponemos los calzoncillos, nos ponemos los calzoncillos, nos ponemos los calzoncillos. Así nos ponemos los calzoncillos y ahora podemos salir a jugar». Utilizad vuestras propias palabras, inventaos las canciones. Una de las madres que conozco era muy buena recitando de forma espontánea sencillos poemas aplicables a diferentes ocasiones: «El sol es muy amarillo, y aquí están tus calzoncillos». Ahora ya sabéis lo que distrae a vuestro hijo, de modo que evitad cualquier interrupción. Si empieza a retorcerse o a llorar, esta es la única ocasión en la que os recomiendo que le chantajeéis. Primero, intentad distraerle agachándoos y apareciendo de golpe «¡Estoy aquí!». Si intenta darse la vuelta, decidle con voz dulce «¿A dónde vas?» e intentad girarle. Si se pone a llorar, podéis darle algo que le distraiga mientras le cambiáis o le vestís. Y, con voz de sorpresa, decid: «¡Mira lo que tengo!».

(Ya sé que aconsejo a los padres que tengan siempre la misma conducta, pero este caso es una excepción. Aunque permitáis que vuestro hijo se entretenga con un reloj reliquia de la familia mientras le cambiáis el pañal, no dejéis que luego lo considere uno de sus juguetes. Los niños parecen darse cuenta de que los objetos que se les dejan en el cambiador no se pueden tocar fuera de él. Además, la etapa en la que cambiar los pañales y vestir a los niños presenta problemas es corta. Vuestra bisabuela estaría contenta de saber que habéis utilizado su reloj para pasar ese mal trago más fácilmente.)

> *Consejo: comprad prendas con la cintura elástica, botones grandes y cierres con velcro. Las camisas con botones o cremallera también son más fáciles de poner. Si compráis camisetas, aseguraos de que tengan botones en un lado del cuello, o de que el cuello sea lo bastante grande y elástico como para meter y sacar la cabeza fácilmente.*

Dejad que el niño participe. En algún momento entre los once y los dieciocho meses, vuestro hijo empezará a mostrar interés por quitarse la ropa (la señal suele ser que se tira de un calcetín). Halagadle por el esfuerzo y animadle a seguir con él: «Muy bien. ¡Qué grande que es mi niño! Ahora me puedes ayudar a desvestirte!».[3] Para aseguraros el éxito, bajadle un poco el calcetín y estiradlo por el dedo gordo, de modo que tenga de dónde estirar. Después dejad que tire del resto del calcetín. En el caso de la camiseta, sacadle primero los brazos y dejad que él se la saque por la cabeza. A medida que vaya cogiendo práctica, dejad que lo haga solo. Podéis convertirlo en un juego: «Yo te tiro de un calcetín y tú tiras del otro».

Hacia los dos años (mes arriba, mes abajo), vuestro hijo empezará a mostrar interés por ponerse la ropa. Los primeros intentos suelen ser con los calcetines. Como en el caso anterior, animadle y ayudadle mínimamente: dejadle el calcetín puesto y que sea él quien se lo acabe de subir. Cuando ya domine esta técnica, preparadle el calcetín de modo que se lo pueda poner y subir él solo.

---

3. No os excedáis con los halagos. Recordad el caso de la madre que hizo un acontecimiento tan grande del hecho de que su hijo se quitara un calcetín que pronto ésta pasó a ser la actividad favorita del pequeño. El niño no entendía que su madre, después de haberse vuelto loca de entusiasmo por su hazaña, ahora se enfadara al verle quitarse el calcetín a la menor ocasión.

CORREO ELECTRÓNICO DE UNA SABIA NIÑERA

Hace unos años, cuidé a dos niños de dos y tres años. Un buen día, el mayor empezó a poner problemas a la hora de vestirse por las mañanas. La batalla era constante, hasta que le hice sentir que vestirse era su propia decisión. Por ejemplo, le preguntaba si quería ponerse el calcetín derecho o el izquierdo, haciendo de este modo que el proceso le resultara interesante y que lo viera como una iniciativa propia. Al principio, me llevó un tiempo, pero acabó convirtiéndose en un juego para los dos.

Seguid los mismos pasos con la camiseta. Al principio, ayudadle a sacársela por la cabeza, sacadle las mangas y dejad que deslice los brazos por ellas. Llegará el momento en que le cogerá el truquillo y lo hará por sí mismo. Si la camiseta tiene un dibujo en la parte delantera, indicadle que el dibujo va delante. Incluso las camisetas lisas tienen una etiqueta; enseñadle que la etiqueta siempre va en la parte trasera.

Considerad las alternativas si la perspectiva de estar en el cambiador desencadena una fuerte reacción negativa. Los pañales se pueden cambiar también en el suelo o en el sofá. También he visto padres que intentan cambiar los pañales al niño mientras éste está de pie, pero no me gusta mucho la idea, ya que es más difícil ajustar el pañal y el niño tiene más posibilidades de salir corriendo antes de que hayáis acabado.

Dividid las tareas por partes. Una madre suele saber lo que le preocupa a su hijo. Si sabéis que resulta muy estresante cambiarle los pañales o vestirle, preparaos. En ocasiones, superar todos esos intentos depende de tener confianza en uno mismo. Recuerdo el caso de Maureen, que sabía que cada vez que tenía que vestir a Joseph, un niño movido, suponía una batalla. Evidentemente, Joseph se daba la vuelta y se iba, o le quitaba la camiseta de las manos, de modo que a Maureen le costaba mucho metérsela por la cabeza. La semana anterior, intentó enfrentarse a él, pero con ello sólo consiguió que el niño se pusiera más a la defensiva, y la pesadilla que suponía vestirle empeoró aún más. Del mismo modo, tratar de engatusarle tampoco sirvió de nada. Así pues, esta sabia madre decidió dividir el proceso en varias tareas, intentando ponerle sólo una pieza de ropa cada vez. Puesto que no le hacía estarse quieto durante mucho rato y le iba informando de cuál iba a ser el siguiente paso («Sólo tenemos que ponerte la camiseta»), el niño accedía a vestirse. Al cabo de un mes, empezó a cooperar sorprendentemente en la tarea.

Indudablemente, esta estrategia era el último recurso. Si vuestro hijo actúa como Joseph, debéis respetar que vestirse sea un fastidio para él, al menos por ahora. Dividir el proceso de ese modo puede hacer que se sienta más cómodo. Sí, queridos, os llevará mucho más tiempo y os obligará a empezar antes el proceso de vestirle. Pero, especialmente con los niños reacios a vestirse, si les metéis prisa, tendréis que batallar con ellos varias veces al día. Creedme, si tenéis en cuenta sus necesidades, vuestro hijo superará esta etapa de dificultades más rápido que si lucháis con él a cada paso del camino.

Hacedle participar en el asunto. A vuestro hijo, que acaba de convertirse en un ser autónomo, no le gusta vestirse, tanto porque le obliga a quedarse inmóvil como porque no tiene el control de la situación. Si bien vestirse no es una opción (*ver más abajo*), podéis ofrecerle la opción limitada del cuándo, dónde y qué:

Cuándo: «¿Quieres que te vistamos ahora o después de fregar los platos?»

Dónde: «¿Quieres que te cambie el pañal en el cambiador o en el suelo?»

Qué: «¿Quieres ponerte la camiseta azul o la roja?» (Si aún no conoce los colores, ponédselo fácil. Enseñadle ambas camisetas y preguntadle: «¿Esta o esta?».)

Ni qué decir tiene que si lleváis media hora persiguiendo a vuestro hijo, o si tiene una rabieta, este enfoque racional no funcionará. Es mejor que sigáis al pie de la letra mi siguiente consejo:

Recordad que vosotros sabéis más. Independientemente de las tácticas que utilicéis para que vuestro hijo coopere, y de los trucos que utilicéis para facilitar el proceso, la conclusión es que vuestro hijo no tiene opción cuando se trata de cambiarle los pañales o de vestirle. Si se pasea con el pañal sucio, le puede salir una erupción, de modo que os tenéis que imponer y vuestro hijo *tiene* que cooperar o, al menos, rendirse cuando se le hayan de cambiar los pañales.

Cuando los padres dejan a sus hijos corretear por la casa desnudos y piensan: «No va a dejar que le vista», suelo quejarme. Vestirse, al igual que comer, conlleva un componente social. No salimos a la calle sin ropa. Recordadle: «No podemos ir al parque hasta que te vistas». Incluso en la piscina o en la playa: «No se juega más hasta que no te pongas el bañador seco».

> *Consejo: no cambiéis al niño en público. El hecho de que no sepa hablar no significa que considere el hecho de vestirse como un espectáculo. Después de todo, ¿os cambiaríais de ropa en un supermercado, en el parque o en la playa delante de otras personas? Me parece que no... y vuestro hijo tampoco. Si no podéis ir a una sala aparte, id al coche. Si no os queda otra opción, utilizad al menos una manta o una chaqueta para cubrirle.*

Finalizad el ritual con una frase. Aunque sólo digáis «¡Listos!» o «Ya podemos ir al parque», esto indicará al niño que ya ha pasado el mal trago. Y entonces se dará cuenta de la relación causa-efecto: «Me he portado bien, estoy vestido y ahora puedo jugar».

Alentad a vuestro hijo para que colabore en el cuidado de su ropa. Colocad ganchos para colgar el pijama, el albornoz, la chaqueta, y demás prendas que utilice mucho, de modo que pueda cogerlas y dejarlas en su sitio. A los niños también les encanta meter la ropa sucia en el cesto de la ropa sucia. Todos estos rituales enseñan a vuestro hijo que algunas prendas se aprovechan para otro día, mientras que otras se han de lavar.

La de vestirse es una habilidad que vuestro hijo irá perfeccionando. Hasta ahora os he dado algunas herramientas para iniciarle en el tema. Tendréis que ser pacientes y estar atentos a su desarrollo. Cuando veáis que tiene problemas, ayudadle; pero cuando diga «Yo hace», dejad que lo haga. Aunque una mañana tengáis prisa, si él ha aprendido a ponerse solo unas prendas, no podéis dar marcha atrás. A menos que queráis pelea, no intentéis imponeros. Esta vez, tendréis que llegar un poco tarde, y así aprenderéis que la próxima vez os tenéis que planificar de otra manera. Como ya he dicho varias veces, los niños de primera infancia no tienen noción del tiempo y, evidentemente, no les importa que lleguéis tarde. Sólo se preocupan por su independencia.

HACER PIPÍ

La aptitud física para aprender a ir solo al lavabo depende en parte del esfínter de vuestro hijo. Las madres saben de qué parte de la anatomía hablo, sobre todo si hicieron los ejercicios de Kegel después de dar a luz. En cuanto a los padres, la próxima vez que vayáis al lavabo, intentad dejar de orinar antes de haber acabado: el músculo que lo hace posible es el esfínter. En su momento se creía que este músculo no maduraba hasta la edad de dos años, pero en la actualidad las opiniones al respecto están divididas. En cualquier caso, aprender es cuestión tanto de aptitud física como de práctica. Cuando se trataba de niños incapacitados que no tenían control alguno, pudimos enseñarles calculando las horas a las que los teníamos que poner en el retrete. En ese caso, la guía combinada con la práctica supera la falta de madurez de los músculos.

LA ÚLTIMA BARRERA: ADIÓS A LOS PAÑALES

Si el espacio era la última barrera en *Star Treck*, en vuestra casa, deshacerse de los pañales es el último límite que vuestro hijo deberá cruzar cuando avance hacia la línea divisoria que marca la diferencia entre los bebés y los niños. Al mismo tiempo, si sois como la mayoría de norteamericanos que conozco, este acontecimiento irá marcado también por la confusión. Cuando llegué a los Estados Unidos, me sorprendió que enseñar a un niño a hacer sus necesidades en un orinal fuera un asunto tan difícil. Los padres suelen hacerme un montón de preguntas al respecto: ¿Cuándo hacerlo? ¿Cómo hacerlo? ¿Qué tipo de orinal es mejor? ¿Qué tipo de daño irreparable podemos provocar si empezamos demasiado pronto? ¿Y si empezamos demasiado tarde?

Lo más sorprendente es el número de niños que continúan llevando pañales a los tres o cuatro años. Por supuesto, no creo que se haya de empujar a los niños a hacer algo para lo que su cuerpo no está preparado pero, al mismo tiempo, se les ha de dar la oportunidad de aprender. Desgraciadamente, son demasiados los padres que confunden dos problemas: el comportamiento que se ha de enseñar y la progresión natural (metas de desarrollo que se dan de forma automática). Por ejemplo, pegar no forma parte de la progresión natural de la primera infancia y, con todo, algunos padres disculpan ese comportamiento: «Ah, ya se le pasará». No, no se le pasará, queridos. Tendréis que enseñarle.

¡SIÉNTATE, CARIÑO!

Prefiero el tipo de orinal que se coloca sobre la taza, mejor que la unidad independiente que se ha de vaciar. Además, el primero es más fácil de llevar de viaje. Ahora bien, hay que tener cuidado con ambos. Los niños pueden resbalar fácilmente o quedarse atascados, la cual cosa puede asustar a un niño que ya tenga miedo de que se le trague el inodoro. Utilizad una banqueta para que pueda descansar los pies sobre él. Se sentirá más seguro si no le cuelgan los pies.

En realidad, la mayoría de los logros de la infancia son una combinación de dos factores: la madurez física y la guía de los padres. Esto resulta bastante fácil de entender cuando se trata de construir una torre con piezas. Cuando vuestro hijo ha madurado hasta el punto de ser capaz de agarrar una pieza y ponerla encima de otra, teóricamente ya es capaz de construir una torre. Pero si nunca le dais unas cuantas piezas para que empiece ni le permitís experimentar por sí mismo, nunca aprenderá.

Lo mismo ocurre con ir al lavabo. Un niño de tres o cuatro años cuyos padres esperan que tenga iniciativa ya tiene control sobre su esfínter (*ver cuadro página 162*), pero quizás nunca muestre interés por ir al servicio a menos que le enseñen, le animen y le den las oportunidades necesarias para aprender. Y es tarea de los padres enseñarle.

Existen casi tantas teorías sobre cómo enseñar a los niños a ir al baño como familias. Como siempre, recomiendo que adoptéis un enfoque moderado, en el que los padres no presionen al niño, sino que le alienten. Debéis estar atentos e informados sobre cuál es la mejor alternativa para enseñarles a ir al servicio: cuando el cuerpo y la mente del niño estén preparados, pero antes de que surja el inevitable enfrentamiento entre padre e hijo. Para la mayoría de los niños, el momento óptimo de empezar es entre los dieciocho meses y los dos años. Sin embargo, os insto a observar a *vuestro* hijo. Dejad que el método HELP os sirva de guía.

Conteneos hasta que veáis indicios de que vuestro hijo está preparado. Cuando mis hijas eran pequeñas, nunca pregunté a nadie: «¿A qué edad les he de enseñar a ir al baño?». En lugar de eso, *observaba* a mis hijas. Ir al servicio implica una sensación. Si os fijáis atentamente, os daréis cuenta de cuándo vuestro hijo es consciente de ella. Algunos niños se quedan inmóviles: se quedan quietos, parecen concentrarse y entonces, de repente, se mueven. Cuando les entran ganas de hacer caca, pueden congestionarse o ponerse colorados. Algunos niños se van a esconder detrás del sofá o de una silla. O balbucearán señalando el pañal. Observad las señales que os envíe vuestro hijo. A los veintiún meses, la mayoría de los niños son conscientes de las funciones de su cuerpo, pero también puede pasar a partir de los quince meses. (Las niñas suelen madurar antes que los niños, pero no es una verdad absoluta.)

TRUCOS PARA ENSEÑARLES

He aquí dos sugerencias creativas de dos madres cuyos hijos ya son adultos.

Una, madre de cuatro hijos, no utilizó un orinal para enseñarles, sino que sentaba a los niños en la taza de espaldas. «De ese modo, podían ver lo que salía de ellos, y eso les fascinaba. Tenía problemas para mantenerles alejados del inodoro. A ninguno de mis hijos le costó aprender.»

La otra madre añadía diversión al aprendizaje haciendo flotar Cheerios en la taza del inodoro y animando a su hijo para que hiciera puntería.

Motivad a vuestro hijo para que relacione la función corporal con sus palabras y acciones. Cuando veáis que la conciencia de vuestro hijo se va desarrollando, tenéis que ampliar su vocabulario. Por ejemplo, cuando señale el pañal, decidle: «Estás mojado. ¿Quieres que te cambie?». Si se tira de los calzoncillos o las braguitas y empieza a bajárselos, decid: «Te voy a cambiar. Tienes una caquita en el pañal».

Cuando le cambiéis el pañal, poned énfasis diciéndole: «Oh, está muy mojado de pipí». O, si hace caca, mostradle cómo la tiráis por el váter. Soy consciente de que, con los pañales de usar y tirar, lo que se suele hacer es envolverlo todo y tirarlo a la basura, pero sería un buen momento para cambiar esa práctica y hacer que vuestro hijo se diera cuenta de dónde tiene que ir realmente la caca. Si no sois pudorosos, podríais dejar que vuestro hijo os acompañara al baño y explicarle: «Aquí es donde hacemos pipí», con las palabras que consideréis más adecuadas.

También es el momento de introducir las acciones. Comprad un orinal independiente o de los que se colocan sobre la taza del inodoro (*ver cuadro página 163*) y empezad fingiendo que su muñeco o peluche preferido tiene que ir al baño. Si parece dispuesto a intentarlo él mismo, hacedle ir justo después de despertarse. Hablad con él. Distraedle con algún juego. Otro buen momento para intentar sentarle en el orinal es unos veinte minutos después de haber ingerido líquidos. En cualquiera de esos casos, haced que la situación sea divertida, no estresante. Una vez más, leedle un cuento o entretenedle con algún muñeco o juego. Al estar distraído, se relajará y le costará menos ir al servicio. En cambio, si os limitáis a sentaros con él a esperar, se lo tomará como una obligación.

INDUMENTARIA PARA APRENDER A IR AL LAVABO

¿Qué tipo de ropa ha de llevar un niño que está en proceso de formación? A continuación, incluyo unos puntos que conviene recordar:

- **Pañales.** Los pañales de usar y tirar son tan absorbentes que los niños no siempre se dan cuenta de que van mojados. Aunque los pañales de tela parece que den más trabajo, a largo plazo no es así, ya que el niño se da cuenta de que va sucio o mojado y va a pedir antes que le cambien.
- **Braguitas de aprendizaje.** Al igual que los pañales de usar y tirar, estas braguitas son muy absorbentes. En cuanto vuestro hijo empiece a reconocer el lugar al que va a hacer caca y la sensación que conlleva, y sea capaz de aguantarse hasta llegar a él, irá por buen camino. Puede que queráis pasar por alto esta etapa.
- **Ropa interior de niños mayores.** Cuando va al servicio al menos tres veces al día, intentad ponerle unas braguitas o calzoncillos «de niña/o mayor». Y, si tiene un accidente, no hagáis un drama. ¡Nunca le reprendáis! Sencillamente, lavadle el culito y ponedle unas braguitas o calzoncillos limpios.

Limitad el tiempo que vuestro hijo está en el servicio. No más de dos o tres minutos al principio. Si hacéis que ir al lavabo sea una experiencia estresante, entraréis en una lucha. Por lo tanto, respirad profundamente y calmad vuestra frustración respecto al proceso. Relajaos y vuestro hijo también lo hará. *No se trata de que lo haga, sino de que aprenda a hacerlo.* Ahora bien, si hace pipí o caca, pues fantástico. Felicitadle (*ver cómo elogiarle más adelante*) y haced un comentario sobre lo que acaba de hacer: «Bien hecho. Has hecho pipí en el váter».

Y cuando lo bajéis de la taza, decidle: «Ya está». Si no consigue hacer pipí o caca, no os mostréis decepcionados. Con toda normalidad, bajadle del inodoro sin decir nada. Finalmente, no le pongáis en el váter (a) demasiado a menudo, (b) cuando se levante de mal humor, (c) en cualquier otro momento en que se resista; así evitaréis crearle angustia.

Elogiadle y pasadle el papel higiénico. Elogiad efusivamente a vuestro hijo cuando haga caca, cuando haga algo más que estar sentado en el váter. Esta es la *única* vez que os doy permiso para halagarle por todo lo alto. «¡Ole! ¡Has hecho pipí en el váter!». Yo gritaba y aplaudía como una loca cuando mis hijas lo hacían. «Ahora vamos a tirar de la cadena... adiós pipí.» Un niño no tarda mucho en tomárselo como un gran juego. Estoy convencida de que más de una vez mis hijas pensaron «¡Uy! A mamá le falta un tornillo, ¡pero esto es muy divertido!». Por cierto, muchos halagos pero, por favor, no deis demasiadas explicaciones. Por ejemplo, he oído a madres decir: «Bueno, aquí es donde tienes que hacer pipí cada vez». En lugar de eso, haced que los cumplidos sean divertidos, cariñosos y que estén al nivel de vuestro hijo.

LOS CUATRO PUNTOS ESENCIALES PARA QUE EL ORINAL TENGA ÉXITO

Orinal: que sea de su medida.
Paciencia: nunca aceleréis el proceso ni os mostréis decepcionados cuando no haga caca o pipí. Cada niño progresa a su ritmo.
Práctica: vuestro hijo necesita tanta como sea necesaria.
Presencia: sentaos con él y animadle.

Si hacéis esta transición despacio, llegaréis a conocer los hábitos de vuestro hijo, y él se mostrará más abierto a la experiencia. Recordad también que la personalidad desempeña un papel muy importante en su grado de receptividad. Algunos niños están desesperados por la recompensa que supone ver a sus padres volverse locos de alegría porque ellos hayan hecho pipí o caca en el váter. A otros, en cambio, no les importa tanto.

UN ÚLTIMO APUNTE SOBRE LA INDEPENDENCIA

Vuestro hijo no para de crecer, poco a poco. Os insto a tener paciencia con su crecimiento. Tanto vosotros como él seréis más felices si tenéis confianza en el proceso y no intentáis acelerarlo. Dad la bienvenida a cada nuevo desarrollo y aguantad con paciencia las etapas más difíciles. Reconoced la diferencia que existe entre lo que vosotros podéis guiar y lo que depende de la naturaleza. Algunas veces, los pasos de gigante de vuestro hijo hacia la independencia os parecerán repentinos y dramáticos, como el momento en que, por primera vez, se levante y se mantenga de pie. Pero cada día, a pesar de que no notéis los cambios más sutiles, su cuerpo se hará más fuerte progresivamente y ganará en coordinación. Mientras tanto, también está acumulando experiencia, captando nuevas imágenes y sonidos, y desarrollando todas las habilidades que va adquiriendo. Al mismo tiempo, su intelecto también está en proceso de desarrollo. Su mente, como un pequeño ordenador, recibe y selecciona cada bloque de información que le llega del exterior. Aunque se ha estado *comunicando* con vosotros desde el día en que nació, ahora será capaz de hablar literalmente en vuestro mismo lenguaje. En el próximo capítulo, trataremos con detalle cómo se desarrolla este increíble proceso, además de otros vínculos entre padres e hijos.

CAPÍTULO CINCO

LA CONVERSACIÓN DE UN NIÑO DE PRIMERA INFANCIA: MANTENER UN DIÁLOGO MEDIANTE EL MÉTODO HEA

Las palabras son la droga más poderosa utilizada por la humanidad.

RUDYARD KIPLING

Escucha, o vuestra lengua no os dejará oír.

Proverbio de los indios americanos

El grado de desarrollo del lenguaje del niño está determinado por varios factores. Como ya tratamos en el capítulo uno, naturaleza y nutrición trabajan de la mano. Entre otros factores, están:

- La exposición al lenguaje e interacción con hablantes (la conversación constante y el contacto visual fomentan el habla de los niños).
- El género (parece ser que las niñas desarrollan la capacidad lingüística antes que los niños).
- Que se desarrollen antes otras capacidades (la capacidad de comunicación puede disminuir cuando el niño empieza a caminar o a ampliar su repertorio social).
- El orden de nacimiento (los niños más jóvenes, cuyos hermanos o hermanas hablan por ellos, tienden a hablar más tarde; *ver cuadro en la página 181*).
- La disposición genética (si alguno de los padres desarrolló la capacidad de lenguaje tarde, es probable que vuestro hijo también lo haga tarde).

Nota: algunas veces, los niños que empiezan a hablar también sufren parones cuando se produce un cambio repentino en su hogar, como una nueva niñera, un hermanito, enfermedades de la familia, viajes de los padres, regreso de la madre al trabajo, etc.

CONTINUAR EL DIÁLOGO

Si ser un bebé es como viajar al extranjero (una analogía que suelo hacer), ser un niño de primera infancia es como ser un estudiante de intercambio. Empiezas a aprender el lenguaje por el simple hecho de estar en el lugar, absorbiendo fragmentos de conversaciones, al principio entendiendo más de lo que puedes expresar. Te puedes hacer entender mucho mejor que los visitantes que vienen de otros países para sólo una semana. Y es menos probable que te pongan un plato de pasta en las narices cuando preguntes por el baño. Sin embargo, no llevas demasiado viviendo allí, de modo que te faltan palabras más allá del vocabulario básico. Y aún te sientes un poco frustrado cuando quieres algo o intentas expresar una idea más sofisticada. Con todo, afortunadamente los niños juegan con la ventaja de tener siempre presente un guía que habla su lengua, conoce el país y las costumbres y puede ayudarles a mejorar su vocabulario y a comprenderlo todo: los padres.

Nosotros somos los guías del camino que siguen nuestros hijos durante el increíble proceso por el cual aprenden a hablar y se convierten en miembros activos de la familia y en participantes de la vida. El lenguaje no es sólo la clave que nos permite comunicarnos, sino que nos abre un mundo de independencia y actividad. A un niño de primera infancia le permite formular preguntas («¿Épasa?»), pedir cosas («pan»), imponerse («Yo hace»), relacionar ideas («Papi ido. Mamá aquí») y, por supuesto, negarse a cooperar («No»). Mediante el lenguaje, aprenden lo que se espera de ellos («Perdón») y otras conductas sociales, como ser educado («Por favor») y ser agradecido («Gracias»). Puede reclutar a otros para que los demás hagan lo que ellos quieran («Ven, mamá»).

Esto no ocurre de la noche a la mañana. El desarrollo del lenguaje, así como las crecientes habilidades físicas del niño, es un proceso lento y constante. Cada nuevo paso se apoya en el anterior y prepara el siguiente. Primero, los niños gesticulan para identificar objetos o para solicitarlos. El balbuceo, lo que yo denomino «benguaje» (lenguaje bebé), es el precursor de las primeras palabras. «M-m-m-mah-mah» se convierte en «mam» y, más adelante, en «mamá». Por ese motivo es tan importante hablarles a los niños: aprenden por repetición.

Ni siquiera los científicos pueden explicar el intrincado proceso que permite transformar los sonidos en palabras, darles significado, unirlas y, finalmente, utilizarlas para elaborar pensamientos complejos. Una cosa que sabemos a ciencia cierta es que, de hecho, los padres no *enseñan* a los niños a hablar, sino que les sirven de ejemplo. Además, como en todos los procesos de desarrollo, vuestro hijo se empieza a preparar para hablar mucho antes de emitir la primera palabra, momento que, aunque muy emocionante, no es el primero en que os habéis podido comunicar con él.

En mi primer libro, destaqué la importancia del diálogo: no hablar *a* los bebés, sino hablar *con* ellos. Vuestro hijo habla en su «benguaje» utilizando su voz y su cuerpo para expresar sus necesidades; y vosotros habláis en vuestro idioma: castellano, inglés, francés, coreano, etc. Vosotros escucháis, conversáis con él, y él os escucha. Le respondéis y le respetáis como el pequeño ser independiente que es. Llegáis a conocerle, empezáis a entender su «benguaje» y, por lo tanto, empezáis a comprender mejor sus necesidades. Del mismo modo, él va aprendiendo vuestro lenguaje. Conforme se acerca a la primera infancia, el diálogo continúa. Y ahora es el momento de una dosis liberal de HEA.

¿QUÉ ES HEA?

Estas iniciales nos sirven para recordar los elementos claves de la comunicación: Hablar, Escuchar y Aclarar. A continuación, aparece un breve resumen de HEA, seguido de la descripción detallada de lo que implica. Naturalmente, las tres partes no son entidades separadas, sino que se complementan. En todo diálogo con vuestro hijo, vosotros habláis, escucháis y aclaráis, aunque no lo hagáis conscientemente. Mi objetivo es iluminar el proceso. (A partir de la página 182 encontraréis sugerencias específicas de las diferentes etapas de desarrollo del lenguaje.)

HEA: A VISTA DE PÁJARO

Hablar: hablad sobre todo. Explicad vuestro día, las actividades de vuestro hijo y los objetos de vuestro entorno inmediato.

Escuchar: escuchad atentamente tanto las expresiones verbales como las no verbales de vuestro hijo, de modo que se sienta escuchado y aprenda a atender.

Aclarar: hacedle aclaraciones repitiendo la palabra correcta o explicando los conceptos sin regañarle ni hacerle sentir que no sabe hablar bien.

H – *Hablar.* El habla constituye un puente entre padre e hijo. Como ya he mencionado antes, la magia del lenguaje es que los padres no han de enseñar a hablar a los hijos; los pequeños aprenden al oírles hablar. Sí, ayudamos a los niños a aprender los colores, los nombres de los objetos y las formas, pero la mejor lección, incluso para estos conceptos, tiene lugar de forma natural, en la cotidianidad. Algunos estudios realizados demuestran que los niños cuyos padres les hablan durante las actividades diarias tienen un vocabulario más amplio a los tres años que aquellos que oyen hablar menos al cabo del día. Y el hecho de asimilar conversaciones a lo largo del día también se refleja en la escuela, donde destacan sobre sus compañeros en la comprensión lectora.

La mayoría de nosotros somos conscientes de que existen dos tipos de habla: la verbal y la no-verbal. Entre las conexiones *no-verbales* están las miradas cariñosas, una palmadita en la mano, un abrazo, un beso, darse la mano o acariciarle el cabello mientras va en coche. Aunque no haya palabras de por medio, vuestro hijo puede sentir que sois conscientes de su presencia, que estáis ahí por él y que os preocupáis. Las formas de expresión *verbal*, entre las que se cuenta el habla paterna o materna (*ver página 175*), toman la forma de un diálogo ininterrumpido, canciones, juegos de palabras, historias y cuentos. El truco consiste en ser consciente a lo largo del día de la importancia que tiene hablar con vuestros hijos: cuando vais hacia el parque, haciendo la cena, preparándole para ir a dormir.

No tenéis que esperar a que vuestro hijo pueda responder. Incluso cuando sólo balbucee, podéis conversar con él. En lugar de ignorar los sonidos que no podéis entender, animadle con frases alentadoras como «Tienes toda la razón» o «Estoy totalmente de acuerdo». Del mismo modo que hacíais (esperemos) cuando era un bebé, poned palabras a los sonidos sin sentido que emita. Imaginemos que está sentado en la trona después de haber comido y dice: «Gugagagababaga» y vosotros respondéis con una pregunta: «¿Quieres que te baje de la silla?». O, si está hablando y es casi el momento de bañarle, le puedes decir: «¿Estás listo para bañarte?». Un diálogo tan convencional no sólo ayuda a traducir del «benguaje» al castellano, sino que reconoce los primeros intentos de comunicación de vuestro hijo y valida sus esfuerzos.

Los padres que no siguen este consejo desde la lactancia del niño (ya que muchos se sienten ridículos hablando con bebés), suelen preguntarme: «Pero ¿de qué puedo hablar con un niño tan pequeño?» Háblale de lo que vais a hacer («Vamos a ir al parque»), de lo que estáis haciendo («Te estoy preparando la cena»), de cualquier cosa que esté en su entorno natural («¡Mira el perrito!»). Aunque penséis que vuestro hijo no comprende nada, creedme cuando os digo que probablemente entiende más de lo que parece.

Además, no hay manera de saber con exactitud cuándo un niño capta un concepto nuevo. Pensad en la última vez que aprendisteis algo nuevo: leísteis, estudiasteis, formulasteis preguntas, repasasteis la materia varias veces. En un momento dado, os dijisteis «Ah, ya lo entiendo. Esto es lo que quiere decir». A vuestro hijo le ocurre lo mismo con la adquisición del lenguaje.

EL HABLA DE LOS PADRES

Según algunas investigaciones, existe un tipo de expresión verbal, el «habla materna» o «habla paterna», que es muy beneficiosa para el desarrollo de la capacidad lingüística de los niños pequeños. Los científicos indican que el «habla paterna» puede ser el modo en que la naturaleza ayuda a los niños a aprender a hablar, ya que todas las personas que les cuidan (madres, padres, abuelos, incluso hermanos mayores) tienden a utilizar automáticamente ese tipo de lenguaje para atraer la atención de los niños pequeños que tengan alrededor. Cualquiera que utilice el «habla paterna»:

- Es juguetón y animoso.
- Mira al niño directamente a los ojos.
- Habla despacio y con un tono de voz melódico.
- Vocaliza.
- Enfatiza una palabra en la frase («¿Has visto qué *gatito*?»).
- Repite las palabras con frecuencia.

También necesitaréis descubrir cuál es el tipo de habla más eficaz para *vuestro* hijo. En función del carácter de vuestro hijo y de los demás aspectos que esté desarrollando, quizás tengáis que cambiar de enfoque. Por ejemplo, mientras que un niño susceptible reacciona bien ante los abrazos, uno de manual que está empezando a andar intenta escaparse de vuestros brazos porque le interesa más explorar. O, mientras que a un preocupado niño angelito se le puede dar una explicación lógica del porqué no puede comerse un helado antes de cenar, con un niño gruñón esto implicaría una rabieta: sería mejor intentar distraerle. Y, en el caso de un niño movido, si notáis que está muy frustrado al no conseguir algo que se supone que debería poder hacer, sólo contribuiréis a preocuparle más si lo cogéis en brazos, señaláis varios objetos y le preguntáis: «¿Quieres esto? ¿Esto? ¿O esto? ¿Es esto lo que quieres?». En lugar de eso, dejadle en el suelo y que sea él quien os muestre lo que quiere. (Por cierto, se trata de una buena práctica a tener en cuenta con cualquier niño de primera infancia que tenga dificultades para expresar sus ideas.)

Cabe decir que mi punto de vista respecto al habla no incluye la televisión ni los ordenadores. Un niño de primera infancia que pasa mucho tiempo delante del televisor puede ser capaz de cantar una canción conocida, porque puede imitar lo que ha oído, pero la mejor lección lingüística que se le puede dar tiene lugar durante vuestra interacción diaria con vuestro hijo. Por lo que a los ordenadores se refiere, admitámoslo, *son* interactivos, pero nadie sabe aún cómo afectan a la mente infantil. Por supuesto, esto no evita que la industria informática diseñe programas para niños menores de tres años, así que puede resultar tentador utilizarlos. (Según una empresa de investigación, la demanda de programas para bebés es la que refleja un aumento más rápido en el mercado de productos informáticos para jóvenes.) Personalmente, no me gusta ver a un niño de menos de tres años sentado al ordenador, pero me doy cuenta de que muchos padres consideran que les están preparando para un mundo tecnológico y así pueden acelerar su aprendizaje. Yo creo que los niños se adaptan a las nuevas tecnologías sin nuestra ayuda. Además, no tenemos pruebas de que el uso de ordenadores desde edades tempranas sea beneficioso. Sin embargo, si tenéis un ordenador y habéis comprado un programa educativo, lo menos que podéis hacer es sentaros *con* vuestro hijo ante el teclado. Igualmente, limitad el tiempo que pase delante del ordenador y consideradlo una de las muchas herramientas educativas de que disponéis.

Dicho esto, me reafirmo en mi sugerencia anterior: mantened una conversación con vuestro hijo desde el momento en que vuestro hijo se despierta. No podéis hablar demasiado a vuestro hijo (salvo cuando intenta relajarse o quedarse dormido). Es lo que necesitan los niños pequeños; es como aprenden. En las páginas 177-178 incluyo un guión extraído de un día que pasé con un niño. Básicamente, quiero mostraros todas las oportunidades de hablar con un niño que surgen al cabo de un día. Basad vuestro propio guión en vuestro estilo personal y en lo que sucede durante el tiempo que pasáis con vuestro hijo.

E – Escuchar. Con un niño de primera infancia (así como con un bebé), escuchar significa prestar atención tanto a sus palabras como a su lenguaje corporal. Ahora os resultará más fácil escuchar a vuestro hijo, ya que sus signos son más obvios. Al mismo tiempo, también tiene necesidades más complejas. Ya no se conforma con acomodarse en vuestros brazos. Quiere explorar, descubrir lo que son las cosas y lo que puede hacer con ellas. Incluso antes de que pueda balbucear palabras, prestad atención a sus signos. Si respondéis a sus indicaciones, el pequeño confiará en las reacciones de su cuerpo (por ejemplo, el hambre) y en su habilidad para influir en su entorno (pedir un muñeco que esté en una estantería elevada).

Escuchadle mientras habla en la cuna y cuando esté jugando solo. Si se les deja a su aire, los pequeños tienden a practicar nuevos sonidos y nuevas palabras y, más tarde, a hablar sobre lo que ha sucedido durante el día. Escuchar a escondidas las conversaciones del niño os ayudará a descubrir el grado de desarrollo mental en el que se encuentra y hasta qué punto comprende.

DIÁLOGO COTIDIANO

A continuación aparecen algunos de los puntos más importantes del día que pasé inmersa en una conversación con un niño de primera infancia. El truco consiste en decir con frases cortas lo que vas haciendo a cada momento.

Mañana
¡Buenos días, Viola, cariñito! ¿Has dormido bien? Te he echado de menos. Vamos, levántate. Uy, te tenemos que cambiar el pañal. Estás mojada. ¿Sabes decir «mojada»? Muy bien: mojada. Vamos a cambiarte, lavarte y ponerte cómoda. ¿Quieres aguantar la crema mientras Tracy te cambia? Muy bien. ¡Ya está! Vamos a decir hola a papá. Di: «Hola, papá». Muy bien. Ahora ya podemos ir a desayunar. Te voy a sentar en la trona. ¡Arriba! Vamos a ponerte el babero. ¿Qué comemos? ¿Quieres plátano o manzana? Tracy te está preparando los cereales. Esta es tu cuchara. Mmm... Está bueno, ¿eh? Ya está. Vamos a poner el lavaplatos. ¿Quieres ayudarme? ¿Sí? Muy bien... Pues pon esto dentro. Perfecto. Ahí va.

Recados
Necesitamos más comida. Tenemos que ir a comprar. Vamos a ir en coche. Vamos a ponerte los zapatos. Ponte el abrigo. Ya estamos en el coche. ¿Sabes decir «coche»? Coche. ¡Muy bien! Vamos al supermercado. Te voy a sentar en el carrito. ¡Mira, la verdura! ¿Ves los plátanos amarillos? ¿Sabes decir «plátano»?

Plátano. Bien. Aquí tenemos las judías verdes. Vamos a meterlas en el carro. Muy bien. Ya está todo. Ahora tenemos mucha comida. Vamos a la caja. Tracy tiene que pagar a la señorita. ¿Quieres decirle «hola»? Gracias. ¡Adiós! Mira cuántas bolsas... tenemos que meterlas en el coche. ¡Adiós, supermercado!

Juegos

Muy bien, vamos a jugar. ¿Dónde tienes la caja de los juguetes? Ah, ¿quieres jugar con el osito? ¿Sabes decir «osito»? Osito. ¡Muy bien! ¿Qué podemos hacer con el osito? ¿Lo ponemos en el cochecito? ¿Lo tapamos? Le vamos a poner una mantita para que esté calentito. Ay, el osito está llorando. Cógelo y dale un abrazo. ¿Está mejor? Oh... ¿Tiene hambre? ¿Qué le podemos dar? ¿Un biberón? ¿Sabes decir «biberón»? Sí, biberón. Mira, el osito parece cansado. ¿Lo metemos en la cama? Vamos a ponerlo en la caja de los juguetes para que duerma. Buenas noches, osito. ¿Sabes decir «buenas noches»?

En la cama

Vamos a prepararnos para ir a dormir. Primero, escoge un libro. ¿Quieres este? Buena elección. ¿Sabes decir «libro»? Muy bien: libro. Bien hecho. Ven y siéntate en mis rodillas. Vamos a pasar las páginas. Este libro se titula *El oso marrón*. A ver si encuentras el oso marrón. Muy bien. ¿Sabes decir «oso»? Pasamos la página. ¿Dónde está el pájaro azul? Muy bien. Este es el pájaro azul. Ya hemos terminado. Dejemos el libro. Buenas noches, libro. Di: «Buenas noches». Ahora te voy a estirar. Pero primero da un abrazo a Tracy. Mmm... Te quiero. Aquí tienes la mantita. Buenas noches. Que duermas bien. Si me necesitas, llámame. Hasta mañana.

Lo que es más, al modelar la atención, también estáis enseñando a vuestro hijo a escuchar. Apagad el televisor antes de empezar una conversación. Aseguraos de que no estáis al teléfono (ver *cuadro de la página 179*) ni leyendo el periódico mientras contestáis a sus preguntas.

Ayudadle también a desarrollar la capacidad de escuchar. Encended el radiocasete e indicadle que vais a escuchar música: «Vamos a escuchar música». Destacadle los sonidos de la vida cotidiana: el ladrido de los perros, el canto de los pájaros, el ruido de los camiones en la calle. Esto le ayuda a sintonizar los sonidos que le llegan.

Escuchaos a vosotros mismos y, si es necesario, reajustad vuestro discurso: el tono y el volumen de vuestra voz, la cadencia de las palabras, los hábitos de comunicación pueden propiciar la atención de vuestro hijo, o no. Por ejemplo, igual estáis acostumbrados a mandar en el trabajo y quizás utilicéis un tono igualmente tajante en casa, quizás habléis demasiado alto o demasiado bajo, o tal vez no hagáis diferencias de entonación. He conocido padres que dicen dos ideas muy diferentes como si fueran intercambiables. Por ejemplo, «Pon eso en la mesa, Molly» y «No empujes, Molly. Gabby estaba ahí antes». Puesto que todo suena del mismo modo, con frecuencia a los niños les cuesta distinguir entre significado y emociones. Y lo que es peor, quizás seáis unos chillones, lo cual hace que los niños desconecten o se sientan intimidados, ya que ninguna de esas acciones incita al diálogo.

Finalmente, cabe añadir que el ritmo frenético de la vida diaria de la mayoría de los padres modernos hace que el hecho de escuchar sea un reto aún mayor. Como siempre vamos con tantas prisas, también les metemos prisa a ellos. Queremos darles la solución antes de escuchar lo que tienen que decir. Del mismo modo que un padre preocupado tiende a confiar en algún tipo de apoyo (*ver página 294*), como un chupete para calmar a un hijo que llora, los padres muy ocupados suelen encender la televisión. Los niños no se integran y, antes de que os deis cuenta, tampoco no saben escuchar. (Esto es mucho más evidente cuando llegan a la adolescencia.)

TELÉFONO − ATENCIÓN = INTERRUPCIÓN

Me vuelve loca (y no me cabe duda de que hay más adultos que piensan como yo) estar hablando por teléfono con un amigo que al mismo tiempo está regañando a su hijo. «Vamos, Benjamin, no te subas ahí». Los niños de primera infancia, y también mayores, aprovechan la oportunidad cuando no estáis por ellos, y las llamadas telefónicas en particular parecen ser la ocasión perfecta: *Mmm... Mamá está al teléfono. La necesito.* La travesura favorita de mi hija era meterse en la carbonera cada vez que sonaba el teléfono.

La verdad, queridos, es que la mayoría de las llamadas telefónicas pueden esperar hasta que vuestro hijo esté durmiendo. Si suena el teléfono, que no os dé reparo decir «Johnny está aún despierto. No es buen momento para hablar». Si se trata de una llamada urgente, decidle a vuestro hijo: «Ahora papá tiene que hablar por teléfono». Dadle su juguete preferido para que se entretenga mientras tanto. Intentad que la llamada sea corta y quizás consigáis hablar todo el rato sin interrupciones.

En resumen, escuchar es un modo seguro de construir la autoestima de vuestro hijo. También es la base de la confianza, la solución de problemas y la resolución de conflictos. Se trata de una capacidad especialmente importante en el mundo actual, tan lleno de distracciones.

Escuchando, mostráis a vuestro hijo que estáis ahí en ese momento, que le tenéis en cuenta, os interesa y os preocupa.

A – Aclarar. Esto nos recuerda que hemos de tomarnos un tiempo extra para confirmar o ampliar lo que dicen nuestros hijos. La manera en que ellos oyen las cosas y lo que dicen primero son cosas bastante diferentes. Se les ha de animar a utilizar la palabra adecuada, aunque tengan su manera propia y especial de expresar una idea. Cuando mi hija Sara decía «Bibi sumo», yo le respondía «Ah, ¿quieres un biberón de zumo?». También hemos de ayudar a los pequeños a entender los aspectos sociales del habla, las reglas de la comunicación. Por ejemplo, cuando un niño habla demasiado alto, le decimos: «Ahora no tienes que hablar tan alto». Los padres que son conscientes de ello van aclarando estos aspectos a lo largo del día, a menudo sin pensarlo. En la fiesta del primer cumpleaños que ya he mencionado en el capítulo cuatro (*página 119*), cada vez que la pequeña Amy decía «mión», uno de sus padres indefectiblemente ratificaba lo que había dicho: «Sí, esto es un camión».

ACLARAR EMOCIONES NO VERBALES

No tenéis que esperar a que vuestro hijo diga palabras para poder aclarárselas. Vuestro pequeño envía señales no-verbales para deciros cómo se siente. Entonces, os mirará y esperará una respuesta. Utilizad esas señales y el contexto para «interpretarle» y aclararle la idea: «Ya veo que estás enfadado (o triste, orgulloso de ti mismo, contento)».

Señales que significan «no estoy contento», «no me apetece» o «estoy enfadado»:
- Su cuerpo está rígido.
- Echa la cabeza hacia atrás.
- Se tira al suelo.
- Se da cabezazos.
- Muerde fuerte algo, como el sofá.
- Llora o grita con rabia.

Señales que significan «estoy contento» y «me apetece cooperar contigo»:
- Sonríe y/o ríe.
- Se muestra cariñoso y contento.
- Aplaude.
- Agita el cuerpo de cintura para arriba y salta de alegría.

Tanto si el niño se inventa las palabras o, como Amy empieza a hacer, tiene la versión en «benguaje» de una palabra real, para descifrar lo que significa, escuchadle atentamente y buscad señales en el contexto. Y entonces, aventuraos a adivinar y aclarar. Pero no copiéis la palabra que ella utiliza para nombrar ese objeto; repetid la palabra correctamente. Por ejemplo, vuestro hijo señala la ventana del coche y dice: «Ato». Como le habéis estado escuchando y veis un gato en la acera, sabéis que se está refiriendo a un «gato». Entonces, vosotros decís: «Sí, cariño, eso es un gato. ¡Muy bien! Gato. Quizá después veamos otro gato». De ese modo, reforzáis y elogiáis. También podéis *retomar su afirmación con una pregunta*: si dice «bibi», vosotros diréis «¿Quieres el biberón?». Ambos métodos sirven para corregir al niño sin dejarle en evidencia ni avergonzarle.

Otra manera de aclarar es *añadiendo*: cuando nombre un gato, añadid: «Sí, es un gato blanco y negro». Cuando pida el biberón, decidle «¿Tienes sed?». Al decirle esto, le estáis confirmando que ha conectado el sonido apropiado con el objeto correspondiente, lo cual refuerza su uso del lenguaje y va un paso más allá. Pronto «ato» se convertirá en «gato», y «bibi» pasará a ser «biberón». Y aunque pasen meses o incluso un año antes de que entienda el significado de «negro», «blanco» o «sed», o pueda construir frases más largas, como «un gato blanco y negro» o «tengo sed», le estaréis ayudando a programar su pequeño ordenador con ideas y descripciones más complejas.

¿LOS SEGUNDOS HIJOS TARDAN MÁS EN HABLAR?

Los segundos hijos suelen tardar más en hablar que los primeros, ya que los mayores aclaran lo que los segundos quieren decir. En nuestra familia, Sophie balbuceaba, me miraba y luego, si yo no le prestaba atención lo bastante rápido, se dirigía a Sara, como diciendo: *¿Pero es que no me entiende?* Entonces Sara lo interpretaba por ella: «Sophie quiere un bol de cereales».

Mientras Sara continuaba descodificando el lenguaje de su hermana menor, Sophie nunca necesitó utilizar palabras reales. Cuando me di cuenta de que Sophie no estaba aprendiendo a hablar, le dije a Sara: «Eres muy buena hermana (lo cual algunas veces era cierto) pero has de dejar que Sophie lo pregunte sola».

Cuando Sara dejó de hablar por su hermana, Sophie pasó en muy poco tiempo de casi no decir palabra a decir frases enteras. Resultó que había adquirido más capacidad lingüística de la que nosotros nos pensábamos, pero simplemente había decidido no utilizarla. (Más sobre las relaciones entre hermanos en el capítulo nueve.)

Cuando un niño que empieza a hablar parece estar buscando una palabra, dádsela siempre. Del mismo modo, si vuestro hijo utiliza palabras que sólo entendéis vosotros, es muy buena idea ayudar a un abuelo que vive lejos o a un extraño para que entiendan al pequeño («Está pidiendo el biberón»). Sin embargo, cuando ya sea lo bastante mayor para terminar sus propias frases o hacerse entender, no habléis por él.

Aclarar tampoco significa sobrecargar de información a vuestro hijo. Algunos padres obstinados en que sus hijos aprendan, deseosos de ampliar el conocimiento de los pequeños, suelen dar demasiada información. Me acuerdo del chiste en que un niño de tres años pregunta a su madre «¿De dónde vengo yo?» y la madre se lanza inmediatamente a explicar la historia de las abejitas. El niño, confundido, no entiende una palabra de lo que le dice su madre, y replica: «Pero es que Johnny viene de Philadelphia».

En la vida real he visto innumerables ejemplos de personas que explican demasiadas cosas. Hace poco, estaba en un restaurante. Una madre estaba pagando en caja y su hijo estaba mirando fijamente los caramelos que tenían sobre el mostrador. «Caramelo», dijo el pequeño. «No, ahora no te puedes comer un caramelo», dijo la madre con tono de institutriz. «Tienen mucho colorante y te puede salir una erupción.» ¡Por el amor de Dios! (Un enfoque mucho mejor hubiera sido desviar su atención de los caramelos y ofrecerle algo más sano en su lugar: «Mira, cariño, tengo un plátano y una manzana en el bolso. ¿Qué prefieres, ¿plátano o manzana?». (Más sobre este tema en el capítulo siete.)

CONSEJOS HEA. ALGUNAS ADVERTENCIAS IMPORTANTES

Qué hacer...
- Prestar atención tanto a las señales verbales como a las no-verbales.
- Mirar a vuestro hijo a los ojos cuando le habléis o le escuchéis.
- Hablar utilizando frases cortas y sencillas.
- Mediante preguntas simples y directas, animar a vuestro hijo a expresarse.
- Utilizar juegos de palabras para que podáis interactuar con vuestro hijo.
- Ejercitar la contención y la paciencia.

Qué no hacer...
- Hablar demasiado alto, demasiado bajo, demasiado rápido o demasiado lo que sea.
- Avergonzar a vuestro hijo porque no diga las palabras correctamente.

- Hablar por teléfono cuando vuestro hijo os está hablando.
- Ocuparos de tareas de la casa en los momentos destinados a los niños.
- Interrumpir a vuestro hijo.
- Utilizar la televisión mientras le cuidáis.

EL «BENGUAJE» Y LO QUE LE SIGUE

Aunque los libros afirman que la mayoría de niños dicen su primera palabra al año, algunos lo hacen, pero otros no. Y los hay que a esa edad ya conocen veinte palabras o más. Algunos niños pasan de manera sistemática por cada una de las etapas que se describen más abajo, mientras que otros (principalmente niños con hermanos mayores, *ver cuadro de la página 181*) dicen muy poco hasta los dieciocho meses o más, y luego empiezan a hablar de repente con frases enteras, como si hasta entonces se hubieran estado reservando.

UNA INVESTIGACIÓN SORPRENDENTE

A los bebés les encantan los sonidos. En los experimentos en los que al succionar se producía un sonido, los bebés de tan sólo un mes succionaban con más fuerza para continuar produciendo el sonido. Al final se acaban cansando, pero cuando se produce un nuevo sonido vuelven a animarse rápidamente. Incluso pueden notar diferencias sutiles en los sonidos. De hecho, a diferencia de los adultos, que sólo pueden distinguir sonidos de su propia lengua, en principio, los bebés pueden distinguir todos los sonidos, una capacidad que desaparece hacia los ocho meses.

Los niños adoptan las angustias de los padres sobre el grado de lenguaje adquirido por su hijo (y eso puede hacerles no hablar), de modo que es primordial aceptar el grado de desarrollo de vuestro hijo. He incluido algunas pautas adaptadas a cada edad (*ver cuadro de la página 196*), ya que sé que los padres siempre se preguntan si su hijo está dentro de la normalidad. Asimismo, no puedo remarcar con demasiada energía que exista una tremenda variación en la adquisición del lenguaje. Dejad que vuestro hijo sea la guía que realmente importa. Sus progresos pueden ser tranquilos y continuados o producirse a saltos y acelerones. En lugar de obsesionaros sobre lo que es típico de una determinada etapa, determinad vosotros mismos la etapa en la que se encuentra a partir de la observación.

Habla «benguaje». Los bebés llegan al mundo con la capacidad de distinguir sonidos (*ver cuadro anterior*). La fascinación que vuestro hijo siente por los sonidos es el billete hacia el mundo del lenguaje. Al principio balbucea sin parar. No se trata sólo de un juego, sino que está experimentando, viendo qué sonidos pueden producir su lengua y sus labios. Resulta interesante el hecho de que, aunque balbucee, lo hará en el tono y la cadencia propios de vuestra lengua. Es decir, cuando un niño español de nueve meses balbucee, sonará español, mientras que cuando lo haga un niño sueco, que suelen balbucear con un ritmo cantarín, el sonido se asemejará mucho al de la lengua de sus padres.

En esta etapa, el lenguaje no-verbal de vuestro hijo también mejora, y experimentaréis un verdadero intercambio. Su cara es como un libro abierto: brilla cuando está alegre, admite los cumplidos con orgullo, hace pucheros cuando está triste, y pone cara de diablillo cuando se dispone a hacer alguna travesura. Ahora entiende muchas más cosas, mucho más de lo que sabe expresar. Y, además, es más capaz de leer vuestras expresiones faciales. Una mirada dura o un cambio de tono pueden bastar para detenerle en su empeño, aunque también puede que le hagan desafiaros.

Decid «¿Dónde está Enrico?» y se señalará a sí mismo. Preguntad «¿Dónde está mami/papi?» y os señalará a vosotros. A esta edad ya sabe decir adiós cuando alguien se va, sacudir la cabeza para decir «no» y abrir y cerrar la mano, lo que en «benguaje» significa «¡Quiero eso!». Cuando señala alguna cosa, puede que sea para captar vuestra atención sobre un objeto o para pediros que se lo deis. En cualquier caso, nombrad el objeto. «Sí, Enrico, eso es un gato». A veces, identificar un objeto basta para satisfacer su insaciable curiosidad, y eso es todo cuanto quiere que hagáis.

A lo largo del día, escuchad a vuestro hijo, responded a sus señales no-verbales, habladle con palabras reales y dad sentido a los sonidos que haga. Cuando diga: «Mm, mmm, mmmm, mah», poned palabras a sus balbuceos diciendo: «Mm, mmm, mmmm, mah... mami». Esta es una forma temprana de aclarar.

Utilizad marionetas y peluches para intensificar vuestras conversaciones. Comprad libros no tóxicos de páginas rígidas, ya que querrá probar el libro tanto como escuchar el cuento que se explique en él. Cuando le leáis un cuento, nombrad los objetos: «¿Ves la florecita?». Al cabo de unas semanas de leer el mismo libro, pedidle que os muestre la florecita. También le encantará el sonido de las canciones infantiles y los juegos de palabras.

Os sorprenderéis de lo rápido que aprenderá, por ejemplo, a jugar a «¿Cómo de grande...?». Un día tenéis que preguntar: «¿Cómo de grande es Bobby?». Entonces, estiradle los brazos hacia arriba y mostradle la respuesta: «¡Muy grande!». Poco después ya no necesitará que le ayudéis con la respuesta. Ayudadle a aprender también las partes de su cuerpo. Preguntadle: «¿Dónde está la nariz de Bobby?», señaladla y decid: «Aquí está». Antes de que os deis cuenta, él también se la señalará. La niñera de mis hijas jugaba a señalar las partes de la cara y recitarlas con tono cantarín. Incluso un juego tan simple como el de esconderse y salir de golpe enseña a los niños una importante regla de comunicación: que hay turnos. Y un día vuestro hijo agarrará una manta y se tapará la cara, o se esconderá tras una silla, como diciendo: «Vamos, ¡es hora de jugar!».

Tendréis que reforzar continuamente el significado de las palabras y las ideas, sobre todo si tiene que ver con el peligro. Por ejemplo, si el niño se acerca a una tetera, decid: «Cuidado, Tammy, que quema». Entonces la niña regresará a sus asuntos, pero quizás dentro de un momento vuelva a la tetera. No es que no entienda lo que le estáis diciendo, es que no se acuerda. Decidle sencillamente: «Acuérdate de que quema». Cuantas más veces oiga repetir un niño una cosa, más la recordará. En Inglaterra, los niños aprenden que las teteras queman mucho antes que en Estados Unidos, ya que las ven cada día, a todas horas.

Sabe decir algunas palabras. Cuando domine algunos sonidos, a vuestro hijo le resultará más fácil aprender sus primeras palabras, lo cual puede comenzar a suceder a la temprana edad de siete u ocho meses, pero también mucho más tarde, al año y medio. Los primeros sonidos que emiten los bebés de todo el mundo son las consonantes *d, m, b* y *g*, así como la vocal *a*; un poco después llegan el sonido *p, h, n* y *w*. Los bebés combinan esos primeros sonidos para decir «papápapapá» o «mamámamamá».

Es interesante destacar que las palabras que se utilizan para designar a la madre y al padre son bastante similares en todas las culturas: mamá y papá, mama y dada, mati y tati, etc. Los padres tienden a pensar que por fin su hijo les llama, pero la doctora Alison Gopnik, el doctor Andrew N. Meltzoff y la doctora Patricia K. Kuhl, autores del libro *The Scientists in the Crib*, destacan un punto interesante: «No está claro si los niños dicen "mamá" y "papá" porque así es como sus queridos padres se llaman a sí mismos, o si los padres se llaman "mamá" y "papá" porque eso es lo que dicen los bebés».

Los autores también señalan que las investigaciones llevadas a cabo en los últimos veinte años han arrojado mucha luz sobre las primeras palabras pronunciadas por los bebés. De hecho, los bebés dicen «mamá» y «papá» (por supuesto, eso no soluciona el tema de qué fue antes). Además, dicen un montón de palabras de las que los adultos no se percatan, quizás porque no las esperan, palabras como «no ta», «bien», «oh», «más» y «¿qué es eso?». La psicóloga Gopnik, que realizó numerosos experimentos para descubrir qué quieren decir los bebés cuando utilizan esas palabras, se percató de que los pequeños utilizan «no ta» para referirse a objetos que han desaparecido, «bien» para indicar éxito (meter un bloque en una cesta, quitarse un calcetín), y «oh» para fracaso (derramar algo o caerse).

¿QUÉ? ¿NO PAPÁ?

Para horror de su padre, el niño empezará a llamar «papi» a todos los hombres, desde su padre hasta el repartidor. Que sea capaz de reproducir una palabra no significa que el niño la entienda. Hasta que haga ese salto cognitivo, «papi», como muchas de las primeras palabras, tendrá un significado especial para el niño. Pero tardará un tiempo en relacionar la palabra con el hombre que va a casa cada noche y le persigue por la salita.

Algunos padres se quejan de un problema un poco diferente. Como me dijo uno hace poco tiempo, «Si Alexandra sabe decir "Mamá", ¿por qué no puede decir también "Papá"?». Resultó que Alexandra casi nunca oye la palabra «Papá», ya que todo el mundo llama a su padre por el nombre de pila. «¿Y cómo quieres que tu hija aprenda a llamarte "Papá" si no es oyendo que te llaman así?»

Al principio, las palabras tienen significados idiosincrásicos que sólo vuestro hijo (y sus hermanos mayores, *ver cuadro de la página 181*) pueden descifrar (como el «bibi sumo» de mi hija Sara). Puede significar o no lo que vosotros pensáis, motivo por el que es tan importante que observéis y escuchéis atentamente, para poder discernir e inferir a partir del contexto. No obstante, al final empezará a comprender el significado real de la palabra y lo aplicará a un buen número de situaciones. Eso es un logro. Una cosa es decir una palabra y otra muy diferente es utilizarla correctamente para nombrar un objeto y darse cuenta de que, a pesar de que dos objetos sean claramente diferentes, pueden llamarse igual. Amy, por ejemplo, que aprendió a decir «mión», también reconocía que los vehículos grandes y ruidosos que pasaban por la calle se llamaban igual que los juguetes con los que jugaba en casa. No es extraño que cuando un niño empieza a entender esa idea tan increíblemente compleja, la de que las palabras designan cosas, suela ser a la misma edad en que dé rienda suelta a los juegos imaginarios, para los cuales también ha de comprender representaciones simbólicas.

Cuando vuestro hijo se encuentra en esta etapa, su mente se expande rápidamente. Es como un ordenador y tenéis que ayudarle a introducir nuevos datos. Sólo intenta hacerse una idea de lo que significa su recién adquirido vocabulario. A veces puede resultar frustrante, tanto para vosotros como para él. Puede que sepa exactamente lo que quiere pero que no encuentre la palabra para decirlo. Ayudadle nombrando cualquier cosa que señale. O puede que diga una palabra, por ejemplo «taza», y que penséis que quiere *ver* la taza que hay sobre la estantería, pero que lo que le ocurra sea que tenga sed. Si creéis que sólo está pidiendo la taza, dádsela. Si protesta, decid: «Ah, debes de tener sed». Ponedle un poco de agua en la taza y dadle de beber.

Las primeras palabras que dicen los niños varían, aunque entre ellas están: agua, comer, beso, gatito, baño, zapato y zumo, realidades de la vida diaria de los niños. En ocasiones, vuestro poeta principiante captará una palabra a la primera. Pero recordad que, del mismo modo que un adulto ha de oír una palabra más de una vez, releer su definición y verla en uso varias veces antes de aprenderla realmente, también los niños de primera infancia necesitan un poco de práctica con sus primeras palabras. Mi filosofía es la misma que con la comida: dad cuatro o cinco oportunidades para acostumbrarse a ella. No os mostréis frustrados si no repite la palabra; simplemente, aceptad el hecho de que no está preparado.

Empezad a nombrar también las emociones. Mostradle una fotografía y decid: «Esta niña parece triste». O «¿Cuál de estos niños está triste?». Preguntadle qué le hace estar triste. Indicadle que a veces las personas lloran cuando están tristes. Mirad si es capaz de poner cara triste (*ver también página 259*).

> *Consejo: reaccionad apropiadamente cuando vuestro hijo exprese una emoción. Cuando un padre piensa que su hijo ha puesto cara de pucheros y responde riendo o abrazándole porque lo encuentra adorable, eso confunde al niño. Y lo que es peor, en poco tiempo no sabréis si hace pucheros para expresar su descontento o para captar vuestra atención (ver páginas 270-271).*

Recordad que para un niño de primera infancia todo resulta interesante; cada nueva experiencia añade conocimientos a su aprendizaje. Nombrad las cosas y actividades que veáis y hagáis a lo largo del día (*ver mi guión de las páginas 177-178*). Hablad con él todo el tiempo, con frases cortas: «Mira, un coche rojo». Vuestro hijo también será capaz de responder a preguntas sencillas («¿Dónde has puesto el osito?») y a órdenes que requieran una sola acción («Tráele los zapatos a mamá»). Cuando solucione problemas sencillos y ejecute órdenes con éxito se sentirá importante y orgulloso. Dadle muchas oportunidades de hacerlo cada día: «Tráeme el libro del conejito», «Pon los muñecos que quieras en la bañera», «Elige un libro».

Juega a nombrar objetos. Toda la labor de nombrar objetos y las conversaciones que hayáis tenido durante los últimos meses de repente cobrarán valor con una expresión virtual de palabras. Si habéis llevado un diario de las primeras palabras de vuestro bebé, posiblemente tengáis escritas una veinte o treinta, pero ahora no podréis seguir su ritmo, ya que será como si vuestro hijo lo señalara todo y lo nombrara. En cuestión de dos o tres meses, el vocabulario de vuestro hijo puede aumentar de veinte palabras a más de doscientas (y cuando tenga cuatro años, a más de cinco mil). Os pedirá que le nombréis cualquier cosa que no conozca. Y, si bien antes no podíais fiaros de que recordara la palabra, ahora su memoria os dejará de piedra.

Existen muchas teorías científicas sobre qué provoca esa repentina eclosión verbal. La mayoría coincide en que marca una nueva etapa de desarrollo cognitivo y en que el niño debe haber aprendido entre treinta y cincuenta palabras antes de que ocurra. Cualquier niño que juegue a ese juego reconoce que los objetos de su entorno tienen nombres y aprende a preguntar: «Qué es eso?». También es probable que absorba todo lo que oiga, y cuando digo todo quiero decir *todo*. Cuidado con lo que decís, a menos que queráis oír a vuestro pequeñín decir: «¡Mierda!» (o cosas peores) en lugar de «¡Vaya!». Yo exclamaba diciendo: «¡Jesús!» cuando me sentía contrariada, pero no tenía ni idea de que Sara se hubiera dado cuenta de ello. Un día, en el supermercado, la señora que teníamos delante tiró una botella de lejía al suelo y Sara exclamó en voz muy alta «¡Jesús!». Quise que se me tragara la tierra.

Es probable que vuestro hijo empiece a unir palabras en frases simples de dos palabras: «Mamá, coge», «Dame galleta», «Papá, adiós». Puede que incluso le oigáis hablar solo mientras juegue o al ir a la cama, mientras se va quedando dormido. Damos el lenguaje por supuesto porque sale por nuestra boca sin que ello nos suponga un esfuerzo. Pero pensad por un momento qué hazaña supone para vuestro hijo: ahora ya sabe lo bastante no sólo para utilizar más de una palabra a la vez, sino para poner las palabras en el orden correcto y utilizarlas para procesar sus pensamientos en voz alta.

> *Consejo: a veces los niños pasan por una etapa de ecolalia, es decir, de repetir todo lo que oyen. En lugar de responder a la pregunta «¿Quieres Cheerios o Smacks?», repiten «Cheerios o Smacks». Aunque creo que hay que animar a los niños a hablar, en este caso, sería mejor pedir al niño que señalara cuáles prefiere.*

En esta etapa, muchos niños empiezan a establecer categorías de objetos. Por ejemplo, si le ponéis un grupo de juguetes delante y le pedís que ponga unos a la derecha y otros a la izquierda, encontrará alguna manera de dividirlos; por ejemplo, los coches a un lado y los muñecos al otro. Y, mientras que antes puede que llamara perritos a todos los animales de cuatro patas, ahora se da cuenta de que también existen las vacas, las ovejas y los gatos. Un buen juego para reforzar su comprensión es pedirle que nombre todos los animales que conozca, o todos los animales que vivan en un zoológico o en una granja.

A pesar del torrente de palabras que salen de la boca de vuestro hijo, esta época también puede resultar muy frustrante. Puede que tenga problemas para pronunciar determinadas palabras. Puede que se encuentre en medio de una conversación y no sepa cómo nombrar algo. Hará montones de preguntas. Y una de sus palabras preferidas será «¡No!».

> *Consejo: «¡No!» no es necesariamente una señal de obstinación en un niño de primera infancia. De hecho, puede que ni siquiera sepa lo que significa. Los niños pequeños suelen decir «no» porque es una palabra que oyen con frecuencia. Por lo tanto, un modo de cortar esa aparente negatividad es controlar las veces que decís «no» vosotros mismos. Otro modo es aseguraros de que escucháis a vuestro hijo y le habláis, y de que le prestáis la atención que necesita.*

Es el momento de empezar a enseñarle buenos modales. Cuando pida algo, recordadle que ha de pedirlo por favor, y decid «por favor» por él. Cuando le acerquéis el objeto en cuestión, ha de decir «gracias», de modo que volved a decir «gracias» por él. Haced esto cincuenta veces al día, repitiendo la misma secuencia, y no tardará en pasar a formar parte de su discurso social.

> *Consejo: si habéis enseñado a vuestro hijo a decir «perdón» cuando interrumpe una conversación, cuando lo haga, no le digáis: «Espera a que acabe. Será un minuto». En primer lugar, no sabe qué significa «un minuto». En segundo, le estaréis transmitiendo un mensaje confuso. Después de todo, ha seguido vuestra regla y entonces la habéis cambiado pidiéndole que espere. En lugar de eso, felicitadle por ser tan educado y escuchad lo que tenga que decir. El otro adulto con quien estéis hablando lo entenderá.*

En esta etapa, cuando vuestro hijo empieza a ampliar su vocabulario y a expresar ideas aún más complicadas, «aclarar» es de una importancia vital. Aunque nunca sugiero que los padres se sienten a enseñar a los hijos, sí que os recomiendo que intentéis estructurar el tiempo de juegos de modo que el niño tenga oportunidad de manipular las formas

LA CONVERSACIÓN DE UN NIÑO DE PRIMERA INFANCIA

ACURRUCARSE CON UN BUEN LIBRO (CON UN NIÑO AGRADECIDO)

Incluso a los bebés les encanta «leer». Iniciad al niño pronto y los libros se convertirán en sus amigos. No os limitéis a leerle los libros: cambiad el tono de voz e interpretad los diferentes personajes de la historia. Hablad también sobre ellos. Los mejores libros para niños menores de tres años tienen:

Un hilo conductor sencillo: a los niños pequeños les gusta identificar los objetos, pero cuando se van haciendo mayores pueden seguir el hilo de una historia sencilla.

Resistencia: sobre todo en el caso de niños menores de quince meses, aseguraos de que la impresión sea no tóxica y de que las páginas sean de cartón.

Buenas ilustraciones: las ilustraciones realistas, definidas y de colores vivos son las mejores para los niños pequeños; conforme se van haciendo mayores, pueden incluir criaturas fantásticas.

y trabajar con los colores. No lo machaquéis con el tema de los colores; dejad que los aprenda de forma natural: el plátano amarillo, el coche rojo, etc. Los juegos también van bien para aprender los colores. Dadle una camiseta roja y pedidle que busque unos calcetines rojos que peguen con ella. Los niños aprenden antes a reconocer los colores que a nombrarlos. Introducid también los conceptos de suave y duro, plano y redondo, dentro y fuera. Utilizando esas palabras ayudáis a vuestro hijo a ver que los objetos tienen características específicas.

Le seguirá gustando jugar a algunos juegos de bebés y cantar canciones infantiles que entonaba cuando era más pequeño, pero que ahora entiende mucho mejor. Empezará a repetirlas, incluso a recitarlas solo. Le encantará el ritmo y la repetición. Los niños también adoran la música y aprenden las letras de las canciones con bastante facilidad. Y aún mejor cuando hay gestos que acompañan a las palabras: a los niños les encanta imitar los movimientos propios de los adultos.

Los juegos para aprender a contar también son fantásticos, ya que ayudan a mejorar la comprensión de los números. Podéis recitar canciones o poemas con números: «Un patito, dos patitos, tres patitos, cua», etc.

En esta etapa debéis poner especial cuidado en sintonizar con vuestro hijo. Como siempre, dejad que sea él quien lleve la voz cantante.

Hablad de las cosas que le interesan: lo que mira, con lo que juega. Las palabras que aprenderá primero serán las asociadas a sus rutinas cotidianas. Formuladle también preguntas que le ayuden a desarrollar la memoria y a pensar en cosas del pasado y del futuro («¿No nos lo pasamos bien ayer en el parque?», «La abuela vendrá a vernos mañana. ¿Qué podemos prepararle para comer?»). Un aspecto muy importante es que al entablar una conversación alegremente, dais a vuestro hijo la sensación de que la comunicación es una capacidad valiosa y maravillosa.

Es un hablador de pleno derecho. En algún momento entre los dos y los tres años, vuestro hijo reúne palabras y habla en frases de tres y cuatro palabras. Puede cometer muchos errores gramaticales, decir «no cabo» en lugar de «no quepo», por ejemplo, pero no os preocupéis, porque vosotros no sois sus profesores de castellano. Aprenderá las formas correctas más por imitación que porque le corrijan. A esta edad ya ha comprendido la importancia que tiene el lenguaje como herramienta social, como medio para expresarse y abrirse camino. Puede utilizar las palabras, jugar con ellas, deleitarse con ellas. Leer, recitar poemas, cantar canciones, etc., son algunos de los pasatiempos que adora y que contribuirán a seguir agudizando su capacidad de lenguaje. Ahora, en sus juegos imaginarios, añade narraciones a la acción. Dadle ropa para que se arregle y asistid a sus fiestas del té. Proporcionadle un montón de cosas, como un estetoscopio, un maletín y demás cosas que utilicen los mayores. Podéis darle lápices de colores para que dibuje con ellos, o puede que os diga que está «escribiendo». En realidad, sus garabatos tendrán más parecido con la escritura adulta ahora que hace unos meses.

A esta edad, algunos niños pequeños empiezan a divertirse con los libros del alfabeto, pero no os sentéis a intentar hacer que vuestro hijo aprenda el alfabeto. Recordad el mantra HELP: conteneos hasta que muestre interés por aprender. Lo más importante no es que identifique las letras visualmente, sino que reconozca los sonidos con que se corresponden. Podéis convertirlo en un juego: «Vamos a buscar cosas que empiecen por la letra P. Pe, pe, pe... Ya está... ¡pelota! ¿Tú qué ves?».

Ahora, si habéis decidido incluir los libros como parte de su ritual antes de ir a dormir (y, si no es así, ¿a qué se debe?), a vuestro hijo le encantará leer. Que no os sorprenda que os pida el mismo cada noche durante muchos meses. Si intentáis saltaros alguna página, se quejará:

«¡No! Así no es. Ahora viene cuando sale el pollito». Con el tiempo, puede que hasta os informe de que será él quien os «lea» el cuento a vosotros. Y podéis estar seguros de que habrá memorizado cada página.

HABLAR O NO HABLAR

Cuando los niños empiezan a hablar son una delicia y, otras veces, como ilustra mi historia con Sara en el supermercado, nos hacen protagonizar situaciones embarazosas. Los niños que mejor lo hacen son aquellos cuyos padres utilizan mucho el sistema HEA: Hablar, Escuchar y Aclarar. Esos padres pasan muchísimo tiempo con ellos. No hablan como los bebés, ya que entonces su hijo aprendería a pronunciar las palabras mal. Son pacientes y dejan que el niño se desarrolle al ritmo que le resulte más cómodo. Y, por muy contentos que estén de que su hijo progrese, no le hacen actuar como si fuera una foca del circo («¡Canta la canción a la tía Mabel!»).

Como se afirma en la tabla de la página 196, es importante estar atento a las señales de alerta que pueden indicar pérdida de audición o retraso evolutivo. Pero también se dan casos en los que los niños no tienen ningún problema físico y, con todo, no empiezan a hablar cuando se supone que deben hacerlo. Hace poco, Brett, una madre trabajadora muy astuta, me explicó uno de estos casos. Jerome, que entonces tenía quince meses, no intentaba pronunciar palabras como hacían todos los niños de su edad. Brett no estaba alarmada, porque sabía que no todos los niños evolucionaban al mismo ritmo. Con todo, tenía la corazonada de que algo no marchaba bien. El misterio se resolvió un día que Brett salió antes del trabajo. Como sabía que a aquella hora la niñera y Jerome estarían en el parque, se dirigió hacia allí directamente. Al observar la relación entre su hijo y la niñera, que se mostraba muy amorosa y atenta, Brett se dio cuenta de qué ocurría. La niñera jugaba con él, pero no le hablaba mucho. Y cuando lo hacía, era en voz muy baja y con monosílabos. Por mucho que le gustara aquella niñera, tenía que encontrar a otra persona que hablara animosamente con su hijo. Días, sí, días después de que la nueva niñera comenzara a pasar tiempo con Jerome, éste empezó a formar palabras.

¿SON DOS LENGUAS MEJOR QUE UNA?

A menudo me preguntan sobre las lenguas extranjeras y si es una buena idea exponer a los niños a más de una lengua. Si en vuestra casa se hablan dos lenguas, ¿por qué no? Aunque a veces al principio se retrasa el desarrollo del lenguaje, existen estudios que indican que, más adelante, los niños bilingües son mejores en las tareas cognitivas. Entre los uno y cuatro años, los niños son muy receptivos a aprender más de una lengua. Si se les habla con corrección gramatical, pueden aprender las dos lenguas simultáneamente y hablarlas con fluidez a la edad de tres años. De modo que si tenéis lenguas maternas diferentes, cada uno debería hablar en su propia lengua. Y si tenéis una niñera que no hable bien el castellano, es mejor que también hable en su lengua materna.

La moraleja de esta historia es que no sólo tenéis que aseguraros de que mantenéis un diálogo constante con vuestro hijo, sino también de que los demás adultos que hay en su vida lo hacen. Si os preguntáis si la niñera o la canguro hablan con vuestro hijo, podéis averiguarlo fácilmente. Haced que vaya a vuestra casa mientras estéis vosotros presentes y observad. Yo no creo en las cámaras para espiar a las niñeras. Me parece una contradicción espiar a la persona a la que confías el cuidado de tu hijo. Además, uno debe estar presente e implicarse para observar. Haced lo mismo en el caso de la guardería. Una pareja que desde hacía poco llevaba a su hijo a la guardería iba al centro tres veces a la semana hasta que estuvieron de acuerdo con el nivel de cuidados y conversación. En ambas situaciones, sed sinceros con la persona que proporciona los cuidados: «Sólo queremos asegurarnos de que Katie y tú habláis mucho». Tenéis todo el derecho a insistir. De hecho, no hablar a un niño es como no darle de comer. De un modo, pasa hambre el cuerpo y, del otro, el cerebro.

También he visto casos en los que la madre no para de hablar al niño y el padre dice que no sabe cómo hablar con él. Una señora me dijo un día que cuando su marido se quejaba diciendo «No le gusto a Charlie» ella le respondía «Eso es porque no hablas con él. Sino, ¿cómo os vais a conocer?». La respuesta del padre fue «Bueno, es que yo no soy muy hablador». Cuando me explicaba la historia, la esposa admitió: «Es cierto. Yo hablo por los dos».

Bajo mi punto de vista, eso es inaceptable. Los padres han de empezar a hablar con su hijo antes de que el niño ya pueda jugar a fútbol.

Encargaos de la rutina de leerle un cuento por la noche. Un libro es ideal para iniciar una conversación, de modo que no os limitéis a leerlo; hablad de él. En otros momentos del día, hablad de cualquier cosa que hagáis. Supongamos que un sábado por la mañana tenéis intención de lavar el coche. Decid: «Mira Billy, me estoy preparando para lavar el coche, ¿ves? Pongo jabón en el cubo, lo lleno de agua. ¿Quieres tocar el agua? Te voy a poner en el cochecito para que puedas mirar. ¿Ves cómo lava el coche papá? ¿Ves la espuma que hace el jabón? Mira cómo salpica el agua. Está fría». No importa el tema del que habléis (trabajo, tareas del jardín, el partido de baloncesto), pero hablad de lo que ha sucedido, de lo que sucede ahora y de lo que sucederá después. Cuanto más habléis, más natural parecerá y más fácil resultará.

Como ya hemos repetido a lo largo de este capítulo, *todo el mundo* que trata con un niño que balbucea ha de mantener conversaciones con él. Como concluye el estudio *From Neurons to Neighborhoods* (ver página 33): «Cuanto más se habla a los niños, más hablan ellos y más elaborado se vuelve su discurso». Antes de que os deis cuenta, vuestro pequeño estudiante de intercambio hablará con tanta fluidez que su «benguaje» será ya cosa del pasado. Como veréis en el próximo capítulo, vuestro hijo va a necesitar esas habilidades lingüísticas cuando se aventure hacia el mundo real desde la seguridad de la familia.

EL DESARROLLO DE LA CAPACIDAD VERBAL: QUÉ BUSCAR

Incluyo esta tabla porque me consta que a los padres les gusta saber en qué punto se encuentran sus hijos. Sin embargo, entre un niño y otro se dan tremendas variaciones de desarrollo; así que os recomiendo que utilicéis estos datos sólo como directrices generales. Recordad también que muchos de los niños que hablan tarde acostumbran a ponerse al día hacia los tres años.

Edad	Logros en la capacidad verbal	Alertas
8-12 meses	Aunque algunos niños empiezan a decir «mamá» o «papá» con sólo siete u ocho meses, cuando tienen alrededor de un año la mayoría es capaz de relacionar esas palabras con la persona adecuada. También pueden reaccionar ante órdenes que sólo requieren una acción («Dámelo, por favor»).	El niño no reacciona cuando se dice su nombre; no balbucea grupos de sonidos, ni largos ni cortos; no mira a las personas que le hablan; no señala lo que quiere ni emite sonidos para conseguirlo.
12-18 meses	Las primeras palabras de un niño son nombres simples («gato», «nene»), los nombres de personas especiales y unas cuantas palabras que indican acciones («arriba», «ir»); quizás sean capaces de reaccionar a órdenes que requieran una o dos acciones («Ve a la sala y coge el muñeco»).	El niño no dice ni una palabra, aunque sea poco clara.
18-24 meses	El niño puede ser capaz de decir hasta diez palabras diferentes, así como un buen número de galimatías.	El niño no dice más que unas pocas palabras claramente; a los veinte meses no es capaz de cumplir una simple demanda («Ven con mamá»); no responde a preguntas sencillas diciendo «sí» o «no».
24-36 meses	El niño tiene una palabra para casi todo; combina las palabras en frases para expresar pensamientos y sentimientos; aunque su gramática aún no es perfecta, su vocabulario es bastante amplio; el niño puede mantener una conversación con un adulto.	El niño utiliza menos de cincuenta palabras y no las combina; no entiende los diferentes significados (arriba/abajo), o no reacciona ante órdenes que requieran dos acciones; no se percata de los sonidos de su entorno, como de la bocina de un coche.

CAPÍTULO SEIS

EL MUNDO REAL:
AYUDAR A VUESTRO HIJO A PRACTICAR
HABILIDADES QUE LE SIRVAN EN LA VIDA

*Con el paso de los años, he llegado a darme
cuenta del impacto que las experiencias
de mi más tierna infancia han tenido en
mi modo de comprender el mundo y funcionar en él.*

DOCTORA NANCY NAPIER,
Sacred Practices for Conscious Living

¡AYÚDAME/DÉJAME!

- La pequeña Peggy, de diez meses, llora en brazos de su padre. Es el día en que su madre regresa al trabajo y Peggy, que quiere a su padre con locura, se siente privada de su madre, que sale por la puerta. No sabe si volverá a verla.

- Gary, de quince meses, mira con respeto a la camarera que echa el agua en los vasos. Es la primera vez que va a un restaurante. Cuando alcanza uno de los vasos que le quedan más cerca, su madre intenta ayudarle, pero él se lo impide: «¡No!».

- Julie, de dos años de edad, está de pie en el umbral de una gran habitación, observando a los niños correr, saltar sobre sus compañeros, lanzarse pelotas enormes. Es el primer día que va a clases de gimnasia para niños. Quiere unirse a ellos, y en cambio se agarra con fuerza a la mano de su madre.

- Dirk, de un año de edad, camina y mira a su alrededor durante un momento. Es la primera vez que va al parque. Ve los balancines, la jungla de madera y el columpio, pero sólo se suelta de la mano de la niñera cuando ve el cajón de tierra, ya que es como el que tiene en el jardín de su casa.

- Es la primera vez que la pequeña Allie, de dieciocho meses, va a un zoológico infantil. Dice «taa-taa» cuando ve la fotografía de una cabrita y reconoce que el animal que tiene delante es el que sale en su libro preferido. Con todo, no sabe si ponerse a llorar o si tocarlo.

La primera infancia, más que cualquier otra etapa de la vida, está marcada por un número sin precedentes de primeras veces, muchas de las cuales ya hemos tratado: los primeros pasos, la primera palabra, el primer trocito de comida sólida, el primer pipí en el váter. Pero todo eso ocurre dentro del ámbito familiar y seguro del hogar. En cambio, los descritos más arriba se dan en el mundo real y requieren un comportamiento más adulto. Resulta comprensible que, con frecuencia, los niños se enfrenten a estas primeras veces con ambivalencia. Es lo que yo denomino el dilema del «ayúdame/déjame»: quieren explorar, pero también quieren saber que el terreno que les resulta familiar no está muy lejos. Quieren independencia, pero también quieren saber que uno de los padres está allí con él, a cada paso del camino.

La sincronización es lo que hace que la primera infancia resulte una etapa tan desafiante. Desde el preciso momento en que vuestro hijo desarrolla la capacidad intelectual para entender que vosotros, las figuras más indispensables en su vida, podéis dejarle, el pequeño desarrolla también la capacidad física de aventurarse en solitario. Quiere alejarse de vuestro lado... y, de repente, quizás no quiere. Cuando era un bebé, reaccionabais a cada llamada automáticamente y con rapidez (espero). Pero, ahora, a veces ha de superar vuestra ausencia y tranquilizarse él mismo. Ha de hacer un cambio monumental y pasar de ser el centro del universo a formar parte de un grupo y tener empatía. El gran mundo cruel espera que tenga paciencia y control, que comparta y espere su turno. ¡Horror!

Aunque no podáis imaginar que vuestro hijo pueda alejarse de vosotros en dirección a un comportamiento más civilizado, eso no va a suceder de la noche a la mañana. El desarrollo social (la capacidad de interactuar en una serie de experiencias nuevas y con personas ajenas a la familia) y el desarrollo emocional (la capacidad de mostrar autocontrol frente a esos desafíos y de consolarse cuando las cosas no van como uno quiere) actúan lentamente y al ritmo único de vuestro hijo. Y mientras se dan esos cambios monumentales, la lucha del ayúdame/déjame puede cansar tanto a los padres como al hijo.

Por supuesto, algunos niños son más competentes que otros desde el punto de vista social. Otros son mejores consolándose solos. Los investigadores sospechan que tanto el desarrollo del lenguaje como de la personalidad son factores importantes; obviamente, si tienes un hijo maduro que sabe pedir lo que quiere y explicar cómo se siente, tendrá menos problemas a la hora de separarse de vosotros, enfrentándose a las situaciones y formando parte de un grupo. Pero, independientemente de cuál sea el carácter de vuestro hijo, de lo bien que hable, de la capacidad de arreglárselas que haya adquirido, a la mayoría de niños de primera infancia le cuesta adquirir las capacidades sociales y emocionales. Del mismo modo que no vienen a este mundo sabiendo utilizar la cuchara o el orinal, tampoco vienen con el deseo de compartir ni sabiendo controlar sus instintos básicos o calmarse cuando las cosas se ponen feas. Necesitan que les dirijamos.

INTENTAD ESTO EN CASA: ENSAYOS PARA EL CAMBIO

Ser un niño de primera infancia es una preparación para una vida más adulta. Cada nueva situación y nueva relación supone una lección. Si esperamos que los niños pequeños salgan adelante en el mundo real, hemos de proporcionarles las herramientas para hacerlo, así como una buena dosis de práctica. Eso no significa que salgáis corriendo y apuntéis a vuestro hijo a piscina para que esté preparado para el primer día que vaya a la playa. Ni que le pongáis en una clase de niños pequeños para que aprenda habilidades sociales. Para cada desafío al que se enfrente vuestro hijo tenéis que planear lo que yo denomino *ensayo para el cambio*.

ENSAYOS PARA EL CAMBIO

Cualquier relación o situación puede ser un ensayo para el cambio, un contexto más manejable y menos amenazador, que proporcione a vuestro hijo la práctica y las capacidades necesarias para enfrentarse a circunstancias comparables al mundo real.

- Relación con vosotros → con otros adultos → con los amigos.
- Cena familiar → restaurante.
- Juegos en el jardín → parques, recreos.
- Baño y juegos con agua en casa → piscina, playa.
- Tener una mascota en casa → zoológico.
- Ir en coche y recados rápidos → ir de compras.
- Viaje corto y dormir en casa de los abuelos → viaje largo y dormir en un hotel.
- Rato para jugar → grupo de juegos → clase de niños de primera infancia → preescolar.

Un ensayo es una carrera en seco, un momento en el que los actores intentan leer el guión y perfeccionar sus movimientos. Lo que yo llamo *ensayo para el cambio* es más o menos lo mismo, un modo de proporcionar a vuestro hijo práctica en las capacidades que necesita para manejar las diferentes situaciones del mundo real, animándole a practicar antes en casa. Un ensayo para el cambio puede preparar a vuestro hijo para relaciones, actividades, o para ambas cosas. Los niños que experimentan con más comportamientos adultos en el entorno conocido y controlado que es el seno familiar (comer en la mesa, compartir, ser agradable con una mascota) tienden a pasarlo menos mal con las experiencias desconocidas que se den fuera de su casa, con las personas nuevas, con los viajes y con las transiciones. En el cuadro de la página 201 aparecen varios ejemplos de ello; probablemente se os ocurran otros.

Para ofrecer a vuestro hijo la práctica que necesita, consideraos directores que han de programar y supervisar los diversos ensayos. La clave para una producción exitosa, es decir, para que coopere y muestre voluntad de aprender, se basa en el lazo que exista entre vosotros. En otras palabras, si vuestro pequeño se siente vinculado a vosotros, pondrá voluntad en los ensayos, en aprenderse el guión, en probar nuevas capacidades y en desarrollar sus capacidades. Estamos ante una paradoja interesante: cuanto más sienta que estáis ahí, más fácil le resultará intentar ser una nueva persona más independiente. Y si le dais oportunidades de practicar en momentos emocionalmente difíciles y de ensayar con vosotros al principio, llegará a ver que es competente y que se las puede arreglar, al principio con vosotros al lado y, finalmente, por sí solo.

Después de todo, vosotros sois el centro del universo de vuestro hijo. Lo normal para él es correr hacia vosotros cuando está cansado, esconder la cara en vuestro regazo cuando una situación le parece demasiado dura, miraros para sopesar vuestra reacción, o mostrarse preocupado cuando os vais. Todo eso forma parte de la primera infancia. Pero ver que estáis ahí y que, cuando os vais, regresáis, aumenta su confianza en vosotros y en el mundo. «Mamá ha dicho que volvería y ha vuelto, de modo que supongo que el mundo es un lugar bastante bueno.»

> *A un niño puede no importarle quién le corta el pelo o a quién se le paga en la tienda de juguetes, pero le importa mucho quién le sostiene cuando se siente inseguro, quién le reconforta cuando está herido, y quién comparte los momentos especiales de su vida.*
>
> De *Neurons to Neighborhoods*
> (cita en la página 33)

Sin lugar a dudas, os perderéis señales y olvidareis algunos consejos. Pero cada ensayo hará que vuestro hijo sea más competente. A lo largo de este capítulo, os ofrezco ejemplos concretos que os ayudarán a programar y dirigir ensayos para el cambio que quizás os ayuden a preparar a vuestro hijo para tres importantes tipos de *primeras veces*:

PRIMEROS MIEDOS: practicar el autoconsuelo cuando se enfrente a emociones intensas.

PRIMERAS CORRERÍAS: practicar el comportamiento en público en restaurantes y demás experiencias nuevas.

PRIMERAS AMISTADES: practicar capacidades sociales en la relación con sus semejantes.

EN CUALQUIER SITUACIÓN

Ensayos para el cambio exitosos...

- Implican preparación y premeditación.
- Son realistas y tienen en cuenta lo que el niño puede manejar.
- Se llevan a la práctica cuando los niños no están cansados ni quejicas.
- Presentan nuevas ideas y capacidades lentamente.
- Se construyen gradualmente en duración o intensidad.
- Tienen en cuenta los sentimientos del niño.
- Muestran a los niños, a través del ejemplo de los adultos, el modo como se espera que actúen.
- Acaban la actividad u ofrecen las premisas, a ser posible, antes de que el niño se frustre o esté fuera de control.

LOS PRIMEROS MIEDOS: IDENTIFICAR EMOCIONES Y PRACTICAR CONDUCTAS PARA TRANQUILIZARSE A SÍ MISMOS

Prácticamente todos los niños de primera infancia tienen algún miedo: a la separación, a objetos o animales, a otros adultos o a niños. Puesto que es imposible determinar exactamente qué es lo que hace que un niño sea aprensivo (el carácter, un trauma, la influencia de un adulto o de otro niño, algo que haya visto u oído), es difícil establecer los motivos que provocan una reacción emocional concreta. Así pues, lo mejor que podemos hacer como padres es ayudar a nuestros hijos a reconocer sus sentimientos, hacerles saber que está bien hablar sobre ellos, y animarles a aprender cómo tranquilizarse a sí mismos. Además, uno de los indicadores de referencia de la creciente independencia de un niño de primera infancia es su capacidad para afrontar nuevos desafíos y, cuando éstos le superan, para controlar sus emociones.

REGLA DE COMPORTAMIENTO EMOCIONAL

Para aprender a encargarse de sus propias emociones y a tranquilizarse a sí mismos, los niños necesitan experimentar todos los sentimientos, incluso aquellos que os puedan parecer difíciles de presenciar, como la tristeza, la frustración, el desconcierto y el temor.

Animad a vuestro hijo a ensayar un amplio abanico de emociones. Si intentáis hacer que en casa vuestro hijo sea feliz en todo momento, cuando entre en contacto con la cruda realidad le dará un ataque. Por lo tanto, tenéis que hacer ensayos emocionales, tomaros vuestro tiempo para ayudar a vuestro hijo a identificar todos los sentimientos y dirigirlos, incluidos los que solemos calificar de negativos, como la tristeza y el desconcierto. ¿De qué otro modo sino aprenderá a enfrentarse a los malos momentos del futuro y a las inevitables frustraciones que forman parte de la infancia? Igualmente importante es el hecho de que, cuando los niños no se sienten cómodos expresando esos sentimientos, no aprenden a hacerse cargo de sus emociones, a sentirlas, aguantarlas y a dejar que pasen. (*Sobre cómo nombrar las emociones, ver páginas 188 y 259*).

Recordad que vuestro hijo se guía por vosotros, incluso cuando no sois conscientes de ello. Para un pequeño que os ve como el principio y el fin de todo cuanto tiene que ver con su existencia, vuestras emociones son asunto suyo. Los niños cuya madre está deprimida, por ejemplo, a menudo adoptan ese estado y parecen tristes. Y los niños también pueden captar el miedo y la ansiedad de sus mayores. En el caso de Cheryl, por ejemplo, ella insistía en que su hijo Kevin lloraba temeroso cada vez que su suegra intentaba cogerle en brazos.

Sin embargo, tras estar un rato en casa de Cheryl y observar a Kevin, me di cuenta de que el pequeño estaba más que dispuesto a dejarme cogerle en brazos, de modo que sospeché que en la historia faltaban datos. Cheryl, una diseñadora de moda de éxito que había intentado durante varios años quedarse embarazada, había tenido a Kevin a los cuarenta años y ahora estaba centrada en él. Mientras él jugaba felizmente en el suelo, le comenté: «Kevin es atractivo y curioso, y sí, también un poco tímido. Pero si se le dan unos minutos, parece acostumbrarse a los extraños». Finalmente, le pregunté: «¿Crees que te puedes sentir incómoda cuando tu hijo está a gusto en los brazos de otra persona? ¿Podría ser que estuviera captando tu ansiedad?». Se puso a llorar; estaba claro que había puesto el dedo en la llaga. Hacía seis meses que la madre de Cheryl había muerto de cáncer. A ella aún le dolía, pero no quería admitirlo. Dijo que le encantaría salir más de casa, cosa que podía hacer si su suegra cuidaba de Kevin, pero sin duda padecía un conflicto de intereses.

Le sugerí que hiciera una serie de ensayos. Cheryl podía pedir a su suegra que fuera a jugar a su casa para que Kevin se acostumbrara a verla en situaciones cotidianas. «Y la próxima vez que tu suegra venga de visita siéntate con ella en el sofá. Pon a Kevin entre vosotras. Sin que se note, ves moviéndote de forma gradual hacia el otro lado de la sala, y después abandona la habitación por períodos de tiempo cada vez mayores.» Un niño puede ser tímido por naturaleza, puede necesitar tiempo para acostumbrarse a la gente, pero también ha de saber que su madre está bien.

En todas las situaciones, tanto en casa como fuera de ella, los niños toman sus señales emocionales de los padres, motivo por el cual éstos desempeñan un papel tan importante y tienen tanta influencia sobre ellos. Un niño de sólo seis o siete meses se dirige hacia una cosa y mira atrás, hacia su madre, como diciendo: «¿Está bien?», y una mirada dura puede detenerle. Es lo que los psicólogos llaman *referencia social*. Se han hecho algunas investigaciones fascinantes al respecto que indican su poder. En una de ellas, se pidió a las madres que miraran dentro de dos cajas vacías, una roja y otra verde. Al mirar dentro de la roja, dijeron «Oh» con monotonía; al mirar dentro de la verde, exclamaron «¡Oh!» con voz muy emocionada. Invariablemente, cuando se preguntaba a los niños qué caja preferían, la roja o la verde, casi todos ellos dijeron que la verde.

Estad a disposición de vuestro hijo. Aunque los directores no suben al escenario con los actores, se quedan entre bambalinas por si surge algún problema. Sin embargo, con mucha frecuencia, las escenas se interpretan del siguiente modo. Una madre entra en un grupo y deja a su hijo en el suelo. El pequeño inmediatamente se le agarra a la pierna y la madre intenta que se suelte: «Vamos, Johan, no pasa nada. Anda, suéltame». Mientras tanto, el niño parece muy afectado. La madre no hace más que inventar excusas: «Es que está cansado», «no ha hecho la siesta» o «se acaba de despertar».

Puesto que continúa llorando, finalmente me mira, avergonzada y confundida, en busca de consejo desesperado. «Antes de nada, agáchate a la altura de tu hijo», le indico. «Actúa como si estuvieras a su disposición, puedes levantarte... pero hazlo de forma gradual». Aún peores son las madres que se marchan sin que sus hijos las vean. Cuando el pequeño se da la vuelta, le entra el pánico porque mamá no está donde él la dejó. ¿Quién puede culparle?

Vuestro modo de ser padres también puede afectar a la voluntad de avanzar de vuestro hijo. ¿Le animáis a explorar o inconscientemente le retenéis? ¿Le hacéis saber que creéis en él, que sabéis que es capaz de controlar sus emociones?

Volved a pensar en las tres madres que presentamos en el capítulo dos (*páginas 84-86*). Mientras observan a sus hijos jugando en grupo, cada una de ellas manda mensajes totalmente diferentes a sus hijos. Cuando la pequeña Alicia pisa un muñeco y se cae, mira a su madre (Dorrie, la controladora) con una expresión confusa que indica «¿Me he hecho daño?». Dorrie casi no levanta la cabeza. «¿Estás bien?», le pregunta con dureza. Quizás Dorrie intente «endurecerle», una frase que suele utilizar al hablar con las otras madres. Pero Alicia parece alicaída:

piensa que ha hecho algo mal. Intercambios como este niegan los sentimientos de Alicia y, con el tiempo, puede que no haga caso de sus propias percepciones y acabe dependiendo de las opiniones de los demás.

Clarece (la permisiva) siempre está inclinada sobre Elliot. Aun cuando el pequeño está jugando alegremente, ella tiene una mirada ligeramente ansiosa. El mensaje no-verbal que envía a su hijo es del todo diferente al de Dorrie: «Mejor será que te quedes a mi lado; no estoy muy segura de que vayas a estar bien». Con el tiempo, la vigilancia de Clarece puede suprimir el deseo de Elliot de explorar. Si no confía en sus capacidades, puede quedarse atrás.

En cambio, Sari (la madre HELP) se muestra calmada y sosegada con su hijo. Cuando Damien la mira, ella le sonríe tranquilizadoramente pero continúa hablando, para que Damien sepa que ella cree que está actuando bien. Cuando el niño se cae, ella valora enseguida su reacción, pero no acude corriendo. Y con toda seguridad, el pequeño se levanta solo, porque está bien. Cuando entabla una riña con los demás niños, le deja arreglárselas solo, a menos que empiece a pegar o a morder, o que sea él la víctima de las agresiones.

Mientras que una controladora como Dorrie tiende a empujar demasiado a su hijo y una permisiva como Clarece tiende a sobreprotegerlo, una HELP como Sari mantiene el delicado equilibrio entre apoyar la creciente independencia de su hijo y, al mismo tiempo, asegurarle que ella está ahí por si la necesita. El resultado es que sospecho que Damien se convertirá en el tipo de niño que cree en sus señales internas y confía en su propio juicio y, por lo tanto, puede solucionar problemas con seguridad.

Ayudad a vuestro hijo a controlar las emociones cuando no parece capaz de hacerlo. El carácter afecta al funcionamiento social y emocional de vuestro hijo, pero no es una sentencia de por vida. Aunque algunos niños presentan más problemas para controlar los impulsos que otros, algunos son más tímidos y otros tienen una firme disposición natural que no les inspira a cooperar con los demás. *La intervención de los padres marca la diferencia.* Una estrategia consiste en proporcionar a vuestro hijo comprobaciones de la realidad sin intentar cambiar la persona que es. Pensadlo de este modo: si estuvierais enseñando a un club de teatro, no os plantearíais el hecho de corregir a un actor o mostrarle un modo mejor de moverse por el escenario. Con el ensayo emocional y social ocurre lo mismo. Si tenéis un niño susceptible, por ejemplo, y un compañero le agobia, decidle: «Ya sé que te lleva un tiempo acostumbrarte a estar en casa de Juan, de modo que quédate conmigo hasta que quieras ponerte a jugar». Si tenéis un niño movido, que os pega para captar vuestra atención, decidle: «¡Ay! Eso duele. Ya sé que estás emocionado, Lee, pero no me has de pegar». Si vuestro hijo gruñón os tira con impaciencia de la pierna y vosotros aún estáis cenando, decidle: «Ya sé que te cuesta tener paciencia, pero aún no he acabado de comer. Cuando acabe iré a jugar contigo». Esas correcciones en la casa servirán de mucho a vuestro hijo en el mundo real. (En el próximo capítulo trataremos con más detalle el tema de los ensayos.)

Aplaudidle cuando se calme solo. Cuando vuestro hijo tenga miedo, esté cansado, agobiado, se sienta abandonado (así es como se siente un niño de un año cuando le dices «¡Adiós!»), si se vuelve hacia un objeto que significa comodidad o recurre a un comportamiento que le tranquiliza, suspirad con alivio, ya que acaba de dar un paso de gigante hacia la independencia emocional. Quizás se trate de un osito andrajoso o de otro animal blandito, de un trozo de tela harapiento o de un suéter que huele a vosotros. O quizás se chupe el dedo, mueva la cabeza, se meza, o enrosque el pelo en el dedo hasta quedarse dormido. Puede que repita canciones como si fueran un mantra o que balbucee sin sentido, que juegue con los pies, con los dedos o con las pestañas (mi

---

¿CUÁL ES TU COLCHÓN DE SEGURIDAD?

Antes de apartar la nariz ante esa cosa apestosa que vuestro hijo adora, pensad en ello. Aunque los adultos no vamos por ahí con un muñeco o un osito, continuamos utilizando objetos de seguridad durante toda nuestra vida. Yo, por ejemplo, siempre llevo conmigo un neceser con fotos de mi abuela y de mis hijos, unos cuantos cosméticos para refrescarme en el último momento y tampones... por si acaso. Cuando me dejo el bolso, me siento un poco perdida. No creo que sea ninguna coincidencia que cuando era pequeña mi abuela me diera la idea, junto con una bolsita rosa para que llevara a todas partes mis recuerdos y mis muñecos favoritos. Estoy segura de que vosotros también tenéis vuestro objeto de transición, aunque puede que lo llaméis amuleto de la suerte, o que sea una práctica como la oración de la mañana, que os haga sentir más seguros a la hora de dar la bienvenida a un nuevo día.

hija Sophie las rozaba con el dedo de un lado a otro hasta que no le quedaba ninguna), se toque la nariz o incluso se masturbe. Todas ellas son conductas que le permiten tranquilizarse.

Para sorpresa de los padres, a veces los niños adoptan un objeto sorprendente o idiosincrásico, como un bloque de plástico o un coche de juguete. O bien, adoptan un extraño comportamiento para tranquilizarse; un niño que conozco se pone a cuatro patas y se frota la parte superior de la cabeza contra la alfombra o el colchón. (Yo lo probé una vez y la verdad es que produce una especie de zumbido en la cabeza.) Un niño también puede emplear una doble estrategia: chuparse el dedo y tocarse el pelo. En algunas familias, cada niño encuentra una cosa diferente que hacer. En otras, en cambio, parece como si hasta las estrategias para tranquilizarse fueran cuestión de genética. Jennifer, la hija de mi coautora, cogía pelo de su Snoopy de peluche favorito y se acariciaba con él el labio superior mientras se chupaba el dedo índice. Su hermano menor, Jeremy, que nació tres años y medio después, hacía exactamente lo mismo para tranquilizarse.

Los objetos y comportamientos de transición no sólo son normales, sino que son beneficiosos. Cuando esté cansado o preocupado, vuestro hijo puede coger el objeto o llegar a ese estado en lugar de depender siempre de una fuente de consuelo exterior. En el mundo real, tener un colchón de seguridad es como tener un mejor amigo. (Si vuestro hijo depende de un apoyo para tranquilizarse —un objeto o una acción proporcionada y controlada por *otra persona*, como un chupete, el pecho de la madre, o que su padre le meza o le pasee— puede que tengáis que ayudarle a desarrollar una estrategia para calmarse solo; en las páginas 305-306 aparecen modos de presentar un objeto de transición a niños de ocho meses o más.)

LA REGLA DEL COMPORTAMIENTO EN PÚBLICO

No abarquéis más de lo que vuestro hijo pueda abarcar. Si un escenario en concreto os parece demasiado, iros.

LAS PRIMERAS INCURSIONES: PRACTICAR EL COMPORTAMIENTO EN PÚBLICO

A los padres les encanta llevar a sus hijos consigo cuando salen. Los ensayos para el cambio aumentan las probabilidades de que estas experiencias resulten agradables. El truco consiste en anticipar lo que ocurrirá en varios escenarios, analizar la preparación que necesitará el niño para manejar la situación y después practicar en casa las capacidades necesarias. (Releed los consejos de la página 203 como recordatorio de lo que implica un buen ensayo.)

A continuación, aparecen algunas sugerencias específicas para los tipos de salidas familiares más comunes. Veréis que he excluido Disneylandia y demás salidas extravagantes. Una de las reglas primordiales es escoger actividades apropiadas para el niño. Hasta el niño de primera infancia más valiente y adaptado puede tener miedo en un parque de atracciones. No me sorprende en absoluto que media docena de niños que conozco tengan pavor ante Mickey Mouse. ¿Os podéis imaginar cómo debe ser levantar sólo unos centímetros del suelo y ver que esa enorme cabeza de plástico se acerca hacia ti?

Cena familiar → restaurante. Los ensayos de la cena preparan a vuestro hijo para lo que encontrará en un restaurante. Como sabréis si habéis leído los capítulos anteriores, creo que los niños de primera infancia deberían sentarse a la mesa con los demás miembros de la familia, al menos unas cuantas veces por semana (*páginas 101-103 y 143-145*). La mayoría de restaurantes cuentan con sillas altas o asientos que se cuelgan, pero no esperéis que un niño se sienta cómodo en ellas si no las ha probado antes en casa. Cuando el pequeño lleve al menos dos meses de práctica comiendo en la mesa con vosotros, llevadle a su primer restaurante. Aunque fuera a cenar con vosotros cuando era un bebé, no tiene por qué estar preparado. Es más, muchos padres se quedan perplejos ante el comportamiento de su hijo en un restaurante: «Antes era muy bueno cuando salíamos, y ahora es una pesadilla sacarle de casa». Sed realistas, observad cómo se comporta vuestro hijo en la mesa de casa y tendréis algún indicio de lo que podéis esperar. ¿Cuánto tiempo suele aguantar sentado en la trona? ¿Se molesta o distrae con facilidad? ¿Es selectivo comiendo? ¿Le cuesta probar comidas nuevas? ¿Suele tener rabietas durante la comida?

Aunque vuestro hijo coma y se comporte bien en casa, la primera vez que salgáis a cenar fuera no le pidáis que se pase toda la cena sentado. Y no hagáis que ir al restaurante sea un acontecimiento, ya que el niño captará vuestra ansiedad y podría experimentar miedo a esa etapa. En lugar de eso, paraos en un café por el que paséis al dar el paseo del sábado por la mañana o tras hacer un recado (siempre que la parada no coincida con la hora de la siesta). Llevad un juguete que el niño pueda llevar al restaurante o dadle una cuchara, es mejor que luchar con él porque quiere coger toda la cubertería. Algunos restaurantes tienen libros para colorear, lo cual es fantástico. Tomaos sólo un bollo y un café, y no paséis más de quince o veinte minutos. Tras cuatro o cinco de esas excursiones, intentad desayunar. Pero estad preparados para marcharos rápido si parece ser demasiado para vuestro hijo. Volved a tomar un café y un bollo durante un tiempo.

Recordad que, independientemente de lo bien o lo a menudo que ensayéis, los niños de primera infancia tienen una capacidad de atención limitada: ni el mejor educado puede estar sentado más de cuarenta y cinco minutos o una hora. Tened en cuenta también que el niño aún no entiende el concepto de esperar. Cuando coméis en casa, normalmente hacéis primero la cena y después llamáis a todo el mundo a la mesa. Por lo tanto, puede que no se le dé bien esperar después de haber pedido la comida. Preguntad al camarero cuánto tardará la comida. Si va a ser más de veinticinco minutos, iros, o elegid quién de vosotros dos llevará al niño fuera hasta que llegue la comida. Si durante la cena el pequeño se muestra inquieto, en lugar de intentar engatusarle, cosa que suele derivar en un aumento de su agitación, utilizad el sentido común. Salid afuera con el niño y dejad que vuestra pareja pague la cuenta.

Dejad de ir a restaurantes durante un mes si la experiencia siempre acaba en desastre. En cualquier caso, evitad los restaurantes de lujo. La mayoría de niños no pueden adaptarse a ese tipo de entorno. Comprobad un restaurante antes de ir, aunque sólo sea llamando antes. Decidle al propietario que vais a llevar a un niño pequeño y preguntadle si tienen comida para niños, sillas altas o asientos que se cuelguen, y si os podréis sentar en algún lugar donde no molestéis a las demás personas. En Gran Bretaña, casi cada *pub* tiene una zona de juegos, y algunos incluso tienen patios fuera. En Estados Unidos, los restaurantes que admiten niños tienen una zona de espera en la que éstos pueden dar un paseo. Sin embargo, estad alerta con los restaurantes familiares, ya que sí que admiten niños, pero muchos de ellos también toleran un caos muy ruidoso, de modo que si después llevas a tu hijo a un establecimiento más orientado hacia adultos, no le podrás culpar si asume que gritar y correr por todas partes son modales correctos en un restaurante.

Juegos en el jardín → parques, recreos. Estar en el parque o en el recreo desarrolla las capacidades motoras mayores, como trepar, lanzar, correr, deslizarse, balancearse, columpiarse y dar vueltas. Para determinar si vuestro hijo está preparado físicamente, empezad observando en vuestro propio jardín, por decirlo de alguna manera. Si tenéis un columpio y demás parafernalias, o si le habéis llevado a un parque desde que era pequeñito, puede que su primera visita no sea un gran acontecimiento. Si, en cambio, es su primera vez, puede que se sienta superado por tantos equipamientos. No lleguéis y le dejéis en un columpio o en un balancín. Dejad que investigue y examine lo que vea. Puede que durante un ratito prefiera simplemente observar a los demás niños, o puede que salga corriendo para tirarse por el tobogán. En cualquier caso, esperad a que haga el primer movimiento. Mientras tanto, tened una pelota a mano, ya que le resultará familiar, y una mantita si hace un buen día, de modo que os podáis sentar en el césped y tomaros una bebida y un tentempié. Si, tras unas cuantas excursiones, aún se muestra algo reacio a implicarse, no pasa nada; no está preparado. Volved a intentarlo dentro de un mes.

Los recreos y parques ofrecen a los niños la oportunidad de interactuar con los demás niños. La experiencia ayudará a vuestro hijo a aprender qué significa compartir, esperar turno, ser considerado con los demás (por ejemplo, no tirándoles arena). Con todo, no le perdáis de vista ni a él ni a los demás niños. Esta situación es diferente a una cita para jugar, ya que en una cita sólo hay otro niño; tampoco es como un grupo de juegos, ya que se escogen los niños que participan en él. Estableced unos vínculos firmes. Si vuestro hijo se altera demasiado y se pone agresivo, marchaos a casa. Tenéis que ayudarle a controlar sus emociones hasta que pueda controlarlas por sí mismo. También tenéis que estar preparados para golpes y magulladuras. Añadid un botiquín de primeros auxilios a vuestro equipo.

QUÉ HACER Y QUÉ NO HACER CUANDO SE HACE DAÑO

Tanto si está en el parque como en la piscina, como en un lugar con hierba, en un momento u otro el niño se caerá.

- **No** salgáis corriendo; probablemente se asustará.

- Valorad la situación con calma para determinar si se ha hecho daño, pero no mostréis alarma.

- **No** digáis: «No pasa nada» o «No duele». No es respetuoso negar los sentimientos.

- Decid: «Vaya, eso te debe haber dolido. Ven aquí un poquito».

Baño y juegos con agua en casa → piscina, playa. A la mayoría de niños les gusta el agua, pero incluso a los pequeños que disfrutan jugando en ella puede que no les guste una piscina, un lago o el mar. La bañera, o una piscinita a la medida del niño en el jardín, son mucho más tranquilas que una enorme masa de agua (para un niño pequeño, incluso una piscina es gigantesca). Especialmente si vuestro hijo no se muestra muy entusiasmado con la idea del baño, o es del tipo al que no le gusta merodear en el agua (creedme cuando os digo que hay niños muy quisquillosos), no planeéis una excursión de seis horas hasta que sepáis cómo reacciona ante ese nuevo entorno. Ahora bien, conseguirlo puede no resultar fácil. Quizás tengáis un buen paseo en coche hasta llegar al parque acuático o la playa más cercanos, y no merezca la pena ir sólo para una hora. Si ese es el caso, tened preparado al menos un plan B, un lugar alternativo dentro de vuestra zona que podáis visitar.

La seguridad es primordial. Aunque compréis flotadores (hoy en día incluso hay bañadores con flotadores incorporados), nunca dejéis al niño solo. Protegedle también la piel; la luz deslumbrante de una piscina o de la arena hace a los niños aún más vulnerables a las quemaduras solares. Dejadle puestos al menos un gorro y una camiseta de manga corta para no dejar expuesta demasiada superficie cutánea. En la playa, los niños también se pueden quemar por el viento. Habrá arena por todas partes, y cuando digo por todas partes, quiero decir *por todas partes.* Llevad una sombrilla, camisetas de repuesto, bolsas para los pañales, crema protectora de factor 60 como mínimo, cuando no de protección total, y una bolsa térmica para mantener frescas las bebidas y la comida.

VER NO ES HACER

Cuando el pequeño parece interesado por una cosa, a veces los padres se olvidan de que los niños tienen períodos de atención muy cortos y llegan a conclusiones erróneas. Por ejemplo, Gregory, que tiene casi tres años, es un atleta fenómeno para su edad. Está en el patio trasero de su casa, cogiendo y bateando la pelota a la menor oportunidad. Harry, su padre, pensó que a su hijo le gustaría un partido real.

Sin embargo, como Harry descubrió, ser un espectador no es lo mismo que jugar el partido. A buen seguro, a Gregory le encanta jugar con la pelota, pero no entiende el béisbol, ni le interesa. Allí estaba él, vestido con su equipo de béisbol, el casco, el bate y el guante en la mano, preocupado y preguntándose por qué no podía saltar al campo y jugar.

He oído varias historias parecidas de otros padres. Davy, de dos años y medio, sabía golpear la pelota de golf, pero cuando su padre le llevó a ver un torneo, se aburrió como un tonto. A Troy le encantaba ver películas de Kung Fu, pero cuando su madre le apuntó a clases de kárate no quiso unirse al grupo. Lo mismo le pasó a mi Sophie cuando la llevé a clases de *ballet*. Porque le encantara ponerse un tutú y bailar por toda la casa no necesariamente estaba preparada para la estructura de una clase. Y allí estaba yo, ¡imaginándomela en *El lago de los cisnes*!

Si sabéis que la hora de la siesta llegará mientras estéis allí, planead cómo os enfrentaréis a este hecho. Si vuestro hijo está acostumbrado a dormir en otros sitios aparte de en su cunita (por ejemplo, sobre una toalla o una manta) y no le cuesta irse a dormir cuando está cansado, aseguraos de tener una sombrilla. Si habitualmente le cuesta dormir, intentad ponerle a dormir en brazos, sobre vuestras rodillas.

Tener una mascota en casa → *zoológico*. Los niños adoran los animales: hámsteres, conejos, perros y gatos. Digo esto no sin hacer una advertencia muy importante. Nunca dejéis a un niño pequeño solo con una mascota, tanto por la seguridad de vuestro hijo como por la del animal. Dicho esto, los animales pueden ser un modo maravilloso de enseñar educación («Sé bueno»), responsabilidad («Es hora de que Spike coma: ¿quieres sacar su cuenco?»), empatía por otras criaturas vivientes («Haces daño a Fluffy cuando le tiras de la cola de ese modo») y precaución («No te acerques a Spot mientras come. Se puede enfadar y abalanzarse sobre ti»). Si no podéis o no queréis tener una mascota, al menos dad paseos con vuestro hijo para ayudarle a desarrollar la conciencia de las demás criaturas, o poned una comedera para pájaros en el jardín de casa. Cuando empiece a disfrutar y a entender las historias sobre animales, podéis ensayar cómo sería tener una mascota con un animal de peluche.

SOBRE LOS COCHES

- Utilizad una sillita para coche homologada. Colocadla en el asiento trasero y aseguraos de que vuestro hijo está perfectamente sujeto.
- Mirad antes de cerrar las ventanillas automáticas.
- Bloquead puertas y ventanas. Si vuestro coche es de cierres manuales, colocad la sillita lo bastante lejos de las puertas y ventanas como para que el niño no pueda abrirlas, lanzar objetos fuera o pillarse una mano.
- No fuméis en el coche.
- Nunca dejéis a vuestro hijo solo en el coche, ni siquiera durante un minuto.
- Utilizad un parasol de ventana o colocad al niño en el asiento central de la parte trasera para que no le dé directamente el sol.

Todas estas medidas pueden ayudaros a preparar a vuestro hijo para ir al zoológico, pero recordad que estas instalaciones son diferentes, especialmente las enormes, donde los animales son de mayor tamaño y el escenario, desconocido. Además, los niños de primera infancia nos llegan a la altura de la rodilla. Si las jaulas son demasiado altas, la experiencia puede resultar más divertida para vosotros que para el niño. Incluso en un zoológico de mascotas, haced gala del mismo autocontrol que en cualquier otra situación: dejad que sea el niño quien tome la iniciativa. Allie, a quien presentamos al comienzo del capítulo, tuvo una reacción típica de niño de primera infancia en un zoológico de mascotas: «Mmm... ese corderito parece interesante, pero creo que voy a echarme un poco hacia atrás». Como precaución higiénica, llevad encima jabón antiséptico y, después de estar con los animales, lavaos bien las manos.

Ir en coche y recados rápidos → ir de compras. Sentarse en el coche es el primer ensayo de vuestro hijo para viajar. Si ya habéis hecho algunos recados rápidos con él, puede que queráis intentar hacer una salida al supermercado o a unos grandes almacenes. La planificación cuidadosa contribuye a hacer de esas salidas excursiones placenteras y no viajes al infierno. También ayuda el sentido común: si tenéis que hacer muchas compras o si los grandes almacenes no tienen carros en los que podáis sentar al niño mientras subís y bajáis de planta, yo os sugeriría que, a ser posible, dejarais al niño en casa.

Comprad cuando el niño no tenga hambre, no esté cansado ni esté delicado (como un día en el que le hayan vacunado). En casa, antes de salir, negociad lo que vais a comprar, aunque yo os sugiero que no lo acostumbréis. Si establecéis desde el principio que no vais a comprar nada, por mucho que el pequeño suplique, entenderá que esa es la norma. Sin embargo, llevad encima algún tentempié, ya que al ver tantas bolsitas y cajitas de colores se le hará la boca agua. Los supermercados provocan en los niños el mismo efecto que las campanitas en los perros de Pavlov: les hacen salivar. Si se pone a llorar, iros inmediatamente (más sobre cómo hacerlo en el próximo capítulo).

CUANDO LOS ABUELOS ESTÁN LEJOS

Si vuestros padres viven lejos y sólo les veis una o dos veces al año, no esperéis que vuestro hijo se sienta cómodo al instante con personas que casi no conoce. Sin embargo, el ajustamiento será más rápido si le vais recordando a esas personas entre visita y visita. Ahora, además de llamarles por teléfono, podéis conectar con los abuelos por Internet.

Mostrad fotografías a vuestro hijo. La mayoría de los niños pequeños miran los álbumes familiares una y otra vez sin cansarse de hacerlo. Sentaos con vuestro hijo y explicadle quién es cada persona. «Esta es la abuela Henrietta, mi mamá, y esta es la tía Sandra, mi hermana.» Llevará tiempo que se acuerde de todos, pero esas conversaciones le ayudarán a tener en mente a los parientes que viven lejos. Cuando los vea, puede que al principio no los reconozca, pero con el tiempo irá encajando las piezas.

Pedid a la abuela y al abuelo que graben cada semana un vídeo o que graben un cuento en un casete y os lo envíen. Eso también hará que se mantengan implicados.

Viaje corto y dormir en casa de los abuelos → viaje largo y dormir en un hotel. Aunque vuestro hijo soporte ir a hacer la compra, viajar lejos de casa es otro cantar. Requiere planificación y fortaleza no tanto mental como física. Y ahí va una noticia que quizás os sorprenda: no existe manera alguna de preparar a un niño de primera infancia ni para un viaje largo ni para uno corto. No comprenden los conceptos de tiempo y espacio. Pero si anunciáis con emoción: «Vamos a ver a la abuela Fay», al menos estáis informando a vuestro hijo de que va a suceder algo especial.

Además, vosotros sí que podéis estar preparados. Tanto si se trata de un viaje corto y de pasar la noche en casa de los abuelos como si se trata de coger un avión y quedarse en un hotel o un hostal, llamad antes para aseguraros de que vuestro hijo va a poder dormir en un lugar cómodo y seguro. Hoy en día, muchos abuelos tienen una cunita en casa (y los hoteles, también), pero si no la tuvieran llevaos una cuna plegable. Ahora bien, si vuestro hijo la asocia sólo con jugar, haced que se eche una siesta en ella antes de iros. Tres o cuatro días antes de marcharos, poned la cuna plegable en la habitación de vuestro hijo y dejadle dormir en ella.

No olvidéis llevaros sus juguetes favoritos y cualquier objeto que el niño utilice para tranquilizarse. Si tenéis un alza para las sillas, llevadla, así como un váter infantil. Incluid también en el equipaje unas cuantas mudas de repuesto y pañales, para posibles contratiempos o por si tenéis que posponer el regreso; llevad también bolsas de plástico para la basura y la ropa sucia. Si se trata de un viaje largo, llevad dos comidas para el niño, por si se produce un retraso inesperado o no quiere comer la comida del avión. Llevad también muchos tentempiés (galletas, piezas de fruta o trozos de melón, bolsitas de cereales, bollos) así como un biberón, cucharas y un analgésico. Si os vais para una semana o más, antes de marcharos buscad el nombre de un buen pediatra en la zona a la que vayáis, así como la dirección de unas cuantas farmacias y colmados. Si viajáis al extranjero, bebed siempre agua embotellada y tomad también otras precauciones: cuando se viaja, se está en contacto con mucha suciedad (montones de gente en los aeropuertos, mala ventilación y salas de espera muy cuestionables), de modo que no os hará ningún daño llevar un desinfectante en el bolso.

Consejo: *recordad que por el hecho de viajar con vuestro hijo no os convertís en un sherpa (un porteador del Himalaya). Una cosa es llevar artículos básicos y prever retrasos y con-*

tratiempos, pero no creáis que tenéis que llenar la maleta con pañales para una semana ni llevaros todos los juguetes del niño. Son pocos los lugares de la tierra en los que no se pueden atender las necesidades de los niños. Si vuestro hijo necesita comida o alimentos especiales y vais a estar fuera más de una semana, considerad la posibilidad de enviar por correo esos artículos. Tanto vosotros como el niño viajaréis mucho más cómodos y menos estresados, sin equipaje innecesario.

Aunque el viaje en coche dure sólo unas horas, intentad hacer que coincida con la hora de una siesta. Algunos niños se acostumbran a quedarse dormidos unos minutos después de salir, y lo siguen haciendo cuando son adolescentes... Si no se duermen, es probable que se pongan nerviosos. Entretened a vuestro hijo con juegos sencillos, del tipo «¡Mira!» (señalad alguna cosa y decid al niño «¡Mira qué perrito! ¡Y un coche azul! ¡Y un avión!»). Preparad también una bolsa con sus juguetes preferidos, pero también con uno nuevo.

«Me fue de maravilla», me dijo la madre de Cyndi, que había pasado un vuelo de dos horas con su hija de un año. «Jugó con sus juguetes preferidos, pero enseguida se cansó de ellos. Yo había comprado un juguete nuevo y lo saqué, y entonces fue como "¡Uau! ¿De dónde ha salido esto?" Jugó con él durante cuarenta y cinco minutos seguidos.»

Una vez en destino, no os excedáis en vuestras actividades. Sed realistas. Dad a vuestro hijo tiempo para aclimatarse a los extraños, aunque el extraño sea la abuela. (Es de esperar que los parientes no se tomen la resistencia inicial del pequeño como algo personal.)

> *Consejo: si visitáis a parientes o amigos, no hagáis que el niño actúe. A menudo, los padres orgullosos bombardean al niño con peticiones del tipo: «Enséñale a la abuela cómo arrugas la nariz. Ponte a la pata coja. Di esto. Di aquello». El niño se queda allí quieto, y el padre dice con tristeza: «Ahora no lo hace». El niño nota la decepción del padre. Por favor, nada de actuaciones. Os aseguro que todos los niños hacen monerías... si se les deja a su aire.*

Vosotros sois quienes mejor podéis juzgar qué puede soportar vuestro hijo, de modo que estructurad las salidas de acuerdo con eso.

Supongamos que os alojáis en un hotel. Si vuestro hijo está acostumbrado a ir a restaurantes y se porta bien, puede que cenar fuera cada noche no le moleste. Si no lo está, podéis pensar en la manera de comer casi siempre, cuando no siempre, en la habitación. Buscad un alojamiento que incluya cocina, o utilizad el servicio de habitaciones. Pedid una neverita o vaciad el minibar y utilizadlo para guardar leche, zumo y demás alimentos perecederos. Independientemente de lo que decidáis, desayunar en la habitación es siempre una buena idea, ya que contribuye a que todos empecéis el día relajados.

Ni que decir tiene que un niño cansado que está lejos de las comodidades y de la familiaridad de su hogar se puede poner mucho más quejica y cooperar menos. Una solución es intentar controlar vuestros propios nervios, ya que los niños captan el estrés de los padres y es más probable que actúen si vosotros insultáis a otro conductor o chilláis a una azafata.

COSAS QUE HACER Y COSAS QUE NO HACER CUANDO VIAJÉIS EN AVIÓN

Los viajes en avión requieren una actitud de supervivencia. Los demás pasajeros no se mostrarán comprensivos cuando vuestro pequeño tire del cinturón de seguridad o empiece a toquetear las papeleras de detrás de los asientos, ni se tomarán a bien que el niño les vaya diciendo cosas o se ponga a llorar durante el vuelo. A continuación, propongo algunos consejos que harán el viaje más tranquilo y evitarán el ambiente enrarecido.

- Haced un pasaporte para cada niño (incluso el bebé necesita uno) y que un adulto se encargue de todos los documentos de viaje de la familia.
- **No** salgáis hacia el aeropuerto sin antes llamar para comprobar el estado del vuelo.
- Pedid una mampara: el espacio extra acabará siendo útil.
- **No** pidáis asientos de pasillo: los carros de comida y los pasajeros son un reclamo para las pequeñas manos curiosas y los pies nerviosos de vuestro hijo.
- Embarcad antes de que todo el mundo suba al avión.
- **No** os sentéis mientras aún se está llenando el avión. Los niños están más tranquilos al despegar si no han tenido que estarse sentados la media hora anterior. Después de guardar vuestras pertenencias en los departamentos superiores y bajo el asiento, id al final del avión y quedaos allí hasta que los demás pasajeros hayan tomado asiento.
- Dad a vuestro hijo un biberón (o el pecho si aún no le habéis destetado) tanto al ascender como al descender, ya que la succión puede ayudarle a aliviar el dolor de oídos.

Otro aspecto clave es la perseverancia en los hábitos. Aunque los adultos tiendan a olvidarse del reloj e ignorar las reglas durante las vacaciones, una rutina predecible es vital para vuestro hijo. Se portará mucho mejor si sabe qué puede esperar. En la medida de lo posible, mantened vuestra rutina diaria R&R: procurad que coma, haga la siesta y se vaya a la cama a las mismas horas y del mismo modo. Si en casa no duerme con vosotros, no le invitéis a hacerlo cuando estéis de vacaciones. Si tenéis normas respecto a la televisión y los caramelos, aferraos a ellas.

Por supuesto, por muchas precauciones que toméis, cuando lleguéis a casa vuestro hijo tardará unos días en volver a aclimatarse, pero creedme, si abandonáis por completo la rutina y relajáis demasiado las reglas, la reentrada os llevará mucho más tiempo.

El cuadro siguiente muestra ideas sobre cómo afrontar los cambios horarios.

CAMBIOS HORARIOS Y NIÑOS VIAJEROS

Puede que os sorprenda saber que los bebés y los niños de primera infancia que viajan en avión se suelen adaptar más fácilmente a los cambios horarios; al menos durante los primeros tres años de vida, se dejan llevar más fácilmente que la mayoría de adultos. Si viajáis a un lugar con el que la diferencia horaria es de menos de tres horas y vais a estar tres días o menos, no es necesario que cambiéis la rutina de vuestro hijo. Si, en cambio, vais a estar allí durante más de tres días (de vacaciones, por ejemplo), tendréis que ayudarle a habituarse. Es una buena idea tener en cuenta el cambio horario al hacer las reservas de avión. Siempre resulta más fácil ganar tiempo que perderlo.

Cambios de horario estipulados. En octubre, se retrasa una hora el reloj (se gana una hora de sueño). Poned a vuestro hijo a dormir una hora más tarde y así restableceréis su horario. En abril, se adelanta una hora el reloj (se gana una hora de sueño). Acortad la siesta una hora para que por la noche el niño esté listo para irse a la cama una hora antes y no note tanto el cambio horario.

Variación horaria hacia el oeste (ganancia de unas tres horas). Este viaje es fácil, ya que se añaden horas al día del pequeño. Es mejor salir a mediodía y hacer coincidir las horas de avión con la siesta del niño. La transición de hacer que se vaya a dormir a su hora habitual os resultará relativamente sencilla.

Variación horaria hacia el este (pérdida de unas tres horas). Lo mejor es tomar un vuelo temprano, por ejemplo, a las nueve de la mañana, y llegar a destino alrededor de las seis de la tarde. Si es posible, mantened al niño despierto durante el viaje. Distraedle con actividades, caminad por el pasillo, etc. Si no podéis mantenerle despierto, al menos acortad la siesta (despertadle unas tres horas antes de aterrizar); así es más probable que se vaya a la cama a una hora razonable.

Viajes de entre 5 y 8 horas hacia el oeste (ganancia de tiempo). Al ir de Europa a Estados Unidos, por ejemplo, deberíais dejar que vuestro hijo durmiera en el avión durante la mayoría del viaje. Por lo tanto, lo mejor es partir lo más tarde posible, de modo que coincida con su hora habitual de ir a dormir.

Viajes de entre 5 y 8 horas hacia el este (pérdida de tiempo). Si viajáis a Europa desde Estados Unidos, lo mejor es salir lo antes posible, entre las 10 de la mañana y las 12 del mediodía. Dejad que vuestro hijo duerma la primera mitad del camino, pero despertadle tres horas antes de aterrizar.

Viajes de 15 horas o más hacia el oeste (ganancia de tiempo). La dificultad que implica este viaje es que, en función del sentido en que se vaya, se pierde o se gana más de medio día, de modo que puede que el día le parezca la noche a vuestro hijo. Lo mejor es salir hacia mediodía, pero sabed que llegaréis un día después a causa del cambio de horario. No dejéis que el niño duerma más de dos horas seguidas durante el viaje: mantened una rutina de tarde típica. Cuando lleguéis a destino, estará preparado para continuar con la rutina de noche.

Viajes de 15 horas o más hacia el este (pérdida de tiempo). Ese viaje es más duro, ya que se pierde mucho tiempo y se pasan quince horas en un avión. Si podéis, volad de noche; eso os permitirá dejar que vuestro hijo duerma durante la primera mitad del viaje. Si tenéis que salir durante el día, despertad al niño entre las tres y las cuatro de la madrugada, de modo que cuando suba al avión esté listo para dormir toda la noche. Independientemente de la estrategia que utilicéis, vuestro hijo probablemente tardará dos o tres días en volverse a adaptar después del viaje.

LAS PRIMERAS AMISTADES: PRACTICAR EL COMPORTAMIENTO SOCIAL

Hacer que otros niños entren en la vida social de vuestro hijo es de vital importancia, ya que las relaciones tempranas son ensayos de las capacidades sociales más valiosas. Las primeras amistades sientan las bases para futuras relaciones con sus amigos. Además, para los niños es muy bueno ver a sus iguales, ya que así les imitan, aprenden de ellos, aprenden las reglas de la interacción, etc. Los niños pequeños son muy influenciables, lo cual puede ser bueno. Es más probable que un niño que no come bien coma cuando sus amigos están comiendo. Por supuesto, vuestro hijo se ve como el centro del universo, pero gracias a las primeras experiencias de socialización empieza a darse cuenta de que los demás tienen necesidades y sentimientos, y de que su propio comportamiento y sus acciones tienen consecuencias.

Que el niño tenga relaciones sociales también es bueno para vosotros, ya que reduce el aislamiento de la paternidad. Ver a otros niños en acción puede resultar tranquilizador cuando se tratan problemas duros o se tienen preguntas. Es magnífico compartir las técnicas e ideas relativas a la paternidad. Por ejemplo, conozco a un grupo de madres trabajadoras que se reúnen los sábados. Les encanta pasar tiempo juntas porque tienen muchos aspectos en común. No resulta sorprendente que sus debates se centren en la culpa, las niñeras, en cómo distribuir su tiempo entre la casa y el trabajo sin que ninguno de los dos salga perjudicado, y en si dejar que los niños se acuesten más tarde para así poder pasar más tiempo con ellos, además de diversos temas relacionados con los niños, como la disciplina, aprender a ir al servicio, los niños quisquillosos a la hora de comer y cómo conseguir que los padres participen más. Este tipo de camaradería entre los padres de niños de edad similar resulta de bastante ayuda. A menudo, los adultos se hacen amigos y mantienen el contacto mucho después de que sus hijos hayan encontrado otros amigos.

LA REGLA DEL COMPORTAMIENTO SOCIAL

No obliguéis nunca a un niño a comportarse de un modo determinado en situaciones sociales; dejad que progrese a un ritmo que le resulte cómodo, aunque os resulte incómodo a vosotros.

Los ensayos sociales para cambios implican un refuerzo del don de gentes en casa y la estructuración de situaciones de juego que permitan a vuestro hijo practicarlas. He aquí las piezas que se han de unir.

Respetad el estilo y el ritmo de vuestro hijo. Lo he dicho en numerosas ocasiones, tanto en este como en mi primer libro, y lo diré una vez más: no hay dos niños que reaccionen del mismo modo ante dos situaciones. Ciertamente, el carácter (*ver cuadro de la página 225*) afecta al comportamiento social de los niños y a su capacidad para asimilar las reglas de la interacción. Aunque también hay otros muchos factores que influyen: la concentración, el tiempo de atención, la paciencia, la adquisición del lenguaje, la experiencia social previa, el orden de nacimiento (los hermanos mayores proporcionan mucha experiencia social). Además, es crucial que el niño tenga un nivel básico de confianza y seguridad. Cuanto más seguro se sienta, más voluntad mostrará para introducirse en el tejido social.

Si vuestro hijo se muestra reacio a unirse y prefiere quedarse al margen, dejadle. No le digáis: «¿No quieres jugar con Juan?». Si le empujáis antes de que esté preparado, el niño se sentirá poco seguro. Tened también en cuenta que los niños son criaturas sensatas que disciernen emociones inconscientemente y, a veces, no se sienten seguros en determinadas circunstancias.

CORREO ELECTRÓNICO: LAS VENTAJAS DE SOCIALIZAR

Sí, resulta extenuante ser padre de un niño de primera infancia, sobre todo cuando es muy activo y quiere estar ocupado todo el tiempo. Nosotros vamos a un grupo de juegos y a la piscina una vez por semana, y eso le mantiene activo. También ve a niños de su misma edad cada martes. Esta rutina también me va bien a mí, ya que las madres nos entendemos muy bien. La abuela de Tyrone viene a casa una vez por la semana.

Comprobad vuestros propios sentimientos. Si os sentís avergonzados cuando vuestro hijo se mantiene al margen, no sois los únicos. Les ocurre a muchos padres, pero intentad por todos los medios guardaros esa incomodidad para vosotros. No excuséis el comportamiento del niño: «Es que está cansado», o «Es que se acaba de levantar de hacer la siesta». Vuestro hijo notará vuestra desaprobación y eso le hará sentirse mal consigo mismo o pensar que ha hecho algo mal.

Pauline, una madre muy inteligente, conoce a su hijo y acepta su carácter. Incluso en las reuniones familiares, sabe que al principio ha de estar cerca de él, pero que después él se acaba soltando. Si le apremia, el niño puede ponerse a llorar. Así pues, cuando un pariente o un niño se le acerca, ella le explica: «Dale tiempo para que se vaya acostumbrando a ti. Sólo será un minuto».

No seáis catastróficos. Si vuestro hijo es reservado y no se une al grupo inmediatamente (suele ocurrir con los niños del tipo susceptible), puede que os sirva de ayuda volver a determinar de qué tipo de niño se trata: es precavido, un rasgo que le servirá para otras cosas. Asimismo, un niño movido puede convertirse en un líder; y uno gruñón, en un niño inventivo y creativo. Y recordad que muchos adultos son cautos en entornos sociales: entramos en una fiesta o en un lugar que nos resulta extraño y exploramos la situación. Miramos alrededor, determinamos quién parece interesante y de quién preferimos mantenernos al margen. Siempre hay personas por las que nos sentimos atraídos, personas con las que nos sentimos más a gusto y otras que, por el motivo que sea, nos dejan fríos. Forma parte de la naturaleza humana. Dad a vuestro hijo la oportunidad de moverse en diversos escenarios sociales... sin que os importe el tiempo que os lleve.

Sed persistentes. A veces, tras una sesión o dos, una madre dice: «No, a mi hija no le gusta este grupo». Y se marcha a otro grupo, y después a una clase, etc. Puede que esa madre se sienta avergonzada, o que le parezca insoportable ver cómo su hija se pelea. Pero al no permitir que la niña pase por experiencias que le resulten difíciles o le den miedo, evita que practique el control del comportamiento. Sin darse cuenta, está enseñando a la niña que está bien abandonar cualquier cosa que resulte dura e incómoda. Esos niños pueden convertirse en mariposas que pasan de una cosa a otra sin aprender a ver las cosas hasta el final.

No dejéis de hacer que vuestro hijo socialice ni abandonéis un grupo en particular porque no se integre inmediatamente en él. Si vuestro hijo se muestra reacio a participar y quiere marcharse, decid simplemente: «Hemos prometido que íbamos a venir y hemos de cumplirlo. Puedes quedarte aquí conmigo y mirar». Lana, la madre de Kendra, una niña susceptible, reconocía que su hija necesitaba tiempo para habituarse a las situaciones sociales. No excusaba a Kendra cuando venían a nuestro grupo de madres e hijos. En cambio, dejaba que la

---

LOS CINCO TIPOS

El niño angelito tiene una naturaleza social muy agradable. Suele estar sonriente y feliz en el grupo, y es el primero dispuesto a compartir.

El niño de manual, la quintaesencia de los niños, quita las cosas a los demás niños, no por mezquindad ni agresividad, sino porque es curioso y está interesado en cualquier cosa que tenga otro niño.

El niño susceptible se contiene o se queda mirando atrás, hacia su madre. Se desorienta mucho cuando otro niño le quita algo, tropieza con él o le estorba mientras juega.

El niño movido lo pasa bastante mal a la hora de compartir. Tiende a cambiar con rapidez su centro de atención, revolotea por la habitación y juega con un montón de juguetes.

El niño gruñón prefiere jugar solo. Puede estar con una tarea más tiempo que la mayoría de niños, pero se siente desconcertado cuando otro niño le interrumpe.

---

niña se le sentara en las rodillas. En la mayoría de sesiones, Kendra no se unía al grupo hasta los últimos cinco minutos. Pero al menos lo hacía.

Esperad reacciones ante dificultades sociales en nuevos escenarios. Asistir a clases de madres e hijos desde que cumplió los dos meses permitió a Kendra acostumbrarse a los demás niños. Pero, como descubrió Lana cuando su hija tenía quince meses y la apuntó a clases gimnasia para niños, cada nueva situación significaba tener que pasar de nuevo por la etapa de habituación. El primer día, Kendra se puso a llorar en la puerta. Lana se quedó con ella, fuera de la sala, durante quince minutos, antes de que la pequeña se atreviera a entrar. Kendra se sentó a un lado durante cinco semanas. El temor de Lana (común a todos los padres) era que Kendra no llegara a integrarse nunca. Entonces le expliqué que su hija era así, que tenía que darle tiempo. A Kendra llegó a encantarle la gimnasia y no le gustaba que se acabara la clase. Lo mismo ocurrió a los dos años, cuando la niña empezó a ir a clases de gimnasia. Tras haber pasado semanas sentada en el borde de la piscina, temerosa, Kendra es ahora un pececillo, y cuesta sacarle de la piscina.

Enseñar a los niños a manejar sus emociones es un proceso constante que requiere una gran dosis de paciencia. Quizás tengáis que repetir una y otra vez a vuestro hijo que está bien que se tome su tiempo. Puede que tengáis que decir repetidamente a un niño agresivo por naturaleza: «Sé bueno... no pegues». Claro está que cada ensayo ayudará, pero hace falta mucha práctica. Creedme cuando os digo que es mejor tratar la agresividad o la ansiedad de un niño cuanto antes, ya que en un momento u otro tendrá que enfrentarse a ella. Hacedle ver que estáis ahí para ayudarle. Además, a los padres suele llegarles un momento de la verdad. Aquellos que inventan excusas sobre sus hijos o que les permiten saltar de un grupo a otro en lugar de ayudarles a superar situaciones difíciles probablemente el primer día de colegio digan: «Ojalá hubiera hecho esto antes».

Observad vuestra propia historia social. A veces, los asuntos personales ciegan a los padres. Si vosotros erais tímidos, puede que os identifiquéis demasiado con lo que está pasando vuestro hijo. Si no teníais problemas para hacer amigos, puede que os incliéis a empujar a vuestro hijo para que sea más como vosotros. O quizás racionalicéis el asunto a la defensiva: «No es más que una etapa». Inconscientemente, reflejando vuestras respectivas infancias, podéis estar en desacuerdo sobre aspectos sociales. Uno dirá «empuja» y el otro dirá «espera». Es importante separar vuestros asuntos de los del niño. No podéis cambiar cómo erais de pequeños, ni invertir las dificultades sociales con las que topasteis, pero sí podéis ser conscientes de la huella que os grabaron esos dramas. No dejéis que vuestro pasado afecte al modo en que dirigís a vuestro hijo en el presente.

Estructurad las situaciones para satisfacer las necesidades de vuestro hijo. Las situaciones sociales constan de un escenario, de la actividad que se da en él, y de los demás niños y adultos. Si sabéis que vuestro hijo suele ser reticente, puede que queráis escoger una actividad que le resulte menos estresante, como por ejemplo música en lugar de gimnasia. Si le afectan las luces brillantes, manteneos alejados de lugares muy iluminados que le agobien. Si es muy bullicioso, seguramente las clases de manualidades no serán la mejor elección.

Por supuesto, puede que no siempre tengáis opciones. Como he dicho antes, ir a grupos de juego o quedar para jugar suele significar que los padres habéis contribuido a crear una lista de invitados. Así pues, estas situaciones resultan más fáciles de controlar que los recreos y demás reuniones públicas. Si en el parque hay un niño agresivo, no podréis hacer demasiado una vez estéis allí, salvo no quitarle el ojo de encima a vuestro hijo. Del mismo modo, probablemente no conoceréis a todos los niños de la guardería, pero podréis visitarla antes y observarles. Explicad al personal del centro cómo es vuestro hijo, cómo han sido sus experiencias sociales pasadas, qué sabéis de él y qué necesita. Aunque no podéis estar al corriente de cómo funciona el centro, al menos podéis allanarle el terreno a vuestro hijo.

Preparad a vuestro hijo para la experiencia. Dolly siguió mis sugerencias al pie de la letra. Visitó varias guarderías y encontró una cercana a su trabajo por si se daban emergencias. Se aseguró de que el centro tuviera una supervisión adecuada y de que los juguetes y el equipamiento fueran los apropiados para un niño de dieciocho meses. Explicó al director qué tipo de comida le gustaba a su hijo y le dio la lista de números de teléfono donde podía localizarla en caso de que tuvieran alguna pregunta. Todo eso está muy bien, pero el primer día de guardería de Andy, Dolly tuvo un mal despertar. Su hijo, por lo general cooperativo y de trato fácil, le permitió marcharse sin demasiada queja, pero no tardó en quedarse a un lado. Cuando el director del centro la llamó para decirle que Andy estaba llorando desconsoladamente, Dolly se dio cuenta de que, pese a haber tomado muchas precauciones en la guardería, se había olvidado de preparar a su hijo para el hecho de que iba a estar allí sin ella durante varias horas. Aunque no le podría haber explicado el concepto de tiempo, podría haber perdido una hora de trabajo cada día y llevarle a la guardería para que se acostumbrara al nuevo escenario, al personal y a los demás niños, y dejarle allí cuando estuviera preparado.

CÓMO PROPORCIONARLE A VUESTRO HIJO CAPACIDADES SOCIALES

Los niños de menos de dos años se ven como el centro de su propio universo: todo es sobre «yo» o, sencillamente es «mío». A veces no tiene sentido razonar con un niño de primera infancia. Con frecuencia su comportamiento normal parece agresivo a los ojos adultos (*ver cuadro de la página 231*). Entonces, ¿cómo podemos enseñarles a ser considerados y a tener en cuenta los sentimientos de los demás?

De nuevo, pensad en términos de ensayo. Los niños no vienen al mundo con modales ni sabiendo cómo esperar su turno y compartir. Hemos de enseñarles tanto con el ejemplo como haciéndoles practicar. Empezad entrenándole en casa para que se relacione. No esperéis demasiado al principio, ya que a los niños pequeños les cuesta, pero sed constantes. No podéis pedir a vuestro hijo que comparta un día y más adelante ignorarle cuando intente quitarle un juguete a otro niño, y cuando comparta, tanto si es porque le habéis instado a hacerlo como si lo ha hecho por sí mismo, elogiadle. «Así me gusta, Janet, que compartas».

Los niños necesitan que les enseñemos capacidades sociales para sobrevivir en el mundo real. Aunque al principio no entienden las convenciones sociales ni lo que significa «ser bueno», debemos empezar por algún sitio, reforzando y ampliando continuamente la comprensión del niño y mejorando sus dotes sociales. La lucha merece la pena, ya que no hay nada más entrañable para los demás padres, para los profesores, incluso para los demás niños, que un niño que cuida sus modales y actúa con amabilidad y consideración.

A continuación, se resumen las capacidades básicas que tendríais que ayudar a practicar a vuestro hijo, tanto en casa como en situaciones de juego.

Modales. En el capítulo anterior hablábamos de la importancia de enseñar a vuestro hijo *palabras* que indicaran educación y gratitud, pero también tenéis que enseñarle *acciones*. Supongamos que es la hora de la merienda y la tía Florrie ha venido de visita. En primer lugar, decid a la tía Florrie: «Estamos encantados de que hayas podido venir. ¿Quieres un café?». Entonces, giraos hacia vuestro hijo y decidle: «Vamos a prepararle una taza de café a la tía Florrie». El niño os acompaña mientras la preparáis. «Vamos a sacar también galletas», sugerís, y lo ponéis todo en una bandeja. De nuevo en la salita, dadle a vuestro hijo el plato (de plástico) y decidle: «Melanie, ¿quieres darle una a la tía Florrie? Y ahora, ¿quieres una tú?». Esto le enseña a tu hijo que primero se sirve a los demás, que los invitados van primero, y que el anfitrión toma su parte el último. Se trata de modales básicos. Dicho esto, podéis contar con que al principio la niña cogerá todas las galletas. Corregidla amablemente sin gritar: «No, Melanie, estamos compartiendo. Esta galleta es para la tía Florrie, y esta es la de Melanie».

Enseñar modales implica modelar un comportamiento adecuado en determinados lugares. Bajad el volumen de voz a un susurro y explicadle: «En la iglesia se habla bajito y no se corre». También significa reforzar el tipo de cortesía que forma parte de prácticamente todos los intercambios sociales: cuando en la cena se pasa la comida, se dice «gracias». Y en lugar de cortar a la gente, interrumpirles o eructarles en la cara, se dice «perdón». Por supuesto, el mejor modo de enseñar educación es siendo educado uno mismo, de modo que cuando vuestro hijo os traiga un juguete, decid siempre «gracias». Cuando queráis que coopere, decid «por favor».

Empatía. Los investigadores han demostrado que los niños de catorce meses tienen la capacidad de preocuparse por los sentimientos de otra persona. La empatía se puede ensayar haciendo que el niño sepa que vosotros tenéis sentimientos. Si os pega, decidle: «¡Ay! Me has hecho daño». Si alguien de la familia está enfermo, decid: «Hemos de hablar bajito porque Mark no se encuentra bien». Algunos niños sienten empatía de forma natural. Una de mis tías, que vivía con nosotros, no podía caminar demasiado bien. Nuestra hija Sara sabía que la tía Ruby estaba enferma, de modo que salía corriendo y le iba a buscar las zapatillas. Ya a los dieciséis meses, demostraba empatía y yo la reforzaba diciendo: «Buena chica, Sara. Eres muy amable por ayudar a la tía Ruby».

Animad a vuestro hijo a percatarse de lo que experimentan los demás niños. Incluso cuando un niño de diez meses actúa desconsideradamente con otro niño, corregid ese comportamiento inmediatamente e indicad cómo se siente: «No, no, eso duele, Alex... sé amable». Cuando un niño se caiga y empiece a llorar, decid: «Johnny debe haberse hecho daño. ¿Quieres que vayamos a ver si le podemos ayudar?». Dirigíos al otro niño y decidle: «¿Estás bien Johnny?». O cuando un niño tenga que abandonar el grupo de juegos porque esté cansado o agobiado, animad a los demás niños a decir: «Adiós, Simon. Que te mejores».

Compartir. Compartir se basa en la propiedad y en el uso: quien posee, da algo (compartir un dulce, por ejemplo) o permite a otra persona utilizar un artículo con el conocimiento de que le será devuelto. Hacia los quince meses, los niños empiezan a captar el concepto de compartir, pero necesitan mucha ayuda. Al fin y al cabo, todo cuanto hay en su mundo es «mío». «Ahora» es el único tiempo que existe en sus pequeñas mentes infantiles; «luego» suena demasiado lejos. Y no importa lo precisos que seáis («Te lo va a devolver en dos minutos»), porque los niños tan pequeños no tienen noción del tiempo. Cualquier retraso parece que sea para siempre.

En mis grupos de juegos, cuando los niños tienen trece meses, ensayo cómo compartir de la siguiente forma: saco un plato de galletas y digo «Quiero compartir mi comida con vosotros». En el plato hay las galletas justas para que cada niño tenga una; cinco niños, cinco galletas. Cuando pasamos el plato hago hincapié en la idea de que todos cojan sólo una.

Después hacemos una comida conjunta. Pido a las madres que preparen cinco tentempiés en una bolsa de plástico. También les pido que en casa hablen de compartir y que dejen que los niños les ayuden a preparar el tentempié: «Vamos a preparar la bolsa de comida para el grupo de juegos. ¿Me ayudas a contar cinco (trocitos de zanahoria, galletas, galletas saladas)?». También se convierte en un juego de contar.

Cuando los niños llegan, ponemos toda la comida en una cesta y, después de la sesión de juegos, tenemos sesión de compartir. Cada semana, uno de ellos tiene que ofrecer la comida a sus compañeros, y su madre le ayuda diciendo «¿Quieres un poco?». Por supuesto, aquí también se enseñan modales. El niño que coge comida dice «gracias».

Estas lecciones ayudan a los niños a comprender la idea de compartir los muñecos, lo cual hay que admitir que es mucho más difícil. Pero, al menos, cuando decís «Edna y Willy, podéis compartir el camión», en lugar de luchar por él, ellos comprenden, aunque rudimentariamente, lo que esperáis de ellos. El objetivo es inculcar a vuestro hijo el deseo de compartir y recompensarlo, en lugar de elogiar a un niño que actúa de un modo determinado porque sus padres le han aleccionado para que lo haga así («Devuélvelo»). El mejor modo de hacer esto es descubrir al niño cuando se está portando bien, aunque sea por accidente.

¿CURIOSIDAD O AGRESIÓN?

Aunque debéis actuar en cualquiera de las dos circunstancias, existe una gran diferencia entre agresión y curiosidad, tanto en la intención como en la apariencia del acto. La curiosidad parece lenta, mientras que la agresión es rápida e impulsiva. Así, cuando el pequeño Sean, de once meses, se acerca cautelosamente a Lorena, la mira, estira el brazo hasta tocarle la cabeza y entonces le tira del pelo, probablemente sólo está siendo curioso. En cambio, cuando el pequeño Wesley, de un año, empuja a Ferry a propósito para quitarle de su camino, se trata de una agresión.

Por ejemplo, Marie estaba jugando con las herramientas de jardín que hay en mi habitación de juegos. Echaba cartas al buzón, hacía girar los pajaritos de plástico, etc., cuando llegó Juliette. La madre de Juliette estaba preparada para saltar y agarrar a su hija, pero le recordé el método HELP. «Esperemos a ver qué pasa», le sugerí. Juliette sólo miró a Marie un momento. Después abrió el buzón y dio una de las cartas de plástico a Marie. «Muy bien, Juliette», dije, animosamente. Juliette sonrió abiertamente. Puede que no supiera exactamente por qué estaba tan contenta, pero seguro que sabía que había hecho una cosa agradable.

Por supuesto, a veces los padres han de intervenir. Si vuestro hijo arrebata algo a otro niño, quitádselo inmediatamente y:

- *Corregid el comportamiento:* «Eso no es tuyo, George. Es de Woody. No lo puedes coger». Sin embargo, no adoctrinéis ni avergoncéis a vuestro hijo.
- *Reconfortadle:* «Sé que quieres jugar con el camión de Woody. Debes sentirte decepcionado». Así reconocéis el sentimiento de decepción sin intentar evitar que lo experimente.
- *Ayudadle a solucionar problemas:* «Puede que Woody comparta su juguete contigo si se lo pides». Si vuestro hijo aún no habla, preguntad por él: «Woody, ¿quieres compartir el camión con George?». Por supuesto, Woody puede decir que no.
- *Animadle a seguir adelante:* «Bueno, George, quizás Woody te deje jugar con él en otro momento». Intentad que se interese por otro camión.

Esperar su turno. Los niños necesitan conocer la etiqueta básica de los juegos: no se quitan las cosas, no se empuja a nadie y no se destruye la construcción de otro niño porque quieras utilizar los bloques ahora. A los niños pequeños les cuesta esperar turno, ya que significa ejercitar el control y esperar. Y es que se trata de una de las lecciones más importantes de la vida. Esperar es aburrido, pero todos hemos de aprender a hacerlo.

En casa, durante las rutinas diarias, pasad el guión para que vuestro hijo se acostumbre al lenguaje propio de esperar turno. Por ejemplo, supongamos que está en la bañera. Dadle una manopla y quedaos vosotros con otra. «Vamos a ir por turnos. Primero, yo lavo este brazo y después tú lavas el otro». Mientras juguéis: «Vamos a ir por turnos. Aprieta un botón y a ver qué sonido de animal hace. Ahora voy a apretar uno yo».

Los niños no se ofrecen voluntariamente a hacer turnos, por supuesto. Pero, como buen director, tenéis que enseñarles. En mis grupos de niños de primera infancia, intento solucionar los problemas teniendo más de un ejemplar de cada muñeco. Pero resulta casi inevitable: un niño siempre quiere aquello con lo que está jugando otro.

> **Consejo:** *un truco que recomiendo a las madres, especialmente para los grupos de juegos, es establecer un límite horario. Sin embargo, como los niños no comprenden el concepto de tiempo, es mejor usar un temporizador. De ese modo, cuando dos niños quieran el mismo muñeco, por ejemplo, podéis decir: «Sólo hay un muñeco, de modo que tendréis que ir por turnos. Russell, vas primero porque lo has encontrado tú. Vamos a poner el despertador y, cuando suene, será el turno de Tina». Tina entonces se muestra más partidaria de esperar porque sabe que cuando oiga ¡doing! tendrá el muñeco.*

Cuando no consiga lo que quiera, dejad que vuestro hijo experimente los sentimientos propios de cuando no se puede conseguir lo que se quiere. Con demasiada frecuencia oigo como algún padre dice a su hijo lloroso: «Vamos, no te preocupes. Te compraremos uno igual que el de Barney». ¿Qué se le enseña al niño? Ciertamente, no a compartir: en lugar de ello, aprende que si llora capta la atención de su padre o de su madre para hacer lo que quiera.

Es importante que permitáis a vuestro hijo experimentar la decepción cuando otro niño se niegue a ir por turnos o compartir. Esta lección también forma parte de la vida. En una de mis sesiones de juego, por ejemplo, Eric y Jason estaban sobre la caja de juguetes. Jason tenía el camión de bomberos y estaba muy atareado con él. De repente, Eric se quedó mirando a su amiguito. La expresión de su cara era clara: *Vaya, jugar con eso parece mucho más interesante. Se lo voy a quitar a Jason.* No estaba siendo «malo» o «posesivo». En la mente de un niño de primera infancia, todo es suyo. Cuando Eric llegó a Jason para quitarle el camión, animé a su madre a intervenir como les había enseñado en otras sesiones.

Interpuso la mano para impedir que Eric cogiera el camión: «Eric, Jason está jugando con ese camión de bomberos».

Después se volvió hacia Jason y le dijo: «Jason, ¿sigues queriendo jugar con el camión?». Jason la entendió y tiró del camión, indicando claramente que no había acabado.

«Eric, Jason todavía quiere jugar con el camión», le explicó a su hijo mientras le ofrecía otro camión. «Aquí tienes un camión para que juegues con él.» Eric lo apartó: él quería el camión de bomberos.

«Eric», le dijo su madre de nuevo, «Jason está jugando con el camión de bomberos ahora. Hasta que no acabe no puedes jugar tú».

Eso no era lo que Eric quería oír, de modo que se puso en la actitud de «qué quieres decir con que no puedo cogerlo», momento en el que su madre me dijo: «Y ahora ¿qué hago?».

«No digas "Siento que no puedas tenerlo" ni "Pobrecito mío; te voy a comprar un camión de bomberos para ti solo". No. Limítate a decirle la verdad: «Eric, Jason está jugando con el camión de bomberos ahora. De aquí a un rato podrás jugar con él. Hemos de compartir. Y hemos de ir por turnos».

Eric continuaba quejándose, de modo que le dije a su madre: «Ahora has de mostrarte firme a la vez que respetuosa. Tu objetivo es evitar, en la medida de lo posible, que sus sentimientos empeoren: "Ya sé que estás decepcionado, pero aun así no puedes tenerlo. Vamos a ver qué podemos encontrar aquí para que juegues". Entonces, llévatelo lejos del camión de bomberos». (En el capítulo siete, hablo de lo que la madre de Eric ha de hacer si, en lugar de distraerse, al niño le coge un ataque de ira.)

LAS ETAPAS DE LA SOCIALIZACIÓN

De qué manera vuestro hijo se convierte en un ser social

A medida que vuestro hijo va creciendo, su capacidad para jugar también crece con él de forma natural. Ayuda a entender qué aspecto tiene cada etapa desde la perspectiva del niño.

Se percata de la presencia de otros niños. Los bebés de dos meses muestran fascinación y curiosidad por otros bebés y por sus hermanos mayores. Al principio, les siguen por todas partes con la mirada. Hacia los seis meses, cuando es capaz de alcanzar objetos, el niño alcanzará también a otros niños. Se preguntará qué es eso, pensando probablemente que se trata de un tipo de muñeco misterioso. «Eh, si empujo esto, llora.»

Imita a otros niños. Miramos a los niños de primera infancia y pensamos que son mezquinos, egoístas o rencorosos por quitar un muñeco a otro niño. Pero, de hecho, el niño sólo quiere imitar. Al ver que otro niño lo utiliza, se le ocurren ideas y, de repente, un muñeco que unos minutos atrás no tenía ningún interés cobra vida para él. «Eh, no sabía que esa cosa hacía eso. Yo también quiero hacerlo.»

Juega al lado de otros niños. Los niños de primera infancia no juegan entre ellos, sino uno al lado del otro; es lo que se denomina «juego paralelo». La idea de compartir y seguir turnos parece irrelevante al niño, que piensa: «Puedo hacer lo que quiera porque soy el rey del mundo».

Juega con otros niños. Hacia los dos años y medio o tres, la mayoría de niños dominan las capacidades sociales básicas y son capaces de imaginar cosas. Por lo tanto, cuando juegan fingiendo, lo hacen de forma mucho más elaborada, y pueden jugar a juegos que requieran cooperación entre ellos, como jugar al pilla-pilla, dar vueltas o ir chutándose un balón. Ahora, cuando el niño ve a un compañero de juegos, piensa: «Si le chuto el balón, él lo devolverá».

QUEDAR CON LOS AMIGOS PARA JUGAR E IR A GRUPOS DE JUEGOS

Quedar con amigos para jugar e ir a grupos de juegos ayuda a los niños a ensayar actividades sociales, aunque presenta desafíos bastante diferentes. Os sugiero que ofrezcáis a vuestro hijo ambos tipos de experiencia. Ya sé que hay quien cree que no es buena idea agrupar a niños de menos de dos años, pero no estoy de acuerdo con ellos. Mientras el niño tenga a uno de sus padres cerca, es bueno incluso que esté echado junto a otro niño. Así pues, yo empiezo los grupos de padres e hijos y madres e hijos a las seis semanas.

Quedar para jugar. Suele hacerse sólo con dos niños y carece de una estructura predeterminada. Un padre llama a otro, quedan para una hora en un lugar (por lo general, en una de sus casas o en el parque), donde los dos niños juegan juntos durante una o dos horas.

Uno de los aspectos importantes cuando se queda para jugar es la química. Algunos niños sencillamente se llevan bien y su amistad puede durar hasta el preescolar o incluso más tarde. También hay niños, normalmente niños angelito, que se entretienen con casi todos los niños, en cuyo caso la química puede no ser un aspecto a tener en cuenta. Pero algunas combinaciones no encajan. Por ejemplo, si tenéis un hijo susceptible que se asusta con facilidad y se pone nervioso cuando le molestan, puede que no queráis que su primera experiencia sea con un niño movido que revolotea por toda la habitación y tiene tendencia a quitar los juguetes a los demás.

En el mundo real, son los adultos quienes quedan para jugar y escogen a otros adultos que les gustan. A menudo, los grupos están compuestos por madres o padres que tienen en común tanto antecedentes e intereses similares como filosofías de paternidad. O un grupo de niñeras se unen porque viven en el mismo vecindario o provienen del mismo país. En cualquier caso, los niños entran en contacto unos con otros.

A veces, la química funciona, como en el caso de Cassy y Amy (*ver página 120*), cuyas madres se conocieron en las clases de preparación para el parto. Afortunadamente, sus dos hijos, uno movido y el otro angelito, juegan bastante bien. Pero a veces, a pesar de que las madres tienen las mejores intenciones y deseos, sus hijos son como el día y la noche. Uno siempre acaba sintiéndose miserable, viendo cómo abusan de él, y nadie, especialmente los padres, lo pasa bien. Otra madre, Judy, cuyo hijo Sandy es un niño susceptible, me confesó que a veces teme quedar con Abe para jugar, porque Sandy suele acabar llorando. Al final, Judy tuvo que decirle a Gail, la madre de Abe: «No quiero imponeros mi modo de hacer de madre, pero cuando venís Abe y tú, muchas veces Sandy está aterrorizado. Y eso está afectando a nuestra amistad».

COMPARTÍOS

Que vuestro hijo se dé cuenta de que tenéis suficiente para todos. Sobre todo si planeáis tener más de un hijo (*ver capítulo nueve*), quedar para jugar es una buena oportunidad para mostrar a vuestro bebé que podéis tomar en brazos a otro niño y abrazarle. El día en que Cassy se dio cuenta de que su madre cogía en brazos a Amy, el asombro se dibujó en su cara: «Eh, mamá está cogiendo a Amy en brazos». Eso le transmitió un mensaje importante: mamá también se puede compartir.

Conviene no fomentar en los niños la idea de que el amor ha de ser exclusivo. Algunos niños incluso empujan a su padre y le apartan a un lado cuando éste va a besar y abrazar a su esposa. El padre acaba pensando que el niño odia verles abrazarse, pero lo que debería decir sería: «Ven aquí, que nos vamos a abrazar todos».

Consejo: aparejar a los niños es cuestión de sentido común. Aunque os guste estar con una madre en concreto, si cada semana vuestro hijo acaba frustrado y llorando porque le quitan las cosas (y empezáis a temer el quedar para jugar porque en secreto os preguntáis qué pasará la próxima semana), quedad para jugar con otro niño y encontraos con vuestra amiga para tomar un café o para jugar un partido de tenis.

Antes de ir a jugar con un amigo, preguntad siempre a vuestro hijo: «¿Qué juguetes quieres compartir con Timmy cuando venga y cuáles no?». O también le podéis sugerir que guarde un juguete en particular que trata como un tesoro y explicarle el porqué: «Sé que este es tu juguete favorito. Quizás sea mejor que lo guardemos». Desgraciadamente, a veces el niño no se da cuenta de que una cosa es su favorita hasta que otro niño se la arrebata.

El respeto ha de funcionar en ambos sentidos, por supuesto. Puede que vuestro hijo sea la visita y que haya juguetes que el otro niño rehúse compartir. En esos casos, decidle: «No pasa nada porque Fred no quiera dejarte su juguete. Es suyo». Y después intentad que se interese por otra cosa. Si se muestra molesto, decidle: «Ya sé que estás molesto, pero continúa siendo el juguete de Fred».

Esas dificultades resultan prácticamente inevitables, pero no son malas. Así es como aprenden los niños. Cuando yo era joven, daba a mi hija dos juguetes cuando quedaba para jugar y la otra madre traía dos más. Si se rompía algo, ella o yo lo reponíamos. También podéis evitar las riñas pidiendo a la otra madre que anime a su hijo a traer uno o dos juguetes. Me doy cuenta de que puede parecer poco realista, porque hoy en día los niños tienen muchos juguetes, pero creo que por el bien de todos (padres e hijos) es mejor intentar limitar el número de juguetes.

Consejo: si vuestro hijo ha quedado para jugar en casa, acondicionad un espacio seguro en el que los niños puedan jugar sin problemas. Mantened alejadas a las mascotas. Limitad el tiempo: al cabo de más o menos una hora, uno de los dos suele cansarse, y entonces es cuando aparece el conflicto.

Alternar las casas es fabuloso, pero si no lo hacéis, llevad la comida para que la carga no recaiga en una sola familia. Si sois los padres invitados, llevad también cualquier otra cosa que necesitéis (pañales, biberón o tacita con boquilla). Aunque para quedar para jugar no es necesario marcar unas reglas (lo cual sí sugiero hacer en los grupos de juegos, como podréis ver más abajo), es buena idea saber al menos qué opinan los otros padres sobre determinados aspectos y cómo es su hijo. Por ejemplo, si sois del tipo de padres que no quitáis del alcance de vuestro hijo vuestros objetos de valor y le habéis enseñado a no tocarlos, será mejor que os aseguréis de que los otros padres han enseñado a su hijo a respetar las cosas de los demás. Hablad también sobre si hay alguna comida que no le guste, si tiene alergias, si sabe ir al lavabo solo. ¿Qué haréis si uno de los niños se muestra agresivo con el otro?

Grupo de juego. Un grupo de juego implica a dos o más niños y suele tener un formato más estructurado que cuando se queda para jugar. La ventaja de un grupo de juego es que la dinámica es más compleja y ofrece a los niños muchas oportunidades para practicar el tipo de capacidades sociales que hemos subrayado más arriba. Sin embargo, hasta los tres años, sugiero que limitéis los grupos de juego a no más de seis niños. Yo creo que lo ideal son cuatro. A ser posible, evitad los tríos, ya que, por lo general, siempre hay alguien que se siente excluido.

Formar un grupo de juego (por oposición a unirse a uno que esté guiado por un profesional) requiere planificación. Si pensamos en términos de ensayo, requiere mucha dirección de escena, un escenario más elaborado y un reparto más extenso que cuando se queda para jugar con otro niño.

1. *Reuníos antes sin los niños para establecer el programa: ¿qué tipo de estructura y actividades llevaréis a cabo?* Decidid qué queréis que sea el grupo de juego. ¿Qué actividades incluirá? ¿Juegos, música, comida? También es buena idea planificar la hora de juegos. Del mismo modo que mantener una rutina predecible en casa facilita la vida de los niños, una rutina sólida en el grupo de juego les ayuda a saber qué pueden esperar y qué se espera de ellos. Mis sesiones de mamá y yo se dividen en cinco partes: hora de juegos, hora de compartir (pica-pica), hora de música y, después de recoger, hora de relajación, en la que pongo música tranquila y los niños se acurrucan en el regazo de su madre. Ese formato se puede reproducir fácilmente en vuestros propios grupos.

Obviamente, el contenido varía en función de la edad de los niños. En el caso de la música, por ejemplo, en mis grupos de niños de entre seis y nueve meses, cuando pongo una canción, sólo los padres y yo la cantamos y hacemos los gestos correspondientes. Los niños se quedan allí sentados, absortos pero inmóviles. En los grupos de niños entre doce y dieciocho meses, los pequeños están más animados e intentan copiar los movimientos de las manos. A los quince meses, la mayoría sabe qué esperar y al cabo de cuatro o cinco semanas de escuchar la canción y observar a sus madres y a mí ya saben hacer los movimientos. Para cuando tienen dos años, la mayoría intenta también cantar la canción.

2. *Hablad sobre las reglas básicas.* Comentad vuestras expectativas, no sólo lo que los niños pueden o no pueden hacer, sino lo que las madres hacen cuando los niños no se suman a las reglas (*ver cuadro de la página 239*). Me duele cuando un niño pega a otro o le rompe un juguete adrede y su madre dice: «Lo siento muchísimo» pero no hace nada al respecto. Esos actos pueden producir resentimiento entre las demás madres.

En un grupo que visité, las madres explicaban su relación con una antigua miembro del grupo. Cada vez que su hija se levantaba y pegaba a otro niño, la madre quitaba hierro a la situación y decía: «Es sólo una etapa». (Pegar es un comportamiento, no una etapa. Más al respecto en el próximo capítulo.) Las demás madres estaban cada vez más disgustadas con su actitud. Finalmente, una de ellas tomó la voz cantante: «Estamos intentando enseñar autocontrol a nuestros hijos. Y cuando no se contienen, intervenimos. Puede que no te parezca necesario intervenir cuando Beth empuja o pega, y esa es tu elección, pero no creemos que sea justo para los demás niños». Aunque les resultaba violento, pidieron a la madre que se buscara otro grupo.

Cuando en un grupo de juego se establecen reglas de antemano, es menos probable que aparezcan esos conflictos y tensiones. Además, las reglas ayudan a los niños a aprender sobre los vínculos. Pero no seamos extremistas. Aunque una de las reglas sea que los niños han de pedir las cosas con educación, si un niño quiere beber agua y se olvida de decir «por favor», dádsela. Animadle a que la próxima vez la pida por favor.

REGLAS DOMÉSTICAS

Algunas madres que conozco establecen una serie de reglas domésticas para los grupos de juego. Quizás no estéis de acuerdo con ellas, pero podéis utilizarlas como guía para crear las vuestras.

Para los niños:
• No comer en la salita.
• No subirse a los muebles.
• No tener un comportamiento agresivo (pegar, morder, empujar).

Para las madres:
• Nada de hermanos mayores (si hay uno, se le pide educadamente que se vaya).
• Se han de aplaudir los buenos modales.
• Si un niño se muestra agresivo, se le saca del grupo hasta que se comporte.
• Los muñecos rotos se reemplazan por muñecos nuevos.

---

3. *Preparad el espacio para todo lo que necesitáis.* La zona debería ser segura y poder acomodar a cuantos niños haya en el grupo. Es bueno tener una mesa de niños para el pica-pica. También os recomiendo que tengáis al menos dos de todo. En mis grupos tengo dos (o más) de todo: dos muñecas, dos libros, dos camiones. Claro está que en el mundo real no hay dos de todo, pero aquí estamos enseñando a los niños, y los duplicados ayudan a evitar conflictos.

Consejo: si el grupo siempre se va a reunir en la misma casa, todos deberían aportar objetos de juego. Si vais rotando de casa en casa, tened una caja de juguetes de viaje. De modo que si esta semana toca en casa de Martha, y la semana siguiente en la de Tanya, cuando ese grupo semanal se acabe, Tanya se llevará su caja de juguetes para casa. La semana siguiente, quien organice la sesión hará lo propio.

4. *Acabad a una hora determinada y con un ritual de cierre.* Me he dado cuenta de que si no se da por finalizada la sesión de una manera concreta, las madres continúan charlando y, antes de que se den cuenta, ya han pasado otros diez o quince minutos y los pequeños empiezan a estar cansados y a ponerse quejicas. Cuando llegamos a la hora, empiezo a cantar una canción de despedida que incorpora el nombre de cada niño: «Adiós, Stevie, adiós, Stevie, adiós, Stevie, nos veremos la próxima semana». Eso no sólo marca el final de la sesión, sino que también evita que todos los niños se abalancen de golpe hacia la puerta.

AFRONTAR LA REALIDAD

A pesar de toda la planificación, los grupos de juego no siempre son situaciones tranquilas. Recordad que los niños primero imitan y después juegan uno al lado del otro, y podéis estar seguros de que habrá mucha más imitación que cooperación (*en el cuadro de la página 234 se resumen las etapas de socialización*). Los niños se dan ideas unos a otros. Cuando Cassy y Amy juegan, si Cassy coge una muñeca y la abraza, de repente Amy también la quiere. Resulta interesante que Amy tenga la misma muñeca en casa y ni siquiera la toque. Puesto que unos juguetes o actividades concretos se convierten en parte de su rutina en el grupo, ese es el único lugar en el que juegan con ellos. Por ejemplo, a Barry le encantaba sentarse en el coche de juguete de mi sala de juegos, pero nunca se subió en el que tenía en casa.

No hay que esperar que los niños compartan sus juguetes favoritos ni en los grupos de juego. En la puerta, tengo una caja en la que ponemos a buen recaudo objetos especiales hasta que es la hora de marcharse. Si sois anfitriones de un grupo, animad a vuestro hijo a quitar de en medio las cosas que no quiera que le toquen, sobre todo los objetos que le ayudan a tranquilizarse. (Si no lo hace, guardadlos vosotros para evitar problemas; *ver página 238*.)

Aunque establezcáis una estructura determinada, los niños tardarán cuatro o cinco semanas en acostumbrarse a ella y a participar en cada parte de la rutina. Como es de esperar, unos niños tardarán más que otros en confiar en el ambiente. Como explico en el cuadro siguiente, algunos niños tienden a *interactuar*, mientras que otros tienden a *observar*. Aunque las madres decidan incluir una parte musical y un juego organizado, habrá niños que no participarán. Y está bien. Ya lo harán... cuando se sientan seguros.

LOS QUE OBSERVAN Y LOS QUE INTERACTÚAN

En mis grupos de niños de primera infancia, algunos niños son lo que yo denomino observadores. Suelen ser niños del tipo gruñón o susceptible, y tienden a mantenerse un poco al margen. Dejan que otro niño juegue con un juguete antes de intentarlo ellos. O se quedan en un rincón, donde no reciben tantos estímulos ni tantas interferencias.

Otros niños, normalmente del patrón angelito, de manual y movido, interactúan. Establecen contacto visual, se acercan a los demás niños, les besan, etc.

Estos patrones salen a la luz incluso cuando los niños juegan solos. Si a un niño observador se le da un juguete nuevo, se acercará a él con tiento, mientras que si se le da a un niño que interactúe, éste se pondrá manos a la obra inmediatamente. Los observadores suelen pedir ayuda a los padres, mientras que los que interactúan tienden a intentar las cosas solos.

Siempre aconsejo a las madres que acuden a mis grupos que se contengan y observen, que no intervengan corriendo. Al mismo tiempo, cuando un niño es víctima de otro, insto a los adultos a entrar en acción: «Proteged a vuestro hijo. Sois sus guardianes». A algunos padres les da demasiada vergüenza intervenir. Cuando Jake pegó a Marnie, por ejemplo, Brenda, la madre de Marnie, dijo a Susan, la madre de Jake: «No pasa nada». Está claro que Brenda no quería que Susan se sintiera mal por el comportamiento de Jake, pero sí que pasa algo. Si Susan no hace nada respecto al comportamiento de su hijo, al menos Brenda tiene que tomar cartas en el asunto y no dejar que la pobre Marnie se sienta indefensa.

Como en el caso del grupo de juego en el que finalmente pidieron a una madre que abandonara el grupo (páginas 238-239), este ejemplo resalta la importancia de las reglas de base. Si se hubiera hablado de antemano de una política de tolerancia cero hacia la agresión, Susan habría intervenido inmediatamente cuando su hijo hubiera pegado al otro. Si Susan no hubiera actuado, Brenda (tras consolar a su hija) debería haber dicho al niño: «No, Jake, tenemos una regla. No se pega». Comprendo que la idea de hacer seguir una disciplina al hijo de otra persona es un asunto delicado, y que los padres no saben si es o no asunto suyo.

Recordad:
No es asunto vuestro que un niño se niegue a compartir algo con vuestro hijo. Pero sí es asunto vuestro que un niño pegue, muerda, empuje o tenga cualquier otra muestra de agresividad.

En el análisis final, quedar para jugar e ir a grupos de juego, así como otras salidas, pueden resultar divertidas y emocionantes tanto para vosotros como para vuestro hijo, pero también pueden ser un desastre. A pesar de que no podréis evitar todas las crisis y los llantos, en el próximo capítulo os explicaré cómo tratarlos.

CAPÍTULO SIETE

LA DISCIPLINA CONSCIENTE: ENSEÑAR AUTOCONTROL A VUESTRO HIJO

Quizás el resultado más valioso de la educación sea la capacidad de obligarse a uno mismo a hacer lo que ha de hacer, cuando se ha de hacer, le guste o no.

THOMAS HUXLEY

La mayoría de niños oyen lo que dices;
algunos niños hacen lo que dices;
pero todos los niños hacen lo que haces.

KATHLEEN CASEY THEISEN

DOS MADRES / DOS LECCIONES DISTINTAS

En cada pregunta que hacen los padres, la palabra *disciplina* aparece repetidamente. Si lo pensáis, *disciplina* es un término hasta cierto punto militar. El diccionario lo define como «instrucción y ejercicio designado para entrenar una conducta o acción apropiadas» y también como «castigo infligido a fin de corregir y entrenar». A la vista de estos significados, preferiría disponer de otra palabra. En cualquier caso, seré clara: yo no equiparo disciplina con castigo, ni tampoco lo veo como algo que se ha de imponer con severidad a los niños. Más bien pienso en la disciplina como *educación emocional*: un modo de enseñar a vuestro hijo a controlar sus emociones y a recordarle cómo comportarse. Teniendo en cuenta que parte de este proceso consiste en observar nuestras propias acciones, escuchar el modo en que hablamos a nuestros hijos, y ser consciente de las lecciones menos obvias que les damos con nuestro modelo de conducta, me gusta pensar en términos de *disciplina consciente*.

El objetivo último de la disciplina consciente es ayudar a vuestro hijo a ganar *autocontrol*. Recurriendo de nuevo a la analogía teatral, los niños pequeños necesitan mucho ensayo. Vosotros, como directores, debéis tener a mano el guión hasta que vuestro pequeño actor memorice el texto, conozca el escenario, y pueda actuar en solitario.

Permitidme que ejemplifique esta sencilla idea contándoos cómo reaccionaron dos madres en un supermercado ante una situación que a todas las madres nos resulta familiar. Ambas tienen un hijo de dos años que pide caramelos mientras su madre está en la cola de la caja. (Todos sabemos que los propietarios de los supermercados están confabulados con los niños, ¿verdad?; ¡sitúan estratégicamente los caramelos a la altura del carro y los ponen a su alcance!)

Francine y Christopher. Cuando Francine se acerca con el carro a la cola, Christopher señala el expositor de colores vivos lleno de golosinas. Su madre, que está ocupada descargando la compra en la cinta, no se da cuenta hasta que le oye gritar: «¡Quiero!».

Francine responde con suavidad: «No hay caramelos, Chris». Y continúa vaciando el carro.

Christopher, con unos cuantos decibelios más de potencia, insiste: «¡Caramelo!».

«He dicho que nada de caramelos, Christopher», repite Francine, con más firmeza. «Te estropearán los dientes.»

Christopher, quien por cierto no tiene ni idea de lo que significa *estropear los dientes*, contrae la carita, empieza a sollozar y canta: «caramelo, caramelo, caramelo...».

En este punto, otros clientes de la cola ya han empezado a mirar, algunos frunciendo el entrecejo, o por lo menos esa es la sensación que tiene Francine. Siente vergüenza y cada vez se va poniendo más nerviosa. Trata de no mirar a Christopher.

Al verse ignorado, Christopher sube la apuesta, y empieza a pedir con voz chillona: «¡Caramelo! ¡Caramelo! ¡Caramelo! ¡Caramelo!».

«Jovencito, si no paras ahora mismo... nos vamos a casa», le advierte Francine con mirada severa. Christopher grita aún más fuerte. «Hablo en serio, Chris.» El niño continúa llorando y ahora también añade a su repertorio patadas al carro metálico.

Ante la sinfonía de quejas de su hijo, Francine acaba cediendo, desesperada. «Está bien» dice alcanzándole una chocolatina, «sólo por esta vez». Con la cara roja de vergüenza, paga a la dependiente mientras explica a todo aquel que la oye: «Es que hoy casi no ha dormido. Sólo está cansado. Ya saben cómo son los niños cuando están exhaustos».

Las lágrimas aún no se han secado de su cara, pero ahora Christopher muestra una sonrisa de oreja a oreja.

Leah y Nicholas. Cuando Leah se acerca a la cola con el carro, Nicholas descubre el expositor de colores vivos lleno de golosinas y dice: «Nicholas quiere caramelo».

«Hoy no, Nicholas», contesta Leah con sobriedad.

Nicholas empieza a lloriquear y, subiendo el volumen, exige: «Caramelo. Quiero caramelo».

Leah se detiene un momento y mira a Nicholas a los ojos.

«Hoy no, Nicky», dice sin mal genio pero con firmeza.

Esta no es la respuesta que Nicholas quería. Se pone a llorar y a dar patadas al carro. Sin pensárselo dos veces, Leah retira la compra de encima de la cinta, vuelve a meter los paquetes en el carro y pregunta a la cajera: «¿Te importaría vigilarme esto hasta que vuelva?», la mujer asiente comprensivamente. Leah se gira hacia Nicholas y con voz neutra le dice: «Si te comportas así, tenemos que marcharnos».

Le saca del carro y, tranquilamente, sale de la tienda. Nicolas sigue llorando, y Leah deja que se desfogue... dentro del coche.

Cuando Nicholas deja de llorar, Leah le dice: «Te dejo volver a la tienda conmigo, pero nada de chocolate».

Nicholas asiente con la cabeza, todavía sofocado y respirando entre sollozos, signo evidente de haber estado llorando con ganas. Vuelven al supermercado y Leah acaba de pagar sin más problemas. Cuando madre e hijo salen de nuevo de la tienda, le dice a Nicholas: «Buen chico, Nicky. Gracias por no pedir caramelos. Has tenido mucha paciencia». Nicholas sonríe abiertamente.

Como veis, imponer disciplina significa enseñar, pero los padres no siempre son conscientes de lo que enseñan. En circunstancias idénticas, estos dos niños han aprendido lecciones completamente distintas de sus madres. Christopher ha aprendido que, para conseguir lo que quiere, tiene que comportarse de un modo determinado (gemir, llorar, tener una rabieta). También ha aprendido que su madre no es consecuente con lo que dice: no puede confiar en sus palabras, ya que no cumple lo que dice. Además, su madre vendrá al rescate y se disculpará por él. Esto es información privilegiada, y la próxima vez que esté en el supermercado con Francine, os lo aseguro, Christopher volverá a montar la misma escena. Se dirá a sí mismo: «Mmmmm... estamos en el supermercado otra vez... ¡caramelos! La última vez que estuve aquí, el lloriqueo me dio como resultado una chocolatina. Volveré a intentarlo». Cuando Francine intente mantenerse firme, Christopher hurgará más hondo en su arsenal. «Eh, esto no funciona. Supongo que tendré que llorar más fuerte. Aún no funciona, ¿eh? Hora de intentar saltar del carro y tirarme al suelo.» Christopher ha aprendido que tiene varias herramientas a su disposición y que sólo es cuestión de ir probándolas hasta conseguir el premio que busca.

Nicholas, por su parte, ha aprendido que su madre no habla por hablar y que cumple lo que dice. Ella marca los límites y, si él los cruza, sufre las consecuencias. A la vez, Leah, al no reñirle dentro de la tienda y mantener la calma, fue un modelo del comportamiento adecuado para su hijo, demostrándole que era capaz de controlar sus propias emociones. Finalmente, Christopher ha aprendido que cuando se porta bien recibe reconocimiento y, para un niño pequeño, la aprobación de su madre es prácticamente tan deliciosa como un caramelo. Me atrevo a augurar que Nicholas no tendrá muchas más rabietas en el supermercado, porque su madre no las recompensa.

Algunos niños sólo necesitan que les aparten de una situación delicada una vez y ya captan los límites. Pero supongamos que Nicholas prueba suerte una segunda vez: la madre está en la cola y él ve los caramelos. «Oh, caramelos... intentemos gimotear un poco. ¿No funciona? Con llorar y dar patadas al carro bastará... tampoco funciona. Eh, ¿dónde me lleva ahora?... ¿Fuera de la tienda?... Y sigo sin caramelo. Esto es lo que pasó la última vez... No me gusta: no es divertido.» En este momento, Nicholas se dará cuenta de que no hay recompensa cuando lloriquea, cuando berrea, ni siquiera cuando echa toda la carne en el asador y tiene una auténtica rabieta. Su madre sólo recompensa el buen comportamiento.

Como padres, debéis decidir qué tipo de lección queréis que aprenda *vuestro* hijo. Tenéis que ser responsables en vuestro papel de director. Sois los adultos. Vuestro hijo necesita que estéis al mando y que le mostréis el camino. La previsibilidad y los límites no le cortarán las alas, como muchos padres de hoy en día parecen creer. Por el contrario, las normas hacen que el niño se sienta seguro.

En este capítulo, os guiaré a través de los principios de la disciplina consciente. Lo ideal sería, evidentemente, que tratarais de *evitar* situaciones problemáticas. Cuando no sea posible, al menos llevad a cabo las acciones apropiadas. Si sois capaces de imponer una disciplina consciente, incluso tras una horrible rabieta, podréis respirar tranquilos sabiendo que habéis mantenido el control, habéis reprimido vuestro enfado y habéis enseñado a vuestro hijo una valiosa lección de autocontrol. No pedimos a los niños que sean perfectos, que estén ahí sin molestar. Estamos dando forma a sus vidas, enseñándoles valores, enseñándoles respeto.

LOS DOCE INGREDIENTES DE LA DISCIPLINA CONSCIENTE

La disciplina consciente consiste en hacer la vida previsible para vuestro hijo y fijar límites que le hagan sentirse seguro. Consiste en que vuestro hijo sepa qué puede esperar y qué se espera de él, en diferenciar lo que está bien de lo que está mal y en desarrollar un buen juicio de valores. Y consiste en enseñar al niño a obedecer una determinada serie de normas. Los niños pequeños no son malos a propósito, simplemente sus padres no les han ayudado a aprender la forma correcta de comportarse. En cambio, cuando los padres crean *estructuras externas* para refrenar a sus hijos, les ayudan a desarrollar *control interno*.

LOS DOCE INGREDIENTES DE LA DISCIPLINA CONSCIENTE

- Sed conscientes de vuestros propios límites y fijad normas.
- Analizad vuestro propio comportamiento para ver qué le estáis enseñando a vuestro hijo.
- Escuchaos para aseguraros de sois vosotros quienes estáis al mando, no vuestro hijo.
- Cuando sea posible, planead con antelación; evitad situaciones o circunstancias difíciles.
- Analizad la situación con los ojos de vuestro hijo.
- Vosotros decidís dónde y cuándo.
- Ofreced opciones de final cerrado.
- No tengáis miedo de decir que no.
- Cortad de raíz cualquier comportamiento no deseado.
- Alabad el buen comportamiento y corregid o ignorad el malo.
- No recurráis al castigo físico.
- Recordad que ceder no equivale a querer.

La finalidad última de la disciplina consciente es ofrecer a nuestros hijos la posibilidad de aprender a tomar buenas decisiones, a ser responsables, a pensar por ellos mismos, y a actuar de una manera socialmente aceptable. Esto es mucho pedir, claro está. A pesar de que el cerebro del niño se desarrolla de modo que le permite planificar, esperar consecuencias, entender vuestras demandas y reglas, y controlar sus impulsos, nada de eso es fácil de conseguir. Estos son los doce ingredientes de la disciplina consciente, es decir, factores que os ayudarán a ayudarle.

1. *Sed conscientes de vuestros límites y estableced normas.* ¿Con qué reglas os sentís cómodos? Puede que la vecina considere que no pasa nada porque su pequeño Hubert salte encima del sofá del salón pero, ¿qué pensáis *vosotros* al respecto? Sólo vosotros podéis establecer las normas en vuestra casa. Pensad dónde queréis fijar los límites y sed consecuentes. *Decidle* a vuestro hijo lo que esperáis de él; ¡no puede leer el pensamiento, por el amor de Dios! Por ejemplo, no le llevéis a una tienda donde vendan dulces y os limitéis a decir, «no puedes coger caramelos» (a no ser que disfrutéis con las rabietas). En vez de eso, dejad claras las normas *de antemano*: «Cuando vayamos a la tienda, te dejaré escoger algo para comer. Pero no te compraré ningún caramelo. ¿Qué prefieres que te compre, zanahorias o galletitas saladas?».

Marcad una línea y manteneos firmes en ella. Creedme, los niños piden toda clase de regalos y chismes imaginables, y siempre lo harán. Si ven que a veces transigís, toman nota de ello. Saben que incordiando un poco más conseguirán lo que quieren. Por desgracia, lo que suele ocurrir es que la persistencia del niño acaba consiguiendo que *vosotros* os enfadéis y finalmente estalláis y gritáis, «Basta ya, he dicho que no y es que no». Os falta poco para tomar el camino fácil (ceder sólo para detener la rabieta o ahorraros una escena embarazosa). En años venideros, tanto vosotros como vuestros hijos lo lamentaréis. Al no dejar claras las expectativas, no le hacéis ningún bien al niño. Todos tenemos que ser ciudadanos respetables, obedecer normas, reconocer el valor del protocolo social. Esa clase de educación empieza en casa y permite al niño integrarse y florecer en el gran mundo.

2. *Analizad vuestro propio comportamiento para ver qué estáis enseñando a vuestro hijo.* La disciplina es un área en la que el entorno puede desempeñar un papel incluso más importante que el temperamento. A decir verdad, algunos niños tienen más problemas que otros a la hora de controlar sus impulsos o de afrontar situaciones nuevas o difíciles

y, por lo tanto, resulta más difícil imponerles una disciplina. Pero la intervención paterna puede decantar la balanza. He visto cómo niños angelito se convertían en monstruos porque sus padres no sabían estar al mando y marcar los límites. Y he visto a niños movidos y gruñones actuar como dulces querubines porque sus padres eran tranquilos, compasivos y consecuentes.

Además, la forma en que resolvamos cada situación (estableciendo límites sin enfadarnos, actuando en vez de reaccionando, y afrontando con serenidad las situaciones estresantes) será la manera de *mostrarle* al niño en qué consiste controlar las propias emociones. Por ejemplo, existe una enorme diferencia entre sacar a rastras a un niño de una tienda o sacarle tranquilamente y sin reprimendas. La primera enseña violencia; la segunda, autocontrol. Los niños son como esponjas. Aprenden todo lo que hacemos. A veces, como ilustra la historia de Francine y Christopher, también aprenden cosas que en ningún momento pretendimos enseñarles, y eso no ocurre sólo en situaciones conflictivas; las lecciones también se pueden enseñar en momentos cotidianos de la vida. Si sois maleducados con una dependienta, si maldecís al teléfono cuando se os corta la línea, si gritáis al pelearos con vuestra pareja, vuestro hijo presenciará estas escenas sin perder detalle y, con toda probabilidad, incorporará vuestro comportamiento a su repertorio particular.

3. *Escuchaos a vosotros mismos para aseguraros de que sois vosotros, y no vuestro hijo, quienes estáis al mando.* A menudo, cuando los padres y las madres me piden consejo, exponen sus problemas de este modo:

- «Tracy, Aarón no me deja sentar en la silla».
- «Patty me hace tumbar en el suelo con ella y no deja que me levante hasta que se ha dormido».
- «Brad no me deja subirle a la trona».
- «Tracy, Gerry me hace quedarme en su habitación a la hora de ir a la cama».

Y, en este punto, yo me imagino al padre y a la madre como rehenes de un secuestrador de medio metro con una pistola de plástico.

A estos padres les pido que escuchen sus propias palabras y que se den cuenta de lo que escucha su hijo. En cada una de las situaciones representadas en este diálogo, el padre permite al Rey Niño gobernar. Eso no dará resultado. Ser padre significa estar al mando.

Por ejemplo, a algunos niños no les gusta llevar ropa. Puede que no pase nada porque vuestro hijo corra desnudo por el salón durante una hora pero, ¿qué hay que hacer cuando llega el momento de salir? Decid: «Nos vamos al parque. Tienes que vestirte». Si ponéis las normas vosotros, vuestro hijo tendrá que aceptarlas o sufrir las consecuencias y quedarse sin ir al parque. Los problemas llegan cuando los padres no han marcado los límites y permiten que sus hijos decidan la agenda.

Con esto no pretendo decir que tengamos que ser dominantes o extremadamente estrictos, o que no les demos la oportunidad de elegir («Te dejo que escojas qué camiseta quieres para ir al parque, la azul o la roja»). Sólo quiero decir que, llegado el caso, después de intentar que vuestro hijo coopere, después de haber probado todos los trucos de este libro (o de cualquier otro), deberéis ser *vosotros* quienes toméis las riendas.

4. *Siempre que sea posible, planificad con antelación; evitad situaciones o circunstancias difíciles.* Con niños muy pequeños que no poseen las habilidades cognitivas para entender *por qué* algo está fuera de los límites, es mejor evitar las situaciones más conflictivas. Esto suele conseguirse reflexionando con antelación. Limitad los estímulos y las situaciones que sean demasiado difíciles para vuestro hijo. Siempre que sea posible, evitad las situaciones «demasiado», es decir, cualquier cosa que sea demasiado ruidosa, demasiado frenética (demasiados niños, demasiada actividad), demasiado exigente (que requiera que el niño se concentre o esté sentado más tiempo del razonable para un niño de su edad), que requiera conocimientos demasiado avanzados, que dé demasiado miedo (una película, un programa de televisión), o que le exija demasiado físicamente (largos paseos). Recordad que a veces la situación puede más que el carácter. Aunque se trate de un niño angelito, sería irresponsable y cruel someterle a un largo día de compras sin que hubiera hecho antes la siesta.

La personalidad, sin embargo, es un factor importante. Las decisiones sobre qué hacer y adónde ir deberían estar regidas por vuestro conocimiento de quién es *vuestro hijo*. Si es activo por naturaleza, no le llevéis a una tienda donde haya objetos frágiles o a un recital donde tenga que estar sentado sin moverse durante una hora. Si es tímido, no le hagáis quedar para jugar con niños agresivos. Si es sensible a los ruidos fuertes y a un exceso de estímulos, ir a un parque de atracciones podría suponer un problema. Si se cansa con facilidad, no organicéis salidas que comporten desgaste físico.

Cuando hablé de la disciplina consciente a Berta, una abogada, me miró y negó con la cabeza. «Son buenas ideas *en la teoría*, pero no siempre son prácticas», insistió. Entonces, procedió a relatarme una escena típica de su atareada vida: «Acabo de salir de una larga jornada de trabajo y recojo a mis hijos en casa de la canguro. Tengo un terrible dolor de cabeza, y de pronto me acuerdo de que no tengo leche y me hacen falta cuatro cosas para la cena.

»De manera que voy con los niños a la tienda, y mientras esperamos en la larga cola (porque todo el mundo que sale del trabajo también necesita algún ingrediente de última hora para la cena), empiezan a gimotear. Los dos quieren coger uno de los juguetes que hay en los expositores, junto a la caja. Les digo que no y sus voces suben de intensidad.

»Sé que *se supone* que debo responder con una voz cuidadosamente modulada: "No hay juguetes, niños. Y si os seguís comportando así, tendremos que salir de la tienda", pero este no es el momento adecuado para aleccionarles. No tengo tiempo ni paciencia para sentarme en el coche hasta que se tranquilicen. Tengo que preparar la cena y si pierdo aunque sólo sean quince minutos, pillaré todo el tráfico de vuelta a casa y entonces el viaje en coche se convertirá en un infierno. Los niños estarán hambrientos, irritables, aburridos y acabarán peleándose entre ellos o chillándome a mí. Yo me pondré a gritar, y en ese punto sólo querré hacer las maletas y marcharme a Marte».

«¿Qué pasa entonces, Tracy?», me pregunta Berta, escéptica. «¿Cómo evito una situación difícil de este tipo?»

«Yo no soy maga», le contesto. «Si las cosas han llegado tan lejos es por tu culpa. No tengo ningún truco en la chistera que pueda servir», reconozco, «aparte de que hay que aprender de la experiencia».

¿Y qué nos enseña la experiencia? Pues a *planificar*. Comprobad los armarios el día anterior para no tener que pasar por la tienda con vuestro hijo (o hijos) en el peor momento posible. Si en el último minuto os dais cuenta de que os olvidasteis de comprobarlo y ahora os hacen falta algunas cosas, haced la compra *antes* de recoger a vuestros hijos. Si no os da tiempo, vuestra situación mejoraría si para imprevistos como ese guardarais en la guantera una reserva de galletas saladas o de cualquier otra cosa para picar que fuera saludable y no caducara. Procurad también tener a mano uno o dos juguetes de viaje ideales para el coche. Llevad todo eso a la tienda si no queréis que vuestro hijo se aburra, pida dulces o tenga una rabieta cuando os neguéis a ceder. La planificación previa quizás no resuelva todos los problemas, pero está claro que puede aliviar los que se repiten... siempre que aprendamos de ellos.

5. *Analizad la situación poniéndoos en la piel de vuestro hijo.* Un comportamiento que a ojos de un adulto parece «malo» o «incorrecto» puede significar algo bastante distinto desde el punto de vista de un niño pequeño. Cuando Denzel, de dieciséis meses, le quita el juguete a Rudy, no significa que sea «agresivo». Cuando tropieza con el rompecabezas de su hermano mayor al cruzar la habitación, no significa que sea «distraído». Cuando le muerde el brazo a su madre, no significa que quiera hacerle daño. Y cuando de un estante de la sala de juegos caen seis o siete libros y una cesta llena de juguetes provocando un gran estruendo, no significa que Denzel sea «destructivo».

¿Qué sucede realmente en cada uno de estos casos? Denzel es un niño pequeño que intenta ser independiente y satisfacer sus necesidades, pero aún le queda mucho camino por recorrer. En el primer caso, no tiene la capacidad verbal de decir «Quiero hacer lo mismo que hace Rudy». En el segundo, no tiene la coordinación física necesaria para saltar por encima del rompecabezas de su hermano (y probablemente ni se dé cuenta de que está allí, porque él se limita a ir en línea recta hacia el camión de juguete que está en la otra punta de la habitación). En el tercer caso, le duelen los dientes, pero no tiene la conciencia ni el control físico para escoger un objeto más adecuado al que hincarle los dientes. En el cuarto, quiere que su madre le lea un cuento, pero al no entender la relación de causa-efecto, no se da cuenta de que si tira de su cuento favorito todo lo que haya encima también caerá.

Tal como he apuntado en el capítulo seis, a veces, lo que en un niño pequeño parece ser agresividad no es más que simple curiosidad. Por ejemplo, no es ningún accidente que los niños pequeños les metan el dedo en el ojo a sus hermanos bebés. Los globos del ojo se mueven y son blandos. ¿Quién no tendría la tentación de experimentar? Algunos malos comportamientos pueden deberse simplemente a que el niño está en el lugar equivocado en el momento equivocado. O puede que esté exhausto, un estado físico que tiende a hacer que los niños sean más impulsivos, y a veces, agresivos. Asimismo, si habéis sido inconstantes a la hora de marcar los límites, no podéis pretender que vuestro hijo *adivine* las reglas. Si ayer le dejasteis saltar en el sofá, ¿cómo puede alguien culparle por creer que también hoy está bien saltar en el sofá?

> *Consejo: ayudad a vuestro hijo a obedecer las normas que ponéis. Una norma común, por ejemplo, sería «no se juega a pelota dentro de casa». Los adultos sabemos que a pelota se juega al aire libre. Entonces, ¿por qué las guardamos en la caja de los juguetes? Y cuando un niño se pone a jugar a la pelota dentro de casa, ¿por qué nos sorprendemos?*

6. *Vosotros decidís dónde y cuándo.* Controlar a un niño pequeño puede resultar agotador: «No, Ben, no cojas eso». «Con cuidado.» «Ben, no te acerques a la tabla de planchar.» Hay días en que la educación constante puede ponerte de los nervios. Aun así, la disciplina es una parte primordial en el arte de ser padres. Sin embargo, es importante saber cuándo es absolutamente necesario endurecer los límites y cuándo está bien hacerlos un poco más flexibles. Obviamente, cuando estéis estancados en una situación sin salida, tendréis que tomar una decisión (¿debo mantenerme firme o ceder con elegancia?). Sed creativos.

Pongamos que es la hora de recoger y vuestro hijo está bastante cansado. Cuando anunciáis, «hora de recoger», responde con un sonoro «¡No!». Si es de los niños que normalmente no ponen pegas a la hora de recoger los juguetes, ¿por qué buscarse problemas? Ayudadle. Sugeridle: «Yo guardaré los cubos y tú pones la muñeca a dormir en el estante de los juguetes». Si continúa negándose, insistid: «Te voy a ayudar», y empezad a guardarlo todo excepto un juguete. Dádselo y decid: «Toma, mete este dentro de la caja de los juguetes». Elogiadle (pero no en exceso) una vez lo haya hecho: «Buen trabajo».

Suponed que intentáis que vuestro hijo se vista. Si ya vais tarde y sabéis que es un poco holgazán, para empezar no habéis planificado demasiado bien el tiempo. No tenéis tiempo para pasaros un cuarto de hora poniéndole cada prenda de ropa, como soléis hacer, así que ¿qué alternativa os queda? Dejad que vuestro hijo llegue a la guardería, o donde sea que vayáis, en pijama. No tardará en darse cuenta de que no va vestido adecuadamente para estar en público y probablemente no volverá a poneros en la misma situación otra vez. ¡Ya encontrará otra manera de mostrar su obstinación!

El caso es que hay situaciones que requieren una solución rápida. El tiempo es un factor importante y a algo hay que renunciar. Usad vuestro juicio e ingenio, pero no busquéis excusas ni os perdáis en largas explicaciones. Por ejemplo, estáis en la calle, vuestro hijo se niega a dar otro paso, y ya llegáis tarde. No os pongáis a aleccionarle («Tenemos que darnos prisa... Mamá tiene hora con el médico dentro de quince minutos»). No sólo vuestra explicación le entrara por una oreja y le saldrá por la otra, sino que puede que incluso logre que vaya más despacio (los niños saben por instinto cuándo los padres son más vulnerables). Echaos a correr; cogedle en brazos e id donde tengáis que ir sin perder tiempo.

7. *Ofrecedle opciones de final cerrado.* Los niños pequeños suelen cooperar más si se les da a escoger, porque eso les da sensación de control. En vez de amenazar o sobornar a vuestro hijo, procurad hacerle intervenir y que se sienta parte de la solución. Pero aseguraos de proponer opciones de final cerrado, preguntas o afirmaciones que impliquen una respuesta concreta, no una respuesta de sí o no: «¿Qué quieres, Cheerios o Smacks?» «¿Qué quieres recoger primero, los cubos o las muñecas?» (más ejemplos en el cuadro en la página 257). Tienen que ser opciones reales, no falsas. Las opciones reales son alternativas que habéis concebido en vuestra cabeza y que no dejan lugar a la interpretación. Por ejemplo, si mientras le desvestís le decís: «¿Estás preparado para el baño?», en verdad no le estáis dando opción. Y al convertirlo en pregunta, también corréis el riesgo de que responda «No». Una pregunta más adecuada sería: «¿Cuando te bañes, querrás que utilicemos la esponja roja o la azul?».

8. *No tengáis miedo a decir «no».* Por mucho que intentéis prevenir una situación, siempre habrá veces en que tendréis que negaros a aceptar las peticiones de vuestro hijo. Planteaos esta pregunta: «¿Soy uno de esos padres que piensan que es necesario contentar a su hijo en todo momento?». De ser así, os puede resultar duro ver a vuestro pequeño

OFRECER OPCIONES

Exigencias/Amenazas	Opciones/Preguntas
• «Si no comes, no iremos al parque.»	• «Cuando hayas acabado de comer, iremos al parque.»
• «Ven aquí... ahora mismo»	• «¿Vienes tú solito o te vengo a buscar yo?»
• «Hay que cambiarte el pañal.»	• «¿Quieres que te cambie los pañales ahora o después de que leamos el cuento?»
• «Deja el juguete de Sally.»	• «Si dejas el juguete de Sally, te ayudaré.»
• «No, Paul... no puedes jugar con mi pintalabios.»	• «¿Me das tú el pintalabios o te ayudo a cogerlo? Gracias... ¡Cuánto me ayudas! ¿Qué quieres aguantar ahora, el peine o el espejo?»
• «No vuelvas a dar portazos.»	• «Por favor, cierra la puerta con cuidado.»
• «No hables con la boca llena.»	• «Acaba antes de masticar y luego habla.»
• «¡No! No pararemos a por helado de camino a casa. Te quitará las ganas de comer.»	• «Sí, ya sé que tienes hambre. Cuando lleguemos a casa podrás comerte un... (menciona alguna cosa apetitosa).»

derrumbarse ante un «no» rotundo. No hace mucho, por ejemplo, pasé el día con una madre y sus dos hijos, de dos y cuatro años. Siempre que querían algo lloriqueaban... y ella cedía cada vez. No era capaz de decirles nunca que no porque deseaba desesperadamente que sus pequeños estuvieran contentos en todo momento. Esta actitud es poco realista y, además, es importante que los niños entiendan que existe una amplia gama de emociones humanas, incluidas la tristeza, la ira y la exasperación. A largo plazo, lo único que conseguirá es sufrir y hacerles sufrir a ellos, porque la vida está llena de frustraciones y desilusiones ante las que no estarán preparados para afrontar. Como nos recuerda un clásico de los Rolling Stones, no siempre podemos conseguir lo que queremos. Si no les enseñamos a aceptar un «no» por respuesta, estaremos condenando a nuestros hijos a un crudo despertar. (Pero eso no implica necesariamente decir «no» todo el tiempo; ver consejo de la página 190.)

Consejo: cuando vuestro hijo esté enfadado, en vez de intentar engatusarle, con lo que ignoraríais sus sentimientos, o de intentar convencerle de que «en realidad» no tiene que sentirse mal, lo cual le instaría a esconder sus sentimientos, permitidle que exprese todas sus emociones. Decidle cosas como «Ya sé que estás disgustado», o «Veo que te has enfadado mucho» para que sepa que es normal tener reacciones emocionales e incluso estar triste.

9. *Cortad de raíz cualquier comportamiento no deseado.* Detened a vuestro hijo antes de que actúe, o al menos intervenid en pleno acto. Mientras participaba en un grupo de juegos con niños de diecinueve meses, observé que uno de los pequeños, Oliver, que en más de una ocasión se había sobreexcitado un poco con sus compañeros de juego, empezaba a perder el control. Su madre, Dorothy, también se había dado cuenta. En lugar de decirse a sí misma: «Es una fase que ya pasará», Dorothy vigilaba a su hijo desde la distancia. En un momento dado, Oliver cogió su camión Radio Flyer, y Dorothy, previendo que iba a lanzarlo, dijo con un tono neutro pero de advertencia a la vez: «Oliver, los juguetes no son para lanzarlos». Oliver dejó el camión en el suelo.

Quizás no siempre podáis detener a vuestro hijo *antes*, pero sí que suele ser posible intervenir *mientras* algo está sucediendo. Por ejemplo, Rebecca me llamó para explicarme el drama familiar que se vivía en su casa a la hora de comer. Al parecer, a los quince minutos de estar sentado en la trona, su hijo Raymond, de quince meses, empezaba a tirar la comida. «Eso quiere decir que no está interesado en comer, querida», le expliqué. «Bájale de la trona inmediatamente. Obligándole a estarse allí sentado, sólo conseguirás problemas. Mientras trates de hacer que coma, él se retorcerá para intentar salir de la silla, arqueando la espalda o chillando.»

«¡Sí! Eso es exactamente lo que sucede», exclamó Rebecca, como si acabaran de leerle el pensamiento. (No se daba cuenta de que yo había visto cientos de niños hacer lo mismo.) Mi consejo era simple: al cabo de una media hora de haberlo sacado de la mesa, debía tratar de sentarlo de nuevo en la trona y ver si ya tenía hambre. Puso el plan a prueba durante un par de días. Cogerlo en brazos y bajarle y subirle tan a menudo fue un trabajo duro, pero ahora Raymond se come la comida en lugar de tirarla.

También es importante que ayudéis a vuestro hijo a entender *qué* le ocurre cuando se porta mal. Poneos en contexto. Si se ha saltado la siesta, probablemente se sienta cansado. Si no se ha salido con la suya, probablemente se sienta frustrado o enfadado. Si alguien le ha pegado, obviamente se sentirá dolorido. Poned nombre a la emoción de inmediato. «Ya sé que estás (insertad la emoción).» Ni qué decir tiene que nunca deberíais hacer sentir culpable a vuestro hijo por experimentar una emoción, ni acusarle por ello de ser «malo». Asimismo, dejad que vuestro hijo descubra que las emociones no sirven de excusa. Un comportamiento inapropiado, ya sea pegar, morder, o tener una rabieta, debe cortarse por lo sano, independientemente de cómo se sienta el pequeño. El objetivo de esto es enseñar a vuestro hijo a identificar y *controlar* sus emociones.

10. *Elogiad el buen comportamiento y corregid o ignorad el malo.* Por desgracia, algunos padres están tan obsesionados con el «no», que se olvidan de ver las cosas que su hijo hace bien. Sin embargo, de hecho, es más importante apreciar el *buen* comportamiento de los niños que reprimir el malo. Tomad como ejemplo el de una encantadora pareja, Maura y Gil, que un día acudieron a mi despacho con su adorable hija, Heidi. Se quejaban de que su pequeña, de dieciocho meses, «no dejaba de lloriquear». Mientras su padre y su madre me explicaban sus penas, acusándose mutuamente de mimar a la pequeña, Heidi estaba tranquilamente en el jardín de juegos, entretenida introduciendo los sobres de plástico por el hueco del buzón, abriendo y cerrando las distintas portezuelas y picaportes.

Mientras tanto, Maura y Gil le hacían poco caso, hasta que Heidi, percatándose de que no prestaban atención a sus maravillosos logros en el jardín, empezó a gimotear. De repente, los dos estaban pendientes de ella, preocupados por saber qué le pasaba: «Oh, pobrecita mía, ¿qué te pasa?», dijo Gil compasivamente. «Ven aquí, mi amor», dijo Maura. Casi podía sentir su lástima. Heidi, por su parte, se subió a las rodillas de Gil y al cabo de unos minutos volvió a bajar y se puso a investigar otros juguetes. El mismo proceso se repitió por lo menos cinco veces durante la hora que duró la consulta. Cuando Heidi se portaba bien, se entretenía jugando sola y *no* lloriqueaba, nadie decía una palabra. Cuando Heidi se aburría, gemía un poquito, y acudía a sus padres en busca de consuelo, viéndose recompensada al instante.

Maura y Gil se sorprendieron cuando les dije que habían *enseñado* a Heidi a lloriquear y a depender de ellos para consolarse. Su comportamiento también comprometía la capacidad de concentración de su hija. Me miraron hechos un lío. «En vez de esperar a que lloriquee», les aconsejé, «elogiad a Heidi cuando se esté divirtiendo sola. Decid simplemente: "Qué bien que juegas, Heidi. ¡Es fantástico!". Si tiene la confianza de saber que le prestáis atención, se verá animada a continuar con la tarea durante más tiempo que si tiene la sensación, acertada, de que no es así. "Siempre que lloriquee", añadí, "o bien ignoradla o bien corregid su comportamiento diciendo: 'no puedo contestarte si no me hablas bien'"». La primera vez que corrigieran a Heidi, les expliqué, tendrían que mostrarle qué era hablar bien. «Tienes que pedirlo así: "¿Me ayudas, mamá?"»

> *Consejo: sed conscientes de qué premiáis ofreciendo vuestra atención: los lloriqueos, los berrinches, las quejas, los gritos... En vez de eso, elogiad a vuestro hijo cuando colabore y se porte bien, cuando se esté quieto, cuando juegue solo y cuando se tumbe para consolarse. En definitiva, haced que los buenos momentos duren dando muestras de vuestro reconocimiento.*

11. *No recurráis al castigo físico.* Una vez estaba en un centro comercial y vi que una madre daba un bofetón a su hijo en las piernas y a continuación le zarandeaba. «¡Ya está bien!», le increpé. La mujer se quedó a cuadros.

«¿Cómo dice?», preguntó.

Sin amilanarme, insistí: «He dicho que ya está bien. ¿Cómo se atreve a pegar a alguien tan pequeño?».

Me contestó con una retahíla de insultos y acto seguido se marchó.

La gente suele preguntarme: «¿Está bien si le doy una bofetada de vez en cuando a mi hijo?». Sólo por mi mirada, la mayoría de padres ya adivinan la respuesta. En lugar de contestarles, les formulo esta pregunta: «Si ves que tu hijo pega a otro niño, ¿cómo reaccionas?».

LA DISCIPLINA CONSCIENTE: ENSEÑAR AUTOCONTROL A VUESTRO HIJO

POR QUÉ NO HAY QUE PEGAR A LOS HIJOS

Pese a las afirmaciones recientes que aseguran lo contrario, realizadas por quienes se califican de expertos en la tarea de ser padres, creo que *ningún* tipo de agresión física es buena. Cuando la gente lo justifica («Una bofetada de vez en cuando *a mí* no me hizo ningún daño») o lo minimiza («Sólo le he dado un cachete»), a mí me suena como si alguien que tuviera problemas con la bebida dijera, «Yo sólo bebo cerveza».

Es una solución momentánea. Pegar a un niño no le enseña a no portarse mal. Lo único que aprende es que ser golpeado duele. Puede que se porte mejor durante un tiempo, porque naturalmente quiere evitar el dolor. Pero el niño no está aprendiendo ninguna habilidad, y sin duda tampoco está desarrollando autocontrol.

Es injusto. Cuando una persona adulta pierde el control y pega a niño, está abusando de él.

Se utiliza un doble estándar. ¿Cómo se puede pegar a un niño cuando se está enfadado o frustrado y pretender que él no se dé la vuelta y haga lo mismo?

Fomenta la agresión. Como dice mi abuela, «Estás pegándole al diablo», queriendo decir que si pegas a un niño lo que consigues es hacer que te desafíe aún más. Las estadísticas le dan la razón: los niños a los que pegan en casa tienden a su vez a usar la violencia, sobre todo contra aquellos más jóvenes o pequeños, e intentan solventar los problemas mediante la violencia.

La mayoría responde: «Les detengo».

«Bien, pues si no está bien que tu hijo pegue a otro niño», les hago observar, «¿entonces quién te da permiso a ti para pegarle a él? Los niños no son de nuestra propiedad. Sólo un abusaenanos pegaría a alguien que no puede defenderse.»

Esto vale también para los tortazos en el culo o los cachetes en la mano. Me da la impresión de que si se pega a un niño o se utiliza cualquier tipo de violencia contra él, se ha perdido el control y es uno mismo, y no el niño, quien necesita ayuda.

A veces, un padre puede objetar: «Bueno, mi padre me pegaba y a mí nunca me hizo ningún daño».

«Bueno», respondo, «eso no es cierto. Sí que te hizo daño. Te enseñó que pegar está bien... y, según mi libro, no lo está.»

El castigo físico es una solución a corto plazo que no enseña nada positivo. Por el contrario, enseña a los niños que pegamos cuando nos sentimos frustrados; pegamos cuando ya no sabemos qué hacer; pegamos cuando perdemos el control.

¡ALERTA! A PUNTO DE PERDER LOS NERVIOS

Incluso los padres que están en contra de pegar a sus hijos pueden hacerlo en un momento dado. A veces ocurre por miedo, como reacción automática cuando el niño corre hacia la carretera o se pone en peligro de algún modo. También puede ser producto de la frustración que se siente como padre. A veces perdemos el control y pegamos al niño porque no deja de hacer algo que nos molesta, como por ejemplo tirarnos de la manga o apartarnos la revista mientras intentamos leer. Aunque sólo le deis un tortazo en el culo, asumid vuestra responsabilidad:

Disculpaos. Decid: «Lo siento. No está bien que mamá te pegue».

Miraos en el espejo. ¿Os estáis cuidando? ¿Estáis comiendo como es debido, descansáis lo suficiente, tenéis problemas matrimoniales? En cualquiera de estos casos, vuestra capacidad de aguante podría verse resentida.

Analizad las circunstancias. ¿Ha habido algo en esta situación en particular que os haya tocado la fibra sensible? Una vez hayáis identificado lo que os ha alterado tanto, procurad evitar situaciones similares o, al menos, retiraos antes de que os hierva la sangre. Todos tenemos un límite. Estas son algunas de las respuestas más habituales que dan los padres cuando se les pregunta: «¿Qué cosas os sacan de quicio?»:

- El ruido.
- El lloriqueo.
- El insomnio.
- El llanto, sobre todo llanto inconsolable o excesivo.
- La actitud desafiante (pedís al niño que no haga algo y él sigue con ello).

No os sintáis culpables. Todos los padres cometen errores: no os atormentéis. Si os arrodilláis a los pies de vuestro hijo, le daréis demasiado control. El sentimiento de culpabilidad también puede dificultaros la tarea de imponer disciplina en el futuro.

---

12. Recordad que ceder no equivale a querer. Muchos padres, principalmente aquellos que trabajan fuera de casa, tienen dificultades a la hora de imponer una disciplina a sus hijos. Su razonamiento funciona del siguiente modo: «Me paso todo el día fuera de casa. Mi hijo no me ha visto, y no quiero ser siempre el malo. No quiero que mi hijo piense: "Vaya, siempre que papá llega a casa, me riñe"». Bien, tened presente que la disciplina consciente consiste en *enseñar*, no en castigar. No os tengáis por un sargento de hierro.

Más bien al contrario, estáis ayudando a vuestro hijo a darse cuenta de que cooperar es divertido y de que si se porta bien se siente mejor.

Si no ayudáis a vuestro hijo a conocer los límites, le estáis haciendo un flaco favor. Puede que cedáis ante vuestro sentimiento de culpa («Pobrecito... No me ve en todo el día»), vuestro miedo («Me odiará si le castigo»), o vuestra negación («Ya se le pasará»); o puede que deleguéis vuestras responsabilidades («Ya se encargará la canguro...»). En cualquier caso, no le estáis enseñando lo que todo niño debe aprender: *cómo controlarse.* Cada vez que os mostráis condescendientes, cada vez que os conformáis con un arreglo rápido para «comprar» el amor de vuestro hijo o sentiros mejor, os aseguro que la *próxima vez* vuestro hijo subirá la apuesta. Y lo que es peor, llegará el momento en que la actitud de vuestro hijo os frustrará... y esa actitud la habréis fomentado, inconscientemente, vosotros. Un día os despertaréis con la sensación de haber perdido el control. Y tendréis razón: lo habréis perdido. Y la culpa no será de vuestro hijo.

Al mismo tiempo, os insto a permitiros cometer errores. La disciplina consciente conlleva mucha práctica. Desde que mis hijas eran pequeñas, les he impuesto unos límites rígidos y claros, como los que mi madre y mi abuela me impusieron a mí. No fui ni mucho menos perfecta; exploté en más de una ocasión. Y tenía miedo de que al perder los estribos les hubiera dejado marcas imborrables. Sin embargo, unos cuantos errores, unas cuantas incoherencias, no marcan toda una infancia. Ahora que mis hijas son adolescentes, los recuerdos de la disciplina en la primera infancia son como un paseo por el parque. Mis hijas me desafían constantemente. Tengo que ser creativa y flexible con todo pero, al mismo tiempo, sujetar bien las riendas. A pesar de mis años de experiencia con niños, estoy muy lejos de la perfección.

Lo que he descubierto, y también lo que he observado en otros padres, es que cuando eres constante y clara respecto a las normas, no sólo te sientes mejor contigo misma y con la clase de padre que eres, sino que tu hijo también se siente más seguro. Sabes cuáles son tus límites y te respeta por tener palabra. Te quiere por tu honestidad, y sabe que cuando dices algo, lo cumples.

¿LOS DEMÁS SABEN IMPONER MÁS DISCIPLINA A VUESTROS HIJOS QUE VOSOTROS MISMOS?

¿Vuestro hijo respeta más los límites que marca otro cuidador (una canguro, un abuelo, una tía) que los vuestros? Muchos padres se sienten celosos cuando esto ocurre y temen que el niño no les quiera tanto, pero no se trata de amor, se trata de fijar límites. Quizás sea hora de *aprender* del otro cuidador en lugar de estar resentido con él o ella.

LA REGLA DEL UNO/DOS/TRES

Como solía decir mi abuela: «Empieza como tengas intención de continuar». En otras palabras, ten cuidado con los mensajes que haces llegar a tus hijos. Especialmente durante su primera infancia, edad en la que son muy impresionables y pueden desarrollar malos hábitos rápidamente. Christopher, el niño que habéis conocido al principio de este capítulo, ya ha descubierto cómo conseguir caramelos en el supermercado, y cada vez que su madre transija, él estará añadiendo munición a su arsenal, unas herramientas que le serán útiles cuando sus demandas aumenten y se dé cuenta de que puede seguir presionando a su madre. En la misma línea, un niño que esta noche pide (y consigue) dos cuentos más, un vaso de agua, un achuchón extra, mañana por la noche todavía exigirá más (en el próximo capítulo encontraréis más información sobre estas dificultades crónicas).

La disciplina consciente es una cuestión de reflexionar, de prevenir los malos hábitos en lugar de esperar a tener que solucionarlos. Cuando intuyáis una actitud que puede ser síntoma de mal comportamiento, pensad: «Este podría ser un problema potencial si dejo que se me escape de las manos». Podría tratarse de algo que ahora os parece simpático, como por ejemplo que se ponga a correr desnudo alrededor de la mesa del comedor retándoos a que le alcancéis si queréis que se dé un baño. Pero cuando el niño crezca este desafío dejará de ser tan adorable.

En cualquier situación, ya sea que lloriquee o que tenga una auténtica rabieta, que os pegue o que pegue a otro niño, que no quiera ir a dormir o que se despierte por la noche, que no se comporte a la hora de comer o que le entren ataques de llanto en público, que se niegue a darse un baño o a salir de la bañera, aplicad la siguiente sencilla regla del uno/dos/tres.

IR DEMASIADO LEJOS

A continuación, enumero algunos de los errores habituales que cometen los padres al intentar imponer disciplina a sus hijos y que implican decir demasiado o decir cosas fuera del alcance de un niño pequeño.

- **Dar explicaciones excesivas**: un clásico ejemplo en la vida real se da cuando un niño intenta subirse a una silla y el padre se lanza a darle una explicación elaborada: «Si te subes ahí arriba podrías caer y hacerte daño». En vez de hablar, el padre debería *pasar a la acción* y apartarle.

- **Ser vago/poco explícito**: algunas afirmaciones, como «No, es peligroso», pueden tener varias interpretaciones. En cambio, decir «No subas los escalones» es claro y conciso. Asimismo, preguntas del tipo «¿Te gustaría que te pegara yo a ti?» (usada habitualmente cuando un niño pega) tampoco tienen ningún significado para un niño. Es mejor decir: «Ay, eso duele. No debes pegar».

- **Tomárselo como algo personal**: me sabe mal cada vez que un padre dice, «Me pongo triste cuando te portas mal». Decir a los hijos que su comportamiento os hace infelices les otorga demasiado poder y control. También implica que *ellos* son responsables de vuestro humor. Es mejor decir: «Si te portas así, no puedes estar con nosotros».

- **Rogar/disculparse**: la disciplina ha de imponerse sin ambivalencias y con la seguridad de tener las emociones bajo control. Un padre que ruega: («Por favor, no pegues a mamá») y después va a disculparse («Mamá se pone triste cada vez que tiene que castigarte») no da la impresión de tener la situación dominada.

- **No controlar vuestro propio temperamento**: la disciplina debería saliros de dentro de un modo compasivo y no ser fruto de un arrebato (*ver también el cuadro de la página 277*). No amenacéis nunca a vuestro hijo. Es más, es recomendable que no estéis sujetos a un estado de ánimo determinado. Vuestro hijo no tardará en olvidarlo todo, y vosotros deberíais hacer lo mismo.

Uno. La primera vez que vuestro hijo se pase de la raya que le habíais marcado (que se suba a un sofá que quedaba fuera de los límites, que pegue a otro niño en un juego en grupo, que os tire de la camiseta en público para tomar el pecho una vez destetado) *tomad nota* de ello. Hacedle saber también que ha cruzado la línea. (Al final de este capítulo, en la página 278, encontraréis consejos y «guiones» para muchos patrones habituales de comportamiento.) Por ejemplo, si lleváis a vuestro hijo en brazos y os pega, la primera vez que pase, apartadle la mano y exclamad, «Ay, eso duele. No debes pegar a mamá». Algunos niños dejan de hacerlo inmediatamente y no hay más que hablar. Pero no contéis con ello.

Dos. La primera vez que un niño muerde o tira la comida sobre la mesa puede tratarse de un incidente aislado, pero pensad que podéis estar siendo testigos de los inicios de un patrón de conducta que puede convertirse en habitual. Así pues, si vuestro hijo vuelve a pegaros, reñidle y recordadle la primera regla: «Te he dicho que no debes pegar a papá». Si continúa pegando, decidle: «Te cogeré en brazos si no vuelves a pegar a papá». Recordad que la reacción que tengáis ante un comportamiento en concreto determinará que vuestro hijo continúe llevándolo a cabo o no. Acciones como engatusarle, transigir o derrumbarse, así como tener reacciones negativas extremas, como ponerse a gritar, tienen tendencia a fortalecer la conducta no deseada. En otras palabras, las reacciones exageradas suelen fomentar que un niño vuelva a portarse mal, ya sea porque percibe la interacción como un juego o porque no recibe suficiente atención por su buen comportamiento, y esta nueva estrategia representa una manera efectiva de que le hagan caso.

Tres. Locura significa hacer la misma cosa una y otra vez y esperar distintos resultados. Si un patrón de conducta negativa persiste, debéis preguntaros: «¿Qué estoy haciendo para perpetuarlo?». Tratad de no llegar al «tres».

Supongamos que vuestro hijo pega a otro niño. La primera vez que ocurra, mirad a vuestro hijo a los ojos y decid: «No. No debes pegar a Manuel. Le haces daño». La segunda vez que pase, lleváoslo de la habitación. No lo hagáis con mal genio; limitaos a sacarlo fuera y a explicarle: «No puedes jugar con los otros niños si pegas». Si os mostráis firmes desde el principio, probablemente vuestro hijo dejará de hacerlo.

Si no es así, y dos se convierten en tres... entonces es hora de lleváros-
lo a casa. (Permitir que un niño llegue siempre a «tres» suele causar los
problemas crónicos de comportamiento que tratamos en el capítulo
ocho.)

¿Recordáis la historia del capítulo seis (páginas 238-239) sobre la
madre a la que pidieron que abandonara un grupo de juegos porque su
hija pegaba y empujaba a los demás niños? La madre en cuestión no
sólo permitió que Beth cruzara el límite Uno/Dos/Tres, sino que siguió
buscando excusas: «Es una fase. Ya se le pasará». No es cierto. Lo único que pasará es el tiempo, pero los malos hábitos quedarán.

Al mismo tiempo, sentí lástima por Beth. Lo había pasado mal porque los adultos del grupo no aceptaban la actitud de su madre. Al permitir que su hija se portara mal, la madre le estaba enseñando a usar
la fuerza en lugar de colaborar. Comprensiblemente, ni los niños ni los
adultos la querían con ellos. No creo que Beth, ni ningún otro niño,
sea «malo» por naturaleza. Hay algunos niños pequeños, claro está,
que desafían a sus padres constantemente; analizan hasta dónde pueden llegar, qué reacción obtienen, qué llama la atención de los mayores.
Algunos pierden el control más a menudo que otros. Pero, por encima
de todo, lo que buscan es que sus padres marquen límites. Cuando una
madre o un padre no se da cuenta de los problemas de comportamiento que tiene su hijo o no hace nada para ayudarle a superarlos, por desgracia es el niño quien acaba ganándose mala fama.

INTERVENCIÓN RESPETUOSA DE UN VISTAZO

Anunciad la regla: «No, no debes...».

Explicad el efecto del comportamiento: «Eso... duele/ha hecho llorar
a Sara/no está bien».

Haced que se disculpe y que le dé un abrazo al otro niño: «Pide perdón». (Pero no permitáis que vuestro hijo use «perdona» para encubrir el
mal comportamiento.)

Explicad la consecuencia: «No, (recordadle el comportamiento) no puedes quedarte; tendremos que marcharnos hasta que te hayas tranquilizado».
(Esta también puede ser una buena oportunidad para tomarse un tiempo
muerto; ver página 295.)

INTERVENCIÓN RESPETUOSA

Cuando vuestro hijo haga algo malo, siempre es mejor actuar con calma y premura. No obstante, también es importante *intervenir respetuosamente*. Es decir, mantenerse entero y compasivo. Nunca avergoncéis ni humilléis a vuestro hijo, y procurad siempre educarle en lugar de castigarle.

Por ejemplo, en uno de mis grupos de juegos, Marcos, un niño movido por naturaleza, cada vez se mostraba más excitado. Esto es bastante frecuente en niños pequeños, especialmente en niños movidos que tienen gran personalidad. Cuando están en grupo, especialmente de cuatro o más niños, se ven rodeados de actividad. Copian a otros niños y quieren jugar con sus juguetes, y a veces eso comporta conflictos. Por desgracia, lo que a menudo ocurre es que los padres tratan de dominar o aplacar al niño sobreexcitado. Un tanto desesperado y avergonzado, la madre o el padre puede tratar de calmarle o de hacerle callar ofreciéndole un juguete u otro. O puede que tome el otro camino y le grite o le riña para que obedezca. Cualquiera de las dos estrategias provoca el efecto contrario al que pretende. Cuanta más energía desprenda el padre, más agitado y/u obstinado se muestra el niño. Su mente infantil, razona: «¡Anda!, esta es una forma fantástica de llamar la atención de mamá (o de papá). Incluso ha dejado de hablar con las otras madres». La intervención paterna tardía ha premiado un mal comportamiento.

Por suerte, en este grupo de juegos en concreto las madres se habían puesto de acuerdo para intervenir inmediatamente en caso de que alguno de los niños se mostrara agresivo. Así pues, cuando Marcos, con los ojos encendidos y con síntomas evidentes de fatiga, de repente fue hacia Sammy y le dio un empujón, la madre de Marcos, Serena, no perdió un segundo. Primero se preocupó por el estado del niño que había recibido el golpe, quien había caído al suelo y estaba llorando: «Sammy, ¿estás bien?». Cuando la madre de Sammy fue a consolar a su hijo, Serena inició la siguiente intervención respetuosa con su propio hijo:

- *Anunció la regla*: «No, Marcos, no debes empujar».
- *Explicó el efecto de su comportamiento*: «Le has hecho daño a Sammy».
- *Le hizo disculparse ante el otro niño y darle un abrazo*: «Pide perdón. Ahora dale un abrazo a Sammy».

DESCUBRID QUIÉNES SOIS

El tipo de padres que sois (*ver páginas 84-86*) está estrechamente ligado a la actitud que tienen respecto a la disciplina y a las acciones que llevan a cabo.

- El **controlador** está dispuesto a imponer disciplina aun cuando está enojado. Suele gritar o reñir al niño, e incluso castigarle físicamente.

- El **permisivo** suele disculpar a su hijo, excusar su comportamiento. No hace mucho para imponer disciplina a su hijo hasta que la situación se pone tan fea que se ve obligado a pasar a la acción.

- El **padre HELP** actúa en la justa medida. Se mantiene a distancia el tiempo suficiente para que su hijo aprenda a superar las dificultades por sí solo y a analizar la situación, pero interviene inmediatamente y de forma respetuosa cuando es necesario. Sabe lo importante que es para el niño experimentar los distintos estados de ánimo, de modo que no trata de reñirle ni consolarle hasta que se le pasa el disgusto. Es capaz de establecer normas e imponer consecuencias cuando su hijo sobrepasa los límites que se le han marcado.

Marcos, como muchos otros niños, dijo «perdón» y le dio un abrazo, pero dentro de su cabeza las palabras y la acción se revelaron mágicas: negaban y excusaban lo que acababa de hacer. Cuando Serena se dio cuenta y vio que su hijo continuaba revolucionado, supo que había alcanzado la fase «dos» y que tenía que seguir el guión.

- *Explicó la consecuencia*: «Está bien que hayas pedido perdón a Sammy, pero ahora tenemos que salir fuera hasta que te calmes un poco. No puedes jugar con otros niños si empujas».

Aunque algunos niños están tan excitados que quizás ir a casa sea la mejor opción, a menudo basta con apartarles del escenario durante unos diez o quince minutos. Es el tipo de «tiempo muerto» que yo prefiero para los niños pequeños, en lugar de dejarlos solos (*ver cuadro en página 275*). Si estáis en casa de alguien, preguntad si podéis utilizar una habitación vacía; si estáis en un espectáculo público, quedaos en el vestíbulo o incluso en el baño. El objetivo es ayudar a vuestro hijo a recuperar el control. Si sabéis que retenerle puede hacer que se sienta aún más frustrado, sentadlo en el suelo. Animadle a exteriorizar las emociones que el incidente le haya provocado diciendo las palabras *por* él: «Pareces enfadado». Cuando se haya tranquilizado, decidle: «Ahora ya estás tranquilo, o sea que podemos volver con los demás niños».

Tras esta interrupción de la acción, la mayoría de niños se adaptarán de nuevo al grupo sin incidencias. De no ser así, despedíos y regresad a casa. Sin embargo, no hagáis que vuestro hijo se sienta culpable porque tengáis que marcharos. Tened presente que para él también es duro. Necesita saber que puede contar con vosotros para ayudarle a autocontrolarse. (Por cierto, si vuestro hijo ha recibido el empujón o ha presenciado una escena así, no le expliquéis *por qué* se han llevado a Marcos a no ser que *lo pregunte*. Recordad que los niños imitan a otros niños. Y vosotros no queréis inculcarle ninguna idea, reforzar un mal comportamiento prestándole demasiada atención ni etiquetar a otro niño como «malo».)

CONOCER LOS TRUCOS DE VUESTRO HIJO

Muchos niños son actores natos; tienen el poder de ser encantadores cuando les conviene. Y si los padres los consideran «monos», ya no hay nada que hacer: la disciplina hace aguas por todos sitios. Observé este fenómeno recientemente, en casa de una amiga. Mientras yo estaba entretenida hablando con su madre, Henry se puso a darle manotazos al gato. Su madre saltó de inmediato. «No, Henry, no debes pegar a Fluffy. Le haces daño.» Apartándole la mano, añadió: «con suavidad». Henry levantó la vista hacia su madre y con la sonrisa más dulce y angelical dijo: «Hola», como si nada hubiera ocurrido. Con sólo diecinueve meses, Henry ya sabía que ese «hola» y esa sonrisa amplia y encantadora que le acompañaba derretirían a su madre. Y efectivamente, su madre sonrió con orgullo. «¿Verdad que es mono, Tracy?», preguntó retóricamente. «¿No es un encanto esta carita?» Unos minutos después, Henry aporreaba a Fluffy en la cabeza con su camión y perseguía al pobre gato por el salón. (No pude evitar preocuparme y pensar que si la madre no imponía una disciplina a Henry, Fluffy no tardaría en hacerlo *por* ella... con las garras.)

Después está la cara de *siente lástima por mí*. Los niños que fingen que lloran mientras juegan también pueden fingir otras emociones. Gretchen, de diecisiete meses, «pone morritos», como lo describe su madre, siempre que busca atención. Esa expresión (ojos caídos, labio inferior hacia fuera) era para su madre adorable y literalmente seductora. El único problema es que «la cara» se había convertido en una herramienta del arsenal de Gretchen. Además del hecho de que Gretchen pudiera manipular a su madre con su expresión de pena simulada, la madre ya no podía saber si su hija estaba realmente afligida o si la estaba manipulando.

Estoy segura de que vuestro hijo también tiene unos cuantos trucos bajo la manga. Y aunque pueda ser el niño más mono y más listo del mundo, si utiliza su encanto, su tristeza o alguna otra táctica para evitar la disciplina, mejor será que no admiréis sus dotes interpretativas. Recordad que siempre que paséis por alto un mal comportamiento, no le estaréis ayudando a tener autocontrol. Engatusarle o transigir es como poner una tirita en una herida sin curar la infección primero. Puede que respiréis tranquilos durante un rato, pero lo malo suele ir a peor. Antes de que os deis cuenta, vuestro hijo tendrá una rabieta.

LA RABIETA EN DOS PASOS

Las rabietas, por desgracia, forman parte intrínseca de la primera infancia. Os garantizo que las posibilidades de una crisis de histeria se reducen notablemente si seguís religiosamente mis reglas básicas Uno/Dos/Tres e intervenís respetuosamente. Sin embargo, si sois padres de un niño pequeño (y presumo que lo sois, ya que sino ¿por qué ibais a estar leyendo este libro?), probablemente tendréis que afrontar una rabieta o dos en el camino. Suelen tener lugar en los sitios más embarazosos (para los padres), como en casa de unos amigos, o en lugares públicos como un restaurante o un supermercado. Vuestro hijo se tira al suelo chillando, pataleando y agitando los brazos, o puede que se quede de pie dando pisotones con rabia y gritándoos a todo pulmón. En cualquier caso, desearíais que se os tragara la tierra.

Las rabietas son básicamente una pérdida de control y un comportamiento destinado a reclamar atención. Aunque a pesar de todo no consigáis libraros de las rabietas, tenéis que disuadirle de utilizarlas para infringir vuestras normas o sobrepasar vuestros límites. Mi consejo es, de hecho, un proceso de dos pasos, durante el cual hay que *analizar* (detectar la causa de la rabieta) y *actuar.*

1. Analizar. Si intentamos detectar la causa de una rabieta, obtendremos pistas sobre cómo detenerla. Hay muchas razones para las rabietas. Al fin y al cabo, la lucha «ayúdame/déjame en paz» puede resultar extenuante para un niño pequeño. La fatiga, la confusión, la frustración y la estimulación excesiva son algunas de las causas habituales.

Muchas de las rabietas también ocurren porque los niños no pueden expresarse y, si observáis atentamente, veréis que a lo mejor vuestro hijo está tratando de comunicaros algo. A nuestra Sophie nunca le gustó ir a las fiestas de otros niños. Cuando le dio un ataque en su primera fiesta, confié en que se tratara de una casualidad. Pero cuando la segunda vez que acudimos a una fiesta se puso tan nerviosa que se dirigió chillando hacia la puerta, me di cuenta de que la socialización con mucha gente era un área que acarreaba problemas (obviamente, una fiesta era una experiencia demasiado estresante para ella). Sophie era más bien tranquila y tímida, y necesitaba practicar en distintos escenarios. Así pues, empecé a llevarla a las fiestas sólo durante unos minutos al principio, o llegando justo a tiempo para cantar el «cumpleaños feliz» y comer la tarta. Pregunté a los demás padres si les parecía bien y les expliqué: «Es que no está preparada para aguantar toda la fiesta».

Lo peor de todo son las rabietas de «quiero-quiero-quiero», concebidas para manipular y controlar el entorno, es decir, *a vosotros*. Aunque esas rabietas están planeadas para torcer la voluntad de los padres (y a menudo tienen éxito, con lo que se asegura que se repita la actuación), los niños que las llevan a cabo no lo hacen con deliberación o malicia. Simplemente, hacen lo que sus padres inconscientemente les han enseñado a hacer.

Una forma de diferenciar las rabietas concebidas para manipular y las que son resultado de la frustración o tienen una causa física, como la fatiga o la estimulación excesiva, es aplicar la sencilla *técnica de ACC* que presenté en mi primer libro.

A - ANTECEDENTE, *LO QUE VINO PRIMERO*. ¿Qué hacíais vosotros en ese momento? ¿Qué hacía vuestro hijo? ¿Estabais interactuando con él u ocupados con algo o alguien? ¿Quién más estaba presente? ¿Se defendía vuestro hijo de algo? ¿Se le había negado algo que quería?

B - CONDUCTA, *LO QUE HIZO VUESTRO HIJO*. ¿Lloró? ¿Parecía enfadado? ¿Frustrado? ¿Estaba cansado, asustado o hambriento? ¿Había mordido, empujado o pegado? Lo que ha hecho, ¿lo había hecho antes?

¿Lo hace a menudo? Si se había metido con otro niño, ¿es algo nuevo o un patrón de conducta habitual?

C - CONSECUENCIA, RESULTADO HABITUAL DE LAS ANTERIORES. En este punto, es importante aceptar la responsabilidad de cómo *vuestras* acciones modelan a vuestro hijo. Yo no creo que nadie «mime» a un niño. Lo que pasa es que los padres involuntariamente fortalecen los malos hábitos y no tienen el conocimiento o la capacidad necesarios para rectificarlos. Es lo que denomino *educación accidental* (*ver página 286*; todos los problemas especificados en el capítulo ocho se deben también a la educación accidental), un proceso según el cual madres y padres, inconscientes de que pueden estar fortaleciendo un patrón de conducta negativo, continúan haciendo lo mismo que siempre han hecho. Por ejemplo, tratan de engatusar a un niño cuando está de «mal humor», son inconsistentes con las normas, suelen transigir para evitar situaciones embarazosas o futuras situaciones de conflicto. Quizás consigan que cese el comportamiento no deseado en el momento, pero, sin saberlo, están promoviendo el mal hábito a largo plazo. *Al ceder, están fortaleciendo el comportamiento.*

La clave para cambiar la consecuencia es, por lo tanto, hacer *algo distinto*, permitir que el niño experimente sus sentimientos pero tratando de no transigir ante sus exigencias. Recuperemos los ejemplos de Francine y Christopher, Leah y Nicholas, las madres e hijos que conocisteis al comienzo de este capítulo. Si os fijáis en el ACC de ambos casos, el *antecedente* era la atención de la madre centrada en la caja, junto con el intrigante expositor de golosinas.

REFLEXIONES SOBRE LA VERGÜENZA

Efectivamente, resulta embarazoso que vuestro hijo tenga un ataque de histeria, pero no lo es tanto como que se convierta en una actitud habitual. Por lo tanto, antes de intentar entretener a vuestro hijo o de darle algo para que se le pase el enfado, tened en cuenta lo siguiente: si no cambiáis el patrón, preparaos para innumerables repeticiones del mismo comportamiento.

El *comportamiento* de Christopher (lloriquear y dar patadas al carro) tuvo como *consecuencia* que Francine cediera a sus demandas. Aunque ceder a las demandas de Christopher alivió temporalmente el estrés de ese momento embarazoso en el supermercado, Francine, inconscientemente, enseñó a Christopher que su arsenal de rabietas era bastante efectivo, de modo que el niño volverá a echar mano de él.

En el caso de Nicholas, el *comportamiento* fue el mismo que el de Christopher, pero la *consecuencia* no, porque Leah *hizo algo distinto* para no reforzar el comportamiento inadecuado: no cedió. Nicholas probablemente no sacará su arsenal de rabietas la próxima vez que vaya con su madre al supermercado. Pero si lo vuelve a hacer, y ella mantiene su postura, aprenderá que no se obtiene premio con un berrinche. No estoy diciendo que Nicholas quede «curado» de rabietas, ni que su comportamiento vaya a ser siempre ejemplar a partir de ahora. Pero al negarse su madre a prestar atención a ese tipo de interacción tan desagradable, esa actitud no se convertirá en una trinchera.

Naturalmente, no todas las rabietas son resultado de la educación accidental. Vuestro hijo puede sentirse frustrado porque no puede expresarse, o puede estar cansado o recuperándose de un resfriado, casos todos ellos que pueden exagerar sus necesidades e intensificar sus emociones. Una rabieta también puede ser el resultado de una combinación de factores que crean un efecto bola de nieve hasta que se pierde el control: un niño cansado que no se sale con la suya o al que un compañero de juegos da un empujón. Pero si aplicáis el método ACC y descubrís que una serie de rabietas (por lo general, repeticiones de una situación similar) son el resultado de vuestro fortalecimiento del comportamiento negativo, necesitaréis dar pasos para cambiar el patrón.

2. *Actuar.* Sea cual sea el motivo de la rabieta, cuando un niño está fuera de control, *vosotros* tenéis que ser su conciencia. No tiene aptitudes cognitivas para razonar o reflexionar sobre la causa o el efecto. La mejor manera de detener una rabieta es mantener uno mismo la calma y dejar que el niño desfogue sus emociones *sin público delante*. En otras palabras, eliminando la atención que la rabieta pretendía solicitar. Con este fin, prescribo las *Tres D*:

- *Distraer*. La breve capacidad de atención de vuestro hijo puede ser un regalo cuando se encuentra a las puertas de un ataque de histeria. Enseñadle otro juguete, o tomadle en brazos y dejad que mire por la ventana. La distracción no suele dar resultado una vez el niño ha entrado en plena fase de rabieta, ya que para entonces está atrapa-

---

¡TIEMPO MUERTO!

¿Qué es? El uso del período de «tiempo muerto» suele ser gravemente malinterpretado. No consiste en llevar al niño a su habitación para castigarle. Se trata de un método para evitar que se desate la tormenta, un rato *lejos del calor del momento*. Un tiempo muerto adecuado permite al niño recuperar el control de sus emociones y evita que los padres fortalezcan involuntariamente su mal comportamiento. Cuando se trata de niños de primera infancia, aconsejo a los padres que pasen el tiempo muerto con ellos, que ni siquiera les dejen solos en la cuna o en el parque infantil.

¿Cómo se hace? Si estáis en casa, llevaos al niño de la escena del crimen. Supongamos que tiene una rabieta en la cocina; lleváoslo al salón y sentaos con él hasta que se calme. Si vuestro hijo se desmorona en público o en casa de otras personas, lleváoslo a otra habitación. En cualquier caso, hacedle saber lo que esperáis de él. «No, no podemos volver hasta que te tranquilices». Entiende más de lo que os pensáis. La notificación verbal, combinada con el hecho de haberle sacado del escenario, hará que capte el mensaje. Regresad cuando esté calmado, pero si vuelve a portarse mal, marchaos de nuevo.

¿Qué hay que decir? Describid su emoción («Veo que estás enfadado...») y explicadle la consecuencia («... pero no debes tirar la comida»). Acabad con una frase sencilla: «Si te portas así no puedes estar con (nosotros/otros niños). **No** digáis, «no te queremos con nosotros».

¿Qué es lo que *no* hay que hacer? Nunca os disculpéis: «No me gusta hacerte esto» o «Me hace estar triste que estés en tiempo muerto». Nadie debería nunca zarandear ni gritar a un niño; en lugar de eso, apartadle tranquilamente del centro de la acción. Nunca le encerréis solo en una habitación.

---

do en un ciclón emocional. Y no confundáis distraer con engatusar, ya que entonces insistiríais en el tema, probando con diferentes objetos o actividades, aunque la conducta no deseada aumentara su intensidad.

- *Despreocuparse.* Mientras no haya ningún riesgo para vuestro hijo ni se ponga en peligro a nada ni a nadie, es mejor ignorar una rabieta. Si el niño está en el suelo, gritando y pataleando, apartaos andando o por lo menos dadle la espalda. Si le tenéis en brazos y chilla y os pega (o se muestra de algún modo agresivo), dejadle en el suelo. Decid con calma pero con énfasis: «No debes pegar a mamá».

- *Desarmar*. Cuando los niños tienen rabietas, controlan sus emociones, de modo que un adulto les ha de ayudar a tranquilizarse. Algunos responden bien cuando los brazos del padre o la madre les rodean, mientras que otros se muestran más agitados todavía si se les intenta refrenar. También podéis desarmarle sacándole del lugar donde ha empezado todo. Si el enfado va en rápido aumento, dadle un tiempo muerto (*ver cuadro de la página 275*). Así no sólo le sacaréis de contexto, impidiendo que el conflicto y el peligro aumenten, sino que le permitiréis guardar las apariencias. Sin embargo, nunca hay que desarmar a los niños con ira o brutalidad física.

Utilizad la D que os parezca más apropiada, o usad las tres. Tenéis que evaluar la situación y calcular qué resultaría más efectivo con vuestro hijo. Una cosa es segura: las amenazas vacías *no* funcionan; cumplir vuestra palabra, sí (*ver consejo sobre rabietas crónicas en el próximo capítulo, páginas 311-313*).

No hay duda de que las rabietas, sobre todo las que se producen en público, pueden resultar humillantes y frustrantes para los padres. Independientemente de cuál de las *D* empleéis, también es importante que comprobéis vuestro *propio* estado anímico. En caso de que no los conozcáis todavía, familiarizaos con vuestros «indicios de enfado», síntomas físicos que os dicen que estáis a punto de perder los nervios (*ver cuadro de la página 277*). Como ya he dicho en repetidas ocasiones a lo largo de este capítulo, no se llega a la disciplina a través del enfado. Nunca se debería humillar, gritar, insultar, amenazar, zarandear, abofetear, ni usar ningún tipo de violencia al aleccionar un niño, y menos a un niño de primera infancia, impresionable e indefenso. Si os cuesta controlar vuestro temperamento, no podréis ayudar a vuestro hijo a controlar sus impulsos.

Cuando notéis que os empieza a hervir la sangre, salid de la habitación. Concedeos a vosotros mismos un tiempo muerto. Aunque vuestro hijo esté llorando, ponedlo en la cuna o en el parque para que esté seguro y salid durante unos minutos. Como les digo a los padres: «Ningún niño se ha muerto por llorar, pero muchos se han pasado la vida asustados porque sus padres estaban siempre furiosos». Hablad con amigos; preguntadles qué hacen *ellos* cuando sus hijos se pasan de la raya. O buscad la ayuda de un profesional que pueda proporcionaros estrategias que os ayuden a controlar vuestro genio.

INDICIOS DE IRA: ¿QUÉ ME OCURRE?

Tan importante como sintonizar con los modales de vuestro hijo es conocer cómo reaccionáis vosotros mismos cuando el niño se cuadra y dice que no, o tiene una rabieta en público. He preguntado a las madres cómo les indica su cuerpo que están a punto de perder los estribos. Si no os reconocéis en ninguna de las siguientes reacciones, pensad en cuáles son los indicios físicos de vuestra ira.

- «Me entran calores.»
- «Me pica todo.»
- «Me lo empiezo a tomar como algo personal.»
- «Se me acelera el corazón.»
- «Es casi como si dejara de respirar.»
- «Respiro más rápido.»
- «Me sudan las manos.»
- «Aprieto los dientes.»

Si estáis al mando de un modo compasivo y atento, esa actitud será un regalo para vuestro hijo. Decir lo que hacéis y hacer lo que decís os da una credibilidad ante vuestros hijos que no sólo durará durante su primera infancia, sino que continuará cuando alcancen la adolescencia (y no falta tanto tiempo como pensáis). Os respetarán por enseñarles los límites y refrenarles. Y os querrán aún más si cabe. En definitiva, la disciplina consciente no rompe el vínculo entre vosotros y vuestro hijo, sino que lo fortalece. Sé que a veces es difícil marcar la línea divisoria. Los desafíos de los niños pequeños pueden poner a prueba incluso los espíritus más firmes. Pero, como veréis en el próximo capítulo, si permitís que los límites varíen, los malos hábitos a largo plazo son mucho más difíciles de romper.

DISCIPLINA CONSCIENTE: GUÍA PRÁCTICA

Reto	Qué hacer	Qué decir
Estimulación excesiva	Haced que deje la actividad.	«Veo que te estás poniendo nervioso, así que salgamos a fuera a dar una vuelta.»
Rabieta en lugar público porque quiere algo	Ignoradle.	«Caramba, impresionante; pero aun así no lo vas a tener.»
	Si no da resultado, lleváoslo.	«No puedes portarte así en... (dondequiera que estéis).»
Negarse a cooperar a la hora de vestirle	Parad, esperad unos minutos.	«Cuando estés listo, volveremos a empezar.»
Seguir correteando	Detenedle; agarradle.	«Nos iremos cuando lleves puestos los zapatos y los calcetines.»
Chillar	Bajad la voz.	«¿Podemos hablar en voz baja, por favor?»
Lloriquear	Miradle a los ojos e intentad hablar «bien».	«No puedo escucharte si no hablas bien.»
Correr por donde no debe	Detenedle poniéndole las dos manos sobre los hombros.	«No debes correr aquí. Si sigues corriendo tendremos que marcharnos.»
Pegar o dar patadas cuando lo aupáis	Dejadle en el suelo inmediatamente.	«No debes pegarme/darme patadas. Me haces daño.»
Quitarle un juguete a otro niño	Levantaos, acercaos donde están y animadle a devolvérselo.	«William estaba jugando con esto. Tenemos que devolvérselo.»
Tirar la comida	Bajadle de la trona.	«No se debe tirar comida en la mesa.»
Tirar del pelo a otro niño	Poned la mano sobre la mano con que esté tirando del pelo al otro niño y acariciádsela.	«Con suavidad, no tires fuerte.»
Pegar a otro niño	Detenedle; si está nervioso, lleváoslo fuera o a otra habitación hasta que se calme.	«No debes pegar. Le haces daño a Jim.»
Pegar constantemente	Volved a casa.	«Ahora tenemos que marcharnos.»

CAPÍTULO OCHO

PROBLEMAS QUE OS ROBAN TIEMPO: TRASTORNOS DEL SUEÑO, DIFICULTADES DE SEPARACIÓN Y DEMÁS PROBLEMAS QUE OS HACEN PERDER HORAS AL CABO DEL DÍA

> *Mi concepto de niño mimado es el de un niño ansioso, que busca límites. Si nadie se los marca, ha de continuar buscándolos.*
>
> T. BERRY BRAZELTON

ATRAPAR A UN LADRÓN: LA HISTORIA DE NEIL

Siempre intuyo cuándo los padres se enfrentan a un «problema que les roba tiempo», un problema de comportamiento frustrante y prolongado que parece no tener fin y que les roba horas del día y de la noche. Suelen empezar a contar sus penas diciendo: «Tracy, he empezado a tener pánico a...», y llenan el hueco con «salir de casa», «las siestas y la hora de dormir», «la hora del baño», «las comidas», o cualquier otra situación cotidiana que se ha convertido en una pesadilla para ellos. No tienen idea de la cantidad de padres que son víctimas de situaciones exasperantes parecidas.

Como ejemplo os contaré la historia real de Neil, un niño de dos años, y de sus padres, Mallory e Ivan. El relato, un poco largo, es una descripción detallada de cómo una familia pasa normalmente sus tardes. Tened paciencia, ya que todo lo que explico es muy típico de la clase de historias de problemas que roban tiempo que me cuentan. Puede que incluso reconozcáis fragmentos de vuestra propia vida. Mallory, que es quien relata la historia, cuenta que en su casa el ritual de la hora de acostar a Neil empieza a las siete y media con el baño, que a él le encanta. «El problema», empieza Mallory, «es que siempre acabamos librando una batalla cuando llega el momento de sacarle de la bañera. Le aviso un par de veces o tres diciéndole: "Bueno, Neil, ya falta poco para que se acabe el baño".

»Pero cuando empieza a gimotear, me ablando: "De acuerdo... cinco minutos más". Los cinco minutos pasan. Se lo recuerdo: "Neil, ahora sal". Continúa quejándose y gimoteando, y entonces me muestro más flexible y le digo: "Vale, pero esta es la última vez. Acaba de tirar chorros con las botellas y de jugar con el patito y prepárate para salir de la bañera y e ir a la cama".

»Al cabo de unos minutos, finalmente me pongo seria: "Vale, se acabó", digo con firmeza, "sal de la bañera ahora mismo". En ese punto, decide alejarse de mí y me veo luchando para conseguir agarrar su cuerpo resbaladizo. "Ven aquí, Neil", insisto. Le agarro casi con una llave de judo, mientras él no deja de patalear, resoplar, y protestar. "¡No! ¡No! ¡No!"

»Se me resbala de entre los brazos, chorreando, y corre hacia su habitación. Sigo el rastro de huellas húmedas en la moqueta, jadeando para alcanzarle, con la intención de secarle y ponerle el pijama como puedo. Empiezo a rogarle: "Ven aquí... Ponte la camiseta del pijama, por favor... Deja que te acabe de secar".

»Por fin, consigo pasarle el pijama por la cabeza, y entonces empieza a gritar: "¡Ay! ¡Ay!".

»Me siento fatal. "Pobrecito Neil", le susurro. "Mamá no quería hacerte daño. ¿Estás bien?"

»Llegados a este punto, ya está riendo, de modo que continúo con la tarea. "Bueno, ha llegado la hora de ir a la cama. Como has tardado tanto en salir de la bañera, esta noche sólo tenemos tiempo para un cuento. ¿Por qué no escoges un cuento que te guste?" Neil va hacia el estante de los libros. "¿Quieres este?", le pregunto cuando empieza a sacar libros de la estantería y a lanzarlos al suelo. "¿No? ¿Este entonces? Ah, ¡este!" Me imagino que es mejor ignorar el desbarajuste que ha armado, aunque en verdad me revienta, porque había tardado media hora en conseguir que ordenara su habitación, si bien he de reconocer que la mayor parte de la tarea la había acabado haciendo yo.

»Pero, por lo menos, ahora nos acercamos al final del día. Con el libro en la mano, le digo: "Vamos, métete dentro de esta cama de niño grande". Se mete debajo de las sábanas. Le acurruco un poquito y empiezo a leerle, pero aún está muy agitado y sin ganas de cooperar. Pasa las páginas antes incluso de que haya acabado de leer. De pronto, se incorpora de un salto y se pone de pie en la cama, tratando de arrancarme el libro de las manos. "Túmbate, Neil", digo. "Es hora de estar en la cama".

»Finalmente se tumba, parece que empieza a calmarse, y suspiro aliviada. Me digo a mí misma: "Quizás esta noche será más fácil", pero instantes después, abre los ojos de par en par y exclama: "Quiero beber". *Era demasiado bueno para ser verdad*, suspira una voz en mi interior.

»"Está bien, ahora te traigo agua", concedo, pero justo cuando estoy a punto de salir de la habitación, se pone a gritar. Conozco ese grito. *No me dejes.* "Vale, puedes venir conmigo", digo, resignada ante el hecho de que si no dejo que me acompañe, será el inicio de la tercera guerra mundial. Lo llevo al piso de abajo. Da cuatro sorbos, porque no estaba realmente sediento (nunca lo está), y para arriba otra vez. Mientras le meto en la cama, algo le llama la atención y entonces se sienta y trata de bajarse de la cama.

»En este punto es cuando ya no puedo más. Le pongo las manos en los hombros y levanto la voz: "Vuelve a la cama ahora mismo. No me hagas repetírtelo dos veces. Es hora de ir a la cama y tienes que dormir". Apago la luz, y él empieza a llorar y se aferra a mí como si le fuera la vida en ello.

»No puedo soportarlo más. "De acuerdo", digo de mala gana, "Ya enciendo la luz. ¿Quieres otro cuento? Pero este es el último, ¿vale? Túmbate y entonces te lo leeré". A esas alturas, ya nada parece importar. Se queda de pie, tieso como un palo, con las lágrimas todavía brillando en las mejillas. No se mueve. "Túmbate, Neil", repito. "Por favor. No te lo volveré a decir", insisto.

»Sigue sin moverse. Entonces intento distraerlo. "Toma", digo, tocándole con el libro. "Ayúdame a pasar las páginas." Nada. Ahora paso a la amenaza: "Escucha, Neil, o te tumbas o me marcho. Hablo en serio... me marcharé. Si no te tumbas, mamá no te leerá el libro". Finalmente se tumba.

»Sigo leyendo un rato y me doy cuenta de que se está quedando dormido, de modo que me muevo cada vez con más cuidado, para no molestarle. Pero sus ojos se abren una vez más. "Está bien", le tranquilizo, "estoy aquí".

»Cuando finalmente cierra los ojos de nuevo, espero unos minutos y después suavemente pongo una pierna en el suelo. Aguanto la respiración. Noto que me aprieta la mano, de modo que me quedo tumbada, totalmente inmóvil, durante unos minutos más. Luego intento deslizarme fuera de la cama. Casi lo consigo, pero de repente Neil abre los ojos. Allí estoy, medio colgada de la cama. Me digo: "Un movimiento en falso y caeré al suelo y entonces sí que todo se habrá acabado". Pero

Neil se estabiliza de nuevo. Espero. Para entonces, ya tengo el pie dormido y una rampa en el brazo.

»Finalmente, ruedo hasta el suelo y, a cuatro patas, me arrastro hacia la puerta. ¡Lo conseguí!... Poco a poco abro la puerta... y ante mi horror, chirría. ¡*Oh, no!* Efectivamente, oigo una vocecita en la otra punta de la habitación: "¡No, mami... dormir no!"

»Me rindo. "Estoy aquí, cariño. No me he ido a ningún sitio." Pero mis palabras de consuelo caen en saco roto. Neil empieza a llorar. De modo que vuelvo hasta su cama *otra vez* y trato de consolarle. Quiere que le lea otro cuento. Estoy dispuesta a cortarme las venas o a estrangularle, pero le leo el cuento una vez más...»

La voz de Mallory se apaga. Le da vergüenza admitir que el proceso entonces empieza otra vez desde el principio. Neil no se duerme hasta las once, momento que Mallory aprovecha para volver a salir a hurtadillas de la habitación gateando. «Cada noche me tumbo en la cama exhausta», dice, «y me giro hacia Ivan, que ha estado viendo la tele o leyendo, aparentemente sin saber que me he pasado las últimas tres horas cautiva de nuestro hijo. Cuando digo: "Otra noche de perros", me mira confuso. "Creía que estabas en el despacho arreglando facturas o algo así." Entonces le informo, con un más que evidente tono de resentimiento en la voz: "Bueno, mañana por la noche, te toca a ti".»

Mallory está al borde del colapso. «Es una batalla continua, Tracy, me siento como si fuera la prisionera de Neil. ¿Es sólo una etapa? ¿Se le pasará? ¿Es porque trabajo fuera de casa y no me ve lo suficiente? ¿Sufre una alteración del sueño?»

«No a todo», respondo, «pero en una cosa tienes razón: eres su rehén.»

Los problemas que roban tiempo pueden resultar especialmente agotadores, ya que reducen vuestro tiempo y el que pasáis con vuestra pareja. No sólo se ceban en la relación entre padre e hijo, sino que pueden provocar el distanciamiento entre los padres. Un padre culpa al otro o está resentido con él. Suelen discutir sobre el mejor modo de llevar la situación (más sobre el tema en el próximo capítulo, en las páginas 355 ss.). No obstante, mientras discuten ninguno se pregunta cuál ha sido el origen del problema ni cómo pueden remediarlo.

Los niños no pretenden robarnos nuestro valioso tiempo, y nosotros, los padres, no queremos ser cómplices de ello, pero a menudo lo somos (*ver cuadro siguiente*). La buena noticia es que es posible cam-

---

EL ORIGEN DE TODOS LOS PROBLEMAS QUE ROBAN TIEMPO

Quizás los problemas que roban tiempo a los demás padres y los detalles sobre cómo se manifiestan sean distintos, pero las causas se pueden reducir a una, varias o la totalidad de las siguientes:

- Los padres no se limitan a seguir una rutina estructurada.
- Los padres permiten que el niño esté al mando de las situaciones.
- Los padres no actúan desde el principio como tienen intención de actuar más adelante.
- Los padres no establecen límites.
- Los padres respetan al niño pero no piden respeto a cambio.
- En lugar de aceptar el carácter de su hijo, los padres continúan albergando la esperanza de que cambie.
- Los padres no han ayudado al niño a desarrollar su capacidad de calmarse por sí solo.
- En una situación de crisis, como que el niño sufra una enfermedad o un accidente, los padres se muestran más flexibles con las reglas, pero cuando todo ha pasado no las reestablecen.
- Los padres se pelean y no prestan la suficiente atención a su hijo, y cuando el niño llora nadie sabe qué le pasa.
- Los padres se enfrentan a fantasmas de su pasado, lo cual les impide ver a su hijo tal como es.

---

biar ese problema crónico. En este capítulo trataré algunos de los problemas que roban tiempo más comunes con los que he tropezado: alteraciones del sueño, ansiedad ante la separación, adicción al chupete (que puede causar alteraciones del sueño o contribuir a ellas), rabietas crónicas y mal comportamiento durante las comidas. En cada caso, ayudaré a los padres a seguir una línea de acción sensata (la explico con más detalle más adelante):

- Determinad qué habéis hecho para fomentar o agravar el problema.
- Aseguraos de que estáis preparados para cambiar.
- Utilizad el método ACC para analizar el problema.
- Trazad un plan y seguidlo.
- Avanzad poco a poco: cada cambio puede llevaros dos o tres semanas.
- Sed respetuosos: vuestro hijo necesita tener un cierto grado de control.
- Estableced límites y cumplidlos.
- Prestad atención a los pequeños progresos.

ASUMIR LA RESPONSABILIDAD

Cuando los padres me consultan sobre un problema que les roba tiempo, mi objetivo no es hacerles sentir culpables o hacerles sentir que son malos padres. Asimismo, para que puedan ayudar a su hijo, deben asumir responsabilidades por cómo *su comportamiento* ha contribuido a hacer a su hijo tal y como es. Esto nos lleva de nuevo al concepto de educación accidental (*ver páginas 272 ss.*), según el cual los padres y madres contribuyen torpemente a consolidar comportamientos no deseados. Teniendo en cuenta la rapidez con que los niños desarrollan distintos hábitos, no es posible evitar por completo la educación accidental. En un momento u otro, todos los padres han cedido ante alguna exigencia irracional de su hijo, han reaccionado ante un berrinche prestándole demasiada atención'al niño o han ignorado un mal comportamiento cuando el niño dibuja esa sonrisa de victoria. Sin embargo, cuando los patrones de comportamiento negativo persisten durante muchos meses, incluso años, modificarlos resulta más complicado y se convierten en problemas que roban tiempo.

Para transformar prácticamente cualquier tipo de problema duradero que infecte vuestra casa, normalmente recomiendo la siguiente línea de actuación:

Determinad qué habéis hecho para fomentar o agravar el problema. No consideréis a vuestro hijo un niño «mimado». Mejor miraos al espejo. (Responded con honestidad a las preguntas del cuadro «Miraos al espejo» de la página 288.) La incapacidad de Mallory para establecer límites y el hecho de que permitiera a su hijo estar al mando no hacía más que reforzar la demora de Neil en la bañera y su obstinación a la hora de ir a dormir. Hasta que *ella* no cambiara, él, ciertamente, no lo haría.

Aseguraos de que estáis preparados para cambiar. Cuando un padre me consulta y recibe todas y cada una de mis sugerencias diciendo: «Bueno, eso ya lo hemos probado», asumo que no está preparado para cambiar la situación. Los padres no suelen ser conscientes de su poca predisposición; de hecho, el problema les preocupa realmente. En cualquier caso, quizás trabajen sobre unas premisas poco conscientes. Quizás la madre se sienta necesitada cuando el niño se muestra absorbente o quiera seguir dándole el pecho mucho después del destete. O tal vez ansíe la proximidad que le supone acurrucarse con su «niño», que ya tiene dos años y medio, aun siendo consciente de que el hecho de que Junior se suba a su cama cada noche está perjudicando su relación matrimonial. En ocasiones, algunas mujeres que hasta no hace mucho se dedicaban a su carrera profesional invierten ahora toda su energía en hacer de madres, y cuando tienen que afrontar un problema, sienten reavivarse la sensación de reto y buscar el éxito. Algunos padres disfrutan secretamente de la agresividad de sus hijos. Otros son reticentes a imponer disciplina porque ellos crecieron en familias muy estrictas y están resueltos a «ser diferentes». Siempre que presiento algún tipo de reserva por parte de los padres, digo sin tapujos: «Vuestro hijo no tiene ningún problema... Sois vosotros quienes necesitáis ayuda».

Utilizad el método ACC para analizar el problema. Utilizad esta técnica (*ver página 272*) para determinar el *antecedente* (cómo empezó todo), el *comportamiento* (qué hace vuestro hijo), y la *consecuencia* (qué patrón se ha establecido como resultado de los anteriores). Cuando las dificultades a la hora de dormir o de comer y los problemas de comportamiento persisten durante mucho tiempo, normalmente hay varios factores implicados. Aun así, si observáis atenta y minuciosamente, podéis determinar qué ocurre y cómo cambiarlo.

En el caso de Neil, el antecedente era que durante los momentos de transición, como el baño o la hora de ir a dormir, Mallory relajaba constantemente las normas. *Sólo una más... cinco minutos más... algo para beber.* El comportamiento de Neil consistía en poner a prueba a su madre constantemente y en no respetar los límites. Además, tenía miedo de que Mallory le dejara solo. La consecuencia era que su madre, que sentía pena por él, acababa cediendo cada vez, prolongando sin querer las dificultades de su hijo y enseñándole a manipularla. «Neil ha aprendido que no eres consecuente con tus palabras. Es más, has perdido su confianza al intentar escaparte, de modo que no tiene la sensación de que sea seguro relajarse. Sabe que si se duerme, te irás. Para cambiar la situación, debes cambiar lo que *tú* haces.»

MIRAOS AL ESPEJO

Si respondéis que sí a cualquiera de estas preguntas, quizás tengáis más que ver con el problema de vuestro hijo que os roba tiempo de lo que os pensáis.

- ¿Os sentís culpables por establecer límites?
- ¿Tenéis tendencia a no ser constantes con las normas?
- Si trabajáis fuera de casa, ¿relajáis las normas cuando volvéis?
- Cuando decís que no, ¿os sabe mal por vuestro hijo?
- ¿Vuestro hijo suele tener rabietas sólo cuando vosotros estáis cerca?
- ¿Tenéis miedo de que vuestro hijo no os quiera si le imponéis una disciplina?
- ¿Soléis engatusar a vuestro hijo para aplacarle?
- ¿Os entristecen las lágrimas de vuestro hijo?
- ¿Tenéis la sensación constante de que los demás padres son «demasiado estrictos»?

Trazad un plan y seguidlo. Ser consecuente es esencial para modificar un problema que roba tiempo. Si durante los pasados ocho o doce meses una mujer ha estado dando el pecho a su hijo varias veces cada noche, el niño naturalmente *espera* cenar a las tres de la madrugada. Ahora bien, para cambiar el patrón, la madre necesita ser constante en su negativa a permitirlo (en las páginas 293-301 relato un caso real de este tipo). Del mismo modo, si Mallory tratara de solucionar la pérdida de tiempo de Neil de una manera hoy y de otra mañana, no funcionaría. Volvería al punto de partida. No suelo insistir en los horarios estrictos, pero si la hora del baño es de siete y media a ocho, no puede permitir que se alargue hasta las nueve. Tiene que revisar su rutina diaria y cumplirla.

Avanzad poco a poco: cada cambio puede llevaros dos o tres semanas. Los arreglos rápidos no existen. Con los bebés, es relativamente fácil modificar los hábitos, pero cuando se trata de niños de primera infancia, los hábitos están mucho más arraigados y no se puede someter a los niños a cambios repentinos o bruscos. Por ejemplo, Roberto y Maria, padres de un niño de diecinueve meses llamado Luis, vinieron a verme porque su hijo tenía problemas para dormir la siesta. «Para que se duerma, tenemos que salir a dar un paseo en coche y dar varias vueltas a la manzana —explicaba Roberto—. Cuando se duerme, metemos el coche en el garaje y lo dejamos dentro, en la sillita.» Los padres habían colocado un intercomunicador en el coche para saber cuándo se despertaba Luis. Esta rutina se había seguido desde que Luis tenía aproximadamente ocho meses. Sus padres no podían quitarle de golpe la manía, tenían que ir eliminando progresivamente la dependencia de su hijo a la sensación de movimiento.

La primera semana fueron acortando el paseo. La semana siguiente pusieron en marcha el motor, pero no salieron del garaje. La tercera semana, colocaron a Luis en el asiento del coche pero ni siquiera pusieron el motor en marcha. El niño todavía no dormía la siesta en su cuna, de modo que el siguiente paso era conseguir eso. Así, lo llevaron a su habitación y, para que la transición fuera más fácil, lo pusieron en una mecedora. Las primeras veces, Luis tardó cuarenta minutos en dormirse. Al fin y al cabo, no estaba en el coche. Roberto y Maria fueron reduciendo paulatinamente el tiempo dedicado a mecer al niño y, cada cuatro o cinco días, se marcaban un nuevo objetivo al que acostumbrar a Luis. Finalmente, ya no tuvieron que mecerle más, por lo que ya pudieron dejar al niño en la cuna. El proceso completo duró tres meses y requirió mucha paciencia por parte de los padres.

Todas las situaciones en las que intervienen hábitos que hacen perder el tiempo requieren una serie de pasos similares a los descritos, y en cada paso se tratará una parte específica del problema. Lo primero que tuvieron que hacer Tim y Stacy, que dejaban que Kara se metiera en la cama con ellos, fue establecer turnos para dormir en la habitación de la niña con una cama plegable situada al lado de su cuna. No podían abandonar sin más a su hija; tenían que respetar sus miedos y hacerle saber que ellos estarían igualmente cerca para protegerla. La segunda semana, comenzaron a alejar la cama de la cuna y, con este procedimiento, consiguieron que la niña se sintiera lo bastante segura para dormir sola en la cuna.

Sed respetuosos: vuestro hijo necesita tener un cierto grado de control. Ofrecedle opciones. Sugerí a Mallory que, cuando Neil estaba en la bañera, en lugar de decirle: «Ya es hora de salir de la bañera», a lo cual él respondería: «¡No!», le propusiera dos opciones, como por ejemplo: «¿Sacas tú el tapón o lo saco yo?». Las opciones dan al niño una sensación de control y le instan a cooperar. (Más detalles sobre la estructuración de frases y preguntas con opciones en las páginas 255-256.)

Estableced límites y cumplidlos. Cuando Neil optó por no quitar el tapón y dijo: «No salgo de la bañera», Mallory tuvo que mantenerse firme para no caer en la antigua rutina. «Muy bien, Neil —dijo sin exaltarse—. Ya lo quito yo.» Cuando el agua se hubo marchado, le envolvió los hombros con una toalla (el niño aún estaba dentro de la bañera), le cogió en brazos, le llevó a la habitación y cerró la puerta para que no se escapara.

Prestad atención a los pequeños progresos. Los hábitos enraizados que hacen perder el tiempo no desaparecen de la noche a la mañana, pero no perdáis la esperanza. Aferraos a vuestro objetivo, aunque sólo avancéis unos centímetros. Algunos padres buscan soluciones instantáneas, se bloquean y no ven más allá de su problema. Algunos a los que ayudo a trazar un plan, exclaman horrorizados: «¿Dos meses? ¿Eso es lo que vamos a tardar?».

«Tomáoslo con calma —les contesto yo—. Pensad en todo el tiempo que habéis perdido con este asunto. Dos meses no son nada. El truco está en saber apreciar las pequeñas victorias. Si no, os parecerá que tendréis que aguantar este problema el resto de vuestra vida.»

Mallory, por ejemplo, trataba de subsanar los efectos de meses de condicionamiento inadvertido. Neil continuaría poniéndola a prueba y ella tendría que estar a la altura en todas las ocasiones. Trabajamos con unos posibles «guiones» a los que podría recurrir y hablamos de otras partes del ritual de acostar al niño. En lugar de dejar que Neil le desafiara, ella daba a su hijo dos opciones para vestirlo: «¿Quieres ponerte primero la parte de arriba del pijama o mejor la de abajo?».

Ante el «no» de Neil, en lugar de reprenderlo y volver a entrar en el juego (tal como lo veía él) o en la batalla (tal como lo veía ella), hizo *algo diferente*, que sirvió para enseñar al niño las consecuencias de sus actos. «De acuerdo. Pues cojamos un libro. Si tienes frío, me lo dices, y te pondremos el pijama. ¿Qué libro quieres, este o este otro?» Cuando el niño escogió uno de los libros, Mallory le dijo: «Buena elección. Te lo leeré cuando te pongas el pijama». Cuando ya llevaban unos minutos con el libro, Neil dijo: «Quiero el pijama». Mallory le preguntó: «¿Tienes frío, cariño?». De este modo, consiguió enseñarle lo que pasa cuando uno no se pone el pijama después del baño. «Muy bien, pues vamos a ponerte el pijama y así no tendrás frío.» Y milagro entre milagros: Neil cooperó. Sin necesidad de que su madre le gritara o le humillara, aprendió de forma natural las consecuencias que tiene no querer vestirse.

Pero tened en cuenta que este cambio no se produjo por arte de magia. Mallory (con un poco de ayuda) se mantuvo en sus trece durante todo el ritual de meterlo en la cama y le dijo: «Te leeré el libro cuando te metas en la cama. Cuando suene la alarma, apagaremos la luz. ¿Quieres ponerla tú en marcha? ¿No? Pues ya la pone mamá». Entonces Neil se quejó: «No, la pongo yo». Cuando la puso en marcha, Mallory le dijo: «Muy bien». Para evitarse el viajecito a la planta de abajo para traerle agua, Mallory ya tenía un vaso al lado de la cama. «¿Quieres agua? ¿No? Muy bien, pues aquí la tienes para cuando tengas sed. Ahora túmbate y te leeré el cuento.»

Cuando Neil empezó a llorar y protestar diciendo: «No quiero dormir», Mallory se mostró firme: «Neil, me voy a tumbar para leer, pero tú también tienes que tumbarte». Después de esto, no le dijo nada más, no discutió, no trató de convencerlo ni le amenazó. El niño se embarcó entonces en su habitual pataleta, comenzó a llorar y se negó a meterse en la cama, pero su madre se limitó a repetirle: «Es hora de dormir, Neil. Te leeré un cuento cuando te tapes con la sábana». Su hijo continuó protestando, pero ella no hizo caso de sus payasadas. Cuando sonó la alarma, Neil todavía no se había metido en la cama y Mallory se levantó y le cogió en brazos tranquilamente. Cuando el niño empezó a pegarle y a gritar, ella le dijo: «No le pegues a mamá» y le acostó sin decir más.

Al cabo de un rato, como Mallory había cambiado de estrategia y no respondía a sus artimañas, Neil dejó de llorar. No estaba consiguiendo la atención de su madre, de modo que no tenía sentido continuar, y se metió en la cama. «Buen chico, Neil —le dijo Mallory—. Me quedaré aquí hasta que te duermas». Cuando el niño le pidió agua, ella le dio el vaso, pero no dijo una palabra. Tampoco trató de escaparse de la habitación. En varias ocasiones, Neil levantó la cabeza de la almohada para ver si su madre todavía estaba allí. Ella no decía nada, pero el niño veía que todavía estaba en la habitación. Finalmente, se durmió profundamente. Eran las diez, casi una hora antes de lo habitual.

Para conseguir su objetivo, Mallory e Ivan continuaron con el plan unas cuantas semanas. Hicieron turnos para que Mallory pudiera disfrutar de un más que merecido descanso. Después de dos o tres semanas de haber establecido esta nueva rutina para dormir, manteniéndose firmes en todo momento con los límites establecidos, Mallory e Ivan volvieron a convertirse en *padres*. En ese momento ya estaban preparados para llevar a cabo otro cambio importante: en lugar de tumbarse junto a Neil cada noche, como habían estado haciendo hasta entonces, se sentaban a un lado de la cama hasta que su hijo se dormía. Dos meses después, ya pudieron dejarlo solo en la habitación *antes* de que el niño se durmiera, algo que la mayoría de noches ocurría antes de las nueve.

Evidentemente, la situación se les había escapado totalmente de las manos. Neil organizaba un espectáculo y, como los padres no trabajaban en equipo, toda la carga recaía sobre la espalda de mamá (un problema común: *ver la guerra de las tareas, páginas 351-353*). El tira y afloja había durado más de un año. Ni qué decir tiene que, si Mallory hubiera tomado cartas en el asunto cuando comenzó a darse cuenta de que el ritual nocturno se alargaba siempre más de lo normal, habría tenido menos problemas.

Lo que está claro es que todos los padres cometen errores y que el hecho de que una o dos noches el niño se altere más de lo normal no tiene por qué convertirse en un problema serio. Sin embargo, cuando un patrón concreto lleva a los padres a la frustración, la exasperación y las discusiones, se ha de cambiar algo. Más vale no «esperar a ver qué pasa». Los hábitos que hacen perder el tiempo no desaparecen solos, sino que se van reforzando a lo largo del tiempo y cada vez están más arraigados en el niño.

RECORDATORIO IMPORTANTE

Los problemas no desaparecen por arte de magia.

- Si un hábito que hace perder el tiempo os provoca un conflicto de pareja, tenéis que hacer algo diferente con el niño.

- Si un conflicto en vuestra relación adulta causa un hábito en el niño que os hace perder el tiempo, tendréis que hacer algo diferente con vuestra relación (*ver páginas 351 ss.*).

LEANE: UN PROBLEMA CRÓNICO CON EL SUEÑO

El hábito más común que hace perder el tiempo es el de la falta de sueño y la peor de las situaciones es aquella en la que un niño se despierta repetidas veces y necesita que le cojan en brazos para volver a dormirse. En estos casos, suelen pasar dos cosas: que la madre se esté levantando durante toda la noche para intentar calmar al niño y le ponga el chupete en la boca o le dé el pecho cada vez que llora; o que los padres traten de retrasar su respuesta, con lo cual el niño llora cada vez más. La primera opción roba sueño a los padres y no enseña nada al hijo. La segunda puede resultar traumática y provocar que el niño pierda la confianza en el entorno que le rodea. Siguiendo ambos métodos, los padres acaban agotados.

Victoria era una madre que se encontraba en esta situación. Su hija Leanne, de catorce meses, tenía la costumbre de despertarse cada hora y media y no se dormía si su madre no le daba el pecho. Un día, medio sonámbula por los meses de falta de sueño, Vicki estrelló su cuatro por cuatro contra una furgoneta. Afortunadamente, nadie salió herido, pero el accidente hizo que la mujer reparara en lo descontrolada que estaba su vida. A esta madre ni siquiera tuve que preguntarle si estaba dispuesta a llevar a cabo algunos cambios.

Victoria admitió que, antes del accidente, pensaba que su hija terminaría por deshacerse de aquella incesante necesidad de vigilancia. Las otras madres de su grupo de apoyo para la lactancia habían alimentado esa ilusión.

«Lo que pasa es que todavía no está preparada —insistía Beverly—. Cuando lo esté, dormirá toda la noche seguida.» Vicki se repetía a sí misma: «Leanne no es precisamente un bebé», pero se esforzaba para quitarse esa idea de la cabeza.

«A Joel le costó dos años», le puso Eunice como ejemplo.

«Mi hija mama cinco veces cada noche —explicó Doris—, pero no tengo ningún problema para levantarme. Es uno de los sacrificios que tiene que hacer una madre.»

«Nosotros dormimos con nuestro hijo», dijo Yvette, añadiendo que no le suponía ningún esfuerzo darse la vuelta y ponerle el chupete.

Mientras me explicaba los comentarios, Victoria me preguntó: «¿Espero demasiado de Leanne?». Pero, sin esperar mi respuesta, continuó, nerviosa: «Es adorable y odio verle triste. Ya sé que no tiene hambre cada vez que le doy el pecho, pero ¿por qué se despierta tanto? Hemos tratado de dormir con ella, pero entonces *nadie* duerme y el problema es todavía peor. Si duermo con ella, tiene el pecho en la boca toda la noche y, si me muevo, empieza a llorar y lo busca. Tengo los nervios de punta».

Entonces, propuse a Victoria un plan para eliminar ese hábito.

Pensad qué habéis hecho para contribuir a crear el problema. Le expliqué que entre los seis y los nueve meses, el esquema del sueño de un bebé comienza a parecerse al de los adultos: cada hora y media o dos horas, la niña pasa de un ciclo del sueño a otro. Si se observa a los bebés o a los adultos a través de una cámara, se detecta un movimiento constante cada vez que se pasa del sueño ligero al sueño profundo (también conocido como fase REM), y viceversa, durante la noche. Todos se estiran, se mueven, sacan una pierna de la cama, estiran las sábanas, murmuran o, incluso, lloran. Los bebés y los niños de primera infancia suelen despertarse por la noche y algunos están despiertos una hora o más, hablando, balbuceando o murmurando. Si nadie les molesta, vuelven a dormirse solos.

Sin embargo, el sueño independiente es algo que se *aprende*. Desde el primer día, los padres deben *enseñar* a su bebé a dormir solo y a sentirse seguro en su cuna. Sino, cuando llega la primera infancia, los padres suelen detectar dificultades durante las siestas, a la hora de acostarse o en ambos casos. Para mí era evidente que a Leanne nunca le habían enseñado a dormir sola. Sin embargo, había aprendido (accidentalmente, por supuesto) a asociar el acto de irse a dormir con el de tener el pecho de la madre en la boca. Al final de un ciclo del sueño, cuando entraba en una fase REM, no sabía cómo volver a coger el sueño profundo. El pecho de la madre se había convertido en lo que yo llamo un *puntal*, un instrumento, ya sea el pecho o un chupete, o un acto como, por ejemplo, el balanceo o el movimiento de un coche, que al ser retirado provoca la angustia del niño.

«Ha sido culpa mía», se lamentó entonces Victoria.

«Yo no diría tanto —le tranquilicé—. Además, no podemos permitirnos nada de "Ay, pobre Leanne". Compadecerle no le ayudará en absoluto y tampoco solucionará el problema. Tú has hecho lo que has podido y, a decir verdad, ha sido una gran labor de constancia. Ahora tenemos que enseñarte a ser constante en las prácticas adecuadas. Tu capacidad para seguir un plan ayudará a transformar el hábito de tu hija de mamar por la noche en una rutina mucho más positiva.»

Usad la lógica ACC para analizar el problema. Era obvio (al menos para mí) que el *antecedente* era que a Leanne nunca le habían enseñado a dormir sola. Su *comportamiento* era extremadamente maniático y requería el pecho de la madre para las siestas diurnas y el sueño nocturno. La *consecuencia*: un hábito firmemente arraigado que cada vez se reforzaba más, ya que Vicki siempre acudía a su llamada. Al escuchar cómo era un día típico en la vida de Vicki, todavía me convencí más de ello. Leanne suele levantarse sobre las 5:30 de la mañana, su madre le da el pecho y baja al comedor. Leanne juega durante unos cuarenta y cinco minutos y, cuando empieza a bostezar, su madre la vuelve a subir a la habitación, se sienta en la mecedora y le da el pecho hasta que se duerme. «Algunos días, si tengo suerte —añadía Vicki—, le puedo dejar en la cuna. Otras veces no deja que me mueva.»

Entonces se me encendió una lucecita. «Un segundo. Me has dicho que no deja que te muevas, ¿verdad? ¿A qué te refieres?»

«Bueno, aunque parece dormida, cuando intento levantarme de la mecedora, se pone a llorar. Entonces le vuelvo a dar el pecho y se vuelve a dormir, pero, si intento volver a levantarme al cabo de unos minutos, se pone histérica. Así que, después de dos intentos, suelo quedarme sentada en la silla durante una hora.»

«Uf —exclamé—, eso debe de ser muy incómodo.»

«No tanto —respondió Victoria—. Ahora ya no. Mi marido compró un otomano que dejamos al lado de la mecedora. Cuando Leanne se duerme, pongo los pies encima. Me lo compró porque una mañana estaba tan cansada que me quedé medio dormida y Leanne casi se me cae de los brazos.»

Cuando la niña se vuelve a despertar, cosa que suele ocurrir hacia las 7:30, Victoria le viste y le prepara para el día. Leanne desayuna alimentos sólidos y sobre las 10:30, cuando la niña se cansa, Victoria la sube a su habitación y le da el pecho. «Normalmente se queda dormida en cinco o diez minutos y hace una siesta de veinte minutos. Si puedo, la vuelvo a dormir en cinco minutos dándole otra vez de mamar, pero si no estoy a punto cuando suelta el primer sollozo, entonces me puedo pasar una hora para volver a dormirla. Para entonces ya suele tener hambre, así que le doy el pecho de nuevo y se suele volver a dormir otros veinte minutos.»

Queridos padres, si después de leer estos párrafos estáis cansados, creedme que yo, sólo con escuchar la historia, quedé agotada. ¡Y sólo habíamos llegado a las 11:30! Cuando Leanne se despierta, Victoria consigue escaparse a dar un paseo, pero nunca la deja en la cuna durante el día, porque le da miedo que se ponga a llorar. A veces se la lleva a dar un paseo, pero sólo cuando le da el pecho y la duerme para meterla en el coche, porque si no, Leanne no «deja» que la acomode en su silla. La niña arquea la espalda y chilla como si la estuvieran matando. «Te juro que algunos días los vecinos deben de pensar que la estoy torturando», me confesó Victoria.

Llegados a este punto, le dije: «Bueno, a mí me parece que te está torturando ella a ti».

El resto del día transcurre más o menos igual hasta que Doug, que es fontanero, llega a casa a las cinco de la tarde. Después de que la madre dé el pecho a la hija, el padre la baña. Victoria se emociona: «Es tan bueno. Le lee un cuento y luego me la pasa, le vuelvo a dar el pecho y se va abajo una hora».

Le pregunté por qué no dejaba que el padre pusiera a dormir a la niña, pero me contestó: «Doug lo ha intentado muchas veces, pero ella no le deja. Se pone a llorar y no lo soporto, así que subo y le doy el pecho. Entonces se duerme, se despierta a las ocho, juega con su padre y, sobre las 11:30, le vuelvo a dar el pecho y se duerme hasta las 12:30 aproximadamente. Entonces le vuelvo a dar el pecho y se duerme otra vez. Si tengo suerte, no se vuelve a despertar hasta las tres de la madrugada, pero eso no ocurre muy a menudo. Luego suele despertarse también hacia las cuatro y hacia las 5:30, que es cuando vuelve a empezar el día». La mujer hizo una pausa y recordó apenada: «Una vez anoté en el calendario que había dormido cinco horas seguidas... Pero eso sólo pasó en una ocasión».

Evidentemente, nos encontrábamos ante un problema profundamente arraigado y duradero que no se solucionaría en un día. Victoria y Doug necesitaban un plan, una serie de pasos que fueran quitando a Leanne esa dependencia que tanto tiempo les hacía perder para reemplazarla por una conducta independiente.

Estableced un plan y cumplidlo. «Un par de veces al día, cuando Leanne esté contenta —aconsejé a Vicki—, métela en la cuna. La primera
vez, puede que se te cuelgue del cuello y llore. Trata de cambiarle el
humor distrayéndole. Ponte una sábana en la cabeza y juega a taparte
la cara. Haz que se divierta. Salta arriba y abajo y haz monerías. Si per-
severas, se quedará como hechizada. Al principio, puede que sólo dure
cuatro o cinco minutos, pero tú haz que se sienta segura diciéndole:
"Todo va bien, cariño. Mami está aquí".»

LA CONSPIRACIÓN DEL SILENCIO

Aunque los hábitos más comunes que hacen perder el tiempo están relacionados con el sueño, la conspiración del silencio suele implicar problemas
a la hora de dormir a los niños. Rebecca ilustra así su experiencia:

«Tuve que formar parte de un jurado y, hablando con un grupo de mujeres en la sala de espera, les dije que me había costado mucho dormir a Jon
aquella noche. Una mujer mayor me tomó de la mano con ademán tranquilizador y me confesó que, cuando su hija era pequeña, o ella o su marido tenían que dormir con la niña cada noche. La madre no habló de ello hasta que
la chica ya era adolescente. "Me daba mucha vergüenza", admitió. Al oír esto,
otra mujer confesó, avergonzada, que ella estaba haciendo lo mismo en ese
momento.

»Saber que no era la única me hizo sentir mucho mejor, pero me sorprendió mucho. "Qué cosa tan extraña —les dije a las dos—. Hace poco
estuve en una fiesta de cumpleaños y todas las madres decían que sus hijos
se dormían muy bien y que dormían toda la noche".

»"Mienten", me respondieron las dos al unísono, y todas nos reímos.»

«Eso sí, es importante que no esperes a que llore. Sácala de la cuna
cuando todavía esté contenta, aunque sólo lleve en ella dos minutos.
Aumenta el tiempo cada día y trata de llegar a los quince minutos en
dos semanas. Ponle juguetes en la cuna y haz que vea que la cuna es un
lugar genial. Durante este tiempo no introduzcas ningún cambio más.
La niña pasará cada vez más rato divirtiéndose si no la presionas. Tras
esas dos semanas, cuando esté jugando con algo, comienza a alejarte de
la cuna. No trates de escaparte y de vez en cuando dile: «Mamá está
aquí». Así conseguirás que confíe más en ti. Quédate en la habitación,
pero ponte a doblar ropa o a arreglarle el armario.»

Antes, Leanne se ponía histérica cada vez que Vicki le dejaba en la cuna, porque sabía que mamá se iba a marchar. Aún no había aprendido a estar sola, ni tampoco a dormir sola, y no podía relajarse porque temía que su madre le dejara. El hecho de darle de mamar cada vez que lloraba no había mejorado la situación. A decir verdad, le había transmitido un mensaje: «Me necesitas». Por eso, ahora Vicki tenía que hacer que su hija tomara confianza en sí misma y enseñarle a estar sola en su cuna para que, cuando se despertara y no viera a su madre, continuara sintiéndose segura. Sin embargo, advertí a Victoria que tenía que ir muy despacio. Reforzar la confianza de la niña y animarle a ser más independiente requeriría tiempo y muchísima paciencia.

CUIDAD DE VOSOTROS

Cambiar los hábitos de vuestros hijos a la hora de dormir puede resultar muy duro para vosotros. Aquí tenéis diversas formas de aliviar el estrés:

- Poneos auriculares o tapones en los oídos para no oír tanto los gritos de vuestro hijo.
- Si perdéis la paciencia, dejad al niño a vuestra pareja. Si no tenéis pareja o vuestra pareja no está en ese momento, dejad al niño en un lugar seguro y salid de la habitación.
- Planteaos los retos a largo plazo. Cuando hayáis conseguido enseñar a dormir a vuestro hijo, os sentiréis orgullosos de vosotros mismos.

Id poco a poco y respetar la necesidad de control del niño. «Tenías razón, Tracy —me dijo Victoria a las dos semanas—. La primera vez lloró pero, como le encanta esta marioneta, comencé a saltar con ella y Leanne se rió. La segunda y la tercera vez el juego no surtió tan buen efecto. Creo que duró dos minutos en la cuna, pero la saqué mientras aún estaba contenta. Sin embargo, después funcionó increíblemente mejor.

»Hacia el final de la segunda semana, no me atrevía a apartarme de la cuna, de modo que empecé por el juego de las monerías. Entonces fui hacia su armario, que está al otro lado de la habitación, y me puse a ordenar los cajones. Para mi sorpresa, la niña estaba un poco insegura, pero bien, de modo que me limité a hablarle tranquilamente, para que supiera que su mami pensaba que ella estaba bien. Al final de la tercera semana, me aventuré un poco más y desaparecí de su vista un segundo. Le dije: "Enseguida vuelvo. Tengo que llevar esta ropa sucia al cesto". Aguanté la respiración, pero ella se quedó contenta con sus juguetes. Ni siquiera estoy segura de que notara mi ausencia.»

Felicité a Victoria y, a la luz de aquel logro, estaba segura de que tenía ganas de dar el próximo paso de nuestro plan, que consistía en eliminar el exceso de lactancia. Teníamos que empezar primero con las siestas. Vicki no podía esperar que su hija dejara de mamar, pero le aconsejé que le cortara la lactancia cuando se hubiera dormido. Ella estaba segura de que Leanne lloraría. «Quizás tengas razón —le dije—. Sería lo normal. Si llora, vuélvele a dar el pecho y repite el proceso cuando se vuelva a dormir. Hazlo durante quince minutos y, si todavía llora, cambia de escenario. Baja al comedor y a los veinte minutos vuelves a subir y empiezas de nuevo.»

LAS DIEZ REACCIONES IRRITADAS MÁS COMUNES, SEGÚN TRACY:
LO QUE NUNCA DEBÉIS HACER NI DECIR A VUESTRO HIJO

Siempre que los padres se encuentran ante un hábito que les hace perder el tiempo, tienen una de las siguientes reacciones:

- **Azotar** (*ver páginas 260-262*).
- **Abofetear**.
- **Avergonzar**: «Eres un llorón».
- **Gritar**: preguntaos: «Si tengo que gritarle a mi hijo es porque le he permitido llegar tan lejos que ya no aguanto más?».
- **Humillar**: diciendo: «¡Vaya! Te has mojado», en lugar de decir: «Veo que te tengo que cambiar».
- **Culpar**: «Me vuelves loca» o «Me haces llegar tarde».
- **Amenazar**: «Si vuelves a hacer eso, te dejo solo» o «Te lo advierto, te la estás buscando». Lo peor de todo es: «Espera a que llegue tu padre».
- **Hablar del niño delante de él:** la mayoría de comentarios pueden esperar, pero si tenéis que decir algo, deletreadlo o cambiad de nombre y género.
- **Etiquetar**: «Eres malo», en lugar de «Si le empujas, no podrás jugar con Ralph».
- **Formular una pregunta que el niño no puede responder:** «¿Por qué le has pegado a Priscila?» o «¿Por qué no te comportas en el mercado?».

A Leanne no le gustó el cambio. La primera vez se enfadó y empezó a llorar. «Me supo mal —admitió Victoria en una conversación telefónica que mantuvimos a la semana siguiente— y cedí. Pero el segundo día estaba decidida a hacerlo y le retiré el pecho cuando empezaba a dormirse. Cuando vi que se enfadaba, la saqué de la habitación unos minutos, tal como tú sugeriste, y después de cinco intentos, finalmente se me durmió en el regazo sin el pecho. El séptimo día me senté en la mecedora y la niña estuvo jugando con mi blusa, pero se durmió sin que le diera el pecho.»

Fijaos en los pequeños progresos. Al cabo de tres semanas, Leanne ya podía dormirse a la hora de la siesta sin el pecho de su madre, pero todavía se despertaba por la noche con ansias de mamar. Expliqué a Victoria que ella y Doug debían trabajar en equipo. Con toda franqueza le pregunté: «¿Vas a dejar que tu marido entre en esto?». Victoria vaciló: le gustaba ser la única para la niña y no le entusiasmaba en absoluto tener que compartir su autoridad.

«Todavía sigues quitándole la niña a Doug —le recordé—. Con esa actitud, sin darte cuenta, le transmites el mensaje de que papá es malo y tú eres su salvadora. Cuando Leanne se despierte por la noche, tienes que dejar que vaya Doug a verla.»

Le expliqué el concepto del *sueño sensible*: un método de balanceo con el que se anima al niño a dormir en su propia cama, reconfortándolo en lugar de dejarlo a su suerte. Los niños que están acostumbrados a recibir una recompensa oral cada vez que lloran es difícil que se duerman sin recibirla, por lo que la tarea no sería nada fácil. Sin embargo, sabíamos que Leanne podía dormirse sola durante el día y no albergaba ninguna duda de que, con la ayuda de sus padres, también lo conseguiría de noche.

«Cuando llore, quedaos a su lado —les pedí a los dos—. No utilicéis el pecho de Vicki, sino vuestra presencia física, para que sepa que estáis con ella. Cuando llore desesperadamente, cogedle en brazos un rato. Tened en cuenta que las primeras noches lo pasará bastante mal y puede que llore mucho aunque la tengáis en brazos, incluso puede que arquee la espalda y trate de alejaros con los pies. Seguramente tendréis que sostenerle cuarenta minutos o más para que se calme. Cuando deje de llorar, devolvedle a la cama. Seguramente romperá a llorar de nuevo, así que volved a cogerle enseguida. Hacedlo tantas veces como sea necesario. Igual tenéis que cogerle y soltarle cincuenta veces, puede que cien.» Les pedí que contaran las veces que tenían que repetir el proceso para llevar un registro y ver el progreso que conseguían en un par de semanas.

La primera semana, Leanne lloró intermitentemente durante casi dos horas. Sus padres estuvieron a su lado para que se sintiera mejor. «Era muy duro escucharla llorar —confesó Victoria más tarde—, pero en ningún momento le dejamos sola. Le cogimos en brazos y le dejamos cuarenta y seis veces durante la primera noche. La segunda fueron veintinueve y la tercera, doce. La cuarta noche durmió hasta las 4:30. No estaba segura de si era porque ella estaba agotada o porque nosotros estábamos demasiado cansados para oírla. Pero entonces, la séptima noche, durmió nueve horas seguidas. La novena noche se despertó dos veces, pero nos aferramos al plan y no cedimos. Supongo que debía estar poniéndonos a prueba. Ahora ya hace once noches que duerme de un tirón. Lo más increíble es que, cuando se despierta por la mañana, le oigo hablar con sus animales. Juega sola. Cuando le oímos lloriquear un poco, acudimos enseguida para que no vuelva a perder la confianza.» Aunque Vicki y Doug insistían en que el hecho de que Leanne durmiera toda la noche era «un milagro», para mí el éxito se debía a su fuerza de voluntad.

CODY: «MAMI... ¡NO ME DEJES!»

La ansiedad provocada por la separación es uno de los componentes de muchos hábitos que hacen perder el tiempo. Tanto Neil como Leanne tenían el mismo miedo: si dejo que mamá se aleje de mi vista, puede que no le vuelva a ver. Si os parece que es algo exagerado, pensad que para la mayoría de niños su madre es su sustento durante la primera infancia. Los dos mayores retos a los que se enfrentan los niños pequeños son aceptar que cuando la madre sale de su habitación no se ha marchado para siempre y desarrollar la capacidad de tranquilizarse durante sus ausencias.

Aunque la ansiedad por la separación es normal durante este período de la vida, cuando veo un niño de la primera infancia que se pega demasiado o tiene problemas para dormir, me pregunto si es porque los padres le han consentido demasiado o porque ha perdido la confianza en algún momento. Quizás no pueda fiarse de sus padres porque se escapan de su lado o le dicen que volverán enseguida cuando, en realidad, tardan horas. Cuando los padres tratan de irse, ¿podemos culpar a los niños por patalear detrás de la puerta? Pero los padres también se sienten mal y acaban marchándose de casa tarde, enfadados y sintiéndose culpables por dejar a su pequeño llorando como si se acabara el mundo.

Evidentemente, si el niño no recibe la atención suficiente, si los padres no están al tanto de sus necesidades (o las ignoran), o si no son sinceros con él, hay que tomar cartas en el asunto. Si, por el contrario, el pequeño sólo se fía de la tranquilidad que le proporcionan sus padres, también será necesario enseñarle a utilizar sus recursos internos. En tal caso, cuando el niño todavía no cuenta con cierta seguridad propia, tiendo a sugerir a los padres que traten de hacer que la desarrolle. Cuanto mayor sea el niño, más costará, puesto que ya es totalmente dependiente del «otro» y tiene que aprender a confiar en «sí mismo».

Tal como he expuesto antes (*ver páginas 207-209*), cuando tienen entre ocho y diez meses, muchos niños se identifican automáticamente con un objeto de transición y tienden a ser más independientes y a tranquilizarse mejor en la primera infancia que los que no han adoptado ninguno. Daryl, la madre de Cody, me llamó cuando su hijo tenía catorce meses, porque el niño pertenecía a la segunda categoría. A espaldas del pequeño, muchos adultos le calificaban de «pesado» o «malcriado». Pero lo que había pasado en su casa no era culpa suya. Sólo hacía lo que le habían enseñado: una conducta de los padres se había convertido accidentalmente en un hábito arraigado de Cody que les hacía perder el tiempo. Así pues, ayudé a Daryl a pasar a la acción.

Pensad qué habéis hecho para contribuir a crear el problema. Desde que era un bebé, Cody nunca había tenido la oportunidad de estar solo. Cuando no lo tenía Daryl en brazos, lo tenía una canguro. Nunca le dejaban en la cuna o en el parque. De hecho, cuando abría los ojos, siempre había alguien a su lado o le tenían en brazos. Incluso cuando ya se sentaba solo y podía jugar con sus juguetes de diversos modos, Daryl estaba con él, mostrándole los juguetes, explicándole cosas, enseñándole... Pero nunca le dio la oportunidad de hacer sus propios descubrimientos. En consecuencia, Cody apenas podía jugar cinco minutos solo sin atraer la atención de su madre o sin llorar. Se había creado un hábito que hacía perder el tiempo. Literalmente, Daryl no podía ir a ningún sitio sin él.

Usad la lógica ACC para analizar el problema. Al escuchar todo esto, le pregunté: «¿Qué hace Cody cuando se cansa de jugar o cuando sales de la habitación?».

«Llora como si se fuera a acabar el mundo», me respondió.

Era evidente. Si se analiza la situación utilizando la lógica ACC, se aprecia que el *antecedente* es que Cody nunca había estado solo y, por tanto, no había aprendido a tranquilizarse solo. Su *comportamiento* era predecible: lloraría cada vez que se encontrara solo. Puesto que la *consecuencia* siempre era la misma (alguien, normalmente su madre, corría a su lado), se estableció el patrón.

Aseguraos de que estáis dispuestos a cambiar. Por lo que vi, el problema de aquella familia se basaba en dos aspectos. En primer lugar, Daryl tenía que estar dispuesta a cambiar. Tenía que aprender a recitar el mantra HELP (*ver páginas 65-66*), que le recordaría que debía contenerse y alentar a su hijo a explorar en lugar de correr a rescatarlo. En segundo lugar, cada vez que se sintiera triste, asustado o necesitara algo, Cody tenía que encontrar el modo de traspasar la dependencia de su madre a un objeto inanimado que él mismo pudiera obtener, aunque Daryl no estuviera. Ambos cambios llevarían mucho tiempo. Desde el primer momento, advertí a la madre: «Tienes que vigilar tu comportamiento con la misma dedicación que el de tu hijo».

Trazad un plan. Trazamos un plan consistente en pequeños pasos, el primero de los cuales sería el juego del niño. Le enseñé a Daryl el funcionamiento de HELP y le pedí que se contuviese cuando Cody cogiera un juguete o emprendiera una acción. Esto era tan duro para ella como para su hijo. Estaba acostumbrada a jugar con él en una interacción constante, pero no estaba habituada a observarle y dejarle hacer. Sin embargo, le insistí: «Tienes que hacer sólo cambios pequeños y de forma gradual. Comienza con las actividades del día, ya que es más probable que sus manías vayan menguando».

Avanzad gradualmente. Al principio, Daryl se puso en el suelo y, cuando Cody le trajo uno de sus juguetes, ella se aseguró de dejar que el niño hiciera el primer movimiento. Por supuesto, como Cody estaba tan acostumbrado a la inventiva de su madre, lo primero que solía hacer era dejar el juguete, por ejemplo su xilófono, en la falda de su madre y pedirle que jugara, mientras él se limitaba a observar. Ahora, para conducir a su hijo hacia la independencia, Daryl puso el xilófono sobre la mesita del café y le dio la maza al niño. «Cody, toca tú para mamá», le pidió alegremente. Cody trató de agarrarle el brazo, un claro mensaje para decirle: «No, toca tú». Sin embargo, en lugar de seguir reforzando su dependencia, Daryl se atuvo al plan. «No, Cody, mamá no, toca tú», le repitió.

Algunos días, Cody jugaba solo, pero otros días le daban rabietas. Sin embargo, en cuestión de semanas, consiguió sentirse más cómodo jugando solo, sin necesidad de que Daryl interviniera. Al principio, la madre estaba tan emocionada con el progreso que tendía a exagerar sus elogios. Entonces se dio cuenta de que al decir: «Bien hecho, Cody», rompía la concentración de su hijo y el pequeño no continuaba. Su voz era un recordatorio de su presencia e inmediatamente el niño quería volver al viejo patrón interactivo. Por eso le sugerí que esperara diez o quince minutos antes de aplaudirle. Además, tendría que hacerle notar su satisfacción de una manera más normal, sin hacer grandes aspavientos.

Marcad unos límites y cumplidlos. En este momento, Cody ya jugaba solo y, aunque su madre permanecía en la habitación, el pequeño era más independiente que nunca. Es importante fijarse en los progresos, pero no hay que detener el proceso, hay que continuar empujando al niño hacia el objetivo final, que en este caso era que Cody soportara la ausencia de su madre. Poço a poco, Daryl comenzó a alejarse un poco de él y, finalmente, pudo sentarse en el sofá, de modo que su hijo jugaba a un metro y medio de ella. Aunque le costaba, se forzaba a distraerse leyendo o llevando las cuentas de la casa. Cuando Cody levantaba la cabeza para ver si mamá estaba allí, ella le decía: «Estoy aquí. No voy a ninguna parte». Entonces volvía a lo que estaba haciendo y, así, le transmitía el mensaje de que él tenía que volver a sus actividades.

Sin embargo, una cosa era que Daryl se trasladara al sofá y otra muy distinta que saliera de la habitación. La primera vez que lo intentó, diciendo (y queriendo decir): «Vuelvo enseguida, Cody. Tengo que coger una cosa de la cocina», el niño rompió a llorar de inmediato, dejó de hacer lo que estaba haciendo y corrió tras ella. Daryl se detuvo y volvió al comedor. «Cody, te he dicho que ahora volvía. Desde la cocina te veo y tú también me ves a mí.»

Dadle a vuestro hijo cierto control. Nos encontrábamos en un momento idóneo para darle a Cody un objeto de transición al que pudiera aferrarse cuando su madre no estaba, algo que él pudiera controlar (*ver también páginas 207-209*). Como no parecía demostrar aprecio especial por ningún peluche ni adoptaba ninguna «mascota» por sí mismo, Daryl le dio un jersey muy suave y le sugirió: «Aguántale esto a mamá hasta que vuelva». Continuó hablándole al salir de la sala y mientras estuvo en la cocina. Con el paso de las semanas, cada vez alargaba más el tiempo de ausencia, aunque sólo un minuto al día.

Cuando Daryl pudo salir de la sala y estar fuera quince minutos, comenzó con el tema de las siestas: un período de transición especialmente difícil para los niños aferrados a sus madres que temen no encontrarles al despertar. El razonamiento lógico del niño es que vale más no dormirse. Así pues, cuando Daryl puso a Cody a dormir, le dio también el jersey. Al principio, el niño lo tiró al suelo, pero Daryl lo recogió pacientemente y lo sostuvo unos segundos cogiendo también la mano de Cody. Se quedó con el niño, hablándole en tono suave y reconfortante. En este apartado también tuvo que trabajar *gradualmente*, estando cada día un minuto menos junto a su hijo.

Si vuestro hijo rechaza al principio un objeto para darle seguridad, no os rindáis. En lugar de asumir que no lo quiere, continuad ofreciéndoselo. Tened paciencia. Dadle el objeto cuando necesite calmarse (y cuando le estéis calmando vosotros), así empezará a desarrollar la asociación. Tened en cuenta que vuestro objetivo es ayudarle a desarrollar su independencia emocional, así como alargar su capacidad de atención. Cuando no se preocupe tanto de si estáis o no, podrá centrarse mejor en lo que hace y continuar haciéndolo durante períodos cada vez más largos.

Celebrad las pequeñas victorias. Daryl supo que iba por buen camino cuando su hijo, de repente, se aferró tanto al jersey que quería tenerlo siempre a su lado o en las manos. Daryl comenzó a llamarlo su «cariñito»[1] y pronto Cody también lo llamaba así. Un día, Daryl le preguntó al niño: «¿Dónde podemos dejar tu cariñito para que siempre lo puedas encontrar?». Cody lo metió bajo un cojín del salón.

La prueba de fuego tuvo lugar el día que Daryl decidió salir de casa. La primera vez, le dijo al niño: «Voy a la tienda, cariño. Freda estará aquí mientras yo esté fuera. ¿Quieres tu cariñito para que te haga compañía mientras yo no estoy?». A Cody no le hizo ninguna gracia, pero, en ese momento, ya usaba su cariñito para dormir. De mala gana, se metió el jersey bajo el brazo.

El proceso completo duró seis semanas y podría haber durado más si Cody hubiera sido mayor (o Daryl no se hubiera ceñido al plan). También podría haber sido menor si Daryl me hubiera llamado antes de que Cody tuviera sus hábitos tan arraigados. Sin embargo, este caso no es extraño ni aislado. En muchas familias, los padres tienden a centrarse demasiado en los niños. Lo hacen por amor y con el deseo de ser atentos, pero cuando la balanza se decanta de este modo y los padres, sin querer, privan a su hijo de una independencia emocional, deben tomarse medidas.

HORA DE ROMPER CON ESOS MOLESTOS CHUPETES

Mientras tratamos el tema de la separación, quisiera subsanar el hecho de no haber comentado nada sobre los chupetes. Tal como habréis observado, no aparecen en la lista de objetos reconfortantes de las páginas 207-209. Personalmente, prefiero que los pequeños se chupen el dedo o un biberón (de agua) antes que meterles en la boca un objeto que ellos solos no pueden volver a meterse en la boca.

No os equivoquéis: no es que esté totalmente en contra de los chupetes. Suelo recomendarlos para bebés de menos de tres meses, cuando el instinto de succionar es más intenso. En esos momentos, el bebé no es físicamente capaz de encontrarse las manos y el chupete le aporta la estimulación oral que necesita. Sin embargo, una vez el pequeño controla sus extremidades, es decir, si un niño más grande continúa metiéndose el chupete en la boca, el objeto en sí se habrá convertido

---

1. En inglés, *lovey* (un término acuñado por el pediatra T. Berry Brazelton). (*N. de la T.*)

en un puntal (*ver página 294*). El niño no lo escoge y no se lo puede meter en la boca solo, con lo cual no es un buen método para calmar su ansiedad. En cambio, comienza a depender de la sensación de notarse el chupete en la boca y si no ha conseguido librarse de él a los seis meses, se habrá convertido en un hábito difícil de romper.

De hecho, si analizamos los hábitos relacionados con el sueño que hacen perder el tiempo en la mayoría de casos que los padres me cuentan, advierto que el niño de primera infancia es adicto al chupete. En mi página web recibo toneladas de cartas de padres angustiados que se levantan cuatro o cinco veces a poner el chupete de nuevo a sus hijos. Una de las historias que me contó una madre por correo electrónico sirve para ilustrar el suplicio de otros muchos padres: Kimmy, de catorce meses, se dormía cada noche con el chupete en la boca. Cuando dormía profundamente, se le abría la boca y el chupete se le caía. Como Kimmy estaba tan acostumbrada a la sensación del chupete, su ausencia siempre le despertaba: había perdido su seguridad. Cuando tenía una buena noche, Kimmy buscaba el chupete y se lo volvía a meter en la boca sola. Sin embargo, la mayoría de las veces el chupete se enredaba entre las sábanas y acababa en el suelo. La pobre Kimmy, que se había despertado en medio del sueño profundo y, además, tenía miedo, se desgañitaba hasta que su madre entraba en la habitación y le ayudaba a encontrar el chupete. La niña (y el resto de la familia) sólo podía dormirse si lo recuperaba.

CONSEJOS SOBRE EL OBJETO DE TRANSICIÓN

- **Dejádselo.** A menos que vuestro hijo utilice de una manera obsesiva un objeto para calmarse (todo el día y dejando de hacer otras cosas), dejádselo. (Esto no concierne a los chupetes; *ver la sección de «molestos chupetes», páginas 306 ss.*). Además, la mejor manera de acabar con los malos hábitos de vuestro pequeño es ignorarlos. Si tratáis de quitárselo o, peor aún, entráis en una pelea, seguramente sólo conseguiréis aumentar la devoción de vuestro hijo por su querido objeto o actividad. Os prometo que si lo dejáis, el niño acabará por encontrar formas internas (y más aceptables) de aislarse del mundo.

- **Lavadlo.** Los objetos de tela o felpa que el niño utiliza para coger seguridad deben lavarse a menudo (y cuando el pequeño esté en la cama). Si esperáis demasiado, además de al objeto en sí, vuestro hijo se acostumbrará al olor y, entonces, lavarlo llegará a ser casi tan traumático como quitárselo.

- **Duplicadlo.** Si vuestro hijo se inclina por un peluche o un juguete en concreto, comprad al menos tres iguales. Seguramente no conservará la manta que le da seguridad hasta que llegue a la universidad, pero sí que esperará taparse y tirar de ella durante varios años.

- **Si vais de viaje, lleváoslo.** Aseguraos de llevaros cualquier objeto que haga que vuestro hijo se sienta seguro. Hubo una familia que perdió su avión porque el padre se acordó de que se habían dejado el osito de peluche en casa.

También me he encontrado con casos en los que los padres prolongan la dependencia de sus pequeños. Utilizan los chupetes durante todo el día como un caramelo para calmar a los niños, o lo que es peor todavía, para hacerlos callar, lo que evidentemente no ayuda en nada a que el pequeño aprenda a reconfortarse solo. Cuando un padre o una madre me dicen, como en el caso de Josie: «Scooter nunca me dejará quitarle el chupete», yo le imploro que revise sus prioridades. Al fin y al cabo, ellos son quienes le dan el chupete al niño y, por tanto, ellos le controlan.

NIÑO GRANDE, ¿CAMA GRANDE?

Muchos padres se preguntan cuándo es el momento apropiado para que su hijo pase de la cuna a la cama grande. En mi opinión, debéis tomároslo con calma y esperar todo lo que podáis. A algunos niños les falta madurar un poquitín. Además, es mejor esperar hasta que el pequeño se haya acostumbrado bien a su propia cuna. Sino, lo único que se consigue es plantearle otro problema. Mientras tanto:

- Poned una cama grande en su habitación. En lugar de comprar una cama de último modelo de la que se cansará en uno o dos años, comprad una estándar plegable y ponedle barandas de seguridad a los lados.

- Esperad que vuestro hijo muestre interés por dormir en esa cama grande. Empezad doblando las patas para que el niño esté más cerca del suelo y haced la prueba durante las siestas diurnas.

- Anticipaos a los peligros (lámparas y otros objetos que pueda tirar). Si no estáis seguros de algo, quedaos en la habitación y observad al niño para ver a qué peligros puede enfrentarse.

«Siempre llevo el chupete encima —confesó Josie—, hasta cuando no me lo pide.» El chupete se había convertido en el recurso de la madre y no del niño. Sin saber cómo, Josie había atribuido al chupete cualidades mágicas: el chupete haría que su hijo estuviera callado; con el chupete a mano podría hacer que su hijo se durmiera en cualquier sitio; y nunca la avergonzaría en público. Esta clase de magia era totalmente ilusoria, pero, además, dándole el chupete cada vez que el niño empezaba a ponerse nervioso, Josie no le dejaba expresarse: no le escuchaba.

Si estáis leyendo el libro y vuestro pequeño todavía utiliza chupete, supongo que debe de tener como mínimo ocho meses. Por supuesto, la decisión de quitárselo o dejárselo es vuestra. Soy consciente de que a los padres les puede dar miedo. De hecho, la tía de unos niños de cuatro y cinco años me resumió hace poco su reticencia con estas palabras: «Es lo único que tengo». Aun así, pensad que cuando vuestro hijo no pueda encontrar el chupete, os llamará para que se lo busquéis y cuanto más tardéis en ayudarle a desarrollar su capacidad para tranquilizarse solo, lo cual revierte directamente en su independencia, más os costará libraros de ese molesto chupete (y más noches perderéis). En el cuadro siguiente encontraréis los métodos que suelo sugerir para acabar con este hábito. Sólo tenéis que decidir cuál creéis que le irá mejor a vuestro pequeño.

DOS MÉTODOS PARA LIBRARSE DEL CHUPETE

Independientemente del método que uséis, cuanto mayor sea el niño, más difícil será acabar con el hábito del chupete. En cualquier caso, antes de tratar de eliminar el chupete, si vuestro hijo aún no tiene un objeto que le reconforte, acostumbradlo a uno (*releed la historia de Cody, páginas 301 ss.*). Cuando se haya acostumbrado a un peluche u otro objeto suave, posiblemente empezará a depender menos del chupete de una forma natural.

Eliminación gradual. Empezad por quitárselo durante el día. Durante tres días dejad que el niño coja el sueño de la siesta con el chupete, pero cuando se haya dormido, quitádselo de la boca. Durante los tres días siguientes, no le deis el chupete para la siesta. (Doy por supuesto que ya lo habréis habituado a un objeto de transición.) Decidle simplemente: «Ya no hay más chupete para la siesta». Si llora, consoladlo, pero no le metáis ese objeto inanimado en la boca. Dadle su objeto de seguridad, abrazadlo o dadle palmaditas para que vuestra presencia física se haga patente y decidle: «Ya está, cariño. Ya puedes dormir».

Cuando vuestro pequeño se acostumbre a dormir la siesta sin el chupete (si tiene menos de ocho meses, tardará una semana, aunque si es mayor, tardará más), repetid el proceso por la noche. Primero, dejad que se duerma con el chupete en la boca y después quitádselo. Quizás se despierte en mitad de la noche, llorando para que le deis su chupete, cosa que probablemente ya habrá hecho más de una vez. La diferencia es que, ahora, no se lo daréis. Calmadlo con gestos, no le habléis, y aseguraos de que tiene el objeto que le da seguridad a mano. No le demostréis que os da pena. Al fin y al cabo, le estáis haciendo un bien: le estáis enseñando a desarrollar la capacidad de dormirse solo.

Se lo comió el gato. No os recomiendo el método de retirar el chupete abruptamente en niños menores de un año, ya que se les hace difícil comprender qué significa «desaparecido». Sin embargo, algunos niños mayores a veces no tienen ningún problema en deshacerse de su chupete, especialmente si se dan cuenta de que simplemente ya no está. Una madre inglesa le dijo a su pequeña:

—Ay, cariño, el chupe se ha ido.

—¿Dónde se ha ido? —le preguntó su hija.

—Al cubo de la basura —le dijo su madre, sin complejos.

Seguramente la niña ni siquiera sabía qué era el cubo de la basura, pero aceptó la desaparición de su chupete y siguió con su vida. Hay niños que lloran durante más de una hora, pero luego parecen olvidarse por completo del tema. Otros siguen preguntando por su chupete y están tristes, pero normalmente no pasan muchos días así. Por ejemplo, Ricky, un niño de veintidós meses, se puso como loco cuando su padre le dijo: «Tu chupete ya no está. Te estaba estropeando los dientes». A él no le importaban sus dientes en absoluto. Lloró y lloró, pero, para su sorpresa, su padre no mostró el más mínimo interés por responder a las lágrimas de su hijo. Jamás le dijo: «Pobre Ricky. Su chupe se ha ido». Tres noches después, Ricky ya no se acordaba del chupete.

Un método combinado. Algunos padres optan por un método combinado entre la eliminación gradual y la desaparición total. Para quitarle la manía del chupete a Ian, de once meses, Marissa convirtió el requisamiento del chupete en un ritual matinal. Cada mañana, le daba los buenos días y un fuerte abrazo, extendía la mano y le decía: «Vamos, cariño, ahora dale el chupete a mamá». Sin armar ningún revuelo, el niño dejaba el chupete. Sin embargo, Ian continuó durmiendo con el chupete durante todo un mes. Observándolo mientras dormía, Marissa se percató de que el chupete no era un hábito que interrumpiera el sueño de su pequeño, ya que, cuando se le caía de la boca, no se despertaba pidiéndolo. Así pues, una noche Marissa se decidió a decirle: «Ya no hay más chupete. Ya eres un niño grande». Y ahí acabó todo.

Independientemente del método que uséis, sed realistas. Al fin y al cabo, se trata de una experiencia de *pérdida* para vuestro hijo, pero debéis manteneros firmes. Tened presente que llorará unas cuantas noches, pero, al final, todo mejorará. Además, cuando pasen los años, la historia de cómo os deshicisteis del chupete se convertirá en parte de vuestra tradición familiar.

PHILLIP: RABIETAS CRÓNICAS

Aunque ya he hablado de las estrategias para las rabietas en el capítulo anterior (*ver páginas 271 ss.*), quiero señalar aquí que, cuando los padres aplacan repetidamente las rabietas, el comportamiento descontrolado y abusivo del niño puede llegar a convertirse en un hábito que les hará perder terriblemente el tiempo. Además, las rabietas suelen indicar la existencia de otros factores, entre los que uno de los más importantes es que los padres han perdido su autoridad.

Me pasé una hora al teléfono con Carmen y Walter, unos padres de St. Louis que me llamaron para hablarme de su hijo de veintidós meses. Phillip, en palabras de los padres, «se transformó en un niño terriblemente agresivo y malintencionado», cuando nació Bonita, que en aquel momento ya tenía seis meses. Parece ser que Phillip no puede soportar que la atención de sus padres se desvíe de él, especialmente si es para fijarse en su hermanita. Por ejemplo, cuando la madre cambia a Bonita, Phillip suele tener un berrinche. Para tranquilizarle, Carmen intenta abrazar a su pequeño, pero entonces él le pega y le muerde. Al ver que el método no ha funcionado, interviene el padre y le dice: «Eso no está bien, Phillip», y los dos adultos acaban tirándose por el suelo para intentar calmarlo.

Por la noche, Phillip duerme entre sus padres y no se duerme si no tiene agarrada la oreja del padre o de la madre. Si el niño les pellizca o les tira de la oreja, ellos se lo permiten. Nunca le han dicho: «Phillip, eso hace daño», o «No, cógeme la mano, pero no la oreja». Ni qué decir tiene que los padres están agotados. La abuela Rosa, que vive a varios kilómetros de ellos, intenta ir a su casa una vez por semana para que Carmen pueda tomarse un respiro, pero nadie da la cara ante Phillip.

Carmen y Walter tratan de evitar el problema antes de que aparezca, o al menos eso es lo que ellos creen. Por ejemplo, me contaron que, cuando sacaron a Phillip y a Bonita a pasear con el coche, dejaron que el niño se llevara una bolsa enorme llena de juguetes. Aun así, el pequeño se cansó pronto de ellos. Además, cuando se aburre, trata de escaparse de su silla de seguridad. «Si te sueltas el cinturón, pararé el coche —le gritó Walter, con aire amenazador—. Quédate ahí sentado hasta que lleguemos a casa o te meterás en un buen lío.» Finalmente, el niño dejó de moverse, pero Walter tuvo que elevar la voz varios decibelios para hacerse escuchar.

Para mí estaba claro que estaban dejando que el niño montara su espectáculo. Ninguno de los dos, ni Carmen ni Walter, intentaban razonar con él. Al no establecer unos límites (lo que, en realidad, significaba abdicar de sus responsabilidades como padres), el padre y la madre de Phillip le estaban enseñando, sin querer, a manipular a la gente. Su comportamiento «agresivo» y «malintencionado» no era nada más que una súplica para que le pusieran límites.

«El amor no consiste en dejar que vuestro hijo se os cuelgue de la oreja y os haga daño sin decir una palabra —expliqué a Carmen y a Walter con tanto tacto como pude—. Tampoco consiste en darle una montaña de juguetes para que se divierta. E, indiscutiblemente, no consiste tampoco en dejar que se os imponga a vosotros y a su hermana pequeña. Vuestro hijo está pidiendo a gritos que le pongáis límites y por eso grita. Me temo que sólo es cuestión de tiempo, pero acabará haciendo daño a su hermanita. Eso sí que os haría prestarle atención, ¿verdad?»

«Pero si en nuestra familia se respira el amor», repetía Walter. Y era cierto. Carmen era una persona tranquila y de voz dulce, y era evidente que el padre también tenía el corazón en su sitio. «Y antes Phillip era tan dulce», añadió Carmen. No lo dudaba, pero en algún momento los dos tenían que empezar a ser padres de verdad. Phillip necesitaba mucho más que amor: necesitaba que le pusieran freno.

«Empezaremos con las rabietas —les sugerí, ya que era el tema más apremiante—. Cuando pierda el control, tenéis que continuar haciendo algo con lo que os sintáis cómodos —añadí—. Por ejemplo, cuando le dé un berrinche, decidle: "Esto es inaceptable", llevadlo a su habitación y sentaos allí con él, sin decirle nada.»

Carmen y Walter se ciñeron al plan, pero en lugar de continuar con el mismo procedimiento (que, por cierto, funcionó), comenzaron a sentir lástima del niño. «No queremos ser unos padres duros y hacer que se ponga triste —admitió Walter—. Cuando le dijimos que su comportamiento era inaceptable, bajó la cabeza y salió de la sala.»

Entonces les expliqué que, con toda probabilidad, los ataques de rabia de Phillip debían de haber comenzado de forma espontánea, como respuesta a la frustración o la fatiga, combinadas con los celos hacia Bonita, la intrusa de carita rosada que se estaba llevando gran parte del tiempo que le pertenecía a él. En lugar de cortar tal comportamiento, sus padres le habían reforzado tratando de camelarle o aplacar su rabia cada vez que se descontrolaba. Phillip había descubierto cómo captar su atención.

Intenté que estos padres vieran el bosque que se esconde tras el árbol. «Las normas, los límites y la decepción forman parte de la vida. Phillip tiene que estar preparado para la realidad, para cuando sus maestros le digan "no". Y, tal como está creciendo, cuando no pueda entrar en el equipo de béisbol o cuando le deje su primera novia por otro chico, esas pequeñas derrotas le destrozarán el corazón. Por eso mismo, tiene que afrontar esos momentos dolorosos, y vosotros tenéis que darle los instrumentos que necesita para conseguirlo. Además, ¿no os parece mejor que aprenda todas esas lecciones ahora, de manos de unos padres que le quieren, que cuando se las quiera enseñar este mundo cruel?»

Basándonos en los incidentes que Walter y Carmen me habían descrito, trazamos un plan muy simple.

En primer lugar, tenían que tomar conciencia del problema. «Escuchaos —les dije—: "Phillip no me dejará". Una cosa es que mi hija de quince años diga convencida: "Mi madre no me dejará", pero cuando decís: "Mi pequeño no me dejará", es que ocurre algo. ¿Hasta qué punto se os escapa de las manos la familia si vuestro hijo de dos años no os "deja" a vosotros, que sois sus padres, hacer algo? Queréis tenerle contento todo el tiempo, pero si no actuáis ahora, vuestro pequeño crecerá manipulando a los que le rodean... Porque vosotros se lo permitís.»

En segundo lugar, tenían que comenzar a reafirmarse como padres. Les sugerí que propusieran a su hijo unas opciones limitadas durante el día. Por ejemplo, a la hora del desayuno, unos cereales u otros; en el coche, un juguete u otro. A la vista del plan, Carmen me preguntó: «Pero ¿y si protesta y dice: "También quiero ese" y saca la bolsa llena de juguetes?»

Insistí en que tenían que ser padres. «Entonces le decís: "No, Phillip. Puedes coger el robot o el camión". No podéis dejar que os controle», repetí.

Finalmente, si Phillip protagonizaba una rabieta cuando uno de los dos estaba con Bonita o le estaba cambiando los pañales, tendrían que decirle: «Phillip, esto es inaceptable». Si la rabieta continuaba, entonces tendrían que subir a su cuarto, arrastrándolo mientras pataleara, si fuera necesario. Les advertí que a la edad de su hijo, el comportamiento, antes de mejorar, empeora.

SHANNON: LA LOCURA DE LAS COMIDAS

Aunque los padres no suelen perder el sueño, los problemas a la hora de comer pueden resultar muy embarazosos, molestos y haceros perder mucho tiempo. Lo peor de todo es que los hábitos de la comida duran años. El problema suele empezar de una forma bastante inocente: los padres pueden ser unos maniáticos de las formas o preocuparse porque el niño no come lo suficiente. En estos casos, los padres pueden forzarle o camelarle para que coma contra su voluntad. Se haga como se haga, la batalla está perdida y, además, los dramas en la mesa se extienden a otras partes del día.

Carol me pidió que fuera a su casa porque su hija Shannon, de un año, se estaba volviendo «extremadamente obstinada». Le decía que no a todo. Dicho así, no parecía un problema grave, ya que la mayoría de niños de primera infancia pasan por el período de la negación. Lo que ocurre es que, a menudo, los padres dan demasiada importancia a esa negatividad y accidentalmente acaban reforzando comportamientos que se volverán en su contra.

Dio la casualidad de que llegué a la hora de comer. Shannon estaba sentada en la trona y su madre intentaba darle un bollo, a pesar de que la niña no paraba de agitar la cabeza y girar la cara. Tanto la madre como la hija se estaban poniendo cada vez más nerviosas.

«Déjala en el suelo», le sugerí.

«Pero si todavía no se ha comido el bollito.»

Le pedí a Carol que se fijara bien. Su hija estaba dando patadas y haciendo muecas: tenía la cara compungida y los labios sellados. Sin embargo, su madre continuaba rogándole: «Sólo un poquito más, cielo, por favor... abre la boca».

Entonces Carol decidió que el problema era el bollito. «¿Qué quieres en lugar de esto, cariño? ¿Quieres cereales? ¿Quieres plátano? ¿Mejor un yogur? También tengo melón, mira.» Shannon no quiso mirar, simplemente se quedó allí sentada, sacudiendo la cabeza de un lado al otro, cada vez con más vehemencia.

«Muy bien, muy bien —dijo Carol, finalmente—. Te dejaré en el suelo.» A continuación levantó a la niña, le limpió un poco las manos y Shannon se fue gateando. Carol se dedicó a perseguirla hasta la sala de juegos con un bol de mermelada en una mano y el bollito en la otra. «Mmm —canturreaba detrás de la pequeña, que continuaba su camino—. ¡Qué rico! Toma un poquito... sólo un poquito, cielo.» Le hablaba sin respetarla.

«Le acabas de decir que ya se ha terminado la comida —le recordé, recitando lo obvio—. Y ahora que está jugando, le persigues. Mírala: está en el suelo, sacando juguetes, y tú le persigues para meterle la comida en la boca.»

Carol me miró y, finalmente, lo comprendió. Estuvimos charlando un rato y le pregunté por otras horas de un día típico de Shannon. Resultó que no cooperaba ni en el baño ni a la hora de irse a dormir. «¿Siempre le das tantas opciones, como acabas de hacer con la comida?», le pregunté.

Carol se lo pensó un instante y me respondió con orgullo: «Sí. No quiero imponerle mi voluntad. Quiero que piense por sí misma».

Entonces le pedí que me pusiera algunos ejemplos. «Bueno, pues cuando le voy a bañar, le digo: "¿Quieres que te bañe?" Y cuando me dice que no, le digo: "Muy bien, ¿te dejo unos minutos más?". »

Segura de que Shannon no tenía la menor idea de qué significaba aquello de "unos minutos más" y habiendo visto la misma escena más veces de las que puedo contar, le interrumpí: «Deja que adivine qué ocurre después. Cuando pasan unos minutos, le das unos cuantos más y, quizás otros más. Finalmente, te pones tan nerviosa que la coges y te la llevas arriba. En ese momento, seguramente ya está chillando y pataleando, ¿no es así?»

Carol me miró sorprendida. Y yo continué: «Apuesto a que cuando le has puesto el pijama, le preguntas si está a punto para irse a la cama, ¿verdad?».

«Sí —contestó ella sumisamente—, y siempre me dice que no.» Estaba segura de que aquella madre ya empezaba a ver por dónde iban los tiros.

«Carol, es una niña y tú eres su madre», le recordé. Entonces le expliqué que el comportamiento que mostraba Shannon durante las comidas era sintomático y que reflejaba un problema mayor: Carol le estaba dando demasiado control, demasiadas opciones que, además, tenían una trampa. Dar una opción real consiste en escoger dos alternativas aceptables y decirle al niño: «Puedes comerte un bollito o un yogur», en lugar de recitarle una lista que le suena a chino. Preguntarle: «¿Quieres bañarte ahora?» no constituye ninguna opción, porque el adulto sabe que *tiene* que bañarse. Además, obliga a dar una respuesta de «sí» o «no», con lo que el niño va a lo fácil (*ver páginas 255-256 para más información sobre opciones*).

Por irónico que parezca, aunque Carol estaba dando demasiado control a Shannon, no le respetaba como era debido. «Si no tiene hambre, no le sientes ahí —le aconsejé—. Escúchale y actúa de acuerdo con sus necesidades físicas, no sólo porque te gustaría que "comiera bien". Y por el amor de Dios, no le persigas. Eso sólo empeora las cosas. En lugar de cogerla por sorpresa, tienes que *prepararle* para lo que esperas que haga.»

Después le advertí: «No hace falta que se monten muchos más dramas de este tipo a la hora de comer para que Shannon no quiera volver a sentarse en esa silla alta. Asociará la comida con una situación tensa y eso seguro que no incrementará su apetito. Estas guerras no las ganarás nunca, Carol».

En aquel momento nos encontrábamos ante un hábito en construcción, una situación que seguramente hubiera empeorado al cabo de unos meses: Shannon ya estaba a punto de convertirse en la reina, en la gobernadora de la casa. Con el paso del tiempo su obstinación aumentaría y, si sus padres no le establecían unos límites y no le enseñaban a comportarse en casa, tampoco podrían esperar que se comportara adecuadamente *fuera* de ella.

«No se te ocurra llevar a esta niña a un restaurante hasta que las aguas hayan vuelto a su cauce y le demuestres que le respetas y que las comidas no tienen por qué ser una lucha —le advertí—. Sino, te aseguro que cuando esté en un sitio público hará lo posible por estropearte la comida. Y cuando vayas a cenar con tu familia el día de Acción de Gracias, tampoco sientes a Shannon a la mesa. A la abuela le dará algo porque la niña no dejará de correr por todas partes, esparciendo la comida por el sofá, y tú querrás que se te trague la tierra.»

Durante dos meses, Carol y yo nos llamábamos cada semana. La primera parte del plan consistía en hacer frente a las comidas. Carol debía tener claro que, si Shannon quería comer, comería en la mesa (en su trona), pero tendría que dar por finalizada la sesión cuando la niña no quisiera más.

Después de dos semanas, Shannon «entendió» la norma: si no es en la mesa, no hay comida. Empezó a ver que, cuando acababa de comer, ya no tenía que arquear la espalda y patalear para que su madre entendiera el mensaje. La niña sabía que, cuando levantara los brazos, en lugar de que Carol le forzara a quedarse en la silla, le ayudaría a bajar. Lo importante es que Carol también mejoró su actitud. En lugar de darle tantas opciones falsas y dejar que Shannon se escabullera, se dedicó a proponerle verdaderas opciones («¿Quién quieres que te lea en la cama, mamá o papá?» y «¿Quieres el cuento de hadas o el de Barney?»). Como era de esperar, los demás rituales cotidianos también se fueron relajando. Evidentemente, la pequeña Shannon todavía tiene algún momento negativo, pero ahora es Carol quien lleva la batuta y ya no desperdicia más horas en batallas que no puede ganar.

Como es natural, al principio, invertir un problema crónico resulta tan agotador como el propio hábito que os hace perder el tiempo. Sin embargo, es importante mirar un poco más allá. Estoy segura de que no queréis que vuestros hijos sigan teniendo dificultades para dormir, excesivas rabietas ni ningún otro problema cuando tengan tres o cuatro años. Por lo tanto, es mejor enfrentarse a estos retos *ahora*. Vale la pena pasar unas cuantas semanas más, o incluso unos meses, soportando días difíciles y noches sin dormir para cambiar una situación que se ha descontrolado demasiado.

También debéis tener en cuenta la visión global. Ser padres es una ardua tarea y es lo más importante que haréis en la vida. Criar a vuestros hijos solos o en equipo requiere por vuestra parte creatividad, paciencia, astucia y marcaros límites, sobre todo en lo que se refiere a la disciplina. Y, tal como veréis en el último capítulo de este libro, la previsión y la amplitud de miras serán mucho más importantes en el momento en que decidáis, si es que lo hacéis, ampliar vuestra familia.

CAPÍTULO NUEVE

CON EL BEBÉ SOMOS CUATRO: LA FAMILIA CRECE

> *Nada perdura, salvo el cambio.*
>
> HERÁCLITO

> *Gobernar una familia no es mucho más sencillo que gobernar todo un reino.*
>
> MONTAIGNE

LA GRAN PREGUNTA

Para hacer temblar a los padres de un niño pequeño basta con preguntarles cuándo van a tener otro hijo o si ya lo intentan. Seguro que hay parejas que lo planean todo de forma metódica. Incluso antes de concebir a su primer hijo parecen saber qué diferencia de edad es la óptima (al menos para ellos) y, si se muestran firmes y tienen suerte, sus cuerpos cooperan con ellos. Sin embargo, no todo el mundo tiene la misma paz de espíritu y la misma buena fortuna. La experiencia me dice que la cuestión de si tener y, si es que sí, cuándo, suele ir cargada de indecisión y preocupación. ¿Sabremos llevar la situación? ¿Tendremos dinero suficiente? Si el primer hijo ha sido un bebé fácil, ¿durará nuestra suerte? Si era un diablillo, ¿tendremos la fortaleza necesaria para hacerlo otra vez?

Durante el primer embarazo, la pareja pudo tener algunas preocupaciones, pero ahora saben qué significa ser padres: las recompensas y el cansancio que implica, lo emocionante y lo complejo que es. Los padres de un niño de primera infancia ya tienen «una familia». ¿Realmente quieren agrandarla?

En este capítulo, trataremos el tema de los futuros hijos y del tamaño de la familia, cómo preparar y ayudar a vuestro hijo a enfrentarse al hecho de tener hermanitos e, igualmente importante, cómo mantener el equilibrio en vuestra relación de pareja. Es evidente que cuando se añaden miembros a la familia hay más personalidades con las que entenderse. Tenéis que estar preparados no sólo para las alegrías de una familia creciente, sino también para los posibles problemas que puedan surgir.

QUEDARSE EMBARAZADA OTRA VEZ O NO

No os equivoquéis: se trata de una decisión importante. Ciertamente, tanto el padre como la madre han de sopesar si tienen dinero suficiente en el banco, espacio en la casa y, por supuesto, amor en sus corazones como para dar a un segundo hijo el tipo de cuidados y atenciones que necesita. Por lo general, es la madre quien ha de considerar qué hacer con su carrera: si la abandonó para tener su primer hijo, ¿desea ahora quedarse en casa aún más tiempo para cuidar de otro bebé? Si ha vuelto al trabajo y le ha costado dividirse entre su primer hijo y la oficina, ¿podrá arreglárselas con dos hijos? O puede que se dé el caso opuesto: con el primer hijo, la madre descubrió que todo cuanto quería era ocuparse de un niño, ya que le gustaba dar el pecho, acunarle y cuidar del bebé más de lo que nunca habría pensado. Cuando el niño empezó a caminar, dejó de mamar, o empezó a hablar, se dio cuenta de que se había acabado la luna de miel y empezó a echar de menos tener en brazos a un bebé. En cualquiera de los dos casos, la madre ha de preguntarse si realmente está preparada para volver a pasar por todo eso.

A menudo, las parejas no están de acuerdo sobre si tener otro hijo o sobre cuándo tenerlo, y el debate que se deriva puede convertirse en un temporal difícil de capear (más información sobre las parejas en las páginas 351 ss.). No se puede estar un poco embarazada, querida, y esas diferencias en la pareja se han de arreglar. Cada uno ha de considerar honestamente por qué él o ella quiere un segundo hijo. ¿Es porque la familia o los amigos les presionan? ¿Es porque él también tiene un hermano? ¿Es porque uno de los dos o ambos están en contra de tener un hijo único y creen que le *han* de dar un hermanito al hijo que ya tienen? ¿Es porque el reloj biológico continúa avanzando? ¿O es por todos estos motivos a la vez?

A continuación, se presenta la historia de tres parejas que se encontraron atrapadas en la duda de si tener o no un segundo hijo. Dos de ellas sufrieron mucho para tomar la decisión; la tercera tuvo un poco de ayuda de la Madre Naturaleza.

John y Talia. Tras cinco años de tratamientos de fertilidad y dos abortos llegó Kristen, la muy esperada hija de John y Talia. Ahora la pequeña ya tenía tres años y Talia, que rondaba los cuarenta años, sabía que las posibilidades de volver a quedarse embarazada utilizando sus embriones congelados irían disminuyendo con el paso del tiempo. Pero John, trece años mayor que su esposa y con dos hijos de un matrimonio anterior, no estaba seguro de querer tener otro hijo. Evidentemente, adoraba aquel regalo en la mitad de su vida, como se refería a su hija pequeña, pero cuando Kristen llegara a la adolescencia él tendría setenta años. Talia utilizaba el argumento de John para apoyar el suyo propio: «Precisamente por eso hemos de intentar darle un hermanito. Kristy necesitará compañía aparte de sus ancianos padres». Tras unos meses de tira y afloja, John finalmente estuvo de acuerdo en tener otro hijo. No quería que Kristy creciera sola. Para sorpresa de todos, Talia se quedó embarazada casi de inmediato. Ahora Kristen tiene un hermanito.

¿DEBERÍAMOS... O NO DEBERÍAMOS?

Aunque cada historia sobre si unos padres deben o no tener un segundo hijo tiene características únicas, para tomar la decisión los padres han de considerar muchos factores:

- **Capacidad física.** ¿Cuántos años tenéis y en qué forma física estáis? ¿Tenéis energías para otro niño?
- **Capacidad emocional.** Considerad vuestro carácter y vuestra voluntad de dedicar más tiempo y energías. ¿Estáis preparados para abandonar esa intimidad con vuestro primogénito?
- **Vuestro primer hijo.** ¿Qué carácter tiene? ¿Cómo fue su lactancia y su primera infancia? ¿Se adapta bien a los cambios?
- **Economía.** Si uno de los miembros de la pareja ha de abandonar el trabajo, ¿podréis salir a flote? ¿Podéis permitiros pagar ayuda? ¿Tenéis ahorros suficientes para hacer frente a las urgencias?
- **Carrera.** ¿Estás dispuesta a dejarla colgada? ¿Continuará ahí cuando los niños sean mayores? ¿Te importa?
- **Logística.** ¿Tenéis espacio suficiente para dos niños? ¿Dónde dormirá el bebé? ¿Puede compartir habitación con el mayor?
- **Motivo.** ¿Queréis realmente este hijo o hay alguien que os presiona? ¿Os preocupa el hecho de ser padres de un hijo único? ¿Os influye vuestra propia infancia, con muchos hermanos o sin ninguno, a la hora de tomar la decisión?
- **Apoyo.** Especialmente si eres madre soltera, ¿quién te ayudará?

Kate y Bob. Kate, que regentaba una pequeña boutique de ropa, quería dar un hermano a su hijo, pero también había muchos otros factores a tener en cuenta. A sus treinta y cinco años, Kate disfrutaba trabajando en su negocio propio. Se había tomado un descanso más que gustoso al dar a luz a Louis, pero siempre había planeado regresar al trabajo, y lo hizo cuando el bebé cumplió seis meses. Con todo, no había resultado fácil, ni siquiera con una niñera a tiempo parcial, ya que el pequeño era un niño movido con una mente propia y unos patrones de sueño cambiantes. Muchas mañanas, Kate tenía que arrastrarse hasta la tienda. Bob, que venía de una familia de cinco hermanos, quería al menos dos, y Lou ya tenía dos años y medio. Para complicar las cosas, el padre de Kate se estaba muriendo. «Espero que viva lo bastante como para ver al hermanito o la hermanita de Lou», decía ella, y añadía, «Y yo no es que me esté haciendo joven, precisamente».

Kate se sentía torturada y culpable. Siempre había querido tener dos hijos, pero aún tenía reciente el recuerdo de las noches sin dormir, y la idea de volver a los extractores de leche y a los pañales le provocaba pánico. Al final, Kate cedió y se alegró de haberlo hecho. Malcolm, un bebé angelito, llegó pocos días antes del cuarto cumpleaños de Louis.

Fanny y Stan. A veces, aunque un matrimonio debata o discuta sobre la perspectiva de tener un segundo hijo, hay fuerzas incontrolables que toman la decisión por ellos. Fanny y Stan, ambos de cuarenta años, habían adoptado a su primer hijo tras luchar contra la infertilidad. El pequeño Chan, que llegó de Camboya cuando sólo tenía dos meses, supuso un sueño hecho realidad. Enseguida se vinculó a ellos, se adaptó a su casa y fue un bebé angelito de trato fácil y agradable. Una mañana, cuando Chan tenía cinco meses, Fanny se despertó con náuseas. Creyó que debía tener el mismo resfriado de estómago que Stan había pasado la semana anterior. Cuál sería su sorpresa cuando el médico le dijo que estaba embarazada. Pese a la buena noticia, Fanny estaba preocupada por si iba a tener energías suficientes para criar a dos niños de menos de dos años, por no hablar de la economía doméstica. Para entonces, todo aquello ya quedaba a un lado: el segundo bebé estaba en camino.

Si viviéramos en un mundo perfecto, todo encajaría sin problemas. Al sopesar la decisión de tener o no un segundo hijo, leeríais la lista de consideraciones y os daríais cuenta de que estáis preparados en todos los sentidos. Decidiríais la diferencia de edad que os gustaría que hubiera entre vuestros dos hijos (*ver cuadro siguiente*) y os quedaríais en estado según lo previsto.

Sin embargo, lo más frecuente es que los padres hayan de enfrentarse al hecho de que no todo se puede planear. Os gustaría tener más dinero en el banco, más espacio, haber pasado más tiempo con vuestro primer hijo. O puede que la madre no esté emocionada ante la idea de llevar adelante ese proyecto. Pero se ve en la encrucijada. Su reloj biológico avanza, el primer hijo ha sido muy divertido y su pareja le empuja para tener un segundo hijo. Incluso cuando no todo es perfecto, da el salto (o no; *ver cuadro de la página 326*).

EDADES DIFERENTES, ETAPAS DIFERENTES

No existe un momento «ideal» para tener un segundo hijo. En última instancia, debéis pensar qué es lo mejor para vosotros y esperar a que la Madre Naturaleza coopere.

11-18 meses: cualquier pequeña diferencia de edad resulta dificultosa. Hay dos niños con pañales y se ha de doblar el equipamiento de bebé. Además, disciplinar al mayor de ellos puede resultar duro, ya que la vida diaria resulta físicamente extenuante. Lo bueno es que los años difíciles se pasan antes que cuando la diferencia de edad entre ellos es mayor.

18-30 meses: es el apogeo de la etapa de negatividad de los niños y una época en la que se demuestra su ambivalencia sobre la independencia. El niño mayor no os tendrá tanto como necesitará y querrá. Si le dedicáis atención y un tiempo únicamente para él puede que evitéis muchos problemas. Pensad que, en función del carácter del mayor, entre ambos puede haber montones de luchas o un vínculo fuerte y duradero.

2 años y medio-4 años: es menos probable que el mayor tenga celos, ya que ahora es más independiente, tiene sus propios amigos y una rutina estable. Debido a la mayor diferencia de edad, no son compañeros de juegos compatibles y quizás no crezcan estando cerca, aunque su relación puede variar conforme vayan creciendo.

Más de 4 años: cuando le nace un hermanito, el hermano mayor suele mostrarse contrariado, ya que él esperaba un compañero de juegos inmediato. Puede participar más en el cuidado del pequeño, pero los padres han de tener cuidado de no cargarle con demasiadas responsabilidades. Existe menos rivalidad entre hermanos, aunque a menudo también menos interacción.

EL JUEGO DE LA ESPERA

Las hormonas de la madre están alteradas, hay una nueva vida creciendo en su interior, y vuestro hijo se pasa el rato correteando por todas partes. Algunos días, la madre está en el cielo, imaginando una escena idílica con su familia feliz (en la cena, abriendo los regalos la mañana de Navidad, o quizás disfrutando de unas vacaciones en Disneylandia). Otras veces se siente en el infierno. «¿Cómo se lo diré a mi hijo?», se pregunta. «¿Qué puedo hacer para prepararle? ¿Y si no está contento con ello? ¿Y si mi pareja lo está reconsiderando?» Mientras la mente de la madre da vueltas a todas estas cuestiones, siempre acaba en la pregunta que más miedo le da: «¿Pero dónde me he metido?»

Nueve meses pueden parecer mucho tiempo cuando uno se encuentra en una montaña rusa emocional. La madre se ha de cuidar, mantener la conexión con su pareja y, al mismo tiempo, ayudar al pequeño a prepararse. Empecemos por los adultos.

¿UN HIJO ÚNICO?

Por primera vez en la historia, en Estados Unidos existen más familias de hijo único que con dos hijos o más. Con todo, no deja de ser una ironía que, aunque en la actualidad los padres opten cada vez más por los hijos únicos, continúe existiendo una gran corriente contra tener un sólo hijo. Los prejuicios obvios que se suelen esgrimir como argumento son que un hijo único es consentido y pidón. No aprende a compartir. Espera que el mundo sea tan cómodo y aceptable como sus solícitos padres. Los partidarios del *no* insisten en que si no tiene un hermanito o hermanita siempre estará solo. G. Stanley Hall, psicólogo de principios del siglo XX, lo dijo aún con más dureza: «Ser hijo único es en sí una enfermedad».

¡Por el amor de Dios! Las investigaciones más recientes indican que los hijos únicos tienden a llevar una ligera ventaja en lo tocante a la autoestima, y que son más inteligentes que sus compañeros que tienen un hermano. Por supuesto, sus padres quizás tengan que trabajar un poco más para contraer citas sociales para el niño y para incluir a los amigos en las salidas de la familia, de modo que su hijo no sea su único foco de atención. Han de tener cuidado y mantener sus vínculos sin hacer que el hijo se convierta en un «colega» con quien compartan información y emociones adultas. Pero un buen padre es un buen padre. Tanto si en la casa hay un niño como si hay cinco, las capacidades de los padres, el bienestar físico y emocional y el amor y los límites que proporcionan significan mucho más que el número de cubiertos que se pongan en la mesa para cenar.

Es normal y comprensible que, a la hora de ampliar la familia, se plantee una pequeña disyuntiva, pero si después de considerar detenidamente la idea de quedarse embarazada, a la madre se le hace cuesta arriba, ha de hacer uso de su derecho de tener un solo hijo. Es más probable que la culpabilidad, el desconcierto y el arrepentimiento hagan que el niño se sienta privado de un hermano que el hecho de ser vuestro único hijo. (Además, ¡algunos hermanos crecen y no se hablan nunca!)

Sabed que lo que sentís es normal. No hay madre que no piense: «Espero estar haciendo lo correcto» en medio del segundo embarazo. El pánico ataca en diferentes momentos y por diferentes motivos. Los primeros meses pueden ser más llevables, pero a medida que la madre va ganando peso y se le hace más difícil levantar a su hijo, el nacimiento inminente empieza a parecer más bien un desastre inminente. O puede que la vida vaya adelante alegremente y, de repente, vuestro hijo pase por una etapa difícil. La madre no se imagina manejando a dos niños o teniendo que pasar por ello por segunda vez. Los sentimientos de pavor también pueden asaltarle en un momento inesperado: va caminando por la calle con su pareja, quizás salgan del cine o de un gran restaurante, y eso le recuerda cómo era la vida antes de tener a su primer hijo. Con poco tiempo para el romanticismo, piensa para sí: «Debemos estar locos para volver a hacer *esto*».

¡AYUDA! ¡MAMÁ NECESITA AYUDA! (GUÍA PARA LOS PADRES)

La madre estará aún mucho más cansada durante el segundo embarazo que durante el primero. No sólo lleva peso extra, sino que además ha de perseguir a un niño pequeño. El padre (o cualquier otra persona) puede ayudar: la canguro, los abuelos, los tíos, un buen amigo, otras madres, cualquiera puede salir en su ayuda. El padre y las demás personas deberían ocuparse de algunas de las siguientes cosas, o de todas, a ser posible:

• Sacar al niño de los brazos de la madre siempre que sea posible y pasar tiempo con él.
• Hacer los recados.
• Cocinar o traer comida preparada.
• Bañarle (para la madre es difícil y pesado tener que estar agachada).
• No quejarse por el trabajo extra, ya que eso haría que la madre se sintiera peor.

Cuando cunda el pánico, recitad la oración de la serenidad: «Dios mío, concédeme serenidad para aceptar las cosas que no puedo cambiar, coraje para cambiar las que sí puedo, y sabiduría para saber distinguirlas». El embarazo, querida, es algo que *no* puedes cambiar, pero tu actitud ya es otra cosa. De modo que respira profundamente, llama a una niñera o a un amigo y cuídate (considera las sugerencias que aparecen en las páginas 360 ss.).

Hablad de vuestros miedos. Recientemente, Lena, una decoradora de interiores embarazada de siete meses de su segundo hijo, y Carter, un contable, me pidieron que les visitara porque estaban llenos de dudas. Les conocía desde hacía dos años y medio, cuando nació Van, su primer hijo.

«Sobre todo me preocupa Van», empezó diciendo Lena. «Si le estoy prestando suficiente atención, ¿puedo realmente compartirme con un segundo hijo?»

Por su parte, Carter coincidía: «No creo que hayamos pasado suficiente tiempo con Van. Y al estar esperando otro hijo ahora...».

«¿Cuándo sería el *mejor* momento?», pregunté, sabedora de que no existía respuesta a mi pregunta. «¿Y cuándo sabréis cuándo Van ha pasado suficiente tiempo con vosotros? ¿Cuándo tenga cuatro años? ¿Cinco?»

Ambos se encogieron de hombros; sabían a qué me refería. Les sugerí que recordaran *por qué* habían decidido ir a por un segundo hijo siete meses atrás. «No queríamos que Van fuera hijo único», dijo Lena. «Siempre habíamos planeado tener dos o más. Cuando Van nació, dejé el trabajo durante unos meses, pero mi carrera ya no ha prosperado. El trabajo nos ha ido bien a los dos, y nuestra situación económica es buena. Pensamos que Van ya tendría tres años cuando naciera el bebé. Tendría un grupo de amiguitos y podría tener su propia vida.»

Aquel razonamiento tenía sentido. Lena y Carter también habían renovado parte de la casa: la habían ampliado en lugar de enfrentarse a un perturbador traslado a una más grande. Evidentemente, habían hecho sus deberes. Es más, ambos parecían encantados. Van era un niño maravilloso, tenían una niñera fantástica y Lena acababa de ganar un premio de diseño de interiores.

Pero había más cosas de por medio. Lena estaba alterada por el cambio hormonal y los más de veintidós quilos de sobrepeso. Muchas veces, Van se enfadaba porque no le podía llevar en brazos, y ella tenía problemas en explicarle el porqué. Lena también compartió conmigo sus ideas, así como los planes cuidadosamente trazados de Carter. Impresionado por su reciente éxito, un multimillonario le había pedido que le ayudara a renovar la mansión que recientemente había adquirido en Malibú. Puesto que todo el trabajo acabaría traduciéndose en mucho dinero, prestigio y promoción, y le proporcionaría más oportunidades de trabajo, todo eso le requeriría más tiempo, tiempo que una mujer a punto de dar a luz a su segundo hijo no iba a tener.

A medida que avanzaba la conversación, me di cuenta de que las causas de su ansiedad eran tanto su cuerpo como el fantasma de una oportunidad perdida, y no la llegada de un segundo hijo. «Debes sentirte como un caballo cojo», le dije, utilizando esta expresión propia de Yorkshire, que se refiere a un caballo que tira de un carro en una mina de carbón. «Sólo eso puede hacer que la vida no te parezca nada prometedora.» Así, a pesar de que la llamada de aquel cliente le pareciera la oportunidad de su vida, Lena se dio cuenta de que tenía que rechazarla.

Así pues, le dije: «Has de airear tu decepción. Si intentas esconderla bajo la alfombra, es probable que con el tiempo vuelva a salir y te vaya chinchando. O aún peor, que te arrepientas de haber dado a luz a tu hijo».

Recordad que la vida no es un Burger King: no siempre podéis tenerla «a vuestra manera». Todos tenemos deseos en la vida, cosas que queremos hacer, pero no las podemos hacer ni tener todas. Cuando tengáis recelos, a parte de reconsiderar en primer lugar las razones por las que queréis tener un segundo hijo y de sentiros decepcionados por las oportunidades perdidas, debéis aceptar la vida en sus propios términos. Como le dije a Lena, «Podríais intentar negociar con el cliente esta oportunidad de trabajo, preguntarle si sería posible trabajar sin faltar a los requisitos de tu familia pero, ¿es eso lo que realmente quieres hacer? Aunque en estos momentos no te lo parezca, tendrás otras ofertas fabulosas, pero nunca volverás a tener la oportunidad de pasar este tiempo con tu hijo».

Unos días más tarde, Lena me llamó y me dijo que estaba mucho mejor: «He estado pensando por qué habíamos decidido tener este hijo, y la verdad es que *es* el mejor momento para nosotros. Además, he asimilado mi decisión de no aceptar el trabajo y en estos momentos me siento incluso aliviada por haberlo hecho». El empeño de Lena es una característica común en las mujeres de hoy en día. Cuando se cruzan la carrera profesional y los hijos, uno de los dos siempre tiene que «ceder». Recordad que los trabajos vienen y van, pero los hijos son para siempre.

NIÑOS PEQUEÑOS/GRANDES ESPERANZAS

Una cosa es tratar con los propios asuntos y otra muy diferente es tratar con un niño de primera infancia, que no es lo bastante mayor para entender por qué se te está hinchando la barriga o por qué no puedes levantarle en brazos. Aquí tenemos algunos consejos que pueden facilitar esa transición.

Recordad que vuestro hijo no es capaz de entenderlo. Cuando decís que «Mamá tiene un bebé en la barriga», vuestro hijo no tiene ni idea de lo que eso significa. (¡Ya es bastante difícil para los mayores desentrañar el milagro de la vida!) Puede que vuestro hijo señale con orgullo a la barriga y repita las palabras correctas, pero no tiene ni idea de lo que la nueva llegada significará para *él*. Con eso no quiero decir que no debáis preparar a vuestro hijo, sino que cuando lo hagáis, no esperéis demasiado de él.

CORREO ELECTRÓNICO: UNA MADRE QUE COMUNICÓ LA NOTICIA DEMASIADO PRONTO

Durante el segundo embarazo, hablábamos del bebé con nuestro hijo tan abiertamente como fuera apropiado, de dónde venía, cómo sería la vida cuando llegara, etc. Intentábamos ayudarle a acostumbrarse a la idea mucho antes de que naciera el bebé. Cuando nació nuestra hija, le hicimos un regalo a nuestro hijo y le dijimos que era de su hermanita (una idea que tomamos de una revista). Esto le ayudó a sentir que su hermanita le quería y que no pretendía amargarle la vida.

No se lo digáis demasiado pronto. En la vida de un niño de primera infancia, nueve meses es una eternidad. Si le dices a tu hijo: «Vas a tener un hermanito», se va a pensar que va a pasar mañana. Aunque muchos padres dan la noticia con muchos meses de antelación, en mi opinión, cuatro o cinco semanas antes de que nazca el bebé es tiempo más que suficiente. (Mientras tanto, preparadle de otras maneras, como explico más adelante.) No obstante, vosotros conocéis a vuestro hijo, de modo que basad la decisión en su personalidad. Evidentemente, si el niño se da cuenta de que la barriga de su madre crece y pregunta al respecto, utilizadlo como punto de partida.

Independientemente de cuándo se lo expliquéis, hacedlo simple: «Mamá tiene un bebé en la barriga. Vas a tener un hermanito/hermanita (si es que ya sabéis el sexo del bebé)». Contestad con sinceridad a las preguntas que os formule vuestro hijo, como: «¿Dónde se va a quedar el bebé?», o «¿Va a dormir en mi cama?». Intentad hacerle entender que cuando el bebé nazca no sabrá hablar ni andar. Son muchos los padres que, emocionados, dicen a sus hijos: «Vas a tener un compañero de juegos». Y después llegan a casa con una criaturita que no hace más que dormir, llorar y mamar. ¿Quién no se sentiría decepcionado?

Seis meses antes de que nazca el bebé, haced que vuestro hijo tenga un grupo de amiguitos. Es más fácil enseñar a compartir y a cooperar cuando se hace con niños de la misma edad. Aunque la diferencia de edad sea pequeña, vuestro hijo tendrá muy poco en común con el bebé. Sólo los gemelos aprenden a compartir uno del otro. Estar con otros niños le dará al menos cierta idea de lo que significa compartir. No obstante, no esperéis que vuestro hijo dé ese paso justo después de que nazca su hermanito. Ya tendrá suficiente trabajo aprendiendo el concepto

---

CORREO ELECTRÓNICO: CONVERTIR LO NEGATIVO EN POSITIVO

Una de las maneras como preparé a mi hijo mayor para la llegada de su hermanita es la siguiente: durante mi embarazo, llegó un momento en que me resultaba francamente difícil levantar a mi hijo de tres años, ya que mi barriga me lo impedía. Le decía «¡Estoy deseando que llegue el bebé para poder levantarte otra vez en brazos!» o le preguntaba «¿Qué va a ser la primera cosa que mamá hará cuando llegue el bebé?», a lo que mi hijo respondía «Levantarme».

Cuando mi marido trajo a mi hijo al hospital después de que naciera el bebé, puse al recién nacido en su cunita y levanté a mi hijo y le abracé con fuerza contra mi pecho, como le había prometido.

de compartir juguetes, de modo que no alberguéis demasiadas esperanzas cuando se trate de compartiros a *vosotros*.

Mostrad afecto hacia otros niños. Dejad que vuestro hijo observe que interactuáis con otros pequeños (esto es una buena idea aunque no estéis esperando otro hijo; *ver cuadro página 236*). A algunos niños no les importa en absoluto que su madre coja en brazos a otro niño o le dé besos. Sin embargo, otros se indignan, ya que nunca se les hubiera ocurrido que su madre pudiera estar interesada en alguien más. Otros se sorprenden. La mirada de Audrey, de catorce meses, cuando Peri, su madre, levantó en brazos a uno de los niños de su grupo de juegos, era de conmoción total. Abrió los ojos como platos y la expresión de su cara decía: «Eh, mamá, ¿qué haces? ¡Que no soy yo!». Fue bueno que Peri mostrara que mamá podía compartirse.

También en casa, cuando vuestro hijo empuja a la madre porque le está abrazando o besando, ésta ha de demostrarle que hay en ella amor suficiente para *ambos*. Recientemente, una madre me dijo que su hijo de dos años «odia que nos abracemos». En lugar de aconsejarle que se resignara a esta situación, insté a la madre a corregir el comportamiento de su hijo, diciéndole: «Ven aquí. Abracémonos todos».

Haced que tu hijo se familiarice con otros bebés. Leedle libros sobre hermanitos y hermanitas, enseñadle dibujos de las revistas, así como fotos de cuando era bebé. Lo mejor de todo es que vea bebés de carne y hueso, y que le hablen sobre ellos. Decid: «Este bebé es más grande que el que hay en la barriguita de mamá» o «Nuestro bebé no será tan grande cuando nazca». Haced que tome conciencia de la fragilidad de los bebés: «Este es un bebé recién nacido. Mira qué deditos tiene. Hemos de tener mucho cuidado. Es muy delicado». Creedme, será mucho más fácil para él mostrarse amable con el bebé de otros que con el que traigáis del hospital.

> *Consejo: normalmente, muchos de los padres que esperan un hijo llevan a sus hijos a pasear por el hospital, pensando que así el niño se hará a la idea de dónde tendrá la madre el bebé. Difiero. Los hospitales pueden asustar a un niño pequeño. También pueden confundirlos y hacerles pensar que «el bebé» va a llegar de un lugar al que la gente va cuando está enferma.*

Mostraos comprensivos con el punto de vista de vuestro hijo. Aunque a nivel intelectual no pueda entender completamente lo que ocurre, vuestro hijo sabe que las cosas están cambiando, os lo aseguro. Escucha conversaciones (incluso cuando creéis que no os oye) que casi siempre incluyen la frase «cuando llegue el bebé», y sabe que está a punto de suceder algo *grande.* Se da cuenta de que te tumbas más a menudo y probablemente se pregunta por qué todo el mundo le repite «cuidado con la barriguita de mamá». Observa que pintáis una habitación que hasta ahora no utilizabais «para el bebé». Y quizá le hayáis trasladado a una cama «de niño grande» (*ver el cuadro de la página 308*). Y, aunque no necesariamente lo relacione con el embarazo, ese cambio supone otra desviación de la regla.

Sed conscientes de vuestras palabras. No rebusquéis entre sus cosas viejas y le digáis: «Esto antes era tuyo, pero ahora lo va a llevar el bebé. Llevadle a comprar la canastilla de su hermanito, pero no hagáis de ello una exaltación de lo mona que es la ropita. Cuando vaya a tocar un muñeco de bebé, dejad que lo examine, pero no digáis: «Esto es del bebé; tú ya eres un niño mayor». No ha pasado tanto tiempo desde que le gustaban los muñecos de peluche de colores pastel. ¿Por qué no iba a pensar que eran para él? Y lo que es más importante, *no* le digáis lo mucho que va a querer a su nuevo hermanito, ya que igual no le quiere...

Pasad una noche fuera sin vuestro hijo. De ese modo, cuando vayáis al hospital no será la primera vez que duerma sin vosotros. Los abuelos, su tía preferida o un buen amigo podrían quedarse con él o llevárselo a su casa. También podéis pagar a alguien para que vaya a dormir a vuestra casa esa noche. Tres días de antelación es tiempo suficiente para preparar a un niño de menos de dos años para la noche que vais a pasar fuera. «Joey, dentro de tres días vas a quedarte en casa de la abuela (o "la abuela vendrá y se quedará contigo"). ¿Lo marcamos en el calendario? Vamos a poner una señal en los días.» Dejad también que os ayude a preparar su bolsa, con su pijama y juguetes. Si se va a quedar en vuestra casa con la abuela, dejad que os ayude a preparar la cama o la habitación que utilizará ella.

EL DESTETE: ALGUNOS CONSEJOS

Ve despacio. Piensa que te llevará al menos tres meses.

No menciones al bebé. Estás destetando a tu hijo por su propio bien, no porque haya un bebé en camino.

Actúa como si no estuvieras embarazada. (*Ver las sugerencias de las páginas 146 ss.*).

Uno o dos meses más tarde, cuando la madre salga de cuentas, tanto ella como el niño deberán tener las maletas preparadas. Cuando sea el momento de marcharse, dad más importancia al hecho de que él se va a ir a casa de la abuela (o de que la abuela viene de visita) que al hecho de que os vayáis vosotros. Simplemente, decidle: «Hoy mamá va a tener un bebé. Vas a (repasad todos los planes que hayáis hecho)». Puesto que ya habrá pasado por la experiencia de no dormir con vosotros, recordadle lo bien que se lo pasó y que, como esa última vez, os veréis pronto.

Usad el sentido común y confiad en vuestro instinto. Recibiréis muchos consejos sobre cómo preparar a vuestro hijo para la llegada del bebé. Algunos centros familiares incluso ofrecen clases preparatorias para hermanos, pero no os toméis al pie de la letra todo lo que os digan. En una de esas clases se dijo a los padres que fueran más permisivos con su hijo mayor. Maya, que sabía más, me dijo: «Este hijo llega a nuestra vida para enriquecerla, no para quedarse aislado y ver cómo su hermano mayor domina la casa. Yo sabía que eso provocaría problemas». Maya tiene razón: en una familia, son importantes las necesidades de *todos*.

Desteta a tu hijo, si es posible. Como ya hemos tratado en el capítulo cuatro, el destete es una consecuencia natural del crecimiento que se da en todas las especies animales. Que esto sea una experiencia traumática para vuestro hijo o una ligera transición dependerá de cómo afrontéis la situación. En algunas sociedades, cuando los hijos se llevan muy poco tiempo de diferencia, la madre les da de mamar por turnos, pero esta es una propuesta muy agotadora. Por supuesto, si vuestros hijos han nacido con un año o menos de diferencia, o vuestro primer hijo aún necesita el alimento que sólo le puede proporcionar el pecho materno, puede que tengáis que amamantar a los dos, pero yo siempre aconsejo a las madres que consideren detenidamente si podría haber una solución alternativa.

Ciertamente, si vuestro hijo tiene dos años o más y todavía necesita mamar para tranquilizarse más que porque necesite el alimento, será beneficioso para él que le destetéis antes de que nazca su hermanito. Si sólo mama para tranquilizarse, tenéis que encontrar maneras de reconfortarle sin que necesite el pecho. También es una buena idea introducir en su entorno un objeto que le dé seguridad, antes de que nazca el bebé, y que le ayude a encontrar el modo de tranquilizarse (podéis releer la historia de Leanne en las páginas 293 ss., y la de Cody en las páginas 301 ss.). De no ser así, existe una gran probabilidad de que vuestro hijo sienta celos del bebé y será mucho más duro para él controlar su furia cuando el bebé llegue a casa.

¿DEBERÍAMOS LLEVAR AL NIÑO AL HOSPITAL?

Usualmente, los padres llevan al hijo mayor al hospital cuando nace el bebé. Puede que vosotros también decidáis hacerlo, pero recordad que debéis tener en cuenta el carácter de vuestro hijo. Podría ser que se preocupara al darse cuenta de que no regresaréis a casa con él. Tampoco os decepcionéis si no se muere de alegría al ver al bebé. Dadle tiempo, y permitidle curiosear y expresar sus sentimientos, aunque no sean los que vosotros esperabais.

PRESENTAD AL INTRUSO

No podéis culpar a ningún niño por sentirse desplazado cuando un bebé se une a la familia. Imaginad cómo os sentiríais si vuestro marido trajera a otra mujer a vivir con vosotros y os obligara a quererla y cuidarla. En esencia, eso es lo que pedimos a nuestros hijos que hagan. Mamá desaparece una noche y uno o dos días más tarde regresa con un borrón que se retuerce y no para de llorar; es lo primero que quieren las visitas; y parece captar la atención y la preocupación de los padres. Por si eso fuera poco, todo el mundo le dice que ha de ser un «niño grande» y cuidar al bebé. «¡Eh, un momento!», le dice una vocecita en la cabeza. «¿Qué pasa conmigo? Yo nunca he pedido este intruso». Esta es una reacción normal. Todo el mundo siente celos, pero los adultos saben cómo esconderlos. Sin embargo, los niños son las criaturas más sinceras de la tierra y muestran sus sentimientos.

CORREO ELECTRÓNICO: ENAMORADO DE SU HERMANITA

Hace poco que he tenido mi segundo hijo. Preparamos al primero, que tiene casi tres años, hablándole constantemente sobre el bebé y explicándole que mamá tendría que ir al hospital a tenerlo. También hice que Tyler me ayudara a decorar la habitación de Jessica, y él estuvo encantado de hacerlo. Incluso recogió todos sus antiguos juguetes y los colocó en la habitación de su hermana. Cuando estaba en el hospital, Tyler fue de compras con mi marido y compró con mucho orgullo un juguete suave para Jessica. La adora sin reservas y no deja de darle besos y de hablarle. ¡Aunque a veces es demasiado!

No hay manera de prever cómo reaccionará exactamente un niño ante un nuevo bebé. Tanto su personalidad, el modo en que le preparéis como los acontecimientos que se produzcan a su alrededor cuando el bebé llegue a casa influirán en su comportamiento. Algunos niños lo llevan bien desde el principio y siguen así. La primera hija de mi coautora, Jennifer, que tenía tres años y medio cuando Jeremy llegó del hospital, se convirtió en una pequeña madre desde el momento en que le puso el ojo encima a su hermano. Esto fue en parte debido a su carácter (era un bebé angelito cuidadoso y de trato fácil) y, probablemente, también debido a la diferencia de edad. Pasaba muchos momentos a solas con su madre y su padre, lo que sin duda le hacía estar más deseosa de abrazar a aquella pequeña criatura sin temor a que invadiera su territorio.

En el otro extremo, está el niño que desde el principio se toma a mal la llegada de bebé y se vuelve muy exigente. Daniel mostraba su ira abiertamente. Y, desde el momento en que este inteligente niño de veintitrés meses pegó al niño por primera vez, se dio cuenta de que ese era el modo de atraer la atención de sus padres. Olivia también mostró su rabia con claridad. Unos días después de que el bebé llegara del hospital, cuando la tía Mildred sugirió que los cuatro posaran para una fotografía de familia, ella no paraba de intentar quitar a Curt del regazo de mamá.

En la mayoría de casos, el niño muestra su desdén por el bebé de modos más sutiles. Puede que se vuelva agresivo con otros niños, que se revele físicamente, ya sea porque no tiene las palabras para expresarse o porque no le hayan dejado expresar su rabia por la llegada del bebé. Puede que rechace llevar a cabo tareas fáciles que nunca antes se había negado a hacer, como por ejemplo recoger sus juguetes. Puede que empiece a tirar comida en la mesa, o se niegue a bañarse. O puede que retroceda: que empiece a gatear otra vez, aunque lleve meses caminando; que se despierte a medianoche, aunque haga meses que dormía profundamente. Algunos niños hacen huelga de hambre, o buscan el pecho de la madre aunque no hayan mamado desde hace meses.

UNA MUÑECA NO SIRVE

No estoy de acuerdo con la idea de dar a los niños una muñeca el día que nace su hermanito para que tenga su propio «bebé». Una muñeca *no* es como un bebé, es una muñeca. No podéis esperar que vuestro hijo la trate como a un ser vivo. Al contrario; la llevará arrastrando del pelo por todas partes, la aporreará y la abandonará detrás del sofá. Unos días más tarde encontraréis la muñeca con cosas rojas pegajosas por toda la cara, porque el niño intentó darle de comer mermelada. ¡Esta no es la manera de tratar a un bebé real!

¿Es posible atajar los problemas como vengan? No siempre, pero a veces hay que tratar con lo que venga. No obstante, los siguientes consejos pueden ayudaros a minimizar esta transición momentánea. Los siguientes puntos quizás os ayuden a minimizar esta transición tan decisiva.

Programad un tiempo a solas con vuestro hijo. Al principio, cuando el bebé llega a casa, come y duerme mucho, y roba ratitos del tiempo que normalmente dedicaríais al primogénito. Intentad darle un abrazo extra aunque estéis ocupados; y jugad con él un poco más de lo normal; dejad que pase un rato tranquilo con vosotros mientras descansáis, pero no hagáis que el tiempo que paséis a solas quede sujeto a la casualidad. Programad los ratos que pasáis con vuestro hijo del mismo modo en que programaríais una cita ineludible con un amigo. Siempre que el clima lo permita, intentad salir de casa un rato cada día: id al parque, a dar comida a los patos, a una cafetería, o simplemente a dar un paseo. También deberíais reservar el momento en que pongáis a vuestro hijo a dormir como un momento íntimo.

Independientemente de todos los planes que hagáis, el bebé necesitará vuestra atención en momentos en que no os lo esperéis. Es mejor ser honesto respecto a esta posibilidad y preparar al primogénito. Si, por ejemplo, estáis a punto de sumergiros en el cuento favorito de vuestro hijo, advertirle: «Voy a leerte este cuento, pero si el bebé se despierta tendré que ir a verle».

Permitid que vuestro hijo os ayude en pequeñas cosas, pero no le pidáis que tenga un comportamiento demasiado adulto. Cuando un niño se preocupa por el bebé y quiere ayudar, si no le permitís que participe en el cuidado del bebé, es como si le dijerais: «Mira, una caja de caramelos, pero no cojas ninguno». Yo pedía a mi hija Sara, a la que le gustaba estar ocupada, que me rellenara las cajas de los pañales. Ahora bien, tened en cuenta que cuando un niño está deseoso de cooperar, es fácil olvidar lo pequeño que es. No es justo convertir a un niño de dos o tres años en una niñera.

¿CÓMO MANTENER AL HERMANO MAYOR EN SILENCIO CUANDO EL BEBÉ DUERME?

Del mismo modo que hicisteis con vuestro primogénito (esperemos), tenéis que respetar la necesidad de silencio de vuestro bebé. Aun así, no siempre es posible conseguir que un niño inquieto hable en voz baja, aunque se lo pidáis, o puede que no sea lo bastante mayor para entender lo que le pedís. Si ese es el caso, sed inteligentes. Distraed al hermano ruidoso y jugad con él lo más lejos posible de la habitación del bebé.

Consejo: un niño puede considerar que el bebé es un monigote que se pasa el día sentado (o tumbado), aunque parezca que le quiere y le acepta. Nunca dejéis al niño y al bebé a solas. Aunque estéis en la misma habitación que ellos, debes tener ojos en el cogote.

Aceptad un comportamiento regresivo, pero no lo alentéis. Si vuestro hijo pasa por un período de regresión, no sobrerreaccionéis. Es bastante común. Quizás quiera trepar al cambiador, meterse en la cuna o probar los juguetes del bebé. Esto está bien, pero lo importante es que se limite a «probar». Cuando Sara quería subirse al cochecito de Sophie, yo le dejaba... un momento. Pero después le decía: «Muy bien. Lo has probado, pero no es para ti. Es para Sophie. Ella no sabe caminar como tú, ha de ir en el cochecito». La verdad es que ese interés por las cosas del bebé suele durar tan sólo la primera y segunda semanas. Una vez los padres satisfacen la curiosidad del niño, éste vuelve a jugar alegremente con sus juguetes.

No obstante, estas «pruebas» no se pueden aplicar al amamantamiento. Shana, una madre de Montana que me llamó hace poco, había destetado a su hija Anne, de quince meses, cinco o seis meses antes de la llegada del bebé. Unos días después de que trajera a casa a Helen, el bebé, Anne empezó a pedir también el pecho. Shana estaba confusa. Algunas de las madres que había conocido a través del grupo de apoyo La Leche League le habían dicho que ofreciera el pecho a Anne si lo quería, y que negárselo sería «psicológicamente perjudicial» para la niña. «Pero no me parece bien», dijo Shana. Yo le di la razón, y añadí que pensaba que sería aún más perjudicial permitir que Anne controlara a su madre. Mi consejo fue que Shana le dijera a su hija de inmediato: «No Anne, esto es comida de bebé. Tenemos que guardarla para Helen». Desde el momento en que Anne empezó a tomar alimentos sólidos a la hora de las comidas, Shana remarcaba la diferencia indicando: «Esta es nuestra fruta y este nuestro pollo. Esta es la comida que van a comer Anne y mamá. Esto (señalándose el pecho) es la comida de Helen».

¡CUIDADO CON LOS SENTIMIENTOS!

Afirmaciones como las siguientes no hacen gracia. Os indican cómo se siente vuestro hijo, de modo que prestad atención al oír sentencias como las que se presentan a continuación:

- «No me gusta cuando llora».
- «Es fea».
- «Le odio».
- «¿Cuándo se irá de aquí el bebé?».

Animad a vuestro hijo a expresar cómo se siente. Con todo lo que pensé durante mi segundo embarazo, nunca se me ocurrió que mi hija Sara me fuera a preguntar: «¿Cuándo se va a ir el bebé, mamá?». Al principio, como hacen muchos padres, aparté su comentario diciendo que era gracioso. Pero al cabo de unas semanas me dijo que odiaba a Sophie porque «Ahora mamá siempre está ocupada». También le había dado por vaciar los cajones de su habitación cuando yo le daba el pecho a Sophie. Puse unos mecanismos de seguridad en los cajones y así acabó la historia, pero entonces Sara empezó a tirar los rollos de papel higiénico por el váter. Obviamente, no me había tomado el tiempo de interpretar las señales de comportamiento de Sara ni de escuchar cómo se sentía. Y era cierto: cada vez que había intentado captar mi atención, normalmente cuando yo estaba dando de mamar o cambiando un pañal, le decía «Ahora mamá está ocupada». Estaba claro que esas palabras se le habían grabado.

Al darme cuenta de lo profundamente que la afectaba mi distracción, ayudé a Sara a reunir su «bolsa de tareas», en la que había un montón de lápices de colores y libros para colorear con los que se podía entretener mientras yo diera de mamar a Sophie o le tuviera que dormir. Hicimos que aquello entrara a formar parte de nuestra rutina. Le decía: «Vamos a sacar tu bolsa de tareas del armario para que tengas algo que hacer mientras atiendo a tu hermana».

Independientemente de lo que hagáis, nunca intentéis convencer a vuestro hijo de que su comportamiento es equivocado o tonto. No le sugiráis que «realmente» quiere al bebé. Y no os lo toméis como algo personal: sus sentimientos hacia el nuevo hermanito no tienen nada que ver con vuestra capacidad como padres. Lo que sí podéis hacer es indagar lo que piensa a través del diálogo. Preguntadle: «¿Qué es lo que no te gusta del bebé?». Muchos niños responden: «Que llora». ¿Podéis culparles? El llanto de un bebé también irrita a los adultos y para vuestro hijo supone un insulto aún mayor, ya que el llanto capta inmediatamente la atención de la madre. Explicadle que ese es el modo de hablar que tiene el bebé. «Así es como hablabas tú cuando eras un bebé.» O dadle un ejemplo más actual: «¿Te acuerdas de cuando estabas aprendiendo a saltar y tenías que practicar? Un día nuestro bebé sabrá hablar como nosotros, pero ahora sólo puede practicar con la voz».

COSAS QUE NUNCA DEBERÍAIS DECIR A VUESTRO HIJO SOBRE SU HERMANO PEQUEÑO

- «Tienes que cuidarle.»
- «Le tienes que querer.»
- «Sé bueno con el bebé.»
- «Has de proteger al bebé.»
- «¿No quieres al bebé? (Después el niño dice que no y vosotros decís: «sí, sí que le quieres».)
- «Juega con tu hermana.»
- «Cuida a tu hermanito.»
- «Vigila a tu hermana mientras hago la cena.»
- «Compártelo con tu hermano.»
- «Ahora ya eres un niño grande.»
- «Compórtate como un niño de tu edad.»

Tened cuidado con lo que decís. Los niños imitan cualquier cosa que oyen y ven. Vuestro hijo escucha siempre, y las ideas se arraigan con facilidad en su cabeza. Si oye cosas como «Tiene celos del bebé», eso puede darle ideas.

Escuchaos también desde la perspectiva del niño. A veces los padres olvidamos lo traumático que es para los pequeños sentirse desplazados. Cuando hacemos afirmaciones del tipo «Has de querer a tu hermano» o «Has de proteger a tu hermana», es probable que el niño se diga «¿Protegerla? ¿A este trozo de carne que hace el mismo ruido que un gato y aleja a mamá de mí? ¡No creo!». También es muestra de poca sensibilidad decirle a un niño pequeño: «Compórtate como un niño de tu edad», ya que él no lo va a entender, o insistirle: «Ya eres un niño grande, con una cama de niño grande y un lavabo de niño grande». Aunque lo hagáis, el niño no se va a sentir grande y, además, ¿qué niño de dos años quiere esa responsabilidad?

> *Consejo: nunca utilicéis al bebé como excusa. Ejemplo: «Ahora nos tenemos que ir, porque Jonathan tiene que hacer la siesta».*

Tomaos en serio las quejas de vuestro hijo mayor. Justine tenía tres años cuando nació su hermanito Matthew. Al principio parecía estar bien, pero para cuando el bebé tenía cuatro meses aquello era un infierno.

Aunque hacía meses que sabía ir sola al lavabo, empezó a mojar la cama y a manchar el lavabo con excrementos. Se resistía a bañarse y tenía rabietas a la hora de dormir. «No conocemos a esta niña», me decía Sandra, la madre de Justine. «Por lo general se porta realmente bien, pero ahora es mezquina. Intentamos razonar con ella, pero nada funciona.»

—¿Te gusta Matthew? —pregunté a Justine, que vino a verme con sus padres.

Pero antes de que la niña pudiera hablar, intervino su padre:

—Sí, quiere mucho a su hermanito, ¿verdad?

Justine miró a su padre como diciendo «¿De veras? ¡No, por Dios!». Al ver su cara, continué la conversación.

—¿Qué es lo que no te gusta de él? ¿Qué cosas hace que no te gustan?

—Llorar —respondió Justine.

—Esa es su manera de hablar —le expliqué—. Hasta que aprenda las palabras, así es como dice lo que quiere. Un tipo de llanto significa «Mamá, quiero comida». Otro, «Mamá, necesito que me cambies el pañal». Estaría bien que ayudaras a mamá a interpretar qué quiere Matthew cada vez que llora.

Veía cómo en la cabeza de Justine daba vueltas todo el mecanismo, mientras sopesaba si quería o no ayudar.

—¿Qué más no te gusta?

—Va a la cama de mamá.

—¿Tú no te llevas tu muñeca a la cama?

—No. (Entonces su padre entró otra vez en escena y le contradijo: «Sí, sí que te la llevas, cariño».)

—Bueno —continué—, mamá se lleva el bebé a la cama sólo para darle de comer. ¿Qué más no te gusta?

—Me tengo que bañar con él.

—Bueno, quizás podamos hacer algo al respecto —repuse, contenta de que finalmente hubiera dicho algo que sus padres pudieran cambiar.

Cuando Justine perdió el interés por nuestra conversación y regresó a sus juegos, me dirigí a Sandra y a su esposo: «Si Justine siempre ha visto la hora del baño como un momento especial y ahora no está contenta y no quiere entrar en la bañera, tenéis que hacer algo al respecto. Ya sé que es más rápido meterlos a los dos en la bañera, pero a

---

MARY LA MEDIANA

Con la llegada de un nuevo bebé, la hija mediana suele estar más traumatizada de lo que lo estuvo el mayor cuando nació ella: tiene mala suerte por partida doble. Aún dolida por el resentimiento que el primogénito le profesa, ahora la desplazan también a ella. De repente, la madre dice: «Os he traído un hermanito y le tenéis que querer». ¿Quién lo ha pedido? En lo que respecta al segundo hijo, esa criatura llorona no supone ningún beneficio. Y no sólo echa de menos a su madre; tampoco entiende por qué la canguro ya no tiene tiempo de llevarla a jugar al parque. Y, para empeorar las cosas, todo el mundo le dice: «Has de cuidar a tu hermanito». ¿Qué niño de tres años quiere eso?

---

ella no le gusta. Está claro que echa de menos pasar ese tiempo con vosotros a solas y proyecta esa tristeza y esa rabia sobre el bebé». Les sugerí que primero bañaran a Matthew y después a Justine, por separado. «Dos baños es un precio muy pequeño por la paz», añadí.

Por supuesto, existe una diferencia entre escuchar a un niño y dejar que domine la casa. Cuando vuestro hijo se queje por algo, mirad los antecedentes: ¿se trata de algo a lo que estaba acostumbrado y de lo que le habéis privado? Considerad también la naturaleza de la demanda. Si lo que quiere es razonable, y no molesta ni excluye al bebé, entonces concedédselo.

> *Consejo: intentad captar momentos en que vuestro hijo sea amable y amoroso con su hermano y elogiadle por ellos: «Qué buen hermano eres» o «Qué bonito es que le cojas la manita a Gina así» (ver páginas 78-80 sobre los elogios).*

Haced que vuestro hijo sepa lo que esperáis. Si estáis ocupados con el bebé, decídselo a vuestro hijo mayor. El niño ha de acostumbrarse a oírlo. Cuando se porte mal o haga daño al bebé, decídselo. En el caso de Daniel, puesto que sus padres sentían lástima por él, se mostraban reacios a hacerle seguir una disciplina. No resulta sorprendente que entonces pegara o pellizcara a su hermano cada vez que tenía oportunidad de hacerlo. Cuando le pregunté a su madre por qué no intervenía, ella respondió: «No sabe lo que hace». A lo que yo le contesté: «Bueno, entonces tendrías que habérselo enseñado».

CORTARLO DE RAÍZ

Cuando vuestro hijo se siente descuidado, no sabe decir: «Por cierto, mamá, necesito que me prestes atención durante la próxima media hora». Lo que hace es enfadarse y actuar por impulsos. Y sabe que hacer daño al bebé captará vuestra atención. De modo que siempre que el pequeño decida ir a ver al bebé, haced lo que hemos dicho en las situaciones que hemos descrito anteriormente. Cogedle la mano y, sin ira, decidle: «Si pellizcas al bebé no puedes quedarte aquí. Le haces daño». Recordad que la disciplina es educación emocional (ver página 245). La lección que hay que enseñar es que no está bien exteriorizar los sentimientos tiranizando a otro ser humano o animal.

Desgraciadamente, sin darse cuenta del problema que supone para toda la familia, los padres son demasiado permisivos o sienten lástima por el hijo mayor: «Pobrecito, se siente desplazado». O insisten en decir que quiere al hermanito cuando hace un momento le ha intentado clavar un bolígrafo en la cabeza. Racionalizar o negar el comportamiento de un niño no hará que ese comportamiento varíe. En lugar de decir: «Has de querer a tu hermano», cuando Daniel pellizcaba a su hermano, le dije a su madre que reiterara la regla: «No has de pellizcar a Crocker. Le haces daño». Tenía que reconocer sus sentimientos («Me doy cuenta de que te sientes frustrado»), pero también ayudarle a afrontar la realidad: «He de pasar tiempo con él y cuidarle, igual que hice contigo, porque sólo es un bebé».

Anticipad la «prueba», pero mostraos firmes sobre los vínculos. Aunque sus padres insistían en que debía ser buena con el bebé, Nanette, de tres años, continuaba poniéndolos a prueba. Siempre que no había nadie a la vista se subía a la cuna de Ethel, que sólo tenía ocho semanas, sin saber que tenía una cámara que la vigilaba. Nanette removía y zarandeaba al bebé hasta hacerle llorar. La primera vez que Elaine, su madre, vio el ataque furtivo de Nanette en el monitor de la cocina, salió corriendo, apartó a Nanette de la cunita y le dijo que se le había acabado el beber zumo. Nanette protestó: «Sólo le estaba dando un besito». Elaine no dijo nada; prefirió no removerlo más antes que llamar mentirosa a su hija de tres años.

CUANDO EL HERMANO MAYOR TIENE UNA RABIETA

La peor pesadilla de una madre es estar sola con un bebé y con un niño que berrea. De hecho, el niño suele *escoger* momentos en los que la madre está ocupada con el bebé para actuar. ¿Qué mejor momento para tener una rabieta? Saben que su madre está atrapada; y de hecho lo está. Alguien tiene que esperar, y no puede ser el bebé.

Como dije a Elaine: «La próxima vez que Nanette tenga una rabieta cuando estés ocupada con Ethel, acaba lo que estés haciendo con la pequeña, ponla en la cunita y entonces da a Nanette un tiempo muerto». También señalé que, aparte de querer mantener al bebé seguro, el motivo por el que tenía que ocuparse antes de la pequeña era para que la mayor captara el mensaje de que con rabietas no conseguía la atención de su madre. (Sobre tácticas contra las rabietas, *ver páginas 271-277 y 311-314*.)

En lo que tenía que ver con su hija mayor, Elaine iba pisando huevos. Temerosa de que las quejas de Nanette se convirtieran en auténticas rabietas de celos siempre que ella tomara en brazos al bebé, la madre había empezado a dejar que fueran la niñera o la abuela quienes cogieran a Ethel. Elaine también había dicho a los parientes y amigos que si compraban regalos para la pequeña trajeran otro para Nanette. «Odio tener que hacerle seguir una disciplina, porque ya se siente abandonada», me dijo cuando me relató la historia.

El día que les visité, Elaine estaba preparándose para llevar a Nanette al parque. «¿Por qué no te llevas también a Ethel?», le pregunté.

«Nanette no quiere que venga», repuso, sin darse cuenta de que estaba dejando que una niña de dos años llevara los pantalones. Justo entonces, miramos el monitor de televisión. Nanette volvía a estar en la cuna, sólo que esta vez estaba a punto de aplastar a Ethel.

«Entra ahí ahora mismo y dile que le has visto y que eso es totalmente inaceptable», le dije.

Aquella situación podría haberse vuelto un mal hábito, ya que Elaine estaba reforzando la conducta más egoísta y exigente de Nanette, y poniendo en peligro a Ethel. Cuando se lo dije, entró corriendo en la habitación de Ethel y dijo: «¡No Nanette! Le has hecho daño a Ethel. No pegues al bebé. Vete a tu habitación». Elaine fue con Nanette a su habitación y se quedó allí mientras se preparaba para una dramática rabieta. «Ya veo que estás enfadada, Nanette, pero no has de pegar al bebé», le dijo Elaine. A partir de entonces, siempre que Nanette iba a pellizcar a Ethel, ella la iba a buscar. En cambio, cuando tenía el menor gesto agradable con su hermana, su madre le felicitaba. Al final, Nanette se dio cuenta de que el tipo de atención que captaba cuando se portaba bien era mucho mejor que pasarse un rato en su habitación.

Elaine también dejó de bailar al son de las quejas de Nanette. En lugar de hacer que fuera la niñera quien cogiera en brazos a Ethel cuando la hermana mayor protestara, le dijo: «No hablaré contigo si berreas, Nanette. Habla bien». También le hizo saber, sin lugar a confusiones, que no iba a rendirse. «He de ayudar al bebé ahora. También necesita mi atención. Somos una familia».

Intentad no reaccionar exageradamente. Cuando vuestro hijo haga una treta endiablada para captar vuestra atención, seguramente no os salgan las buenas palabras, sino que se os lleven los demonios. Sin embargo, como hemos explicado con detalle en los capítulos siete y ocho, reaccionar exageradamente sólo refuerza el mal comportamiento. Un domingo, cuando me estaba preparando para ir a comer a casa de mi abuela, había puesto a mis hijas unos vestiditos blancos. Sin que yo me diera cuenta, Sara llevó a Sophie al cesto del carbón. Cuando vi a Sophie cubierta de los pies a la cabeza de polvo de carbón, respiré profundamente, ignoré a Sara y dije tranquilamente a Sophie: «Vaya, parece que vamos a tener que cambiarte y que llegaremos tarde a casa de la abuela».

Liana, cuyas hijas Karen y Jamie se llevan dos años y medio, recuerda los primeros meses tras el nacimiento de Jamie. «Tenía que estar vigilando que no le pellizcara, que no le doblara los dedos... sobre todo cuando le estaba dando de mamar. Para evitarlo, sugerí a Karen que escogiera un libro y lo mirara mientras yo daba de comer a su hermana. A veces funcionaba, pero otras no. Tenía que aceptar que Karen tendría sus momentos, independientemente de lo que hiciera yo. Había montones de circunstancias en las que se enfadaba y frustraba porque no conseguía captar mi atención. Pero al no hacer un gran problema del tema, todo iba pasando.»

> **Consejo:** *continuad con vuestra rutina. Como señala Liana: «Tener una rutina sólida ayuda a mantener una disciplina, ya que siempre se puede decir: "Ahora no hacemos eso"». Es cierto que el bebé no tiene el mismo tipo de rutina que el primogénito, pero eso es todo cuanto conoce. En otras palabras, ir por ahí con su hermano mayor forma parte de su rutina.*

¡YA BASTA DE ESTA LOCURA!

No seréis capaces de evitar las disputas entre hermanos, pero sí podéis minimizarlas.

- Estableced reglas explícitas. En lugar de una advertencia vaga del tipo «Portaos bien», decid: «No os peguéis, ni os empujéis, ni os insultéis».
- No esperéis demasiado a intervenir.
- No sobreprotejáis al bebé. Con los niños de menos de tres o cuatro años, las situaciones pronto escapan de control.
- Tratad a cada niño como un individuo. Sed conscientes de sus puntos flacos y fuertes, así como de los trucos que utilizan.
- Hablad entre vosotros de la disciplina que debéis seguir cuando los niños no estén cerca. Nunca os mostréis en desacuerdo delante de ellos.

No intentéis hacer que a vuestro hijo le guste el bebé ni que le quiera. Margaret estaba fuera de sus casillas. Tras un mes diciéndole a Liam que se portara bien y recordándole que el bebé era su hermano, su hijo mayor parecía estar cada vez peor con el pequeño. Al visitar a la familia, me di cuenta del porqué. Liam levantaba la mano como para pegar a Jesse y entonces levantaba la vista hacia su madre. Con voz dulce, casi de disculpa, Margaret decía «No, Liam, al bebé no se le pega». Después fue a hacer un recado con Liam y le compró un juguete.

«No eres lo bastante firme con él», le dije, «y sospecho que es porque temes que, si realmente te impones, Liam se sienta resentido con Jesse. Pero es que ya lo está. Cada uno es como es, y eso no se puede cambiar. Lo que has de hacer es aceptar los sentimientos de Liam y mostrarte clara respecto a las reglas». También le sugerí que cuando le acompañara a un recado, en lugar de comprarle un juguete, le dijera lo siguiente: «Vamos a ir al supermercado a comprar pañales para Jesse. Si quieres un muñeco, tráete uno de los tuyos».

Consejo: ayudar a vuestro hijo a dominar sus emociones es crucial durante los primeros meses posteriores al nacimiento del bebé. Cuando notéis que empieza a descontrolarse, recordad la regla del Uno/Dos/Tres (páginas 264 ss.) y no le dejéis ir demasiado lejos. Una simple intervención a tiempo, del tipo «¿Te estás alterando?» puede mostrarle que le estáis prestando atención y que estáis allí para ayudarle.

Tampoco dejéis que el bebé rompa las normas. Cuando oís un llanto, la reacción natural es ver al menor de los hijos como la víctima inocente, pero no siempre lo será. A menudo, lo que ha ocurrido es lo siguiente: vuestro hijo mayor se ha pasado la mañana inmerso en un proyecto del LEGO, construyendo cuidadosamente un castillo, y allá que va el señor correcaminos a destrozarlo todo... otra vez. Poneos en el lugar de vuestro hijo mayor. Seguro que cuando el bebé es lo bastante mayor para gatear o caminar, también lo es para entender lo que significa «no». Los estudios muestran que, con sólo ocho o diez meses, los bebés empiezan a conectar y desarrollar una relación con sus hermanos. A los catorce meses, incluso pueden anticipar las acciones de un hermano mayor. En otras palabras, el pequeño es probablemente más consciente de lo que os pensáis.

> *Consejo: no pidáis siempre al hermano mayor que comparta sus cosas ni inventéis excusas cuando el bebé invada o destruya sus cosas. Si oye que decís: «Vamos, no es más que un bebé; no sabe lo que hace», se frustrará aún más. Puesto que vuestro hijo mayor no tiene la madurez para permitir a esa molesta criaturita de manos sucias, su primer instinto será desquitarse físicamente.*

Determinad un lugar especial para vuestro hijo mayor. Le decís constantemente que se porte bien y que comparta sus cosas, pero entonces va a jugar con una muñeca y se la encuentra mordisqueada. Va a buscar su libro favorito y ve que le faltan páginas. Intenta poner un CD pero no puede porque está cubierto de porquería de bebé. El respeto es un camino de dos direcciones. Proteged el espacio y las pertenencias de vuestro hijo mayor ayudando a crear un lugar sagrado que quede fuera del alcance del bebé.

Liana, una madre tremendamente tranquila y pragmática, compartió conmigo unos cuantos consejos excelentes: «No se puede poner la casa realmente a prueba de bebés cuando también tienes un niño de tres años, porque les encantan las cosas pequeñas, de modo que creé el rincón de Karen, un tapete verde que era sólo para ella, y donde podía hacer rompecabezas, jugar con el LEGO, o con otros juguetes que tienen piezas pequeñas. Y le dije: "Si no quieres que Jamie coja algo, lo tienes que poner en tu rincón de niña grande"».

Cuando visité a Liana y a las niñas en la habitación de un hotel, no me costó ver que Jamie, que entonces empezaba a dar sus primeros pasos, sacaba de quicio a Karen. Jamie intentaba coger cualquier cosa con la que jugaba Karen. No quería molestarle; sólo intentaba copiarle. Al ver que Karen estaba cada vez más enfadada (y sabedora por experiencia de que, como cualquier niño, tenía menos paciencia cuando estaba cansada), Liana evitó una posible riña. Señalando un mullido sillón que había en una esquina, dijo: «Vamos a hacer que ese sea tu sillón de niña grande». Karen entendió inmediatamente que si se subía a aquel sillón estaría fuera del alcance de Jamie. Cómo no, a los pocos minutos Jamie empezó a ir hacia el sillón, pero Liana le distrajo con una cuchara y un cuenco de plástico para que no molestara a su hermana mayor.

Tratad a cada hijo como a un individuo único. A menudo es más fácil mantener la paz si se trata a cada hijo individualmente y con justicia. Aunque los queráis a ambos, no podéis sentir lo mismo por los dos, porque son diferentes. Uno os agota la paciencia; el otro os entretiene. Uno es inquisidor; el otro es retraído. Cada uno tiene diferentes talentos y puntos flacos, y afrontará la vida de un modo único; cada uno necesita una atención, un espacio y unas posesiones propias. Tened todo esto en cuenta cuando vuestros hijos interactúen, y sed conscientes también de vuestros sentimientos. Si un niño tiene más capacidad de atención o sigue instrucciones con más facilidad, puede que tengáis que modificar las reglas para estar a la altura de sus necesidades. Aplicad también aquí mi técnica Uno/Dos/Tres (*páginas 264-267*). Si el bebé acaba llorando cada vez que tu hijo mayor juega con sus bloques de construcción, dejad de permitir siempre el mismo drama. Ofreced al mayor un lugar especial donde construir y llevaos al bebé a otro sitio. Evitad también las comparaciones («¿Por qué no puedes ser tan cuidadoso como tu hermano?»). Incluso las indirectas sutiles, del tipo «Tu hermana está sentada a la mesa», resultan dañinas. Además, si vuestro hijo no quiere cooperar, creedme, mencionar a su hermano o hermana tendrá el efecto contrario.

Por supuesto, incluso cuando se tienen las mejores intenciones se producen conflictos. Se actúa rápido y de modo injusto, y la disciplina se va al garete. Lo mejor que cualquier padre puede hacer es estar alerta y volver al camino.

LOS BENEFICIOS DE TENER HERMANOS

La próxima vez que vuestro hijo mayor pellizque al bebé, o que el bebé tire al suelo el castillo de LEGO del mayor, recordad que las investigaciones también revelan buenas noticias sobre el hecho de tener hermanos.

- **Lenguaje.** Incluso cuando el hermano mayor dice tonterías al bebé, le está enseñando a conversar. A menudo las primeras palabras de un niño son el resultado directo de esas lecciones.
- **Inteligencia.** Obviamente, los hermanos menores imitan a los mayores y, así, aprenden de ellos. Pero también viceversa: el intelecto de los niños crece cuando ayudan a otro niño a solucionar un problema, aunque sea a un niño más joven. Los hermanos también se alientan entre ellos para explorar y ser creativos.
- **Autoestima.** Ayudar a un hermano y tener a alguien que te elogie y te quiera incondicionalmente refuerza la confianza.
- **Habilidades sociales.** Los hermanos se observan y se toman como modelo. El pequeño aprende del mayor las reglas de la interacción social, cómo comportarse en las diversas situaciones y cómo conseguir que los padres accedan a lo que ellos quieren.
- **Sustento emocional.** Los hermanos pueden ayudarse a viajar en el tren de la vida. Un hermano mayor puede ayudar a otro más joven a prepararse para nuevas experiencias y mostrarle las riendas; un hermano menor puede animar al mayor. Tener un hermano o una hermana también da a los niños práctica a la hora de expresar sus sentimientos y desarrollar la confianza.

Tomad una perspectiva a largo plazo. Cuando estéis cansados de ser juez y árbitro, recordad que vuestros hijos no serán un bebé y un niño de primera infancia para siempre. Además, la competencia no siempre es mala. Tener un hermano puede sacar a relucir diversos aspectos de la personalidad de un niño, y las diferencias también pueden hacer que un niño aprecie su unicidad. A través de la relación con sus hermanos, los niños aprenden a negociar y sientan las bases de la tolerancia necesaria para el toma y daca que más adelante experimentarán con sus amigos y compañeros de clase. De hecho, tener hermanos tiene muchos beneficios, tanto para el menor como para el mayor (*ver cuadro*).

Muchos días os sentís como Liana: «Durante el primer año mi trabajo consistía en mantenerlas separadas». Admite que a veces todavía le resulta agotador. «Si tengo que hacer algo más aparte de ocuparme de ellas, es un desastre.» Pero también tiene recompensas. Ahora que Jamie tiene un añito, camina y está empezando a hablar, las niñas se divierten más juntas. Y lo que es igual de importante, Karen confía en que Liana continúa estando por ella y que no va a perder a su madre por culpa de su hermana menor. Gracias a la sensibilidad y la justicia de sus padres, han superado el primer año, y ahora Karen entiende un poco mejor qué significa formar parte de una familia.

CONFLICTOS DE PAREJA

Cuanto más numerosa es la familia, más compleja es su dinámica. Como vimos en el capítulo ocho, los problemas de los niños, agudos o crónicos, pueden causar fricción entre los padres. Pero también puede suceder lo contrario: cuando los padres no actúan como un equipo o cuando hay problemas por resolver, el comportamiento del niño puede verse afectado. A continuación, se presentan varios tipos de conflictos de pareja, el motivo por el que resultan dañinos y qué se puede hacer para evitar que provoquen problemas más serios en la familia.

La guerra de las tareas. Aunque en la actualidad muchos hombres pasan algún tiempo con sus hijos y se ocupan de algunas tareas domésticas, una de las quejas más comunes es que el padre considera que está ahí para «ayudar». Sin duda, la guerra de las tareas está presente en muchas relaciones modernas. La mujer puede buscar excusas para su compañero (trabaja hasta tarde) o intenta manipularle (los sábados por la mañana me hago la dormida, de modo que se ha de encargar de Christy), pero aun así está resentida. El hombre puede protestar («Si pudiera hacer más, lo haría») o ponerse a la defensiva («¿Dónde está el problema? Ella se las arregla muy bien con el niño»), pero no hace demasiado para que las cosas cambien.

De hecho, si dos adultos viven en una casa, es mejor que los niños vean la percepción de ambos. Sus personalidades y talentos diferentes enriquecen el potencial de un niño, y cuando se trata de disciplina, dos jefes son mucho mejor que uno. Lo cierto es que cuando ambos padres se implican en las tareas cotidianas hay pocas posibilidades de que el niño se reserve su mal comportamiento solamente para uno de ellos. Por ejemplo, cuando Mallory e Ivan, la pareja que presentamos en el capítulo ocho, empezaron a turnarse el llevar a dormir a su hijo Neil, de dos años, el beneficio fue doble: Mallory tenía un descanso y el contacto directo ayudó al pequeño Neil a conectar con su padre de un modo nuevo. Neil no intentaba manipular a Ivan tanto como a Mallory. Eso tenía que ver menos con Ivan que con el hecho de que los niños de primera infancia suelen probar y reservar sus mejores trucos para el progenitor con el que pasan más tiempo.

DOCUMENTAD TAMBIÉN AL BEBÉ

Charles, padre de dos niñas, una de cuatro años y la otra de tres meses, me confesó recientemente: «La primera vez, Minnie y yo estábamos emocionadísimos por su embarazo. Asistimos a clases, llevamos un diario e hicimos fotografías cada mes. Cuando finalmente nació Erin, sólo en los primeros meses hicimos un millón de fotografías, y conservamos este álbum de más de siete centímetros de espesor para probarlo, por no hablar de la estantería llena de cintas de vídeo. Me avergüenza admitir que tengo seis o siete fotografías de Hari, y que deben estar por ahí, tiradas en algún cajón».

El caso de Minnie y Charles es típico en muchas parejas. Se vuelven locos y documentan cada momento de la vida de su primogénito, pero para cuando llega el segundo, actúan como de costumbre. O bien tienen miedo de dar celos al hermano mayor si se centran demasiado en el bebé. Pero ¿qué ocurre cuando el segundo crece y quiere ver las fotografías de cuando era pequeño? Así pues, para no decepcionarle, aseguraos de que también captáis e inmortalizáis sus logros.

Cuando una mujer me pregunta: «¿Cómo puedo hacer que mi esposo participe más?», le insto a repasar su actitud y su comportamiento. A veces, inconscientemente, la madre impide que el padre se implique (*ver cuadro de la página 111*). También le sugiero que se siente con su pareja y le pregunte qué tareas le gustan. Por supuesto, no es justo para la mujer tener que cargar con las tareas más desagradables, pero ha de ser realista. Con el tipo de hombre que piensa que cuidar a un bebé significa colocar al bebé frente al televisor mientras mira un partido de los Lakers, conseguir que se dedique a las tareas de la casa, aunque sólo sea a sus favoritas, ya es un gran logro.

Como decía mi abuela: «Se atraen más moscas con miel que con vinagre». Si la mujer se muestra justa y generosa, esa actitud a menudo anima a la otra persona a serlo también. Jay lleva al parque a Madeline cada domingo por la tarde, de modo que Gretel puede quedar para comer con una amiga, ir al cine o a hacerse la manicura. Sin embargo, cuando la cita de Jay con May coincide con un partido de fútbol americano que se muere por ver, o bien contratan a una canguro o Gretel se ha de olvidar de sus planes.

LA MADRE SIGUE SIENDO QUIEN HACE LA MAYORÍA DE LAS TAREAS

Independientemente de lo cerca que las madres estén de la barrera invisible que les impide ascender profesionalmente o de que ya la hayan cruzado, en la mayoría de hogares continúan siendo las guardianas de la familia. Es cierto que en la actualidad los padres están más involucrados que antes: uno de cada cuatro pasa un 75 por ciento más de su tiempo libre con los hijos, con un total de más de veinte horas a la semana. Con todo, los hombres no hacen necesariamente el trabajo duro. Al preguntar a más de mil padres cómo se dividían las tareas de la casa, éstos admitieron que era la madre, y no el padre quien:

- Lleva al niño al pediatra (70 %).
- Se queda en casa cuando el niño está enfermo, aunque los dos padres trabajen (51 %).
- Suele bañar a los niños (73 %).
- Hace la mayoría de las tareas domésticas (74 %).
- Da de comer a los niños (76 %).

Fuente: encuesta *online* de americanbaby.com, Promedio, junio de 2001.

No se lo digas a mamá. Un día, Frank y Miriam iban hacia casa en coche con su hijo Zachary. En el largo camino de entrada a su casa, Frank dijo a su hijo de dos años: «Eh, Zack. ¿Quieres conducir hasta casa?». A pesar de las protestas de Miriam, Frank se puso a su hijo sobre las rodillas. «Vamos, conduce», le dijo. Por supuesto, Zack tenía una sonrisa de oreja a oreja.

A partir de entonces, siempre que padre e hijo estaban solos en el coche, Frank dejaba que Zachary condujera hasta casa por el camino de entrada, advirtiéndole a su hijo: «No se lo digas a mamá». Sin embargo, un día Miriam pilló a Frank con su hijo en las rodillas y se enfadó muchísimo. «Te dije que no hicieras eso», recriminó a su esposo, «es peligroso». Frank se rió e insistió en que no tenía peligro alguno; después de todo «No es más que el camino de entrada a casa».

Cuando el asunto tiene que ver con la comida («No le digas a mamá que te he comprado el pastel»), con el comportamiento («No le digas a papá que te he dejado usar mi pintalabios») o con un salto de la rutina normal («No le digas a mamá que esta noche hemos leído cuatro cuentos en vez de dos»), cuando un padre subvierte la autoridad del otro, está enseñando a su hijo a actuar a escondidas, a mentir y a desafiar. Y el otro padre acaba viéndose forzado a enfrentarse a las consecuencias. A saber, tras unas cuantas semanas conduciendo por el camino de entrada a la casa, cuando Miriam intentaba sentar al niño en su asiento, el pequeño ponía problemas, porque quería sentarse en sus rodillas y conducir.

EVITAD LAS GUERRAS POR LOS QUEHACERES RUTINARIOS

- Sed justos.
- Estableced compromisos razonables.
- Siempre que sea posible, dejad que vuestra pareja haga lo que más le guste o haga mejor.
- Reservad tiempo para estar juntos.
- Pedid a una canguro, a una abuela o a un buen amigo que os eche una mano.

En estos casos, mi primera recomendación es que os mantengáis firmes. Nunca os confabuléis con un niño. En segundo lugar, negociad cómo podéis tratar vuestras diferencias. Los niños pueden aprender que los padres tienen diferentes expectativas y estándares: uno comprará comida-basura y el otro no, uno le leerá dos libros a la hora de ir a la cama y el otro cuatro, etc. Pero la cuestión aquí no son las normas, sino el fraude que ese mensaje implica. Si el padre puede no obedecer a la madre, ¿por qué no puede hacerlo el niño? Este tipo de dinámica enseña al niño a manipular y establece la base para un comportamiento de *divide y vencerás*, que se aprecia especialmente en los adolescentes.

(Por cierto, cuando la seguridad está en juego, no hay lugar para la negociación. Frank no sólo estaba desobedeciendo la regla y los estándares de Miriam; los niños han de estar sentados en un asiento de seguridad. Al permitir a Zack que se sentara en sus rodillas, Frank estaba saltándose una ley. El hecho de que sólo estuviera en el camino de entrada a su casa es lo de menos. Un niño de dos años no sabe diferenciar entre un callejón y una autopista.)

Mi manera es mejor. «¿Qué quiere decir que has dejado que Jordy no participara en la clase?», preguntó enfurecido Gordon a su esposa Deanna. «Esto es ridículo; tratas a nuestro hijo como si fuera un bebé. La próxima vez lo llevaré yo.» Gordon, un ex jugador de fútbol americano que ahora dirigía un club de *fitness*, procedía de una familia de atletas. Durante el embarazo de Deanna, había anunciado la llegada inminente de su «pequeño *quarterback*». Cuando Jordy nació, varias semanas antes de tiempo, Gordon se sorprendió al ver que la imagen que él se había forjado de su hijo durante nueve meses no tenía nada que ver con aquel bebé escuálido que se mostraba temeroso ante el ruido y la luz fuertes. Incluso cuando Jordy estaba creciendo y se iba convirtiendo en un niño robusto, siempre lloraba cuando su padre le lanzaba por los aires o intentaba jugar con más dureza que Deanna. Gordon la acusaba constantemente de estar criándolo «como a una nena». Y ahora, al oír que su hijo de dieciocho meses no había querido participar en una clase de gimnasia para niños, Gordon estaba convencido de que la «culpa» era de Deanna.

El caso de Gordon y Deanna no es único. Los padres a menudo no dan su brazo a torcer sobre lo que «está bien». Normalmente, no se ponen de acuerdo sobre los *modales* («¿Por qué dejas que chafe la comida de ese modo?»); la *disciplina* («¿Por qué dejas que se ponga los zapatos encima del sofá? Yo nunca le dejo»); o la *hora de dormir* («Deja que llore tanto como quiera» frente a «No puedo soportar oírle llorar así»).

En lugar de intentar llegar a una solución juntos, se pelean delante del niño y se acusan mutuamente, ya sea de «protegerle» demasiado, de ser demasiado estricto o de ser demasiado permisivo. De hecho, cuando uno de los padres tiende a un extremo, el otro suele tender hacia el opuesto. Este antagonismo es extremadamente perjudicial para el niño ya que, aunque no entienda las palabras, nota la tensión.

Insto a estos padres a empezar a dialogar. No es cuestión de *quién* tiene razón, sino de lo que será mejor para *su hijo*. Resulta interesante ver cómo cada argumento suele tener su mérito, pero cada padre está demasiado ocupado en «tener razón» como para poder oír a su pareja. Si en lugar de eso ambos se pararan a escuchar, quizás aprenderían el uno del otro y se les ocurriría un plan que incorporara ambas perspectivas.

Intenté hacer que Gordon y Deanna miraran a Jordy con ojos imparciales y que, al mismo tiempo, estudiaran sus puntos de vista. «Porque insistas a Jordy no va a cambiar su personalidad», le dije a

Gordon. «Además, oíros discutir puede hacer que se preocupe y sienta aún más miedo a alejarse de su madre.» Deanna también tuvo que evaluar honestamente su comportamiento. ¿Estaba quizá compensando en demasía el enfoque machista de su marido? Es importante que conozcáis a vuestro hijo y le permitáis desarrollarse cómodamente y a su tiempo, pero tal vez Gordon también tenía su punto de razón: Deanna tenía que animarle un poco más, incluso cuando no participara en la clase. Cabe reconocer el hecho de que Deanna y Gordon fueron capaces de escuchar. Dejaron de discutir delante del niño y empezaron a planificar estrategias juntos. Decidieron en equipo que quizás sería buena idea que fuera Gordon quien llevara a Jordy al gimnasio, pero para animarle, no para «forzarle». Pasaron seis semanas, pero finalmente Jordy se unió al grupo. Nunca sabremos si fue como consecuencia de la estrategia de los padres o porque ya estaba preparado. Sin embargo, si los padres no hubieran empezado a trabajar en equipo, creo que el tema del gimnasio hubiera sido el menor de los problemas.

Mamá mártir/Papá demonio. Charmane, que había sido ejecutiva de una cadena de televisión, se había quedado en casa desde el nacimiento de su hija Tamika, de catorce meses. Su marido, Eddie, ejecutivo de una empresa discográfica, trabaja muchas horas y Tamika suele estar en la cama cuando él llega a casa. Charmane está resentida porque soporta en solitario el peso de la paternidad, pero también guarda la exclusividad de su territorio. Los fines de semana insiste en que quiere que Eddie «se implique más», pero critica todo lo que hace. «No Eddie, a Tamika no le gusta que le hagas eso... Le gusta jugar con el camión de bomberos después de desayunar... ¿Por qué le has puesto *eso*?... Asegúrate de que tiene el osito si vais al parque... Dale un tentempié... No, galletitas saladas, no. Llévate zanahorias; son más sanas.» No para de quejarse. Es suficiente para que hasta el mejor padre del mundo diga: «Hasta luego: toda tuya».

En lugar de decirle a Eddie lo enfadada y sola que se siente durante la semana, Charmane pretende que él se dé cuenta de ello. Sin embargo, se muestra reacia la hora de ceder el control por completo. Quiere que Eddie participe, pero también quiere decirle qué ha de hacer y cómo. Además de todo esto, hacerse la mártir resulta agotador de modo que, incluso cuando Eddie pasa un rato con Tamika, Charmane no se relaja ni consigue cargar energías.

Evidentemente, la persona que más sufre esta situación es Tamika, que llora y empuja a Eddie cuando él intenta jugar con ella (es su modo no verbal de decir: «Quiero jugar con mamá, no contigo»). Dicho sea de paso, se encuentra en una edad en la que la mayoría de niños prefiere estar con la madre. No es sólo cosa del padre: Tamika no irá con nadie más si Charmane está en la misma habitación. Sin embargo, cuando Charmane se va, Tamika refunfuña sólo durante unos minutos y después está bien, lo cual indica que el problema no es tanto la ansiedad ante la separación como el hecho de que la madre no se decida a separarse de ella. Es más, Tamika *oye* a su madre mandar y reñir al padre. Puede que no entienda las palabras o lo que Charmane quiere decir exactamente, pero sí le queda claro el sentimiento que provoca el aluvión. Si esa situación se alarga, Tamika se mostrará aún más asustadiza en presencia de su padre. Mamá la mártir habrá conseguido pintar a papá como un demonio.

Los padres han de comunicarse y respetar sus respectivos sentimientos. Charmane ha de admitir su resentimiento y entonces querrá dejar de tener el control. Eddie ha de hablar sobre lo que le parecen las críticas de Tamika. También ha de asumir su responsabilidad por el hecho de no estar más disponible. Cuando un padre dice: «Tengo que ir al trabajo», ya está eligiendo. Si Eddie quiere realmente tomar parte en la vida de su hija, quizá tenga que decantarse por otras elecciones que le dejen más tiempo libre, y Charmane ha de hacerle sitio en casa.

Le dije a Charmane: «En lugar de limitarte a insistir en que "Tamika no quiere jugar con Eddie", podrías solucionar el problema y buscar la manera de hacer que se sienta más cómoda con su padre. Halaga más a Eddie y critícale menos. Ayúdales para que poco a poco aprendan a pasar tiempo juntos».

Eddie también tuvo que cambiar su visión de Tamika. Una de las quejas de Charmane era que a veces era «demasiado duro» con su hija. Los hombres tienden a jugar con sus hijos de un modo mucho más bruto que las mujeres. Tamika no estaba acostumbrada a esa manera tan brusca de jugar, y su llanto dejaba claro que no le gustaba. «Quizás cambie cuando crezca o quizá no», le expliqué a Eddie. «En cualquier caso, de momento has de respetar lo que te dice. Si cuando la levantas por los aires ella llama a su madre, es señal de que no le gusta que lo hagas. Deja de hacer lo que estés haciendo, sea lo que sea.»

Le dije también que no se trataba necesariamente de que Tamika prefiriera a su madre, sino que quizás prefería la manera en que su madre jugaba con ella. «Quizá prefiera jugar con bolitas y palancas, y ella asocie ese tipo de juego con Charmane y no contigo. Empieza por hacerle sentir más cómoda haciendo cosas con las que ella disfrute y quizá entonces puedas ampliar sus límites.»

Asuntos sin resolver. Los problemas del pasado pueden contaminar una relación e incluso acabar con ella. Ted, un carpintero que diseña y construye muebles únicos, tuvo una aventura antes de que naciera su hija Sasha. Su mujer, Norma, subdirectora de una gran empresa, se enteró de su aventura justo cuando supo que estaba embarazada. Se reconciliaron por el bien del bebé y, cuando nació su hija, desde fuera parecían una familia feliz. Sasha estaba sana, Norma era una gran madre y Ted, un padre devoto. Al cabo de un año, los padres empezaron a hablar sobre tener otro hijo. Pero cuando Norma destetó a Sasha, de repente sintió una gran pérdida. Su ginecólogo le aseguró que muchas mujeres padecían una intensa reacción emocional cuando dejaban de dar el pecho, pero Norma sabía que sus sentimientos iban más allá: a ella aún le dolía la aventura de Ted. Mientras tanto, Ted estaba en un lugar totalmente diferente: nunca se había imaginado lo mucho que le gustaría ser padre, y ahora quería tener otro hijo.

Ted podía dejar atrás el pasado, pero Norma no. Insistió en ir a terapia de pareja y revisaron su problema. Durante las semanas que siguieron, Norma, que ahora ya estaba menos centrada en Sasha, estaba cada vez más furiosa. «¿Cuándo vas a dejar de pensar en ello?», le preguntaba Ted una y otra vez. «Ahora tenemos una hija preciosa y nuestras vidas vuelven a ir por el buen camino.»

Desgraciadamente, en lugar de tratar el dolor que le había causado la aventura de Ted antes de tener hijos, Norma se había sumergido totalmente en su embarazo y en criar a Sasha durante su primer año. Ahora se encontraban cada uno a un lado de la barrera y cada vez estaban más distanciados. Ella quería primero arreglar el desastre y él quería un bebé para salvar el matrimonio.

Norma y Ted se separaron cuando Sasha cumplió tres años. Norma no podía olvidar su rabia y él se cansó de esperar y de sentirse culpable. Ella tenía razón sobre una cosa: tener otro hijo no hubiera solucionado nada. Había aprendido demasiado tarde que se han de afrontar los problemas en lugar de esquivarlos.

En mi primer libro, mencionaba que Cloe había estado dando a luz durante veinte horas porque su primogénita, Isabella, se había atascado en el canal de parto. Fue una experiencia terrible y Cloe aún hablaba de ello *cinco meses después.* Le aconsejé que exteriorizara sus sentimientos, incluso que consultara a un profesional, antes de que sus sentimientos le amargaran. Ahora Isabella tiene casi tres años. Parece ser que Cloe culpaba a Seth, pero no le había hablado de ello en su momento. Ella se guardó no sólo el horror del parto, sino también el convencimiento de que Seth no le había ayudado a superarlo. Se había sentido abandonada. Habían hablado sobre la situación una y otra vez, de que el médico había desaparecido, de que los efectos de la epidural habían desaparecido, de lo inútil que se había sentido Seth al no poder ayudar y de lo enfadada que estaba ella. Aun así, Cloe no podía superarlo. Durante meses, Seth intentó ser comprensivo, pero Cloe se fue volviendo cada vez más irritable y con frecuencia criticaba su capacidad como padre.

PREVENCIÓN DE PROBLEMAS

- Mostrad vuestro resentimiento en lugar de dejar que se arraigue, pero no discutáis sobre ello delante de vuestro hijo.
- Intentad solucionar los problemas *juntos;* planead cómo vais a abordar la hora de ir a dormir, las comidas, las salidas. A veces tendréis que estar de acuerdo en no estar de acuerdo.
- Los niños funcionan mejor si tienen unos estándares sólidos, pero pueden soportar variaciones, siempre que se les expliquen: «*Puede que papá te lea tres libros, pero cuando mamá te ponga a dormir sólo te leerá dos*».
- Intentad no polarizar vuestras posiciones yendo hacia un extremo sólo porque vuestra pareja está en el otro.
- Escuchad lo que le decís al niño. Cuando el padre dice: «A mamá no le gusta que pongas los pies encima del sofá», esto transmite a vuestro hijo la idea de que no estáis de acuerdo y, sutilmente, ponéis en entredicho los estándares de la madre.
- No os toméis las reacciones de vuestro hijo como algo personal. Los niños se comportan de diferente forma con su padre y con su madre.
- Si las peleas se convierten en un problema crónico, buscad ayuda profesional.

Seth se sentía cada vez más frustrado. En un momento dado, cuando sugirió a su esposa que «tiraran adelante» teniendo otro hijo, ella explotó. «Después de todo lo que te he dicho», le gritó en tono acusador. «¡Todavía no tienes ni idea de por lo que he pasado!» Un buen día, Seth se fue de casa.

La moraleja de estas dos historias es la misma: cuando veáis que albergáis malos sentimientos, necesitáis exteriorizarlos y, en cualquier caso, buscad ayuda profesional. ¿Podría haberse salvado el matrimonio de Cloe y Seth si ella hubiera ido a terapia antes o si un buen consejero matrimonial les hubiera ayudado a exponer las verdaderas razones de su descontento? Puede que sí, puede que no. Lo que sí sé es que habrían tenido más oportunidades si no hubieran dejado que su resentimiento arraigara en ellos.[2]

Existen muchas variaciones sobre los temas que acabamos de tratar, pero los detalles no son tan importantes como el hecho de que cualquier tipo de conflicto de pareja es perjudicial para el bienestar del niño. Si os veis en una de estas situaciones, tened cuidado. Cada discusión requiere una solución creativa; en el cuadro de la página 359 aparecen algunos puntos importantes que conviene recordar.

TIEMPO PARA VOSOTROS/TIEMPO PARA RELACIONAROS

Una de las mejores maneras de evitar los conflictos de pareja es recargar energías y proteger vuestras relaciones sociales adultas; no sólo vuestro matrimonio sino también vuestras amistades. Aunque estéis criando a vuestros hijos, también necesitáis cuidaros a vosotros mismos y mantener vuestro estatus de adultos (adultos con conexiones en el mundo de los adultos). Los siguientes consejos son producto del sentido común, pero en el trajín de la vida familiar a veces nos olvidamos de ellos.

---

2. Desgraciadamente, uno de cada dos matrimonios termina en divorcio, y la mayoría de las parejas que se separan tienen hijos menores de cinco años. Aunque viváis en casas diferentes, es esencial que forméis parte de la vida de vuestro hijo y que os comprometáis a buscar la manera de compartir la paternidad. No es fácil, pero por el bien de vuestros hijos es posible cooperar con una ex pareja. Buscad la ayuda de un consejero y buenas fuentes de referencia, una de las cuales es el libro *Families Apart: Ten Keys to Successful Coparenting*, de mi coautora Melinda Blau (Perigee Books).

Haced planes específicos para vuestro tiempo adulto. No basta con decir: «Necesito tiempo para mí» o «Necesitamos pasar tiempo juntos». Tendréis que planificarlo. Sería ideal que, para empezar, tuvierais una rutina estructurada. (¿Cómo no, después de leer este libro?) Buscad tiempo para vosotros así como para vuestras relaciones sociales. Programad una cita semanal con un amigo, quedad para almorzar y cenar con compañeros, y no perdáis el contacto con amigos que no tengan hijos. Si tenéis problemas para hacer planes con otros adultos, preguntaos: «¿Qué es lo que me lo impide?» Algunos padres se sienten «mal» si dejan a sus hijos; otros disfrutan en el papel de mártir. Recordad que no recargar energías puede tener consecuencias desastrosas. En cambio, es menos probable que una persona descansada y satisfecha grite a los niños o que proyecte sus frustraciones contra su compañero.

CORREO ELECTRÓNICO: CONSTRUIR EL TIEMPO DE PAREJA

A mi marido y a mí nos cuesta mucho encontrar tiempo para estar juntos desde que yo soy una madre a tiempo completo con una hora de ir a dormir muy parecida a la de nuestro hijo (hacia las 9:30 de la noche). Y Mike, mi marido, trabaja cinco días a la semana de las 4 de la tarde a las 2 de la madrugada. Por lo tanto, hemos creado un «diario de amor». Nos escribimos notitas siempre que pensamos en ello o tenemos tiempo. Es divertido ver que en el diario de amor, junto a la cama, hay escrita una nota nueva. Puede ser una nota de amor; puede que explique algo que haya hecho que tu día en casa o en el trabajo haya sido diferente; o cualquier otra cosa que queramos. Es un pequeño recordatorio de que estamos casados, de que nos queremos y nos preocupamos el uno por el otro.

Cuando os toméis un respiro, hacedlo realmente. Cuando salgáis por la noche con vuestra pareja, *no* habléis de niños. Cuando salgáis a almorzar con amigos, hablad sobre lo que pasa en el mundo, la última moda, o de lo sexy que es el profesor de yoga, pero no intercambiéis batallitas de padres. No me malinterpretéis. Estoy de acuerdo en que los padres compartan la evolución de sus hijos y solucionen juntos sus problemas, y creo que es fantástico compartir estrategias con otros padres, pero hay momentos en que hay que mantenerlo al margen.

Encontrad maneras de hacer pequeñas pausas. No tenéis que esperar a la «gran huida»; podéis aprovechar pequeños momentos. Id a dar una vuelta a la manzana, solos o con vuestra pareja. Poned a vuestro hijo en el parque para que podáis hacer ejercicio en casa o leer una revista. Haced una siesta para refrescaros. Si vuestra pareja está en casa y os apetece, entregaos a los besos y las caricias. Levantaos quince minutos antes para meditar, escribir un diario o repasar el día con vuestra pareja.

Haced ejercicio. Hacedlo por vuestra cuenta, con un colega o con un amigo. Buscad a un vecino al que le guste caminar; id al gimnasio; llevad a vuestro hijo con vosotros si no encontráis canguro. Lo importante es que os corra la sangre por las venas y el oxígeno os invada los pulmones. A ser posible, al menos media hora al día.

Mimaos. No me refiero a que os vayáis a un balneario aunque, si podéis, hacedlo. Pero, al menos, aseguraos de que una vez al día os tomáis tiempo para respirar profundamente. Poneos crema corporal perfumada por todo el cuerpo, haced estiramientos o disfrutad de un baño caliente. Hasta cinco minutos de satisfacción propia es mejor que nada.

Mantened viva la llama. En vuestra relación, conservad el flirteo. Buscad tiempo para el romance y para el sexo. Haced cosas bonitas y sorprendeos uno al otro (en el cuadro de la página 361 aparece una sugerencia innovadora). Alimentad vuestra pasión y abrazad nuevos intereses. Conforme vuestro hijo vaya creciendo, seguid creciendo vosotros también. Id a clases, encontrad una nueva afición, visitad museos y galerías de arte, lugares donde es más probable que conozcáis a personas fascinantes.

Cread un sistema de apoyo para padres. Ser padres puede resultar una experiencia aisladora. De ahí que sea importante que los padres formen parte de una comunidad más extensa. Visitad el centro cívico del barrio para ver lo que estas instalaciones ofrecen a las familias de la zona. Apuntaos a clases de paternidad con vuestro hijo, o cread un grupo de juego. Formad una red con otras familias que tengan hijos de edad parecida.

Ampliad vuestra definición de familia. Aseguraos de que vuestra vida social no se limita a enanos de medio metro y manos siempre pegajosas. Además de salir de vez en cuando, también es importante invitar a gente a casa. Animad a los abuelos y a otros familiares para que participen en vuestra vida. Haced cenas familiares y festejad los días significativos. Invitad a amigos a vuestras reuniones familiares. Es maravilloso que los niños crezcan viendo a muchos adultos.

> *Consejo: todos los padres, no sólo los que no tienen pareja, deben buscar a otros adultos para pasar tiempo con su hijo. Cuanta más relación con adultos tenga un niño, mejor equipado estará a la hora de enfrentarse a las diferentes personalidades que encontrará a lo largo de la vida.*

No olvidéis de pedir ayuda. Cuando uno o ambos padres asume demasiada carga, se pueden generar problemas físicos y emocionales en una familia. Si estáis más agotados de lo que podéis soportar, explicádselo a un compañero. Si os lo podéis permitir, contratad ayuda, aunque sea a ratos. Si formáis parte de un grupo de juegos y os gusta la manera de hacer de madre de otra persona, sugeridle que os combinéis haceros cargo de los niños.

El cuidado personal es la clave para manejarlo todo. Si no nos cuidamos, empezamos a sentir que todo junto es demasiado para nosotros. Discutimos con nuestra pareja, gritamos a nuestros hijos. Crece el resentimiento y se acumula la frustración. Ser padre es una tarea dura y cambiante. Como dice mi abuela: «Has de desempeñar muchos papeles» y, para la mayoría de nosotros, satisfacer nuestras necesidades suele ser la última de nuestras prioridades. Sólo un mártir resentido continuaría adelante hasta reventar. Pedir ayuda no significa admitir un fracaso: es la señal de que un padre es sabio.

EPÍLOGO

PENSAMIENTOS FINALES

> *Uno recuerda con admiración a los profesores*
> *brillantes y con gratitud a los que agitaron*
> *sus sentimientos. El currículo es una materia*
> *prima muy necesaria, pero la calidez es un*
> *elemento vital tanto para la planta que está*
> *creciendo como para el alma del niño.*
>
> CARL JUNG

Ser un buen padre resulta gratificante y, al mismo tiempo, mejora la confianza en uno mismo, pero también es una ardua tarea, y más aún con un niño pequeño por el suelo. Cada día marca el comienzo de un cambio sobrecogedor, y los problemas parecen mayores que en aquellos días en que darle de comer o cambiarle los pañales bastaba para que vuestro hijo estuviera contento. Pero ahora las preocupaciones son más complejas. ¿Camina bien? ¿Habla lo bastante? ¿Tendrá amigos? ¿Le gustará a la gente? ¿Tendrá miedo el primer día que vaya al parvulario? ¿Cómo podemos hacer que todo salga bien... *ahora*?

En este libro hemos tratado todo lo que podéis hacer para ayudar a vuestro hijo a negociar en esta etapa de su vida tan desalentadora. Pero me gustaría acabar diciendo también lo que *no debéis* hacer. Podéis animar y enseñar, pero nunca empujar. Podéis desviar los problemas o resolverlos, pero no rescatar al niño de ellos. Podéis y debéis estar al cargo, pero no podéis controlar a la persona que es vuestro hijo. Independientemente de lo mucho que ansiéis que vuestro hijo alcance el siguiente nivel de desarrollo, el niño andará, hablará, hará amigos y se desarrollará de maneras que ni siquiera habíais imaginado... en el momento adecuado, no cuando vosotros queráis.

Mi abuelo, a quien admiraba por su tolerancia y comprensión, me dijo una vez que la familia era como un precioso jardín y los niños, sus flores. Un jardín necesita ternura, cariño y paciencia. También son esenciales unas raíces fuertes, tierra rica, buena planificación y la ubicación apropiada. Una vez plantadas las semillas, debéis retiraros y mirar cómo el fruto toma forma. No se le puede apremiar para que brote más aprisa.

Aun así, este jardín necesita vuestra constante atención. Debéis continuar alimentando la tierra, regando las plantas y cuidándolo con amor. Sólo si atendéis las plantas cada día las ayudaréis a florecer al máximo. Si veis que las malas hierbas intentan ahogar las plantas o que los insectos intentan comerse las hojas, debéis actuar de inmediato. Evidentemente, las familias se han de proteger del mismo modo que el jardín; y los niños se han de cuidar al menos con la misma delicadeza que las rosas exóticas o que las peonías más preciadas.

Esta analogía de mi abuelo tiene tanta vigencia hoy como diez años atrás, cuando mis hijas eran pequeñas. Por aquel entonces, mi abuelo intentaba explicarme que tenía que observar, pero también tener paciencia, igual que debéis tenerla vosotros. Animad a vuestro hijo, queredle sin condiciones, ayudadle a prepararse para la vida y ofrecedle todas las herramientas que tendrá que llevar sin vuestra ayuda. Y cuando esté preparado, el mundo y todo lo que hay en él le estará esperando.

A medida que vuestro hijo crezca, tened en cuenta los temas tratados en este libro: se pueden aplicar tanto a niños de primera infancia como a adolescentes.

- Vuestro hijo es un individuo: conócele por quién es.
- Tomaos tiempo para observarle, escucharle y hablarle.
- Si respetáis a vuestro hijo como se merece, le servirá de ejemplo para respetar a los demás.
- Vuestro hijo necesita una rutina estructurada para aportar previsibilidad y seguridad a su vida.
- Sed unos padres equilibrados; poned límites a vuestro hijo y queredle.

ÍNDICE DE MATERIAS

Acontecimientos familiares, 113, 114
Alergias alimenticias, 148, 149, 152
Alimentos, 153, 155
  líquidos a sólidos, 150, 151
  sugerencias, 149, 153
Amigos, 234 ss., 331
Ansiedad, 143, 285, 301
Apego, 65
Aprender a ir al baño, 163 ss.
Autocontrol, 243 ss.

Baño, 104, 105
Biberón, 109, 139 ss., 150, 151
Bilingüismo, 194
Biziou, Barbara, 92, 93, 94
Buenos modales, 190
Burt, Sandra, 15

Caídas, 138
Caminar, 129, 130
  agarrado, 129, 136
  sin ayuda, 129, 130, 137
Capacidades sociales, 227

Castigos, 260, 261, 276, 299
Cena familiar, 210, 211
Chupete, 306
  liberarse, 309, 310, 311
Cólicos, 17
Comidas, 101, 102, 103, 139 ss.,
  314-317
  alergias, 148
  ansiedad, 143
  clima, 140
  comer solo, 142
  menú de muestra, 154
  papillas, 149
  problemas, 286, 314-317
  vegetarianas, 154
Comer con las manos, 149
Comparaciones, 120, 121
Compartir, 138, 229, 236
Comportamiento, 38, 47, 96, 273
  en público, 210 ss.
  indeseable, 77, 78, 258
  social, 200, 221 ss.
Confianza padres/hijo, 65

Conflictos 94, 95, 239
 de pareja, 351
 prevención, 359
Control emocional, 24, 96, 204,
 207, 245, 251, 344
Conversación, 169 ss.
Culpabilidad, 52, 53, 262
Cuna o cama, 308, 333

Desarrollo de la capacidad verbal,
 172, 195 ss.
Despertar, 100, 101
Destete, 115, 146 ss., 334, 335
Diarrea, 148
Disciplina, 243 ss., 344
Distanciamiento de los padres, 284
Dividir tareas, 159, 351-355
Divorcio, 360
Dormir, 108, 109

Eclosión verbal, 189
Ecolalia, 189
Edelman, Marian Wright, 61
Educación accidental, 36, 272-273
Educación emocional, 245
Elogios, 78, 79, 80, 166, 343
Embarazo, 322
Emociones
 frustración, 24, 71, 72
 miedo, 24, 204
 pena, 24
 poner nombre a, 188, 204, 259
 rabia, 24
Emociones no verbales, 180
Empatía, 229
Enchufes, 139
Entorno, 24
Entorno educativo, 75

Entradas y salidas, 105, 106
Erupciones en la piel, 148
Estrés, 298
Etiquetar, 47, 299

Festividades, 114, 115
Fijar límites, 249
Fin de la lactancia, 19
Frustración, 24, 71, 72

Gateo, 123, 128, 134
Genes, 33
Gopnik, Alison, 186
Grado de actividad, 38
Grupos de juego, 237 ss.
 reglas básicas, 238

Habilidades sociales, 197 ss.
Hábitos alimenticios, 141
Hablar, 171, 174
 habla de los padres, 175
Heráclito, 319
Hermanos, 336 ss., 350
Hermanos mayores, 181, 183, 186,
 187, 337 ss.
Hijo único, 326
Huxley, Thomas, 243

Identificar emociones, 204
Insomnio, 262, 293
Ir al baño, 163, 164
Ir en avión, 219
Ir en coche, 216, 218

Jugar, 130, 131, 132, 212, 234 ss.,
 240
 horarios, 232, 240
Juegos de comprensión, 189

Juguetes, 135, 230
    compartir, 240
    niño/niña, 135
Jung, Carl, 365

Kipling, Rudyard, 169
Kuhl, Patricia K., 186

Le Guin, Ursula K., 117
Leche, 145
Leer, 191, 195
Lenguaje verbal, 23, 171 ss.
    alertas, 196
    eclosión verbal, 189
    no verbal, 23, 174 , 184
    sugerencias, 182
Limitar estímulos, 75-78
Lloro, 101, 262, 276

Madurez física, 163
Mascota, 214, 215, 237
Meltzoff, Andrew N., 186
Menú de muestra, 154
Método para tratar bebés, 67
Método HEA, 169 ss., 182, 193
    hablar, 174-176
    escuchar, 177-180
    aclarar, 180-182
Método HELP, 65-87, 123
    contenerse, 66
    motivar, 72
    limitar, 75
    elogiar, 78
Miedos, primeros, 204
Modales, 190, 228
Montaigne, 319
Moore, Thomas, 89
Movilidad, logros, 124, 128-130

caminar agarrado, 129, 136
caminar sin ayuda, 129, 130, 137
gatear, 128, 134
ponerse de pie, 129, 136
sentarse, 128, 134
Música, 191

Napier, Nancy, 197
Niño
    activo, 24
    angelito, 37, 44, 67, 225, 235, 241
    de manual, 37, 44, 45, 67, 225, 241
    gruñón, 37, 45, 46, 47, 50, 57, 67, 225, 241
    independencia, 23, 117, 122, 167
    movido, 37, 46, 47, 51, 67, 225, 241
    observador, 241
    ser social, 25, 221, 234, 240
    susceptible, 37, 45, 67, 76, 224, 225, 241
    trucos del, 270
    víctima de otro, 241
Nombrar emociones, 188, 204
Nombrar objetos, 188, 189
Normas, establecer, 249, 250, 255

Observaciones verbales, 70
Opciones, 257
Ordenar, 107, 133

Padre/madre, 111-113
    distanciamiento, 284
Padres
    aceptar al hijo, 34, 48, 49, 59
    angustia, 141

ayudar, 199 ss
cuestionario, 38 ss.
culpabilidad, 52, 53, 262
elogiar, 78, 79, 80, 166
errores habituales, 265
fomentar la confianza, 131
guía HELP, 65 ss., 123
ira, 277
nervios, 262, 275
observación, 57
paciencia, 25, 37, 298
perfeccionismo, 51, 52
plan de cambio, 58-59, 202 ss.
presionar, 37, 54-56, 355-357
presumir, 120-122 , 218
tiempo libre, 25, 26, 279, 360 ss.
Pañales, 117 ss., 162 ss.
Parques, 212
Peligros, 75, 132
Perfeccionismo, 51, 52
Perlis, Linda, 15
Personalidad, 20, 33, 36, 252
arriesgado, 36
quejica, 36
tímido, 36, 37, 47, 54
Plan de cambio, 57, 58, 59, 202 ss.
Planificar, 253
Prevención de problemas, 359
Primera infancia, 17 ss., 33, 47, 50,
74, 124 ss., 133, 163, 200
control sobre el esfínter, 163
hablar, 171
ir al baño, 163, 164
Primeras amistades, 221 ss.
Primeras palabras, 187
Primeros miedos, 204
Problemas de aceptación, 49
Problemas que roban tiempo, 285

Rabietas, 24, 54, 156, 271 ss., 311-
314, 345
Recoger, 107, 133
Referencia social, 206
Reglas básicas de juego, 238
Regla Uno/Dos/Tres, 264 ss., 347
Respeto, 20, 23
Restaurante, 210, 211
Retortijones, 149
Reuniones familiares, 110
Rutinas y rituales, 21, 89 ss., 241
acontecimientos familiares, 113, 114
baño, 104, 105
comidas, 101, 102
despertar, 100, 101
entradas y salidas, 105, 106
festividades, 114, 115
importancia de, 93-98, 115
la hora del padre, 110-113
recoger, 107, 133
reuniones familiares, 110
siestas, 108, 109

Segundos hijos, 181, 321 ss
Seguridad, consejos, 138, 138, 139,
213, 215
Señales emocionales de los padres, 205
Separación, 301
Serotonina, 35
Shakespeare, William, 29
Siestas, 108, 109
Síndrome de muerte súbita del
lactante, 123
Socializarse, 223, 234, 240
Susurrar al bebé, 19

Tambaleo, 18
Tareas, 159, 351-355

Técnica ACC, 272, 287
Temperamento, 20, 33, 37, 57
Tendencias heredadas, 33
Theisen, Kathleen Casey, 2443
Timidez, 54-56, 355-357
Tipos de padres, 82-84
   controlador, 84, 98, 206, 269,
   padres HELP, 84, 99, 207, 269
   permisivo, 85, 99, 207, 269
Trastornos de sueño, 147, 279 ss., 293
Triángulo de aprendizaje, 133

Valores, 249
Vergüenza, 273
Vestirse, 156 ss.
Viajes, 217, 220
   en avión, 219
   en coche, 216, 218
Vómitos, 149

Zonas de juego, 73, 74, 130, 138,
   234 ss.
   peligro, 75, 132